Cruz e Sousa
DANTE NEGRO DO BRASIL

Uelinton Farias Alves

Cruz e Sousa
DANTE NEGRO DO BRASIL

LIVRO COMEMORATIVO DOS 110 ANOS
DA MORTE DO POETA CRUZ E SOUSA

(1898 – 2008)

Copyright© 2008
Uelinton Farias Alves

Editoras
Cristina Fernandes Warth
Mariana Warth

Coordenação editorial
Silvia Rebello

Coordenação de produção
Christine Dieguez

Revisão
Cindy Leopoldo
Juliana Latini

Ilustração de capa
Renato Alarcão

Diagramação de miolo e capa
Aron Balmas

(Este livro segue as novas regras do Acordo Ortográfico da Língua Portuguesa.)

Todos os direitos reservados à Pallas Editora e Distribuidora Ltda.
Não é permitida a reprodução por qualquer meio mecânico, eletrônico, xerográfico etc. de parte ou da totalidade do conteúdo e das imagens contidas neste impresso sem a prévia autorização por escrito da editora.

CIP-BRASIL. CATALOGAÇÃO-NA-FONTE
SINDICATO NACIONAL DOS EDITORES DE LIVROS, RJ

A482c   Alves, Uelinton Farias

Cruz e Sousa : Dante Negro do Brasil / Uelinton Farias Alves - Rio de Janeiro : Pallas, 2011.

Livro comemorativo dos 110 anos da morte do poeta Cruz e Sousa (1898-2008)

Inclui bibliografia
ISBN 978-85-347-0424-3

1. Souza, Cruz e, 1861-1898. 2. Poetas brasileiros - Biografia. 3. Poesia brasileira - História e crítica. I. Título.

06-3725   CDD 299.63
                                                     CDU 299.6.21

Pallas Editora e Distribuidora Ltda.
Rua Frederico de Albuquerque, 56 – Higienópolis
CEP 21050-840 – Rio de Janeiro – RJ
Tel./fax: 55 21 2270-0186
www.pallaseditora.com.br
pallas@pallaseditora.com.br

*Le plus grand de tous les symbolistes,
c'est certainement Cruz e Sousa.*

ROGER BASTIDE
Mercure de France em 1953

*Cruz e Sousa no es un poeta brasileño;
no es siquiere un poeta americano.
Es simplesmente poeta.*

RICARDO JAIME FREIRE em 1899

Não se liberta o escravo por pose, por chiquismo, para que pareça a gente brasileira elegante e graciosa ante as nações disciplinadas e cultas. Não se compreende, nem se adaptando ao meio humanista, a palavra escravo, não se compreende da mesma forma a palavra senhor.

O abolicionismo (1887), inédito, de Cruz e Sousa

SUMÁRIO

Explicação necessária 11
Começo de tudo 13
Suas origens 21
Menino precoce 27
Arroubos poéticos 37
Na companhia do teatro 59
Atuações intensas 77
De volta ao Desterro 101
O moleque e seu editor 109
O ano dos *Tropos e fantasias* 129
Outras colaborações 135
Na Companhia Apolônia 145
As "histórias simples" 153
Ano da abolição 171
O arauto da *Tribuna* 195
Pronto para o voo 205
Mudança de destino 219
Formas e coloridos 227
Movimento Norte-Sul 241
Inauguração do Simbolismo 259
Ano do casamento 277
Ainda a literatura 299
A loucura de Gavita 313
O acontecimento da Academia 327
Começo do fim 335
Doença e morte 345
Tardio reconhecimento 373
O Dante Negro 393

EXPLICAÇÃO NECESSÁRIA

A ideia de escrever este livro surgiu há cerca de dez anos, quando transcorreu o centenário da morte de Cruz e Sousa (1898-1998). Naquela época não houve meios de concretizá-lo. Mas lembro-me perfeitamente que o seu Estado natal, Santa Catarina, realizou uma série de brilhantes eventos relativos à data, que incluía mostras expositivas, palestras e lançamentos de livros sobre o Poeta Negro. O Rio de Janeiro, no entanto, não ficou de fora dessas homenagens e atuou de forma decidida nas cortesias ao grande poeta.

Passada uma década desta importante efeméride, eis que surge a grande oportunidade de realizar uma nova homenagem ao autor inconfundível de *Broquéis, Missal, Evocações Faróis* e *Últimos Sonetos*, livros que marcaram incontestavelmente a história da literatura brasileira. Não se pode dizer que esta oportunidade surgida nasceu do acaso; na verdade, ela é fruto da visão empreendedora da equipe da Pallas Editora, então capitaneada por Cristina Warth, que ao apostar no projeto editorial desta obra, imprimiu nela o mesmo grau de seriedade e dedicação que sempre pautou o trabalho pioneiro da editora ao longo desses anos.

Nas últimas décadas, algumas descobertas trouxeram à superfície documentos e informações relevantes sobre a vida e a obra do Poeta Negro, que foram divulgados de forma fragmentada ou que não tiveram a devida valorização biográfica no seu conjunto. Este livro chega com o compromisso de preencher essa importante lacuna, visando a escapar das reedições de obras caducadas pelo passar do tempo.

Em vista disso, o leitor de Cruz e Sousa irá encontrar nesse trabalho referências sobre a vida e a obra do poeta até então desconhecidas do grande público ou até mesmo inéditas. O conteúdo pretende repensar a sua trajetória ao longo dos 110 anos de sua morte, bem como reaproximar o leitor dos textos canônicos que decididamente fundamentaram a escola simbolista no Brasil.

Por último, não podia deixar faltar os indispensáveis agradecimentos àquelas pessoas e instituições que, durante certo tempo, me apoiaram e apostaram na realização desse sonho, envidando esforços e me estimulando a seguir em frente. Cabe aqui destacar – *in memorian* – as figuras do escritor Henrique L. Alves, do pesquisador José Galante de Sousa e do bibliófilo Plínio Doyle, este meu mestre do Sabadoyle. Além deles, gostaria de registrar o meu agradecimento também às equipes da Biblioteca Nacional, da Fundação Casa de Rui Barbosa, da Biblioteca da Associação Brasileira de Imprensa, da Biblioteca Pública, do Arquivo Público do Estado de Santa Catarina e do Arquivo Público do Estado de Pernambuco, na pessoa do solícito Hildo Leal. Por último, mas não com menor importância, agradeço a paciência da família: Daise, Thais e Rodrigo, que suportaram as minhas ausências.

Estas são as minhas falas mais urgentes, tão urgentes quanto o desejo de dividir esta experiência com o conjunto da sociedade leitora e apreciadora do nosso Dante Negro do Brasil.

UFA

COMEÇO DE TUDO

João da Cruz e Sousa nasceu em 24 de novembro de 1861, na Cidade de Nossa Senhora do Desterro, atual Florianópolis, capital da Ilha de Santa Catarina. Era de uma família de negros retintos, provavelmente de origem banta, região da atual República Centro-Africana, pertencente a uma das melhores linhagens africanas já chegadas ao Brasil, formada de negros laboriosos, bonitos, sensíveis às manifestações culturais, sobretudo à dança e à música, afeitos a atividades manuais, como a metalurgia, por exemplo. Não possuía qualquer mescla de sangue europeu, diverso em origem de muitos homens negros que lhe seriam contemporâneos, entre os quais Machado de Assis, José do Patrocínio, Luiz Gama, Ferreira de Araújo, Olavo Bilac, Alcindo Guanabara, Capistrano de Abreu, Barão de Cotegipe, André Rebouças e muitos outros. Seus pais, porém, eram naturais da própria Cidade do Desterro. Como Cruz e Sousa, que se tornaria o maior poeta simbolista catarinense e, via de regra, brasileiro, o pai, Guilherme de Sousa, quando do nascimento do filho, ainda era escravo do coronel, depois marechal-de-campo, Guilherme Xavier de Sousa e sua esposa Clara Angélica Xavier de Sousa, conhecida como Dona Clarinda; a mãe, Carolina Eva da Conceição, lavadeira e cozinheira, segundo consta nos registros da época já estava liberta. Guilherme trabalhava como pedreiro e, quando Cruz e Sousa nasceu, ele já deveria contar com a idade entre 40 a 50 anos, presumivelmente.

O então coronel Guilherme Xavier de Sousa, como soldado a serviço do Império Brasileiro, logo se ausentaria de sua terra natal, com a adesão do Brasil à Tríplice Aliança, que resultou na guerra contra o Paraguai.

Em uma página de memória, o filho já ilustre, poeta reconhecido, lembraria com carinho do "operário humilde da terra"[1], o mestre Guilherme de Sousa.

Contrariando a corrente dos biógrafos do futuro poeta que o querem livre das amarras do cativeiro, para nós o menino João da Cruz nasceu ainda sob o jugo da condição de escravo, como o próprio pai ainda o era. Tais condições nos intrigam até hoje. Pai escravo; mãe liberta. Não que isso fosse uma exceção no Brasil desde a época colonial. Mas, aduzimos, se Cruz e Sousa não foi escravo, foi, pelo menos, meio escravo. Por parte de pai, era escravo; já pela parte da mãe, livre. Essa dicotomia nos faz supor que o coronel Guilherme Xavier de Sousa mantinha dois regimes ideologicamente dominantes, igualmente totalitários: um com negros livres, alforriados, como era o caso da mãe do futuro poeta; outro com negros escravizados, no eito, na senzala, como era o caso do pai. Por falar em senzala, onde afinal moravam o mestre Guilherme e a esposa Carolina nessa fase de suas vidas? Na senzala, já que o pedreiro Guilherme era escravo, ou na Casa Grande, uma vez que Carolina era liberta? Nesse período os dois não eram casados, como se verá adiante.

Em Santa Catarina, sobretudo na Cidade do Desterro, a maioria da população era de origem branca, europeia, vinda, principalmente, de Portugal. Talvez naquela época esta parcela representasse cerca de 78% do total desses habitantes, como, no geral, era a geografia do território brasileiro. Ou até mais. Embora se diga que os negros eram tratados com algum desvelo pelos seus senhores brancos (e nesse caso para justificar a ascensão de Cruz e Sousa à vida social da província), desde décadas anteriores o preconceito de cor era o imperativo mais forte que separava negros e brancos na capital da Ilha de Santa Catarina. O biógrafo Abelardo F. Montenegro, em livro que já se encontra em terceira edição, comprova que leis e posturas municipais dessa primeira metade do século XIX, compreendendo o ano de 1845, consagram pérolas como a seguinte: "He proibido em qualquer caza de negócio ter caixeiro escravo, sob pena de 8$ de multa"[2]. As posturas

---

[1] Abrindo Féretros, de *Evocações* in *Obra Completa de Cruz e Sousa*. Rio de Janeiro: Nova Aguilar, 1995, p. 631.

[2] *Cruz e Sousa e o movimento simbolista no Brasil*. 3ª edição, Fortaleza: UFC, 1998, p. 28.

das Câmaras Municipais de São José e de Lages também proclamavam que "proibiam que fossem os escravos enterrados sem mortalha"[3].

De acordo com a mesma fonte, constam outros casos absurdos e selvagens. Diz um deles que, pelos lados da Lagoa, a 29 de abril de 1860, "tentaram queimar o escravo José, besuntando-o de alcatrão".

A infância e a meninice de João da Cruz, na Cidade do Desterro da segunda metade do século XIX, foi marcada pelos sobressaltos de vidas submetidas ao jugo do escravismo.

A sua visão de mundo de menino pobre, porém, bem tratado pelos pais, que lhe cobriam de muito afeto, apenas fez suavizar o que presenciou do desdouro e do esfacelamento da família negra, afeita quase sempre a tratamentos mesquinhos, a atividades subalternas, além, é claro, da miserabilidade a que toda a comunidade estava sujeita, sem nenhuma exceção. Afora os serviços domésticos, aos quais, em sua maioria, eram submetidos, e os trabalhos da lavoura, na chuva e no sol forte ou ao tempo das estiagens, sob o frio inclemente do velho vento sul, os negros serviam nas embarcações dos pescadores, nas armações de baleia, ou na faina diária como agricultores, lenhadores, carregadores, jornaleiros, serventes, encarregados da limpeza das casas, vendedores ambulantes. Operários de várias classes, como pedreiros, carpinteiros, pintores, tanoeiros e caixeiros de comércio dos seus senhores. As mulheres exerciam, em geral, atividades domésticas, empregando-se na cozinha, como doceiras, engomadeiras, amas-secas, babás, entre outras tantas atividades que faziam, sem cessar, muitas vezes até doentes.

Devido a essas atividades incessantes e muitas vezes impróprias à estrutura física do indivíduo escravo, o número de mortes entre essa população era sempre bastante elevado. Em um apanhado geral, no livro de registro de óbitos de escravos da Igreja Matriz de Nossa Senhora do Desterro, no período entre 1779 e 1811, o registro de falecimento de escravos totalizou 776 vidas, de diversas idades, origens e nações.

Era um número alto para a época, pois no ano de 1810, para se ter apenas uma ideia do que estamos falando, o percentual de escravos em terras catarinenses era de 7.203 indivíduos, contra uma população livre (branca) de 23.136 pessoas. Portanto, aquele número

---

[3] Idem.

representava mais de 10% da população negra escravizada falecida. Em termos econômicos, era uma defasagem e tanto.

Não se sabe ao certo de que nação Cruz e Sousa se originou. É bem provável, como já dissemos, que a sua origem venha do cafre banto, com um refinamento de características e expressões muito definidos. Diz Oswaldo R. Cabral, no seu livro intitulado *História de Santa Catarina*[4], o seguinte sobre a origem desse povo:

> O grupo Banto é dividido em dois grandes agrupamentos, o oriental e o ocidental. Os ocidentais dividem-se em 34 nações, das quais em Santa Catarina se encontravam representantes das seguintes: Angolas, Cabindas, Camundás, Cassanges, Camundongos, Benguelas, Monjolos, Quissamãs e Rebolos, mais numerosos os Benguelas. Os orientais, com 28 povos, em Santa Catarina eram representados apenas por um pequeno contingente de Moçanbiques, tidos como os piores elementos, rebelados e turbulentos. Do grupo Sudanês, no país todo em menor número, e os quais pertenciam os Minas, os Mandingas, os Fulas, os Songas e outras nações.

Registra também Oswaldo Rodrigues Cabral, agora em outro trabalho, no seu monumental livro *Nossa Senhora do Desterro*[5], no capítulo intitulado "Memória", esta passagem:

> Dizem os tratadistas que os Minas eram bonitos, proporcionais, bem feitos de corpo, de traços suaves, cor menos escura e cabelos menos encarapinhados. Eram de índole meiga e sociável, laboriosos, dóceis, pacíficos, obedientes e humanitários. Os Angolas eram bons, domésticos, inteligentes, pueris, mas libidinosos, loucos por divertimentos e apaixonados por adornos. Eram robustos.

A venda desses escravos era outra coisa de grande consternação. Não havia o menor critério ou pudor para esse tipo de comércio. Idade ou parentesco, nada disso se cogitava. Tomemos como exemplo o

---

[4] Editora Lunardelli, 3ª edição, 1987, p. 167.
[5] Editora Lunardelli, vol. 2, 1979, p. 382.

jornal *O Argos*, de 6 de novembro de 1861, portanto a 18 dias do nascimento de Cruz e Sousa, com a publicação desse inditoso anúncio:

> Acha-se na rua do Príncipe, nº 32, sobr., 1 mulatinha para vender, de 7 para 8 anos de idade.

No mesmo jornal, mas a 16 de dezembro de 1861, agora já nascido o futuro poeta, outro anúncio que assim dizia:

> Vende-se 1 crioulinha de 4 para 5 anos de idade e 1 crioulinho de 18 meses; quem os pretender, na casa de Antônio Francisco Faria, rua do Príncipe, 1, se indicará.

Ou ainda mais este anúncio:

> Vende-se (sic) 4 escravos, sendo 2 pretas que costuram, lavam e cozinham perfeitamente, tendo uma de idade 32 anos e outra 22 a 23; e dois crioulos de idade, um de 8 a 9 anos e outro de 4 a 5 anos, nesta tipografia se indicará o vendedor.

Havia também anúncios de outra natureza, mostrando os motivos das vendas. Como este publicado também no jornal *O Argos*, da edição de 4 de outubro de 1859:

> Vende-se 1 escravo, tanoeiro, apto para qualquer outro serviço, sendo o motivo da venda por causa de viver em rixa com seu parceiro e pedir para ser vendido.

Um outro anúncio, publicado dessa vez no jornal O Novo Íris, de 1850, tinha esse teor: "Na rua do Livramento, nº 10, precisa-se, e com a maior brevidade, de uma ama-de-leite; não se olha o preço, sendo limpa e com abundante leite, dando-se preferência a que não tiver cria"[6].
Ou ainda:
"Vende-se uma escrava de nação Angola, maior de 30 anos, sabendo cozinhar e lavar, não sendo perfeita engomadeira; trata do

---
[6] Edição de 6 de setembro de 1850.

arranjo da casa e de crianças; afiança-se não ser viciosa; para tratar na rua da Paz, nº 23, com Manoel Domingos Tavares".[7]

Assim, daí por diante...

Havia casos em que os senhores se envolviam com a justiça devido a alguma transação escusa na qual o escravo entrava como moeda de troca. Como foi o caso de alguns senhores da época da Lei nº 340, de 1852, "punidos" por quererem burlar a cobrança de uma taxação relativa à transferência de escravos para fora dos domínios da província. Como manter o escravo no local "desvalorizava" muito a "peça" ou a "mercadoria", no tocante à sua venda junto ao comércio, e esses senhores tencionavam levá-lo para ser vendido a alguma fazenda do Rio de Janeiro ou de São Paulo, o dono da "peça" procurava, de uma maneira ou de outra, tirá-lo maliciosamente da "área". Quando esta operação fracassava, por razões diversas, ou em função da fiscalização das autoridades, vejam só!, o escravo ia para a cadeia pública enquanto o governo resolvia a situação com o seu dono. Os senhores, proprietários ou responsáveis pelo escravo, no entanto, aguardavam confortavelmente no sossego de seus lares, no seio da boa família, o resultado da investigação governamental e o seu veredicto; na hipótese de uma condenação dos senhores, em geral estes ganhavam apenas uma punição, não passava disso, o que nem sempre resultava em pagamento de multa em dinheiro, mas logo tinham a restituição de suas "peças". Já o escravo...

Há algumas máximas que se perpetuaram com o tempo, desde aquela época, e que até hoje marcam o estado de espírito predominante daquele período. Dessas máximas, algumas das que ficaram mais fixamente em nossa memória:

> Escravo não era gente; era coisa.
> Escravo não poderia freqüentar escolas.
> Escravo não poderia ser caixeiro de casa comercial.
> Escravo não tinha pátria, nem podia adotá-la,
> nem se fosse crioulo nascido já na terra.

Escravo não tinha permissão para andar à noite na rua, gritar, xingar, namorar, cantar, participar de entrudo (carnaval), beber ou

---

[7] *O Argos*, edição de 28 de agosto de 1857.

professar qualquer tipo de religião, a menos que o fosse expressamente permitido pelos seus senhores.

Aqueles que desobedecessem a essas proibições, que vigiam como verdadeiras "leis", eram severamente punidos com multa em dinheiro, maus-tratos no eito ou no pelourinho e, caso não pudessem seus senhores ou os próprios escravos pagar por suas infrações, os mesmos iam ou permaneciam na cadeia, onde passavam a prestar gratuitamente serviços de conservação e limpeza das celas, incluindo a retirada de lixos, de excrementos, como fezes, que deveriam ser atiradas pelos terrenos baldios das vizinhanças ou nos rios, limpar as escarradeiras, que a moda era cuspir pelo chão. Trabalhos dos quais o branco fugia como o diabo foge da cruz.

Mesmo com toda essa atitude severa por parte do poder público e os maus-tratos sofridos, que pareciam tirar-lhes qualquer valor, havia um paradoxo no ar: na maioria das vezes o valor de um escravo era bem superior ao que um tenente ou um capitão recebia de soldo anualmente.

A partir de 1850, com a institucionalização da Lei nº 581[8], proposta por Euzebio de Queiroz, ficou proibido o tráfico de escravos africanos para o Brasil. Com isso intensificou-se o comércio de escravos entre as províncias, como foi o caso de Santa Catarina.

Em 1860, havia em Santa Catarina pouco mais de 16 mil escravos. Era de se supor que a situação narrada acima, em função da ganância dos escravocratas e demais interessados no comércio humano dos que possuíam o estigma de terem nascido com a pele negra, piorasse com o passar do tempo e com a ampliação desse número, que crescia na mesma direção que a população livre, com algumas exceções, é lógico, como mostra a tabela, extraída do capítulo "Quadro geral de crescimento da população de Santa Catarina", do livro de Osvaldo R. Cabral[9], já mencionado, *História de Santa Catarina*, compreendendo o período de 1810 a 1881, como está a seguir:

---

[8] Aprovada em 4 de setembro de 1850.
[9] 1987, p. 167.

ANO	LIVRES	ESCRAVOS	TOTAL
1810	23.136	7.203	30.339
1812	25.471	7.578	33.049
1819	34.859	9.172	44.031
1840	53.707	12.511	66.218
1841	54.632	12.586	72.814
1844	58.432	14.382	67.218
1853	71.165	15.025	72.814
1857	92.912	18.187	86.190
1860	81.965	16.316	111.099
1861	98.281	16.316	98.281
1864	117.418	16.320	114.597
1867	104.459	14.722	133.738
1874	144.818	14.984	119.181
1881	148.981	10.821	159.802

Esta estatística, que ao longo dos anos teve seus altos e baixos (percebe-se a distância que separa alguns anos sem pesquisa), dá uma ideia do contingente populacional habitante das terras catarinenses, com início em período que antecede o nascimento do futuro Poeta Negro, e abrange o ano de 1881 até sua fase de franca atuação escolar e cultural, tendo em vista que nessa fase já havia concluído o curso de Humanidades, no Ateneu Provincial Catarinense, e já havia feito sua estreia na imprensa local, que data do ano de 1879.

Nesse contingente populacional negro é que se insere João da Cruz e Sousa, bem como, e, principalmente, a sua família, que tinha o pai e a mãe como figuras essenciais.

SUAS ORIGENS

Guilherme de Sousa (1807(?) — 1896) era filho de João, escravo do major Francisco de Sousa Fagundes[10], daí veio o seu sobrenome "Sousa", repassado ao restante da família. O coronel Francisco era, por sua vez, pai de dona Clara Angélica de Sousa Fagundes (o seu nome completo de solteira), mais tarde Xavier de Sousa, devido ao seu casamento com o tenente-coronel, depois marechal-de-campo, Guilherme Xavier de Sousa, patente alcançada em ato de 1/6/1867. O militar exerceu dois mandatos: a 15ª e 17ª Legislatura, entre 1864 e 1869[11]. A avó paterna do poeta chamava-se Luiza Rosa da Conceição, também escrava, que por sua vez era natural e batizada na Matriz da Paróquia de Nossa Senhora do Desterro. A mãe do poeta Cruz e Sousa, Carolina Eva da Conceição, era filha da escrava Eva e, conforme dito anteriormente, era alforriada.

Este traço da ancestralidade da família do poeta Cruz e Sousa, já descrito por mim num artigo intitulado *A origem de Cruz e Sousa*[12], é marcante na genealogia do próprio vale catarinense. No aludido artigo, transposto para o jornal catarinense, assim eu assinalava esta assertiva:

---

[10] Francisco de Sousa Fagundes, segundo consta, era músico, discípulo de José Almeida Moura, primeiro professor de música do Desterro, seria o responsável por aperfeiçoar "a arte musical em Santa Catarina". In CABRAL (1979, p. 180).

[11] PIAZZA (1994, pp. 744-745).

[12] *Diário Catarinense*, 17 de setembro de 1990, p.6.

A raiz ou a origem da árvore genealógica do poeta Cruz e Sousa, na verdade, teve início remoto, em qualquer ponto obscurecido pelo tempo na África negra, no longínqüo século XVIII ou XIX, a partir do cafre bantu, da espécie de indivíduos que no Brasil-colônia foram codnominados — angolas, cabindas, benguelas, congos, moçambiques — conforme a nação (algo parecido com um reinado africano) que marcava as suas origens.

Em outro tópico do mesmo artigo, escrevo a seguinte passagem:

> Os bisavós de Cruz e Sousa devem ter chegado provavelmente em algumas destas viagens num destes chamados "navios negreiros", tão freqüentes naqueles tempos, que por tantos anos singraram os mares rumo às costas brasileiras:

Até onde foi possível chegar em nossas pesquisas, a árvore genealógica do Poeta Negro Cruz e Sousa pode ser assim constituída:

Avós paternos de Cruz e Sousa: João, escravo de Francisco de Sousa Fagundes, pai de dona Clara Angélica Xavier de Sousa, esposa do marechal Guilherme Xavier de Sousa. João era casado com Luiza Rosa da Conceição, também escrava, ambos desterrenses. Não se sabe ainda se o casal teve outros filhos, além do filho Guilherme, conhecido hoje por ter sido pai do mais importante poeta simbolista brasileiro e catarinense. Há um indício de que Cruz e Sousa tenha tido um tio de nome José, alfaiate de profissão[13]. Guilherme de Sousa casou-se com Carolina Eva da Conceição (? — 1891), que era filha da escrava Eva. Dessa união nasceram os meninos João da Cruz e Sousa e Norberto da Conceição Sousa. Norberto da Conceição Sousa (1864 — ?), sem deixar maiores registros de sua existência, desapareceu após 1888 ou 1890 para a direção de Minas Gerais ou São Paulo, chegando a morar em Santos, onde tinha como amigo o Dr. José Ribeiro da Costa, e residindo à rua do Rosário, nº 155. Teve poucos contatos depois disso com a mãe e o pai. Com o advento da Abolição da Escravatura, ele e Cruz e Sousa deixaram suas cidades para "ganhar a vida". O poeta veio para o Rio de Janeiro, diferente

---

[13] PÍTSICA (1997, p.185).

de Norberto. Ex-aluno do Colégio da Conceição e do Ateneu Provincial Catarinense, Norberto teve a mesma educação esmerada que o irmão famoso. Não se sabe o motivo que o levou a tomar rumo inverso ao de Cruz e Sousa, na vida e na carreira das Letras. Não se conhece qualquer registro de próprio punho seu. Mas nos registros dos jornais, sabe-se que foi um bom aluno[14].

Quando Guilherme e Carolina se casaram, em 16 de agosto de 1871, quase um ano depois do falecimento do marechal Guilherme Xavier de Sousa (1818—1870), o preto Guilherme já era dado como "liberto". De duas, uma: ou o escravo foi libertado pouco antes da morte do militar ou logo depois. Ao contrário do que vem sendo dito e repetido por todos os biógrafos, não houve bens de herança partilhada aos pais de Cruz e Sousa "pelos serviços prestados" à família[15]. Tanto isso é verdade, que, logo após o falecimento do marido, Dona Clara Angélica foi brindada com uma pensão (decreto de 23/5/1871), refundida logo em seguida pela Regente D. Isabel (decreto de 8/7/1871), sem prejuízo "do meio soldo"[16], no valor de 180 mil-réis mensais.

Por curiosidade documental, leiamos o que diz a certidão de casamento dos pais do poeta Cruz e Sousa:

> Aos desesseis dias do mez de Agosto de mil oito centos settenta e um n'esta Freguesia de Nossa Senhora do Desterro e Capella do Rozario, as oito horas da manhã, feita uma denunciação, dispensadas as duas por causa canônica, na forma do Concilio de Trento, Constituições do Bispado e Leis, na minha presença e das testemunhas abaixo asignadas se receberão em matrimonio Guilherme, digo, por palavras do presente, Guilherme de Souza, filho legítimo de João, escravo que foi do finado Francisco de Sousa Fagundes e hoje liberto, e de Luiza Rosa da Conceição, natural

---

[14] SOARES (1988, pp.18-19).

[15] Os principais mentores que propugnam a idéia da herança: Raimundo Magalhães Jr. *Poesia e vida de Cruz e Sousa*. Rio de Janeiro: Civilização Brasileira, 1975; Abelardo F. Montenegro. *Cruz e Sousa e o movimento simbolista no Brasil*. Fortaleza: UFC, 1998; e Andrade Muricy. *Panorama do movimento simbolista brasileiro*. Rio de Janeiro: Civilização Brasileira, 1972; entre muitos outros.

[16] Ao falecer, em 1875, Dona Clara Angélica Xavier de Sousa ainda tinha nove escravos, libertados por força de testamentos. In MAGALHÃES JR. (Op. Cit., p. 7).

e baptisada na Matriz desta Parochia e Carolina Eva da Conceição, filha de Eva, liberta a contrahente, natural e baptisada na Matriz desta Cidade. E apresentarão e reconhecerão por seus filhos, dois meninos de nome João da Crúz e Noberto da Crúz, havidos da união que tiverão. E não sabendo os contrahentes escrever, pedirão que assignasse a seo rogo, o contrahente, ao Senhor Francisco José Eleutério, a contrahente, ao Reverendo Manoel. G. Coelho Gama d'Eça. E logo lhes dei as bênçãos de costume. Do que para constar fis este termo, que assignei com as testemunhas. O Vig. Sebastião Antônio Martins / Francisco José Eleutério / P. Manoel Coelho Gama d'Eça / João de Sousa Fagundes / Virgílio José Paulo.[17]

Já alforriado, podendo até se casar, o pai de Cruz e Sousa (o sobrenome saiu com acento agudo no Cruz) gozava de algum prestígio. Era, ao menos, estimado. Uma de suas testemunhas era ninguém menos que o Barão de Batovi (Manoel Coelho Gama d'Eça), militar com destaque por bravura durante a Guerra do Paraguai, cuja família era tradicionalíssima na Cidade do Desterro[18]. Eleutério e Virgílio eram amigos também da família. O primeiro vizinho dos pais de Cruz e Sousa. Seria ele o leitor das cartas que Cruz e Sousa enviava aos pais e também o autor das cartas que estes endereçavam ao filho poeta, quando este se transferira, em 1890, para o Rio de Janeiro[19]. Quanto ao João de Sousa Fagundes, este era irmão de Dona Clara Angélica. Já não tinha um dos braços, perdido nos heroísmos épicos das batalhas paraguaias.

Já o teor da certidão de batismo de Cruz e Sousa, cujos dados para sua biografia são importantes, também faz esclarecimentos sobre os primeiros anos de vida do poeta, além de revelações sobre a vida dos pais:

---

[17] Cúria Metropolitana / Arquivo / Arquidiocese de Florianópolis / Paróquia de Nossa Senhora do Desterro, livro 18, folha 26. Fotocópia dessa certidão consta do livro do pesquisador Iaponan Soares (1988, p. 69).

[18] Manoel da Gama D'Eça era o Barão de Batovi e seria fuzilado a 25 de abril de 1894, na Fortaleza de Anhatomirim, sob o governo de Floriano Peixoto, que destinara o comando na capital catarinense ao coronel Moreira César.

[19] Depositadas no Arquivo-Museu de Literatura da Fundação Casa de Rui Barbosa existem os manuscritos de cinco cartas "escritas" pela mãe e 18 "escritas" pelo pai.

João da Cruz — Aos quatro dias do mez de Março do anno de mil oito centos e sessenta e dous nesta Matriz de Nossa Senhora do Desterro baptisei solemnemente e puz os santos oleos ao innocente João da Cruz, nascido a vinte quatro de Novembro do anno passado, filho natural de Carolina Eva da Conceição, crioula liberta, natural desta Freguesia. Foram padrinhos Manoel Moreira da Silva Júnior e Nossa Senhora das Dores. Do que para constar fiz este termo. O vigº. Joaquim Gomes d'Oliveira e Paiva.

À margem da certidão, descoberta nos livros de batismo dos arquivos da Paróquia de Nossa Senhora do Desterro, em 4 de agosto de 1958, estava escrito o seguinte: "Pai: Guilherme Sousa, por subseqüente matrimônio". Uma outra particularidade deste relevante documento é que o padre que batizara Cruz e Sousa era uma das figuras mais notórias e proeminentes da pequena cidade. Considerado um sábio, Oliveira e Paiva fundou jornais, colégios e, além de vereador, foi por diversas vezes deputado, inclusive no período do batizado do Poeta Negro. Em 1865, proclamou um *Te Deum* para solenizar a visita à Cidade de S.M. o Imperador D. Pedro II. Já Manoel Moreira da Silva Júnior, de uma família que atuava no ramo das embarcações, era filho do também deputado Manoel Moreira da Silva, alcunhado na localidade pelos seus feitos destemidos de Manoel Diabo. Com estes padrinhos ilustres, e sobre a proteção de Nossa Senhora das Dores, João da Cruz e Sousa surgia para a vida, salvaguardado e pronto para desfrutar os benefícios da sorte que lhe soprava sobre a face.

MENINO PRECOCE

João da Cruz e Sousa nasceu e se criou à imagem e semelhança do pai Guilherme de Sousa. O velho era pacífico, conhecido pelos amigos do Poeta Negro, sobretudo pelo escritor Virgílio Várzea, como "o homem de Darwin". Enquanto o irmão mais novo, Norberto da Conceição Sousa, nascido a 6 de junho de 1864, e afilhado de outro figurão da província, que era o médico Henrique Jacques Schutel, saiu-se mais à mãe, Carolina.

Dr. Schutel, como era conhecido, médico de renome, foi um dos principais colonizadores das terras de Santa Catarina e era pai de Duarte Paranhos Schutel, cuja casa Cruz e Sousa frequentou. Em sua casa ocorriam as mais importantes festividades do Desterro, onde a nata da sociedade desterrense se reunia e se alegrava.

Affonso Várzea, que também era jornalista, filho do escritor Virgílio Várzea, que fora um dos principais amigos de Cruz e Sousa e seu companheiro de infância e de vida literária na Guerrilha Literária Catarinense, narrada pelo escritor marinhista pelas páginas do jornal *Correio da Manhã*, de 1907, escreveu importantes artigos sobre Cruz e Sousa e seus descendentes. Alguns desses artigos descem a pormenores sobre a vida do pai e do "negrinho do Desterro"[20]. Em um desses artigos, entretanto, revela aspectos da vida familiar dos Cruz e Sousa. Tais informações, naturalmente, devem ter sido trans-

---

[20] Um dos pontos negativos de alguns apontamentos do jornalista Affonso Várzea é a tentativa de redução da importância histórica e literária de Cruz e Sousa em detrimento da do pai. Nesse sentido, comete falhas imperdoáveis na tentativa de trazer Cruz e Sousa ao nível da senzala, o que se torna desnecessário em vista da grandiosidade da obra do pai, Virgílio Várzea como prosador, e de Cruz e Sousa, como poeta.

mitidas ao filho pelo próprio Virgílio Várzea, que conviveu em permanente contato de afeição espiritual com os pais do Poeta Negro, além de ter sido um memorialista nato, que observava tudo com o olhar do historiador, e de quem Affonso Várzea herdou o dom da escrita e o senso de contar de histórias.

Falando do dramaturgo Francisco Moreira de Vasconcelos, poeta e diretor da Companhia Dramática Julieta dos Santos, em que atuava a menina-prodígio de mesmo nome, da qual Cruz e Sousa passaria a ser secretário e ponto, o filho do marinhista diz textualmente o seguinte, referindo-se ao autor de *Broquéis*: "Aquele que (...) Gastão Bousquet chamou 'Príncipe Louro de Pele Negra' andava regularmente trajado, sustentado pelos pais, que moravam no começo da rua Trompowsky, que conduz do Mato Grosso ao bairro da Praia de Fora"[21].

Ainda de acordo com Affonso Várzea, o pai do Poeta Negro, o mestre-pedreiro Guilherme de Sousa, "era baixinho e magricela, tímido e delicado. A mãe, Carolina, gorda, grande e forte, lavava e cozinhava para fora. O filho Norberto, alto e espadaúdo, como a mãe (irmão, portanto, de Cruz e Sousa, que tomara a estrutura paterna), ganhava a vida como tanoeiro, colaborando no sustento do lar modestíssimo".

Parte deste texto se parece com o famoso artigo de Virgílio Várzea, estampado no jornal *Correio da Manhã*, do Rio de Janeiro, do ano de 1907, no qual ele, Virgílio, traça o perfil emocional do amigo e poeta, de modo que este conteúdo passará a ser a referência mais usada por estudiosos, pesquisadores e biógrafos de Cruz e Sousa:

> De um talhe espiégle e elegante, muito preocupado com a sua pessoa, Cruz, como os pais — o velho preto Guilherme, mestre pedreiro, e a preta Carolina, de uma atividade incessante e prodigiosa — não precisassem do seu auxílio para viver, gastava tudo o que ganhava nas lições particulares que tinha, em trajes variados, finos e bem feitos, pelo que andava sempre muito asseado e bem vestido, despertando ainda, por esse lado, maiores odiosidades e invejas.[22]

---

[21] Affonso Várzea. Moreira de Vasconcelos no Desterro. *Correio da Manhã*, 20 de agosto de 1955, p. 10.

[22] Virgílio Várzea. Impressões da Província. *Correio da Manhã*, 10 de abril de 1907. O artigo pode ser lido na íntegra em ALVES (1998, pp. 75-79).

É gloriosa a atitude do velho Guilherme e de Dona Carolina, escravos que foram, serviçais que continuaram a ser a vida inteira para que os filhos não lograssem o destino incerto e cruel que a vida lhes reservara.

A educação dos filhos passou a ser uma prioridade, praticamente uma obsessão, para os pais escravos e humildes. Eles se preocupavam com o futuro dos filhos. Era a forma de fazerem a passagem de uma geração civilizada na base do chicote, da farinha de mandioca com água do poço, para a luz do conhecimento que só os livros poderiam trazer. Quando houve a possibilidade de verem seus filhos se abrigarem sob o manto dessa bendita luz sagrada, o ensino de Humanidades, os pais do futuro poeta teceram suas armas, como numa batalha renhida, em que se mata ou se morre, e partiram em busca da conquista daquilo que pensavam — muito sabiamente para a época, em se tratando de dois negros bastante ignaros — a verdadeira redenção, a alforria da alma e da razão humana, pelo conhecimento[23].

Com base no regulamento do Ateneu Provincial, criado entre 1873 e 1874, nas antigas dependências do Colégio da Conceição, foi que Guilherme de Sousa viu a oportunidade de colocação dos filhos menores. A lenda de que Cruz e Sousa estudou as primeiras letras com a esposa do marechal Guilherme Xavier de Sousa, dona Clara Angélica, continua correndo como verdade absoluta. Infelizmente.

Por falta de provas documentais mais contundentes, não podemos aduzir outras considerações sobre estes fatos. Resta-nos, no entanto, ficar com a narrativa do biógrafo Raimundo Magalhães Júnior, que em seu livro *Poesia e vida de Cruz e Sousa*, descreve episódios como o das primeiras incursões do poeta no campo da literatura.

> O negrinho João da Cruz tem agora oito anos. É um diabrete, vivo, esperto, convencido de que é gente. Já tem propensões literárias. Não só aprendeu a ler e a escrever corretamente como ainda é capaz de compor versos. Quando o marechal Guilherme Xavier de Sousa regressa, o negrinho dá-lhe as boas-vindas,

---

[23] De acordo com o regulamento do Ateneu Provincial, era facultado admitir "menores pobres, como pensionistas... e dez alunos externos, uma vez que seja de reconhecida inteligência e de família honesta". In SOARES (Op. Cit., p. 16).

lendo-lhe algumas rimas. O militar, boquiaberto, não pode acreditar naquele milagre. Rimar qualquer coisa, naqueles tempos, causava espanto e mesmo um herói nacional, como Osório, gostava de passar por poeta, escrevendo pachorrentamente seus sonetos, bem menos dignos de admiração do que seus outros atos de bravura. Surpreendido, o marechal mal pode acreditar nos progressos do menino. Para dissipar as dúvidas, criva-o de perguntas, destinadas a medir-lhe o grau de inteligência e os conhecimentos adquiridos. A cada resposta de João, a incredulidade vai cedendo lugar à admiração. Por fim, num largo sorriso, o examinador não se contém mais e exclama, num rasgo de verdadeiro entusiasmo:

— Tens inteligência, crioulo! Tens inteligência...

Mas, aos seus olhos de homem prático, de soldado curtido ao sol das batalhas, aquilo tem qualquer coisa de absurdo, como se não se ajustasse aos quadros da sociedade brasileira da época. E completa, como se antecipasse, numa visão profética, os dramas futuros do negrinho:

— Ora, para que havia de dar esse crioulo!

A constituição desses fatos, contudo, é certa que tem os seus exageros. Mas quais e onde eles estão? O século XIX traz muitos exemplos de negros bem-sucedidos: os irmãos André e Antônio Rebouças, também negros retintos, são um deles. Tiveram sucesso não só no estudo, no Brasil e no exterior, mas na vida profissional, como engenheiros, autores de obras fundamentais, ativistas políticos da abolição, jornalistas e empresários.

Não achamos de todo impossível, no entanto, voltando repentinamente ao ensino das primeiras letras de Cruz e Sousa, que a uma mulher sem filhos e frequentemente deixada sozinha em função das constantes viagens do marido, militar que combateu na Guerra do Paraguai, não assumisse a si, até para passar o tempo, o ensino de primeiras letras ou básico do menino negro. Mas, não consigo não perguntar: era só o filho de Guilherme e Carolina que gozaria dessa oportunidade?

No entanto, em suas memórias, ainda inéditas em livro e intituladas *No caminho do destino*, Araújo Figueredo diz ter encontrado Cruz e Sousa pela primeira vez na vida na escola da professora Camila; ele, acompanhado da mãe, tinha 6 anos, ou seja, o ano era 1869.

Araújo disse ter encontrado o poeta "sentado, em companhia de alguns rapazes e raparigas, numa esteira ao meio da sala". Segundo o poeta de *Ascetérios*, Cruz e Sousa era "um crioulinho muito simpático, de testa espaçosa, olhos vivos e atraentes, lábios grossos e dentes de uma alvura de marfim brunido"[24].

É lógico que o poeta das belas praias catarinenses faz uma descrição do Poeta Negro como se o visse, em verdade, em sua fase madura. Entendemos que esta parte da vida de Cruz e Sousa continua sendo um verdadeiro mistério para biógrafos e estudiosos desse fascinante personagem.

Em um artigo intitulado *Meninos da Figueira*[25], o jornalista Affonso Várzea assim descreve o poeta desse período histórico a que estamos aludindo:

> Joãosinho era da casa para a escola e da escola para casa muito direitinho, sempre bem arrumado em suas roupinhas.

Diz também o filho mais velho de Virgílio Várzea que "no colégio de primeiras letras o menino pretinho mostrava as maneiras comedidas e discretas da rigorosa educação no lar austero do marechal Guilherme Xavier de Sousa, cujo nome de família lhe fora dado usar".

Já vimos que esta história de nome não foi bem assim. Muito menos a austeridade do lar. Este e outros mitos criados para se "criar" um Cruz e Sousa superficial, construído sob a ótica branca das possibilidades apenas conquistadas pelos brancos, cada vez mais está se mostrando uma falácia.

Affonso Várzea diz ainda — maldosamente, talvez — que comparado ao amigo (Virgílio), musculoso e de tórax largo, um quebra, como se dizia dos garotos atrevidos e peraltas, "às maneiras do asseado crioulinho eram como de menina". (Esta, com certeza, é outra

---

[24] FIGUEREDO (s/d).
[25] Affonso Várzea. *Correio da Manhã*, 2 de julho de 1955.

maldade praticada contra o poeta maior, que aqui precisa ser repudiada, por mais admiração e respeito que se possa ter pelo jornalista e professor carioca. Não havia em Cruz e Sousa nenhum indício de feminilidade ou de homossexualidade)

Em outra ocasião, numa palestra escrita para comemorar o centenário de nascimento de Virgílio Várzea, provavelmente ainda não publicada, o professor Martinho Calado Júnior, comentando a educação escolar do escritor catarinense, assim se refere àquele período:

> Virgílio Várzea viveu numa época em que as escolas eram poucas e raramente boas. Estudava-se naquele tempo, ou sob as ameaças dos castigos paternos, ou pela necessidade de um diploma superior. O número de analfabetos era enorme e as escolas tão desfreqüentadas que, mesmo na classe rica e na classe média, ninguém se sentia envergonhado em não saber ler e escrever. Dificilmente um pobre ia às aulas primárias. A educação popular era então entendida como luxo de rico, embora, em diversas leis, já se houvesse avançado até à obrigatoriedade do ensino primário gratuito. Na zona rural e nas pequenas províncias a situação era muitas vezes pior. Mas o ex-seminarista comandante João Esteves e sua esposa dona Júlia (pais de Virgílio Várzea) não se deixaram arrefecer na ambiência deletéria. E os filhos foram à escola.

O mesmo pode-se dizer dos pais de Cruz e Sousa com relação a ele, o poeta, e o irmão, que se tornaria tanoeiro, com o agravante de que, ao contrário dos pais de Virgílio Várzea, brancos e bens posicionados na sociedade desterrense, os pais de Cruz e Sousa e Norberto, esses sim, eram negros, martirizados ainda da pesadíssima condição de escravos ou ex-escravos.

Affonso Várzea, falando desse período da formação escolar do pai, faz este esclarecimento, que julgamos ser verdadeiro:

> Foi, porém, na escola primária do professor José Ramos da Silva Júnior, à praça Brigadeiro Fagundes, esquina da rua do Senado, que ele (Cruz e Sousa) e Virgílio Várzea se tornaram amigos, mal passados os 11 anos do simbolista, em 1873.[26]

---

[26] Affonso Várzea acreditava que Cruz e Sousa nascera em 1862, contrariando em um ano o conteúdo de sua certidão de batismo. Infelizmente, ele não é o único a pensar assim. O próprio Cruz e Sousa, em um documento autógrafo, já trocou o seu ano de

Esta informação não se coaduna com a do próprio Virgílio Várzea, que em uma página de memória conta que conheceu o poeta em 1876, na celebração do aniversário de "um dos teatrinhos de rapazes, que existia naquela época".

É factível uma falha de memória tanto da parte do pai quanto do filho, mas a probabilidade de Cruz e Sousa ter estudado na escola do professor José Ramos da Silva Júnior é muito grande. Outra probabilidade diz respeito ao encontro entre Virgílio Várzea e Cruz e Sousa. Affonso Várzea, mais uma vez, relaciona, na contracapa da publicação de uma palestra realizada na Associação Brasileira de Imprensa[27], uma parceria, que até então desconhecíamos, entre seu pai e o Poeta Negro: seria na escritura da peça *Macário*, um "raccourci" do drama de Álvares de Azevedo, com data de 1875.

Se a peça, escrita por ambos, com o resumo do texto do drama de Álvares de Azevedo, saiu nesta data, o poeta e o escritor provavelmente se conheceram bem antes dessa época.

Ora, se formos levar em consideração as falhas de memória de ambos, o relacionamento entre Virgílio e Cruz e Sousa pode ter ocorrido por datas como 1873, 1875 ou 1876, como já foi dito aqui. Daí a criação, a quatro mãos, da peça, baseada em uma obra de cunho romântico lida e admirada pelos dois e num momento em que a centelha do teatro os acendia o instinto criador.

Os dois, aliás, fariam outras parcerias futuras, embora não concretizadas, como atesta as intenções contidas na contracapa do livro *Tropos e fantasias*, publicado em 1885, no Desterro. Ali, Cruz e Sousa prometera publicar com Virgílio Várzea o romance naturalista *Os Sousas e os Silvas*, de que jamais se ouviu falar.

Já sabemos com certeza que Cruz e Sousa estudou pelo menos em um colégio no Desterro: o Colégio da Conceição (1872/1873/1874), quando ingressou, a requerimento do pai, "pobre jornaleiro, que tudo sacrifica pela educação dos dois meninos", no Ateneu Provincial Catarinense, em 1874.

---

nascimento, talvez seja isto o que leve muitos estudiosos ao erro. Ler este documento em Eliane Vasconcellos. Cruz e Sousa, material de estudo, in SOARES & MUZART (1994, p. 16).

[27] VÁRZEA (1964, contracapa).

Portanto, a educação do poeta e do irmão foi parte de um projeto de vida dos pais de Cruz e Sousa. Um documento importantíssimo, pouco conhecido pelos biógrafos do poeta[28], mostra o esforço do velho Guilherme de Sousa para que o filho não sucumbisse como ele na sarjeta da ignorância. O documento, peça inédita na bibliografia de Cruz e Sousa e sumamente importante do ponto de vista da sua história literária, é dirigido ao chefe (espécie de secretário de educação da época) do ensino do governo, Cônego Joaquim Eloy de Medeiros, pelo professor e diretor do Ateneu, Jacinto Furtado de Mendonça Paes Leme, antigo professor de Cruz e Sousa e de seu irmão Norberto, no Colégio da Conceição. Eis, pela primeira vez, o documento na íntegra, conforme a transcrição do seu original:

> Directoria do Atheneu Provincial / Desterro 17 de junho de 1874 / Ilmo. Rmº. Snr. / Em cumprimento ao que V. Rma. de mim exige em Ofício de hontem datado acompanhando as petições (que ora devolvo) de D. Genoveva Maria Capistrano, Emílio Caetano Marques Aleixo e Guilherme de Sousa, passo a expor a V. Rma. o meo juizo a respeito. / O menor José Francisco Paz de que trata a petição de D. Genoveva Maria Capistrano, foi um dos melhores alunos do Collegio da Conceição, não só pela sua inteligencia e aplicação como pelo exemplar comportamento e bons costumes de que deo sempre exuberantes provas, e por isso julgo-o, mais do que nenhum outro no caso de merecer todo o favor concedido pelo Artigo 13 do acto de 25 de Maio ultimo, acrescendo mais que é órfão de Mai e Pai tendo este, fallecido na Campanha do Paraguay.
>
> Os menores de nomes João e Norberto filhos de Guilherme de Sousa, são dous meninos muito aproveitaveis, este, pela sua vivacidade, e aquelle pela aplicação; ambos forão alumnos do Collegio da Conceição aonde sempre estudarão com aproveitamento e por isso, sabendo mais do que o pai, pobre jornaleiro, tudo sacrifica pela educação desses dous meninos, julgo-os no caso de serem favorecidos. / Quanto à petiçao de Emilio Caetano Marques Aleixo, apenas posso informar que conheço-o como empre-

---

[28] O documento, pertencente ao Arquivo Público do Estado de Santa Catarina, foi divulgado parcialmente pelo pesquisador Iaponan Soares (1988, p. 20).

gado provincial, há muitos annos, pobre e chefe de numerosa familia. — nada podendo diser sobre seo filho Athanasio porque apenas o conheço de vista. / Deus guarde a V. Rma. / Ilmo. Rmº. Snr. Cônego Joaquim Eloy de Medeiros / Jacinto Furtado de Mendça. Paes Leme / Director do Atheneu Proval.

A transcrição do documento é longa, mas extremamente necessária, devido a sua importância bibliográfica para o contexto histórico da vida e da obra de Cruz e Sousa.

É de nosso parecer que, depois das supostas aulas com dona Clara Angélica Xavier de Sousa, esposa do militar, da professorinha Camila, onde o memorialista e poeta Araújo Figueredo o viu pela primeira vez, Cruz e Sousa tenha estudado no colégio de José Ramos da Silva Júnior, que ficava à praça Brigadeiro Fagundes[29], no Colégio da Conceição, cujo dono assinou a petição como diretor do Ateneu Provincial Catarinense, na sua abertura, em junho de 1874[30].

Os preparatórios feitos nestes colégios, além do Colégio da Conceição e do já citado Jacinto Furtado de Mendonça Paes Leme, deram a base fundamental de sucesso do aluno negro João da Cruz e Sousa no Ateneu Provincial Catarinense, onde estudou, sendo aprovado em todas as matérias com a nota Plenamente. O irmão Norberto teve na aprovação a nota Simplesmente.

É conhecida uma passagem da vida de Cruz e Sousa como aluno do Ateneu Provincial Catarinense que vale a pena registrar aqui. Corria o ano de 1875 e o poeta tinha como colega de turma o futuro jornalista Firmino Costa, que conta que, quando da realização dos exames de aproveitamento, o recém-empossado presidente da Província, João Capistrano Bandeira de Mello, como era de praxe, entrou na sala do Ateneu Provincial para verificar a aplicação das provas, como a lei lhe permitia. Após algum tempo, ao término dos exames escritos, o presidente verifica que o aluno negro João da Cruz e Sousa era o que melhor havia se apresentado nas respostas. Não acreditando no que presenciava, solicitou ao examinador da turma a autorização necessária para fazer, no exame oral, algumas

---

[29] Denominado Colégio do Branco. in Affonso Várzea. Moreira de Vasconcelos no Desterro. op. cit., p. 9.

[30] Santa Catarina. Leis, Decretos etc. Ato de 25 de maio de 1874.

perguntas ao estudante. "As perguntas feitas pelo presidente foram todas respondidas com acerto. Não contendo o entusiasmo, o chefe do Poder Executivo Catarinense levantou-se da cadeira em que se achava para abraçar o estudante negro, e, dirigindo-se depois disso ao presidente da banca examinadora, recomendou, com a necessária reserva, que desse a tão aplicado estudante a nota de distinção e aos demais a de reprovação"[31].

O escritor Iaponan Soares, que pesquisou este período da atividade escolar de Cruz e Sousa na Cidade do Desterro, informa que o futuro Poeta Negro, na verdade, não foi o único aprovado nos exames naquele dia. Uma consulta nos jornais da época, que dava sempre no dia seguinte as notas dos alunos nos exames do Ateneu Provincial, mostra que houve uma falha de memória de Firmino Costa, que também prestou os mesmos exames, sendo que não obteve aprovação. Firmino Costa cometeu um erro, com isso, por não se referir a mais dois alunos que, segundo os jornais do dia seguinte ao teste, também foram aprovados: Carlos Augusto Pereira Guimarães e Francisco Agostinho de Sousa e Mello. Todos realmente tiveram nota máxima, de acordo com o que também divulgou o jornal *O Conservador*[32].

---

[31] COSTA (1919, pp. 18-19).
[32] Edição de 26 de novembro de 1875.

ARROUBOS POÉTICOS

O período após o Ateneu Provincial Catarinense, fase da juventude de Cruz e Sousa, talvez seja o período mais rico emocionalmente de toda a sua vida, pois é nele que o poeta experimenta os mais fortes sentimentos, como o do amor, no seu relacionamento com a jovem Petra Antioquia da Silva[33], a estreia nos jornais, ao publicar seus primeiros textos, as viagens com a atriz Julieta dos Santos e o empresário Francisco Moreira de Vasconcelos, os contatos com os literatos e intelectuais nas cidades brasileiras, por meio das excursões de trabalho com a companhia teatral, e a sua inserção no movimento abolicionista em todo o país, sendo o artífice de alguns atos, manifestos e discursos de grande relevância e repercussão para a época.

Esse período da vida de Cruz e Sousa, principalmente na Cidade do Desterro, foi marcado por uma intensa atividade cultural e política. Cruz e Sousa foi político apaixonado por ideias liberais — carreadas no bojo do positivismo à Augusto Comte. Foi socialista que pregava um socialismo em pleno regime da escravidão, numa Santa Catarina elitista e fortemente escravagista. Virgílio Várzea, em um dos seus artigos para o *Correio da Manhã*, com o aval de quem seguiu de perto os passos do poeta e amigo, afirmou que Cruz e Sousa defendia suas ideias "como um fanático", na tribuna, em praça pública, no jornalismo.

Carolina, a mãe de Cruz e Sousa, costumava dizer, sempre que estava irritada, que os amigos estragaram o seu querido filho, incutindo-

---
[33] Jornal *A Noite*, de 7 de setembro de 1915.

lhe "ideias" pouco convencionais para um "menino" de sua natureza (leia-se cor de sua pele e condição socioeconômica de sua família).

A vida do poeta ganhou grande impulso com a sua saída do Ateneu Provincial e a iniciação de sua militância na vida política e cultural do Desterro. Em princípio, para ganhar a vida se transformou em professor particular, atendendo aos alunos em sua própria casa[34].

Asseveram alguns biógrafos, no entanto, que nesse período dos anos 1870, talvez ainda na fase de estudos, Cruz e Sousa tenha iniciado a publicação, em jornais locais, dos seus primeiros versos. Dois autores que trabalharam com essa perspectiva nada comprovaram. Os primeiros versos da autoria de Cruz e Sousa encontrados por estes estudiosos datam do ano de 1880[35]. Apenas Raimundo Magalhães Júnior localiza versos anteriores a esta data, sendo ainda hoje os mais antigos encontrados do poeta[36]. O pesquisador divulga, então, dois sonetilhos escritos numa linguagem bastante empolada. O primeiro deles, muito mal escrito esteticamente, saiu na edição de 13 de junho de 1879 do jornal *O Artista*, e foi oferecido e dedicado "ao Ilmo. Sr. M. Bernardino A. Varela pelo autor". Trazia uma sentença em latim — *Vir bonus dicendi peritus laudandum est.* — talvez como prova do aprendizado do aplicado aluno nas aulas do padre latinista Leite Mendes de Almeida, no Ateneu Provincial. O outro, publicado no mês de outubro, era, porém, melhor que o "primeiro", de acordo com Raimundo Magalhães Júnior. O texto deste soneto, que trazia um dístico lamentoso ("Minha vida é um montão de ruínas em árido deserto / Um abismo de ais e de suspiros"), era eivado de duras queixas, que identifico como sendo o desabafo de um negro ante à realidade da vida, percebida aos 18 anos de idade. Eis o soneto do jovem poeta:

> Da mundana lida, eis que cansado,
> Co'a lira toda espedaçada,
> A alma de suspiros retalhada,
> Cumpre o infeliz seu triste fado.

---

[34] MURICY (1973, p. 28).

[35] A esse respeito, ver FONTES (1998) e MONTENEGRO (1998).

[36] MAGALHÃES JR. (Op. Cit., p. 16).

Ai! que viver mais desgraçado!...
Que sorte tão crua e desazada!...
Quem assim tem a vida amargurada
Antes já morrer, ser sepultado.

Só eu padeço feras dores,
Imensas e de fel, sem terem fim,
Envolto no céu dos dissabores.

Oh! Cristo eu não sei se só a mim
Deste essa vida d'amargores,
Pois é demais sofrer-se assim!

Sendo um dos seus primeiros textos publicados conhecidos por nós, é certamente, também, das primeiras exteriorizações da dor do poeta, da sua angústia e amargura, com a qual iniciara os embates com as dificuldades do meio provinciano catarinense, preconceituoso e elitista.

Os próximos textos de Cruz e Sousa serão publicados no ano seguinte, em 1880, e revelados inicialmente pelas pesquisas realizadas por intermédio do desembargador e escritor Henrique da Silva Fontes e por Abelardo F. Montenegro, ambos citados aqui. A exemplo dos primeiros versos do ano de 1879, os textos do ano de 1880 são circunstanciais, dedicados em geral a personalidades do Desterro ou a agremiações artísticas, abolicionistas, jornalísticas e teatrais. É o período também de participação em eventos como orador e abolicionista. A personalidade jovem de Cruz e Sousa começa a ficar saliente, sobressaindo-se em meio aos burburinhos dos intelectuais locais, em geral mais velhos do que ele.

Data de 17 de outubro de 1880 um recitativo feito pelo poeta em homenagem à Diretoria da Sociedade Musical Guarani, antiga Trajano, homenagem ao construtor naval Trajano Augusto de Carvalho. Era uma poesia de 12 quadras, versos irregulares, encimada por uma epígrafe em francês, indicada como "Do autor". Publicada quatro dias depois[37], a incipiente produção de Cruz e Sousa terminava com essas quadras:

---
[37] Poesia, Cruz e Sousa. *Regeneração*, 21 de outubro de 1880.

Portanto, erguei ridente a fronte ao infinito!
Erguei, ó grandes bravos, a fronte toda luz!
Eia, a senda é bela, sublime, é grandiosa
Avante, pois, ness'arte, avante, avante, sus!

E agora concluindo palavras pobrezinhas
Que eu pronunciar humilde vim aqui,
Saúdo fervoroso — do imo de minh'alma
A essa tão gentil, simpática "Guarani"!

Outra poesia desse mesmo ano de 1880 que merece destaque é a dedicada à imprensa. O Poeta Negro faz em uma única poesia homenagem a toda a imprensa do Desterro[38]. O texto, a exemplo do que já falamos, continua laudatório, encomiástico, às vezes bajulador. Mas Cruz e Sousa não faz com isso nada incomum: está, como muitos, abrindo caminhos. O poeta a oferece às redações dos jornais *O Despertador*, de José Joaquim Lopes, *Regeneração*, de Félix Siqueira, *O Progresso*, de Hermelino Jorge de Linhares, *O Artista*, de Alexandre Margarida, e ao *Jornal do Commercio*, de José da Silva Cascaes. Sua vida literária se ligaria a esses jornais: seria colaborador assíduo de todos eles. Como um recitativo, ou seja, poesia criada para a declamação em público, *À imprensa* tinha versos dessa natureza:

A lâmpada gigantesca
Das glórias do porvir,
Turíbulo majestoso
No mundo a irradir,
É a imprensa um tesouro
E c'roa de verde louro
A fronte do escritor!
É centelha sublimada
Que vem do céu arrojada
À treva dando fulgor!

---

[38] À imprensa, Cruz e Sousa. *Regeneração*, 2 de dezembro de 1880.

Talvez essas inserções artísticas tenham levado Cruz e Sousa a outros voos. Publicando seus textos nos jornais, um período de muita produção desde que estreara em 1879, Cruz e Sousa resolve se associar a Virgílio Várzea e Santos Lostada para criar o seu próprio jornal. Na história da imprensa brasileira um negro ou afrodescendente ter um jornal não era nenhum absurdo entre nós. Destacam-se, entre muitos, Paula Brito, que editou um jornal denominado *O homem de cor*, Ferreira de Araújo, com a *Gazeta de Notícias*, Alcindo Guanabara, com o *Novidades*, Apulcro de Castro, com *O Corsário*, e José do Patrocínio[39], com *Cidade do Rio*, entre outros.

No início dos anos 1880 — precisamente em 1881 — Cruz e Sousa começava a publicar o jornal *Colombo*, um hebdomadário de notícias, cultura e informação. O jornal, ao contrário da informação de Affonso Várzea ("um tabloidezinho manuscritado"[40]), era impresso e redigido por Virgílio Várzea, Santos Lostada, Cruz e Sousa e José Artur Boiteux. Para surpresa nossa, os exemplares existentes hoje, localizados na seção de Obras Raras da Fundação Biblioteca Nacional, no Rio de Janeiro, tem mais produções de Cruz e Sousa do que dos demais autores citados. Além do mais, os jornais trazem no cabeçalho de oferecimento ao jornal *Gazeta de Notícias*, para onde foram destinados, no Rio de Janeiro, a letra firme e inconfundível do poeta[41].

Fato é que o *Colombo*, na verdade, e isto jamais foi aventado pelos biógrafos do Poeta Negro, foi o resultado da organização dos caixeiros do Desterro, entre os quais, Cruz e Sousa, Santos Lostada e José Artur Boiteux. A chefia do grupo então era de Santos Lostada, a essa época assinando suas produções com o pseudônimo de Severo Lima. O jornal circulou de 7 de maio a 24 de setembro de 1881, regularmente, onde também colaboravam Juvêncio de Araújo Figueredo, que trabalharia na imprensa principalmente como tipógrafo, Horácio de Carvalho, que divulgou alguns contos apreciáveis, João Adolfo Ferreira de Melo, José Rodrigues Prates e Henrique Boiteux, irmão de José, que se tornaria um grande historiador militar.

---

[39] LOPES (2004, p. 328).

[40] Matéria publicada no jornal *Correio da Manhã*, de 20 de agosto de 1955.

[41] Dois desses exemplares localizam-se na Biblioteca Central da UFSC.

Aí publicou José Boiteux o seu primeiro artigo. A informação é dele mesmo. Intitulava-se "Roma" — de acordo com a informação de Henrique da Silva Fontes — e tinha por epígrafe, "Roma, aquela robusta e áspera Roma dos tempos heróicos e das grandes façanhas já não existia", que a pena de ouro que Rebelo da Silva engastara numa das suas páginas modelares". O jornal, no entanto, não foi o órgão dos caixeiros, que só no ano seguinte publicariam, aí sim, o seu órgão da classe, *O Caixeiro*, que circulou de 1882 a 1883. Boiteux escrevia pelas iniciais J.A.B. ou pelo pseudônimo Silvino Pons. Aí publicou uma série de artigos dedicados, todos, aos amigos: o primeiro oferecido a Severo Lima (Santos Lostada); o segundo, a Heraclitus (na verdade, Cruz e Sousa); o terceiro, a Manuel Bernardino Augusto Varela; o quarto, a João Praxedes Marques Aleixo; o quinto, ao padre José Leite Mendes de Almeida; e o último, a José Cândido de Bessa.

As primeiras grandes experiências literárias, na verdade, Cruz e Sousa começou a tê-las neste pequeno jornal, *Colombo*, que tinha o formato de tablóide, impresso com grandes clichês na primeira página. Em suas páginas divulgou textos fundamentais para o seu desenvolvimento literário e jornalístico, como a narrativa *Margarida*, de que se conhecem hoje apenas três capítulos[42], um poema canhestro intitulado *A Vida*, e uma longa poesia declamatória que ele escreveu em homenagem ao decênio da morte do poeta baiano Castro Alves. A veia abolicionista manifestada através do grande poeta baiano, morto precocemente e autor de *Vozes d'África*. Em uma de suas estrofes diz o Poeta Negro: "Foi Deus que disse: — Poeta, / Vem decantar a meus pés. / Na eternidade há mais luz, / Dão mais valor ao que és. / Se lá na terra tens louros, / Receberás cá tesouros / De muitas glórias até! / Terás a lira adorada / C'o divo plectro afinado / De Dante, Tasso e Garrett!". De todas essas obras, apenas esta última peça consta de sua obra completa, na edição preparada pela editora Nova Aguilar.

O poema *A Vida*, inédito em livro do autor, ao contrário de outras obras desse período e desse mesmo jornal, mas citado por Raimundo Magalhães Júnior em sua conhecida biografia sobre Cruz e Sousa, saiu na edição do *Colombo* de 21 de maio de 1881, e aqui

---

[42] Margarida, subintitulado "Sorrisos e lágrimas de Margarida", era uma tentativa de romance, divulgado como folhetim, interrompido devido ao fim da publicação do jornal.

a damos pela primeira vez a sua redação na íntegra, para conhecimento dos leitores:

> A vida tem perfumes, encantos quando a alma
> Tem crenças sorridoras, brilhantes no porvir!
> E quando nossos olhos erguendo p'ros espaços
> Lá vemos divos astros serenos refulgir!!...
>
> A vida tem perfume, tem mágicas fragrâncias
> Se os anos correm ledos, repletos de prazer
> Se nossos belos sonhos, doirados, cambiantes
> Não são vãs utopias que cedo vão morrer!
>
> A vida tem perfumes s'em verdes primaveras
> A taça não libamos das acres ilusões!
> Se nossa mãe prezada à campa não arrojam
> Os hórridos fantasmas, os pávidos tufões!
>
> A vida tem perfumes... é bela como o lírio
> Que ledo se debruça no lago todo azul,
> Se a alma não manchamos nos flácidos enleios
> Nas báquicas vertigens, mais negras q'o paul!
>
> A vida tem perfumes, tem célicos odores
> O gozo mais supremo, febril, fascinador!
> É quando nossas almas em santa luz banhadas
> Se prendem delirantes ao puro e doce amor!
>
> A vida tem perfumes é quando a mocidade
> Buscando das ciências a grande e diva luz
> Jamais acha no mundo enormes mil barreiras
> Jamais carrega aos ombros de mártir uma cruz!
>
> A vida tem perfumes se nossos lábios cálidos
> Pousamos, cetinosos, nuns lábios de mulher!
> Se os vastos horizontes gentis de nossa pátria
> Ornados sempre forem de brando rosicler!!....

> Porém se a desventura nos curva, nos esmaga
> Se sobre nós seu gládio arroja o Redentor!
> Sentimos pela fronte os gélidos palores...
> Morremos inda moços sem risos... sem amor!

O poema trazia a assinatura completa do poeta, como poucas vezes se repetiria, João da Cruz e Sousa, e era datado de 20 de abril de 1881, um mês antes da sua divulgação. O *Colombo* foi uma ótima escola jornalística para o poeta catarinense. Com exceção da homenagem ao poeta baiano, de resto notamos que grande parte do jornal, como dissemos, tem o fluxo da pena do poeta. A predestinação às letras estava ali colocada, de maneira nobre e com certo estilo.

Desperta também grande interesse a narrativa ou tentativa de romance *Margarida*, que o poeta publicou nesse jornal e sobre a qual existem poucas informações. Poucos são os pesquisadores que se detiveram a tratar dela em seus estudos. Mesmo biógrafos, como Raimundo Magalhães Júnior, pouco ou nada acrescentaram sobre este trabalho da juventude do poeta. Desta forma, no entanto, *Margarida*, assim como outros textos, a exemplo do citado poema *A Vida*, transcrito acima, permanecem até hoje fora da obra completa do poeta.

No momento atual não se justifica mais não incluí-la no *corpus* da obra definitiva do Poeta Negro. Os leitores só conhecem hoje dois capítulos dessa narrativa, dois deles graças ao empenho de Iaponan Soares, que as divulgou em um trabalho publicado em 1998 com o título *Dispersos*, que incluiu poemas e prosas inéditos de Cruz e Sousa.

Iaponan Soares diz que localizou os dois primeiros capítulos, publicados na edição do jornal *Colombo* de 14 e 21 de maio de 1881, pois os mesmos pertencem ao acervo da Biblioteca Central da UFCS. De acordo ainda com o estudioso, o jornal tinha 28 x 19 cm, o que facilitou o seu desaparecimento, já que outros números foram publicados, impedindo um estudo completo da participação literária de Cruz e Sousa naquela publicação, bem como dos seus outros colaboradores, entre os quais Virgílio Várzea, Santos Lostada e José Artur Boiteux.

O primeiro capítulo, de 14 de maio de 1881, traça um perfil da jovem Margarida, uma mulher que vive solitária numa pequena choupana, guardada por seus cães fiéis, Cérbero e Leão, com seus enleios;

no segundo capítulo, da edição de 21 de maio, ela, "embebida em ver, em admirar os aurifulgentes arrebóis de que se orna a sidérea cúpula", é surpreendida pela presença de um caçador, de nome Jorge, a quem depois de certa hesitação dá guarida para uma hora de repouso. Nasce daí um grande amor, despertado nos dois a partir dos olhares trocados "mas mais ardentes, mais vivos, mais vertiginosos", que a faz corar e levemente morder "o lábio inferior"[43].

Numa consulta à coleção desse jornal existente na Biblioteca Nacional, deparamo-nos com os dois exemplares citados e localizados por Iaponan Soares na Biblioteca Central da UFSC, e, além deles, um terceiro número de 28 de maio, que é peça nova e dá sequência à terceira parte da narrativa, que continuava nesse tom romântico: " — A minha pátria, o meu berço é a verde relva das campinas, é o espaço que nos cobre, é o mundo, enfim!". Em outra passagem descreve o autor o estado de Margarida, já refeita de sua "explosão de pranto": "Ah! era a primeira vez depois que se entregara à vida alegre de pastora que ela chorava, que dava imensa expansão às suas lágrimas. Sim, chorou e chorou muito". Além de divulgar novos escritos, muitos ainda fora da obra definitiva do Poeta Negro, como o texto *Trevas e Luz*, publicado em duas partes, concluído na edição de 21 de maio e *Colombo* de muita importância no início da vida literária do autor. Citado por Raimundo Magalhães Júnior, o artigo Trevas e Luz fala da imprensa como a "principal mensageira de feitos notáveis, precursora do progresso". É também um texto que fala de liberdade, quando diz: "A própria lágrima que rola dos cílios da mãe extremosa, quando vê seu filho inanimado, morto no féretro, deve ser livre!". O texto da narrativa *Margarida* nos mostra que, se o jornal circulou, como nos informou Henrique da Silva Fontes, até setembro, é bem provável que o romancete tenha sido integralmente divulgado e, infelizmente, consumido pelas poeiras e pelas traças.

Poderia ter sido assim o ano seguinte, de 1882, não fosse pela morte do poeta Juvêncio Martins da Costa, amigo do Poeta Negro. Três manifestações, pelo menos, conseguimos alcançar sobre o falecimento deste que foi redator do jornal *Regeneração* e deputado à

---

[43] Cruz e Sousa. Margarida — sorrisos e lágrimas de Margarida. *Colombo*, 14 e 21 de maio de 1881; respectivamente.

23ª Assembleia Legislativa Provincial, eleito no ano anterior à sua morte. Dos três registros apanhados sobre Juvêncio Costa, um é o emocionado artigo do poeta Carlos de Faria, publicado em *O Caixeiro*, de 15 de outubro de 1882. Neste artigo, o poeta fala da lúgubre notícia que "percorre as plagas catarinenses":

> Triste acontecimento!... A nós que presenciamos a atribulada vida de Juvêncio, e que o vimos sumir-se dentre nós como um meteoro no espaço, cabe-nos derramar nossas copiosas lágrimas sobre a lousa que cobre o seu idolatrado corpo. Choremos, pois, a morte do amigo, porque um bom amigo é um meu irmão.[44]

Em outra passagem, fala do altruísmo do morto, lembrando de feitos que muito justificam as homenagens prestadas:

> Maldita sentença é a morte!... Lamentemos, pois a sua morte, e registremos nas páginas da nossa história o seu nome e o ato de generosidade que ele praticou poucas horas antes de sucumbir-lhe a vida, cooperando para a liberdade de um escravo. Foi amante da liberdade, até a morte! Dorme, amigo!... Talvez que breve eu vá fazer-te companhia!...

Afora a assustadora premonição, sobre sua morte precoce (ocorrida em 1890), Carlos de Faria manifesta-se, contudo, como abolicionista ferrenho que era, fato que o ligava indelevelmente a Cruz e Sousa.

A outra manifestação localizada sobre a morte de Juvêncio Martins Costa é do professor e poeta Wenceslau Bueno de Gouveia, publicada pelo jornal *Regeneração*. A nota de Bueno de Gouveia tem um tom parecido com a de Carlos de Faria.

> E ao lado desse nome saudoso gravemos em singelas letras, regadas pelas lágrimas da amizade, o ato com que se despediu da vida o nosso generoso amigo, escrevendo ele próprio a carta que pediu

---

[44] Citado por MOELLMAN (1994, p. 156-157).

para a liberdade de um escravo. Coitado! Dava liberdade à vida que aqui ficava forte, no momento em que a própria vida perdia!⁴⁵

Outro que também se deteve da morte de Juvêncio Martins Costa foi o próprio Cruz e Sousa e sua homenagem fixou-se na forma de um soneto; aliás, mais uma peça esquecida da sua obra poética, não pela sua duvidosa qualidade estético-literária, mas pela falta de critério dos seus estudiosos, que nem ao menos o citam de passagem.

Este soneto, publicado na edição da *Regeneração* de 12 de outubro de 1882 (Juvêncio Martins Costa morreu no dia 10), traz uma epígrafe de uma texto de Álvares de Azevedo, extraído de *Orações fúnebres*: "E a ti que sentias como poeta, à quem talvez o gênio matou num beijo de fogo, à quem Deus daria na existência a coroa mística dos amores, a glória suas, as noites seus perfumes, as luas suas lâmpadas de ouro — Boa Noite!!", vindo logo abaixo o texto, num canto de coluna da segunda pagina daquela edição:

> A alma de Juvêncio foi suspensa
> Da tarde no arrebol... suavemente...
> Perdendo-se veloz — alistridente
> Nos páramos azuis, na esfera imensa!
>
> Após tardo viver em sombra densa
> E sempre a burilar no crânio ardente,
> Depôs o aluvião — a pena ingente
> O nobre lutador! — Fatal sentença!...
>
> Enquanto o corpo seu na sepultura
> Dos vermes faz enfim, já carcomido,
> Fartando-se de horror, de noite escura,
>
> Su'alma, seu espírito, — fundido
> Dos gênios imortais na luz que apura,
> Altivo há de passar — soberbo, erguido!!

---

⁴⁵ Wenceslau Bueno de Gouveia. *Regeneração*, 12 de outubro de 1882.

O soneto, dedicado "À memória de Juvêncio Martins da Costa", escrito no calor da despedida do amigo e datado do próprio dia da sua morte, é uma das muitas colaborações de Cruz e Sousa para *Regeneração*, todas em versos. Dentre eles, no período que vai de 1880 a 1882, relacionam-se *Poesia*, oferecido à Diretoria da Sociedade Musical Guarani, *Saudação*, oferecido à Sociedade D. P. Fraternal Beneficiente, *À Imprensa*, oferecido às redações dos jornais *Despertador*, *Regeneração*, *Progresso*, *Artista* e *Jornal do Commercio*, citando seus respectivos proprietários e editores, *Entre Luz e Sombra* e *Sete de Setembro*.

O poeta, genialmente, soube se posicionar e driblar as situações de preconceito, o que o permitiu alçar voo ainda maior, colocando-se entre os intelectuais e escritores emergentes daquele período da literatura desterrense. O desembargador Henrique da Silva Fontes, em suas pesquisas nos arquivos e periódicos catarinenses, revela histórias e informações sobre esse período da vida do poeta. Talvez em função dessas "aparições" públicas tão destacadas, o poeta tenha conquistado algum prestígio no lugar (e também atraído certas inimizades). Era convidado para integrar agremiações artísticas, das quais participavam velhos e moços. Talvez servisse de mera curiosidade, entre os grandes nomes da cidade, por ser filho de ex-escravos e pobre. Em novembro de 1881, lembra o pesquisador, atua em uma "sociedade literária", o Grêmio Literário Catarinense Oliveira e Paiva, constituída por iniciativa do capitão-de-mar-e-guerra Antônio Ximenes Araújo Pitada, presidente fundador, já conhecido do jovem poeta e muito respeitado pela população, e pelos chefes da política local. A entidade tinha como vice-presidente o professor Wenceslau Bueno de Gouveia, que também era poeta e foi do Ateneu Provincial, além de Henrique Boiteux e José Artur Boiteux, irmãos e ex-alunos daquele educandário, Manoel dos Santos Lostada, João Praxedes Marques Aleixo e o próprio Cruz e Sousa, nomeado orador do evento. Todos se conheciam, o penúltimo era condiscípulo do Poeta Negro no tempo do Ateneu, e o patrono do grêmio (a essa época falecido) era ninguém menos que o padre que o batizou, nos idos de 1862, na Igreja Matriz.

O Poeta Negro foi, aos poucos, conquistando bons conceitos entre os literatos catarinenses. Os convites se multiplicavam. Todos o conheciam, não só pelos progressos nos antigos bancos escolares, como já vimos, mas também pela ousadia do filho do ex-escravo

Guilherme de Sousa, que devia estar bastante orgulhoso do garoto, escrevendo em jornal e falando para os poderosos ouvirem.

O aniversário, em setembro de 1882, da Independência do Brasil também foi motivo de comemorações. Cruz e Sousa, mais uma vez, esteve entre os oradores. Encabeçava a relação dos participantes velhos conhecidos seus: José Olímpico Cardoso da Costa, José da Silva Cascaes, Cândido Melquíades de Sousa, João Francisco Duarte de Oliveira e Carlos Guilherme Schmidt. A partir daí foi constituída uma comissão geral de cerca de 60 membros: comissão popular, comissão comercial, comissão de funcionários públicos, comissão militar, comissão artística, comissão de ornamentos e comissão de oradores. O nosso biografado foi escalado para esta última comissão. Só para se ter uma ideia, faziam parte os seguintes "homens feitos"[46]: Dr. Pedro Gomes d'Argolo Ferrão, José Delfino dos Santos (irmão do poeta Luiz Delfino), Cônego Joaquim Elói de Medeiros (que autorizou o seu ingresso como aluno no Ateneu Provincial), o abolicionista Eliseu Guilherme da Silva (um dos donos da *Regeneração*), José Ramos da Silva Júnior, Francisco Tolentino Vieira de Sousa, Eduardo Nunes Pires, Eufrásio José da Cunha, Manoel Bernardino Augusto Varela, Antônio Ximenes de Araújo Pitada, Presalindo Lery Santos, Horácio Nunes Pires, Alfredo Teotônio da Costa, Juvêncio Martins da Costa (que, como já vimos, faleceria em seguida) e Wenceslau Bueno de Gouveia. A imprensa deu toda a divulgação possível ao evento e publicou textos em verso e prosa dos participantes. Cruz e Sousa divulgou, na *Regeneração*, o poema *Entre luz e sombra*, texto de propaganda da abolição, que trazia a epígrafe em latim, o que se tornou uma de suas características, "Libertas lux Dei".

Este poema faz uma associação, pela primeira vez, entre política e abolicionismo, que irá marcar nos anos seguintes a sua atuação pública. Cruz e Sousa se sentia seguro de si, fortalecido, cheio de autoestima, o que deixava transparecer nos seus escritos. Circulava bem no meio social, era cumprimentado nas ruas. A sociedade branca reparava nele, era bem observado. Vestia-se impecavelmente, com apuro formal, à francesa, feito um dândi. Diz Araújo Figueredo em suas memórias inéditas, que por volta de 1881 Cruz

---

[46] FONTES (Op. Cit., p. 96).

e Sousa "era caixeiro-cobrador e mesmo de balcão", e trajava "um fato muito unido ao corpo, de cor clara e salpicos azuis e amarelos, ei-lo com uma rosa à lapela e a sua indispensável bengala de junco, dependurada à curva do braço esquerdo"[47].

O poema abaixo, de Cruz e Sousa, vale a pena ser reproduzido para quem não tenha nas estantes de casa a sua obra completa, em que ele pode ser encontrado.

> Surge enfim o grande astro
> Que se chama Liberdade!...
> Dos sec'los na imensidade
> Eterno perdurará!...
> Como as dúlias matutinas
> Que reboam nas colinas,
> Nas selvas esmeraldinas
> Em honra ao Celso Tupã!...
>
> Eram só cinéreas nuvens
> Os brasíleos horizontes!
> Curvadas todas as frontes
> Caminhavam no descrer! —
> As brisas nem murmuravam...
> Os bosques nem soluçavam...
> Os peitos nem se arroubavam...
> — Estava tudo a morrer!...
>
> De repente, o sol formoso
> Vai as nuvens esgarçando.
> As almas vão palpitando,
> Cintilam magos clarões!...
> E o índio fraco, indolente
> Fazendo esforço potente
> Dos pulsos quebra a corrente,
> Biparte os acres grilhões!...
> Por terra tomba gemendo

---

[47] FIGUEREDO (op. Cit.)

Em vão, atroz servilismo...
Rui a dobrez no abismo...
Eis a verdade de pé!...
Enfim!... exclama o silvedo
Enfim!... lá diz quase a medo
Selvagem, nu Aimoré!...

Assim, Brasília coorte,
Falange excelsa de obreiros,
Soberbos, almos luzeiros
De nossa gleba gentil,
Quebrai os elos d'escravos
Que vivem tristes, ignavos,
Formando delas uns bravos
— P'ra glória mais do Brasil!...
Lançai a luz nesses crânios
Que vão nas trevas tombando
E ide assim preparando
Uns homens mais p'ro porvir!
Fazei dos pobres aflitos
Sem crenças, lares, proscritos,
Uns entes puros, benditos,
Que saibam ver e sentir!...

Do carro azul do progresso
Fazei girar essa mola!
Prendei-os sim, — mas à escola
Matai-os sim, — mas na luz!
E então tereis trabalhado
O negro abismo sondado
E em nossos ombros levado
Ao seu destino essa cruz!!...

Fazei do gládio alavanca
E tudo ireis derribando;
Dormi, co'a pátria sonhando
E tudo a flux se erguerá!

> E a funda treva cobarde
> Sentindo homérico alarde,
> Embora mesmo que tarde
> Curvada assim fugirá!...
>
> Enfim!... os vales soluçam
> Enfim!... os mares rebramam
> Enfim!... os prados exclamam
> Já somos livre nação!!...
> Quebrou-se a estátua de gesso...
> Enfim!... — mas não... estremeço,
> Vacilo... caio, emudeço...
> Enfim de tudo inda não!!...

Próximo da divulgação dessa poesia, a 10 de setembro de 1882, o jornal *Regeneração*, nessa época dirigido por Eliseu Guilherme da Silva, líder do Partido Liberal, publicava outra produção do vate negro, com o título de *Sete de Setembro*, uma espécie de continuação da outra produção divulgada. Como o texto é longo (Cruz e Sousa nesse período de ebulição poética e artística compunha poesias extensíssimas), só vamos divulgar dois trechos, em um dos quais ele exalta o patrocinador da Lei do Ventre Livre, o Visconde do Rio Branco, sem deixar de tecer críticas ao sistema escravagista. Ou seja, é o tema da abolição presente em suas preocupações literárias e poéticas.

> Mas embora, meus senhores
> Se festeje a Liberdade,
> A gentil Fraternidade
> Não raiou de todo, não!...
> E a pátria dos Andradas
> Dos — Abreu, Gonçalves Dias
> Inda vê nuvens sombrias,
> Vê no céu fatal bulcão!...

Já aqui ele cita o Visconde do Rio Branco, propugnador da nova lei, que é, afinal, de 21 de setembro de 1871.

Muito embora Rio Branco,
Esse cérebro profundo
Que passou por entre o mundo,
Do Brasil como um Tupã!...
Muito embora em catadupas
Derramasse o verbo augusto,
Da nação no enorme busto
Inda a mancha existe, há!...

Ao longo dessa poesia, vai citando heróis e celebridades a torto e a direito, com o intuito de falar de liberdade. Não passam despercebidos a ele os brasileiros Carlos Gomes, Quintino Bocaiúva e o "Egrégio Tiradentes", nem os "Patrióticos acentos". Nessa onda de citações refere-se às "façanhas de Cabrito", Waterloo, Guttemberg, entre outros.

Tomando parte dessas atividades como convidado, Cruz e Sousa ocupa os mesmos espaços dos homens públicos e poderosos, que detem mandatos legislativos ou executivos. Em dois eventos de que participa, declamando seus textos poéticos, o presidente da província também ocupa uma cadeira como observador, além do chefe de polícia, dirigentes educacionais, donos de jornais, escritores renomados e teatrólogos.

Os jornais destacam sua presença, realçando sua participação, sem deixar de nomear os figurões presentes. O aniversário da Independência de 1882 foi um verdadeiro sucesso. Os versos exaltados de Cruz e Sousa talvez tenham a ver com as notícias saídas nos jornais, que diziam "ter sido apresentado à comissão dos festejos do dia 7 de setembro o plano para a formação de uma sociedade que tenha por fim solenizar o dia da Independência do Brasil, libertando todos os anos um ou mais escravos", além do que "todo homem que tiver alma e um pouco de ilustração, quer seja nacional quer estrangeiro, terá orgulho de pertencer a uma sociedade que tem por fim comemorar o grande dia da Pátria, restituindo a essa mesma Pátria alguns filhos que jaziam no cativeiro, fazendo de um escravo um cidadão"[48].

---

[48] *Regeneração*, 14 de setembro de 1882 in FONTES (Op. Cit., p. 101).

Pelo ano de 1882, Cruz e Sousa adotara um dos seus primeiros pseudônimos: Heráclito[49]. Proliferam na imprensa da província textos seus assinados com esse pseudônimo. A totalidade destes textos não consta de sua obra definitiva, publicada nos últimos anos. Algumas publicações esparsas, lançadas recentemente, reproduzem alguns destes textos[50]. Mas a totalidade permaneceu, como já disse, intocada. Os jornais *Província, O Caixeiro, Regeneração* e *Matraca* foram alguns da terra natal em que ele usaria o pseudônimo de Heráclito; na capital do país, o Rio de Janeiro, ele voltaria a usar o mesmo pseudônimo, ao menos em *Novidades*.

Em *Matraca* publicaria uma crônica sobre assuntos do dia-a-dia, numa coluna intitulada *Matracadas*, que o jornal já mantinha, desde sua fundação[51], em 1881. O texto tem o título de *Fiasco* e ocupa cerca de três colunas da tiragem que saiu no dia 22 de junho de 1882, falando, em princípio, de atividades desenvolvidas no Teatro Santa Isabel.

Afora o uso de pseudônimos, quatro anos após ter estreado, em 1879, Cruz e Sousa já tinha a intenção de se manter no anonimato. De qualquer maneira, este foi, certamente, um ano bem produtivo. Em 1882, jornais, como *Província*, anunciam que alguns jovens da capital, entre estudantes e empregados do comércio, propuseram-se a solenizar o sexagésimo primeiro aniversário do "talentoso arcipreste Joaquim Gomes de Oliveira Paiva, catarinense ilustre". Cruz e Sousa era um desses jovens. A solenidade anunciada nas páginas do jornal previa uma extensa programação, com detalhes sobre o festejo, que incluía, inclusive, "grande passeata *aux flambeaux*", fogos, retratos do arcipreste Paiva e iluminação. O jornal divulgou poemas de diversos autores inclusive Cruz e Sousa. Na edição de 12 de julho de 1882, publicava um soneto com a chamada "Por ocasião dos festejos em homenagem ao sexagésimo primeiro aniversário natalício do eloquentíssimo tribuno sagrado,

---

[49] Heráclito (504-500 a. C), autor do livro *Sobre a natureza*, eminente pensador pré-socrático nasceu em Éfeso, cidade da Jônia, de família que ainda conserva prerrogativas reais (descendentes do fundador da cidade). Seu caráter altivo, misantrópico e melancólico ficou proverbial em toda a Antiguidade. Recusou-se a intervir na política. Manifestou desprezo pelos antigos poetas, pelos filósofos de seu tempo e até pela religião.

[50] Ver a esse respeito Iaponan Soares e Zilma Gesser Nunes in CRUZ E SOUSA (1998, pp. 42 e 121).

[51] Catálogo dos Jornais Catarinenses (1850-1989). Organização Biblioteca Pública do Estado de Santa Catarina, Governo do Estado, 1990, p. 90.

Joaquim Gomes d'Oliveira Paiva", com a epígrafe: "Há vultos tamanhos que não / Cabendo no globo, vão quedos / Mas solenes, refugiar-se na campa. / Daí embuçam-se num manto infinito / de Glórias?..."

O soneto completo:

> Minh'alma está agora penetrando
> Lá na etérea plaga, cristalina!
> Que música, meu Deus, febril, divina
> Nos páramos azuis vai retumbando!
>
> Além, d'áureo dossel se está rasgando
> Custosa, de primor, esmeraldina
> Diáfana, sutil, longa cortina,
> Enquanto céus se vão duplicando!
>
> Em grande pedestal marmorizado
> De Paiva se divisa o busto enorme
> Soberbo como o sol, de luz c'roado
>
> De um lado o porvir — Anteu disforme
> Dos lábios faz soltar pujante brado
> Hosanas! não morreu! apenas dorme.

Em 14 de julho, publicava outro soneto, igualmente dedicado "ao sexagésimo primeiro aniversário natalício" do padre Oliveira e Paiva[52]. O soneto era uma variação, quase uma sequência temática, do citado acima. Sobre Oliveira e Paiva, Cruz e Sousa, seu admirador ardoroso, publicaria ainda um texto em prosa, também esquecido pelos biógrafos, com exceção de Iaponan Soares[53]. Neste artigo em prosa, publicado no *Jornal do Commercio* (talvez um outro artigo tenha sido divulgado na *Regeneração*, no mesmo período), Cruz e Sousa fala do dia 12 de julho, data natalícia do padre que o batizou. Como o texto não consta de sua obra completa, citaremos aqui alguns de seus trechos mais importantes:

---

[52] A Obra Completa, edição Nova Aguilar, 1995, não dá a data da publicação, quando se refere ao soneto à página 849, intitulada Notas e variantes.

[53] Iaponan Soares e Zilma Gesser Nunes (Op Cit, p. 117).

> É preciso que o povo catarinense erguendo-se do fatal marasmo, tão lépido como o Lázaro da Escritura, fazendo um esforço hercúleo, estranho, quebre os ferruginosos grilhões que o entorpecem, exulte revérbero: — o nome de — Oliveira e Paiva.

Em outro trecho, diz o exaltado escritor, jornalista e poeta sobre as preferências oratórias do sacerdote ilustre:

> Quem, por último, não conviveu com esse irmão de Mont'Alverne, Vieira, Anchieta, Souza Caldas, Patrício Moniz e tantos outros?...
> Não há negar pois, que o povo Catarinense seria por demais ingrato, se envolvesse no espesso manto do olvido esse dia tão faustoso que trouxe ao mundo o grande, o Messias querido que gravou seu nome, com letras indeléveis, eternas, nos corações verdadeiramente patrícios.
>
> Para nós que, se resolvemos o humilde e pequenino cinerário da história, não encontramos muitos vultos tão ilustres como o do exímio pregador Oliveira e Paiva, não é mistério, é prova mesmo de adiantamento, de progresso, fazer uma homenagem como a que se acaba de preparar.

E assim ele segue, como se ele próprio estivesse pregando, como muitas vezes deve ter assistido, na Igreja Matriz, ao arcipreste pregar para a sua enorme assistência. Outro que também publicou um texto sobre o padre no jornal *Província* foi Santos Lostada, que iniciava-se com os dizeres: "nascer é encalhar a vida; e viver não é vegetar", assinados com o pseudônimo de Severo Lima.

Outro jornal para o qual Cruz e Sousa colaborou foi *O Caixeiro*, no qual divulgaria uma série de textos, sobretudo poesias, uma das quais dedicada ao "distinto amigo e talentoso jovem José Artur Boiteux". A poesia intitulada "Away!"[54], já bastante divulgada e inclusa na obra completa de Cruz e Sousa na seção *Dispersos*, do *Livro Derradeiro*, era uma espécie de recitativo. Um dos trechos finais desta poesia tem estas estrofes:

---

[54] *O Caixeiro*, Desterro, 26 de novembro de 1882.

Vai... vai rasgando, percorrendo os ares,
Novos palmares[55], meu gentil condor!
Depois de teres pedestal seguro
Lá no futuro te erguerás senhor!...

Qual Ney ousado que, ao vibrar da lança,
Nutre esperança de ganhar, vencer,
Assim co'a idéia vai lutar, trabalha,
Vence a batalha do dinal saber.

Eia que sempre na brasílea história
Da alta glória colherás o jus!...
O livro augusto do porvir descerra,
Sê desta terra precursor da luz!!!

É por demais profético este texto de Cruz e Sousa, escrito quando José Artur Boiteux, nascido em 1865, na Vila de Tijucas, tinha apenas 16 anos de idade. O futuro desembargador, deputado federal e fundador da Faculdade de Direito de Santa Catarina, escritor, historiador, entusiasmava seus próximos pela vivacidade com que defendia suas ideias[56].

Numa passagem de sua palestra sobre José Artur Boiteux, cedida gentilmente por sua filha, Therezinha Fontes, Henrique da Silva Fontes diz que nesse período da vida da Cidade do Desterro, Boiteux era um rapaz de grande vivacidade para o trabalho e as ideias criativas:

> José Boiteux, que possuía recursos e vagares para se entregar aos estudos e a coisas de espírito, brilhava no grupo dos Novos, entre os quais dominavam os empregados do comércio, que são os Comerciários de hoje e que então eram os Caixeiros. Era a classe dos filhos de comerciantes e seus futuros sucessores, que não precisavam aprender ofícios mecânicos; era também o cobiçado

---

[55] Cruz e Sousa faz aqui uma alusão ao Quilombo dos Palmares, na divisa de Alagoas, um dos mais importantes, perdendo força com a morte de Zumbi, em 1695.

[56] Ver sobre esse assunto: MARTORANO (1984); e FONTES (1965), reproduzido em *A Gazeta*, de 8 de dezembro de 1965.

refúgio dos que, não podendo tentar função pública civil ou militar, não tendo vocação para os riscos do mar, nem tendo meios para estudo, desejavam qualquer margem para ocupações intelectuais. Com os Caixeiros, que se vestiam bem, que constituíam classe bem organizada e que faziam movimentos assemelháveis aos dos atuais Universitários, confraternizavam os estudantes de preparatórios.[57]

---

[57] FONTES (Op. Cit., p. 5).

NA COMPANHIA DO TEATRO

Foi nesta situação de prestígio que Cruz e Sousa encontrou Francisco Moreira de Vasconcelos com a trupe da Companhia Dramática Julieta dos Santos, no fim de 1882. Muito embora Cruz e Sousa já conhecesse a atriz desde 1879, tendo ela aí feito a sua estreia no palco da cidade, o seu deslumbramento pela menina-prodígio, como era chamada, só havia aumentado. Em seu livro sobre Julieta dos Santos[58], bastante desconhecido dos pesquisadores e estudiosos do Poeta Negro, Moreira de Vasconcelos assim fala da chegada da genial atriz-mirim na terra natal do Poeta Negro catarinense:

> À 23 desembarcara Julieta onde há mais de três anos na exibição do Delfim recebera o resplandecente e áureo batismo das gambiarras. Regressava à pátria do seu espírito — ao berço da sua intuição artística.

Diz ainda na mesma obra, publicada em Pernambuco, o empresário/poeta/dramaturgo que "Senna Pereira, o velho cronista teatral do Desterro, acendera uns *reclames* pirotécnicos à porta da *Alfaiataria do Bom Gosto* e pelas colunas do *Despertador*" para chamar a atenção do grande público:

---
[58] VASCONCELOS (1884, p. 80).

Fora o suficiente: a Capital com íntimas impaciências de curiosidade e de dúvida, esperava a fenomenal criança para autopsiar-lhe o gênio como se disseca um cadáver.[59]

Informava mais adiante Moreira de Vasconcelos, numa notinha ao pé da página 25, que "o desembarque dessa criança foi logo distinguido com um entusiástico soneto de Heráclito, na imprensa dessa capital, pseudônimo de Cruz e Sousa". O soneto aludido, publicado originalmente em 24 de dezembro na *Regeneração*, jornal em que o poeta se tornara assíduo colaborador, hoje pertencente à Obra Completa do autor, editada pela editora Nova Aguilar, só para recordar, era este:

> Chegou enfim, e o desembarque dela
> Causou-me logo uma impressão divina!
> É meiga e pura como sã bonina,
> Nos olhos vivos doce luz revela!
>
> É graciosa, sacudida e bela,
> Não tem os gestos de qualquer menina:
> Parece um gênio que seduz, fascina,
> Tão atraente, singular é ela!
>
> Chegou, enfim! eu murmurei contente!
> Fez-se em minh'alma purpurina aurora,
> O entusiasmo me brotou fervente!
>
> Vimos-lhe apenas a construção sonora,
> Vimos a larva, nada mais, somente
> Falta-nos ver a borboleta agora!

Causou um verdadeiro *frisson* a presença da menina Julieta dos Santos. Os artistas locais, poetas, jornalistas, políticos, intelectuais, todos, enfim, aqueles que ali pensavam seriamente a cultura, a política, a arte, a educação, todos, sem nenhuma exceção, se puseram aos pés da *petit enfant*, beijando-a muito, numa veneração extremosa. Não havia quem não quisesse chegar perto dela, tocar-lhe a mão,

---

[59] Destaques tirados da página 25.

presentear-lhe com mimos e joias caras, estar no mesmo ambiente daquela pequenina celebridade. Não foram raros os que lhe dedicaram poemas, textos jornalísticos e peças dramáticas teatrais.

Não satisfeito com a publicação de tal soneto, Heráclito volta a atacar agora com um texto em prosa, exaltando os feitos da genial menina na interpretação da peça *Georgeta, a cega*. Publicado há alguns anos por iniciativa do pesquisador Iaponan Soares[60], este texto é, na verdade, uma crítica teatral, um estilo desconhecido da produção intelectual da prosa jornalística do poeta. Nesse artigo[61], Cruz e Sousa se revela um espectador dos mais atentos e fervorosos da jovem atriz gaúcha. Assim, diz ele em determinados trechos que destacamos a seguir:

> Sua voz levemente embaraçada, insinuante, tinha de quando em vez umas vibrações cristalinas; seus alvinitentes bracinhos estendidos ao longo buscavam os tropeços que por acaso houvesse em sua passagem.

E complementava o que, certamente, queria dizer de fato:

> Eu, boquiaberto, estático, vezes colado à cadeira, sentia a algidez de uma estátua de aço, às vezes como impelido por uma mola secreta, estranha, erguia-se insensivelmente sentindo percorrer nas fibras d'alma uns fluidos magnéticos.

Coube a Cruz e Sousa, todavia, esse privilégio, que resultou em uma homenagem a seis mãos (contadas as de Virgílio Várzea e Santos Lostada), com o opúsculo *Julieta dos Santos — Homenagem ao gênio brasileiro*, resultado da reunião dos sonetos e poemas divulgados na imprensa pelos três admiradores e fanáticos entusiastas da expressão teatral da herdeira de Gemma Cuniberti, a italiana que "avassalara a Corte", que provocou a aceleração da versão de *O demônio familiar*, de José de Alencar, para ser representada por ela[62]. Tal foi a sua dedicação, realçada por instâncias feitas talvez pelo próprio

---

[60] SOARES (Op. Cit., p. 121).

[61] Intitulado *Julieta dos Santos*, o artigo assinado por Heráclito, saiu na edição de *O Caixeiro*, de 31 de dezembro de 1882.

[62] MAGALHÃES JR. (Op. Cit., p. 35).

Virgílio Várzea junto a Francisco Moreira de Vasconcelos, que este convidou o poeta para viajar com a Companhia em sua turnê pelo Brasil, na qualidade de ponto[63] ou secretário, com as funções, respectivamente, de *soprar* passagens de textos esquecidos pelos atores e redigir os editais, anúncios e reproduzir, muitas vezes de próprio punho, os textos das peças teatrais para o ensaio dos atores.

Essa história de paixão de Cruz e Sousa pela jovem é uma bobagem. Pois isto seria um verdadeiro absurdo para a época. Como todos os homens do seu tempo, a dedicação à atriz Julieta dos Santos era como uma veneração que um pai tem por sua filha. Afinal de contas, à época da sua passagem por Desterro, Julieta dos Santos tinha apenas nove ou dez anos de idade. E Cruz e Sousa, 20 anos. Cioso de suas responsabilidades, sabia respeitar a família, a moral e os bons costumes. Não seguir este caminho era o mesmo que decretar a sua própria pena de morte como artista e intelectual da palavra. O Poeta Negro, no entanto, dedicou a ela inúmeros textos em prosa e versos, em sonetos bem lavrados pela sua pena que cada vez mais se aproximava dos refinamentos estéticos inerentes à boa literatura.

Mas a maior experiência de tudo isso foram, sem dúvida, as suas viagens pelo país com a companhia de teatro. Experiência única para um jovem, cuja riqueza maior era saber tanger a lira e dominar o vernáculo. O trabalho com Moreira de Vasconcelos, todavia, ajudou Cruz e Sousa a ampliar o seu horizonte com relação à questão da luta antiescravagista. De 1883 a 1886, saem da pena as peças que marcariam o poeta no campo do abolicionismo, pois, além de versos como *Escravocratas* e *Vinte e cinco de março*, e do petardo *O padre*, publicado na coleção dos *Tropos e fantasias* (1885), o Poeta Negro catarinense divulgou textos de suas palestras de combate à escravidão, proferidas em muitos rincões do território nacional.

Santa Catarina lhe oferecia pouco para o vão condoreiro do seu estro. A fase que vai de 1879 até essa parte, porém, é marcada por grande presença sua na imprensa catarinense e nos eventos políticos, artísticos, literários e sociais. Nasce desse período, certamente, sua dedica-

---

[63] Em verdade Moreira de Vasconcelos à última hora, ficou sem o secretário e "ponto" da Companhia, Santos Maia, que resolveu ficar no Desterro. Vendo-se na iminência de ficar desfalcado esse serviço, e atento à dedicação de Cruz e Sousa e, mais ainda, a sua formação intelectual, resolveu contratá-lo para substituir o antigo funcionário.

ção à causa abolicionista, a qual defendia, segundo Virgílio Várzea, "como um fanático, na tribuna, em praça pública", em toda parte.

Além da experiência propriamente dita, relacionada com sua fase de escritor e poeta, Cruz e Sousa se relacionou com um sem numero de promissores artistas, jornalistas, poetas, músicos, políticos, empresários, donos de jornais, teatrólogos, pintores etc. No Rio Grande do Sul, fez amigos do porte da escritora Revocata de Melo[64] e frequentou a casa do dramaturgo e abolicionista Artur Rocha, de quem ouviu, em primeira audição, a leitura do drama de propaganda abolicionista *A filha da escrava*, "drama em três atos, de propaganda, expressamente escrito para Julieta dos Santos"[65], encenado no Teatro S. Luís, do Rio de Janeiro, a 20 de setembro de 1883, como afirma o crítico paranaense Wilson Martins, mas representado pela primeira vez em 7 de setembro, no Rio Grande do Sul.

Moreira de Vasconcelos relata em seu livro a passagem da Companhia Dramática Julieta dos Santos nas suas turnês em várias províncias brasileiras[66]. Falando dos seguidos sucessos dos espetáculos apresentados pela jovem atriz, Julieta dos Santos, relatou o dramaturgo em detalhes os fatos, para dizer como se deu o encontro dele, do Poeta Negro e do dramaturgo rio-grandense[67]:

> Aguardavam-na os últimos sucessos daquela província, no Rio Grande. Artur Rocha, conhecido sobejamente pelo seu livro *Teatro, de Artur Rocha*, onde se encontra *Filho Bastardo*, drama em três atos, *Anjo do Sacrifício*, drama em três atos, *Por causa de uma camélia*, comédia em um ato, então, na redação do *Artista*, cedendo às minhas instâncias que lhe iam perturbar aquela molente vadiação de boêmio, comprometera-se a escrever uma peça para Julieta.

[64] Revocata de Melo (1853-1944), escritora sul-rio-grandense, autora de Folhas errantes, publicado em 1882, que ela denominava "fantasias em prosa". À época que conheceu o Poeta Negro editava o jornal Corimbo. Era uma mulher à frente do seu tempo.

[65] MARTINS (1979, p. 161).

[66] VASCONCELOS (1884, pp. 38-39).

[67] Idem.

A nonchalance em que se espreguiçava continuamente, as saltitantes e dispépticas palestras do Club Saca-Rolhas tomaram-lhe todo o tempo. Apertei-o, então, com a instância dum meirinho; os jornais deram notícia do compromisso do grande jornalista rio-grandense; não havia remédio, não podia mais furtar-se ao trabalho, e daí há três dias, às duas da tarde, no seu sobradinho da rua Vileta, eu e o Cruz e Sousa, ouvimos a primeira leitura da *Filha da Escrava*, esse festejadíssimo drama de atualidade, o primeiro de propaganda de quantos possuímos.

Dando seguimento à sua narrativa, que nos faz caminhar passo a passo com as andanças do poeta, continua Moreira de Vasconcelos:

> Ainda não estava em ensaios a última composição do Dumas Brasileiro e já se achava encomendada toda a lotação do 7 de Setembro. Era uma homenagem do público pelo autor dos talvez melhores dramas brasileiros — *Os Filhos da Viúva* e *Deus e a Natureza*, exibidos em todo o Sul do Brasil com um sucesso europeu.
> *A Filha da Escrava* fez mais que sucesso — fez delírio!
> Numa pequena apreciação, à primeira peça de merecimento que Julieta dos Santos mereceu da literatura nacional.
> *A Filha da Escrava* subiu à cena diversas vezes no 7 de Setembro, com os mesmos aplausos e concorrência, sempre.

Artur Rocha endereçou uma carta muito emocionada a Julieta dos Santos, justificando os motivos pelos quais criou a sua peça, tão festejada e aplaudida pelo público e pela crítica. Nela, tratando-a de minha "gentil comprovinciana", falou como o grande abolicionista que era: "Não escrevi um drama: defendi uma ideia". Em outra passagem se defende: um "drama tal como o entende o espírito moderno é uma *obra d'arte*, e para ser completa carece de haver sido executada por quem seja ou tenha merecimentos de mestre".

Num outro tópico de sua carta, datada de 26 de abril de 1883, do Rio Grande do Sul, reproduzida às páginas 39 e 41 do mencionado livro de Moreira de Vasconcelos, diz um convicto Artur Rocha:

> Como brasileiro, que me orgulho de ser, e patriota, pensei em transplantar para o teatro, em forma de drama, alguma das muitas catástrofes que na sociedade e na família, a escravidão está quotidianamente produzindo.
> A Abolição do elemento servil é uma idéia que na atualidade, caminha gigantescamente.

Depois de fazer mais um espetáculo de despedida com a representação do drama em 2 atos, *O Anjo do Lar*, do catarinense Horácio Nunes, "escrito expressamente para a *bambina* do Sul", sendo que o "público e a imprensa recebeu-o friamente", a Companhia Julieta dos Santos voltou a Santa Catarina, representando aí *A Filha da Escrava* e *O Demônio Familiar*, de autoria de José de Alencar. Foram duas "noites de aplausos, de entusiasmo e flores. Um delírio em duas noites"[68].

Artur Rocha causou um grande entusiasmo em Cruz e Sousa. Os dois se tornaram grandes amigos. A revelação dessa particularidade tem uma finalidade precípua: desfazer alguns equívocos sobre a passagem do poeta pelo Rio Grande do Sul, especialmente nesse ano de 1883.

Remando contra a corrente das afirmações formuladas pelo pesquisador Rodrigues Till em sua obra de que "na sua discreta visita ao Rio Grande do Sul, Cruz e Sousa [...] não colheu os louros com que o futuro lhe brindaria"[69], afirmamos com base no valioso livrinho (tem apenas 80 páginas) de Moreira de Vasconcelos que Cruz e Sousa, ao contrário, marcou presença nessa sua passagem pelo sul. Os jornais não só noticiaram-lhe a presença como reproduziram seus escritos. Entre os quais, destacamos *O Artista*, *Eco do Sul*, *Comercial*, *Gazeta Mercantil*, *Diário do Rio Grande*, *Jornal da Tarde*, *Arauto das Letras* (este dedicara cerca de quatro páginas à atriz) e *Maruí* (este reproduziu o retrato de Julieta dos Santos e Moreira de Vasconcelos), de Rio Grande; *Correio Mercantil*, *Nação*, *Onze de Julho*, *Diário de Pelotas*, *Discussão*, *Pervigil* e *Zé Povinho*, de Pelotas; *Reforma*, *Jornal do Commercio*, *Mercantil*, *Gazeta de Porto Alegre*, *Conservador*, de Porto

---

[68] VASCONCELOS (Op. Cit., p. 41).
[69] TILL (1998, p. 40).

Alegre. Além do já citado Cruz e Sousa, em alguns jornais também colaborou seu coestaduano Virgílio Várzea com "uma bela poesia", largamente "apreciada pelo Globo, de Q. Bocayuva"[70]. O Poeta Negro, antes de deixar a terra gaúcha no início do mês de junho, prestou uma justa homenagem ainda a Artur Rocha na noite do seu benefício. Cruz e Sousa ofertou ao distinto dramaturgo uma joia rara. "Pelo ponto da companhia" — noticiou *O Artista*, no dia seguinte — "o Sr. Cruz e Sousa, que também dedicou a Artur Rocha um belíssimo soneto de sua lavra e uma abotoadura de ouro completa"[71].

Este soneto é a peça nova e inédita que faltava na complementação dessa passagem de Cruz e Sousa pelo Rio Grande do Sul no primeiro semestre de 1883. Como já disse, firmando amizade com Artur Rocha pelos ideais abolicionistas que os unia acima de qualquer outra coisa, o poeta catarinense faz publicar, pelas páginas do *Artista*, o soneto dedicado ao amigo, o qual passou despercebido por todos os historiadores e estudiosos que se dedicaram a esse mesmo tema nesse período. Intitulado *Libertas*[72], trazia a epígrafe "Ao insigne dramaturgo e notável publicista Artur Rocha", além da data "Rio Grande, 2 de junho de 83". Ao pé da publicação, o jornal dava esta nota: "Damos em seguida um belo soneto da lavra do talentoso poeta catarinense, o sr. Cruz e Sousa". Eis, todavia, o instigante e inspirado soneto de fundo abolicionista:

> Em face da história, em face do direito
> Em face desse séc'lo que banha-se de luz,
> Eu venho, recordando-vos o prólogo da cruz,
> Trazer-vos a odisséia q'irrompe-me do peito.
>
> É feita de sorrisos, de prantos de crianças
> De cânticos de amor, de brandas alvoradas,
> De cousas alvo-azuis, de nuvens iriadas,
> De pérolas de luz, de rubras esperanças.
> É feita de perfumes e brandos magnetismos,

---

[70] VASCONCELOS (Op. Cit., p. 33).

[71] *Apud* TILL (Op. Cit., pp. 81-82).

[72] Embora esteja fora da obra completa de Cruz e Sousa, o soneto está reproduzido em ALVES (1996, p. 53).

De raios de luar e cândidos lirismos,
De auroras, de harmonias, de sol e de poder!

É feita de justiça, virtude e consciência,
De sãs convicções na máxima eminência:
Chama-se liberdade e é filha do dever!

Não sabemos que repercussão teve a leitura desse poema, mas sabe-se que a homenagem a Artur Rocha[73] foi bastante concorrida.

Depois de retornar a Desterro com a Companhia, e aí, como já mencionei, participar de duas representações, no princípio de julho de 1883 vamos encontrar Cruz e Sousa na província de São Paulo. O poeta percorreu o torrão paulistano andando com a Companhia por várias regiões onde Julieta dos Santos representava, sempre com muito sucesso, os dramas escritos expressamente em seu benefício. A Companhia esteve, então, nas regiões de Santos, onde foi vivamente festejada pelo jornalista Carlos de Afonseca, do Diário de Santos. Em sua passagem, iam sendo acrescidos textos teatrais novos ao repertório da atriz, marcado pela leitura emocionada do poema *O Melro*, de Guerra Junqueiro.

O périplo, devido à falta de um bom teatro na Cidade de São Paulo, seguiu para Rio Claro, Taubaté, Campinas. Nesta cidade, a jovem folhetinista da *Gazeta de Campinas*, Júlia Lopes, escreveu para a atriz gaúcha a peça em um ato *Caminho do céu*. Júlia Lopes, nessa época ainda solteira, iniciava-se na vida literária. Só alguns anos depois, Júlia Lopes de Almeida se tornaria a grande romancista e esposa do poeta e dramaturgo português Filinto de Almeida. Por intermédio do escritor, poeta e jornalista Carlos Ferreira, nascido no Rio Grande do Sul em 1846, que seria um dos primeiros tradutores de Baudelaire no Brasil, e um dos redatores da *Gazeta de Campinas*, Moreira de Vasconcelos foi convidado para a leitura, diretamente com a autora, do novo drama. A Carlos Ferreira, meses depois, seria

---

[73] Em 1885, ao receber uma informação errada, como editor de *O Moleque*, Cruz e Sousa escrevia um artigo intitulado Interjeições da lágrima, no qual lamentava a morte de Artur Rocha. O artigo foi publicado a 17 de maio. Artur Rocha, nascido em 1859, só morreria em 1888, por sinal no mesmo ano da abolição da escravatura.

dedicado um soneto de Cruz e Sousa, com o título de *Metamorfose*[74], datado de "Maranhão, 14 de setembro de 1884".

Só depois dessa passagem pelo interior da província, a Companhia de Moreira de Vasconcelos, a 12 de agosto, parte para São Paulo. Na capital da província, na qual foi representada a peça *Demônio familiar*, de José de Alencar, uma crítica teatral exarada pelas páginas do *Jornal do Commercio*, a esse tempo dirigida por Gaspar da Silva e Raul Pompéia, irritou o diretor da Companhia. Moreira de Vasconcelos diz em seu livro sobre Julieta dos Santos, a respeito desse episódio, o seguinte: a "incapacidade de alguns indivíduos que se arrojam à imprensa, com a audácia de um Bayard e edificam imponderadamente meia dúzia de tolices sob a cápsula artificiosa duma palavrosidade adjetivada".

Disse ainda o diretor, que nessa hora sabia responder a quem merecia:

> Tão inconsciente e assestada encontraram a crítica dessa folha, — dizemos crítica por urbanidade aos autores — que na crônica do Demônio familiar, disse, ela, ter a Companhia levado o drama à cena bastante mutilado...

Moreira de Vasconcelos dedicou, ao longo de várias páginas do seu livro[75], duras palavras contra os tais críticos. Para ele, nada "menos de 15 anos de prática exige o grande Taine para que possa escrever com clareza, elegância e precisão"; a "autoria de Ramalho Ortigão no folhetim português tem-lhe custado trinta e tantos anos de luta"; resumindo que "para cúmulo da nossa já desventurada literatura, o crítico desse espetáculo não conhecia a peça de José de Alencar". Segue em seguida uma descrição de cada ato da peça, que ele diz realmente estar mutilado por uma companhia italiana e acusa os críticos de não ter lido.

Já na sessão de 22 de agosto, no teatro São José, a reação da imprensa, no caso o *Jornal do Commercio*, muda completamente. "A imprensa toda dedicou-lhe artigos muito especiais e o próprio *Jornal*

---

[74] Cruz e Sousa, Metamorfose (*A Carlos Ferreira*). *Diário de Belém*, 1º. de novembro de 1884.

[75] Não confundir o conteúdo deste livro com a divulgação do texto *Perfil biográfico de Julieta dos Santos*, publicado de janeiro a fevereiro de 1883, no *Jornal do Commercio*, do Desterro.

do Commercio, um folhetim de Raul Pompéia". Pena que não localizamos o texto do hoje celebrado autor de *O Ateneu*.

Deixando a capital de São Paulo, rumou a Companhia Dramática Julieta dos Santos para o Rio de Janeiro. Tendo colaborado em diversos jornais daquela cidade, inclusive na Gazeta de Taubaté, sob a direção de Antônio Garcia, ao lado de autores, como Pedro Mibielio, Antonio Freitas, Machado da Silveira, Falcão Júnior, Figueiredo Coimbra, Alfredo Duarte e Joaquim Ribeiro.

Era a primeira viagem de Cruz e Sousa à Corte. O *Diário do Brasil*, de 31 de agosto, noticiou a chegada da jovem atriz por volta das oito horas da noite: "os admiradores da festejada intérprete de *Um biabrete de nove anos* e *Demônio familiar*, acompanhados de uma banda marcial foram esperá-la na estação da E. F. D. Pedro II". Mais adiante: "Ao clarão de fogos de bengalas, estrugir de foguetes e estrepitosas saudações, conduziram-na pelas ruas do Hospício, Regente, Largo de S. Joaquim, Imperatriz e Saúde à residência do Sr. Moreira de Vasconcelos, acompanhados por um grande número de pessoas que não se cansavam de saudar a atrizinha brasileira". Diz ainda o jornal carioca "que tudo terminou às 4 horas da madrugada", em uma grande recepção "à rival de Gemma Cuniberti"[76].

> Em casa de Moreira de Moreira de Vasconcelos, o elegante publicista e amável diretor da Companhia em que trabalha o precoce gênio dramático, falaram, pela comissão, os Srs. Francisco Cabral e Júlio do Carmo.
>
> O Sr. Antônio M. de Vasconcelos recitou um soneto que dedicara à atrizinha e saíra publicado no *Almanak das Senhoras*, redigido pela escritora Guiomar Torresão.[77]

A trupe dramática seguiu para a Cidade de Niterói[78], ocupando o Teatro S. Luís com dois espetáculos, partindo depois para Campos dos Goytacazes "onde havia um veementíssimo desejo de vê-la". Nesta cidade, berço natural do abolicionista José do Patrocínio, o jornal local

---

[76] *Diário do Brasil*, trechos da edição de 31 de agosto de 1883.

[77] *Diário do Brasil*, idem.

[78] Nessa época, os teatros da Corte, o Felix Dramática e o S. Pedro de Alcântara estavam em obras, e os demais ocupados com outras empresas teatrais ou circenses. *Apud* VASCONCELOS (1884, p. 57)

Monitor Campista saudou com entusiasmo as atividades da Companhia. Partiu depois para São Fidélis e Macaé, e em 9 de janeiro de 1884 rumava a Companhia Dramática Julieta dos Santos para a Bahia[79].

O maior destaque da passagem de Cruz e Sousa pelo Rio de Janeiro é o encontro com o amigo Oscar Rosas. Catarinense como ele, Oscar Rosas vivia na capital do Império desde o final dos anos de 1870. Nessa ocasião, Oscar Rosas era aluno do Colégio do Mosteiro de São Bento e redator do periódico *Meteoro*, publicado pelo Grêmio Literário Junqueira Freire, onde se encontram as suas primeiras produções impressas conhecidas, tanto em versos, como em prosa. Os dois já se relacionavam desde os bancos escolares do Ateneu Provincial Catarinense, pois o pai de Oscar era professor de francês, cadeira frequentada com louvor por Cruz e Sousa. No Rio de Janeiro, durante os quatro meses que ficou na cidade, o Poeta Negro acompanhou o amigo por diversas diligências pela capital do Império, visitando escritores, lugares (Oscar Rosas era fanático pela Igreja da Candelária) e redações de jornais e revistas.

Um dos pontos frequentados pelos dois foi a redação do jornal abolicionista *Gazeta da Tarde*, de propriedade do tribuno e jornalista negro José do Patrocínio. A intenção dos visitantes era deixar para apreciação do dono do jornal o livro de Cruz e Sousa, *Cambiantes*. A ideia, certamente pensada por Oscar Rosas, era ter o apoio de José do Patrocínio em uma possível edição em livro. Mas é pouco provável que o jornalista tenha tido tempo de ler o manuscrito do Poeta Negro. O poeta catarinense assim o fizera porque, na verdade, o volume era todo enfeixado de poesias abolicionistas, entre os quais *Na senzala* e *Escravocratas*, só para citar dois dos textos nele incluídos.

Em péssima hora Cruz e Sousa havia procurado José do Patrocínio na redação do jornal *Gazeta da Tarde*. O tribuno negro, naquele momento, só se preocupava com os preparativos de sua primeira viagem à Europa, especialmente a Lisboa. Nenhum assunto era mais interessante do que esse. Suas palestras dentro e fora da redação se concentravam em uma temática só: a viagem.

Em uma carta endereçada a Cruz e Sousa nesse mesmo ano de 1883, logo após o poeta ter deixado a capital imperial com a compa-

---

[79] VASCONCELOS (Op. Cit., p. 57).

nhia teatral, Oscar Rosas narra essa visita à redação do jornal carioca, informando, no trecho que segue, a situação do livro lá deixado:

> Na *Gazeta da Tarde* ficou o teu livro dos *Cambiantes*, quando daqui partiste, entregue ao íntegro Sr. José do Patrocínio; porém, indo esse senhor para a Europa, e na Gazeta ficando esquecido o teu primoroso livrinho, eu, usando do direito que tenho como teu amigo, fui buscá-lo para que sob a minha guarda estivesse longe do alcance dos rapinas que se chamam plagiários.[80]

Este fora um dos primeiros encontros de Cruz e Sousa após a mudança de Oscar Rosas para o Rio de Janeiro em companhia da família, inclusive do pai, o professor João José de Rosas Ribeiro de Almeida, já aposentado do serviço público catarinense, e no Rio de Janeiro de volta à labuta, primeiro no comércio, depois na Companhia São Cristóvão, colocação conseguida graças ao empenho do correligionário e amigo Visconde de Taunay.

A José do Patrocínio, na verdade, não deve ser imputada falta grave por não ter dado a atenção desejada por Cruz e Sousa. Nessa ocasião de sua vida, ele estava especialmente aflito com três situações: a doença, a escritura do seu novo romance *Pedro Hespanhol* e a reforma da *Gazeta da Tarde*. Em uma nota publicada na edição de 13 de novembro de 1883, explica suas razões para se ausentar da nação:

> A necessidade de ver Lisboa e consultar alguns documentos, cujo conhecimento me é imprescindível para o romance Pedro Hespanhol, romance que tenho entre mãos e deve ser publicado nas colunas desta folha, no próximo ano; o estado precário de minha saúde e a urgência de algumas reformas, que pretendo realizar na *Gazeta da Tarde*, resolveram-me a partir para a Europa.[81]

A viagem de Patrocínio deu-se a 15 deste mês, pela embarcação Equateur, não sem antes promover um banquete em que distribuíram-se cerca de 20 cartas de alforria e organizar a vida administrati-

---

[80] Carta de Oscar Rosas a Cruz e Sousa, Rio de Janeiro, 30 de novembro de 1883. Acervo do Arquivo-Museu de Literatura Brasileira da Fundação Casa de Rui Barbosa.

[81] José do Patrocínio. Expediente. *Gazeta da Tarde*, 13 de novembro de 1883, p. 1.

va, financeira e jornalística do jornal fundado pelo mulato Ferreira de Araújo. Antes de embarcar, com grande festividade e assistência, deixou a chefia do jornal com Luiz de Andrade, Júlio de Lemos (que no ano seguinte protagonizaria um bate-boca público com Oscar Rosas, que seria expulso do jornal) e Gonzaga Duque Estrada. Todos sob "a coadjuvação de homens feitos, de reputações aclamadas como os Drs. André Rebouças e Ennes de Sousa"[82]. A parte amena e literária, acompanhando a redação no seu mérito, ficaria a cargo de Cardoso de Menezes e "do imortal ator F. C. Vasques, da distintíssima escritora Délia[83]" — que assinava, na folha, um folhetim de nome Aurélia.

Nesse período, o jornal de Patrocínio era bastante eclético. Entre seus colaboradores, Gama Rosa, Dias da Cruz, B. Lopes, inclusive com textos em prosa, e Campos Porto. O jornal também reproduzia uma narrativa intitulada *Meus anos de cativeiro e liberdade*, assinada por ninguém menos que Frederico Douglas que em um dos capítulos, da edição de 2 de maio, falava sobre a separação da avó.

Este jornal eclético e dinâmico foi que Cruz e Sousa encontrou, vendo no seu corpo, para bem encorajá-lo, outros homens negros e mulatos: o ator Francisco Correia Vasques, B. Lopes e André Rebouças.

O livro *Cambiantes* tem uma curiosidade que vale a pena ser contada. Gestado por Cruz e Sousa desde a época do Desterro, sua feição como livro e a ideia de sua publicação ganharam força com as viagens do Poeta Negro como ponto da Companhia Dramática Julieta dos Santos, dirigida por Moreira de Vasconcelos. Da obra já se vinha falando pelas incursões artísticas que fazia, através da imprensa, quando divulgava algum texto da sua coleção.

O pequeno livro era uma espécie de *Os escravos* de Castro Alves, guardadas, obviamente, as proporções entre um e outro e entre cada época de realização. Eivado de sonetos e poemas de ideais abolicionistas, infelizmente sua edição não foi adiante, sendo abortada logo no início. Porém, algumas peças autógrafas sobreviveram à sanha do tempo inclemente, permanecendo para o testemunho da poste-

---

[82] Idem.

[83] Pseudônimo de Maria Benedita Câmara Bormann (1853-1895), romancista e contista, nome de grande expressão à época, casada com o militar e escritor José Bernardino Bormann, seu tio materno, que chegou a ser Ministro da Guerra, em 1909.

ridade. Uma dessas peças é exatamente o soneto *Escravocratas*, que tem esta redação:

> Oh! Trânsfugas do bem que sob o manto régio
> Manhosos, agachados — bem como um crocodilo,
> Viveis sensualmente à luz de um privilégio
> Na pose bestial de um cágado tranqüilo.
>
> Eu rio-me de vós e cravo-vos as setas
> Ardentes do olhar! — formando uma vergasta
> Dos raios mil do sol, das iras dos poetas,
> E vibro-vos à espinha — enquanto o grande basta
>
> O basta gigantesco, imenso, extraordinário,
> Da branca consciência — o rútilo sacrário
> No tímpano do ouvido — audaz não me soar.
>
> Eu quero em rude verso altivo adamastórico,
> Vermelho, colossal, d'estrépido, gongórico,
> Castrar-vos como um touro — ouvindo-vos urrar!

Dado o tom condoreiro da composição, vê-se logo a influência direta do poeta baiano. Seguindo este mesmo diapasão, outra composição desse livro é mais uma propaganda sobre a extinção do trabalho escravo no país:

Na senzala

> De dentro da senzala escura e lamacenta
> Onde o infeliz
> De lágrimas em fel, de ódio se alimenta
> Tornando meretriz
>
> A alma que ele tinha, ovante, imaculada
> Alegre e sem rancor;
> Porém que foi aos poucos sendo transformada
> Aos uivos do estertor...

De dentro da senzala
Aonde o crime é rei, e a dor — crânios abala
Em ímpetos ferinos;

Não pode sair, não,
Um homem de trabalho, um senso, uma razão...
E sim um assassino!

Outra composição integrante da coleção dos *Cambiantes* é um soneto tido como de abertura do livro e dedicado à mãe do poeta, Carolina de Sousa. *Extremos* foi um soneto resgatado por intermédio de uma carta assinada por Aníbal Soares[84], num armazém do Rio de Janeiro, talvez nas imediações do bairro da Saúde, residência dos pais de Moreira de Vasconcelos, onde provavelmente o poeta ficou hospedado. Apreciemos, então, o soneto do poeta à sua genitora:

A minha doce mãe que desses trilhos vastos
Da vida racional tem sido o meu bom guia.
Dedico, preso à garra atroz da nostalgia,
O meu *buquet* de versos, d'entre uns beijos castos.

A ela, que orgulhosa, impávida resplende.
Seu filho, dá-lhe a alma inteira nos olhares,
A ela que aprimora as curvas singulares
Do amor que unicamente a mãe só compreende.

A ela, que dos sonhos flavos que eu adoro,
É sempre esse ideal querido e mais sonoro
Mais alvo que o luar, mais brando que os arminhos.
Embora sob a cúpula azúlea de outros espaços
Dedico os versos meus — atiro-os aos regaços
Assim como um punhado imenso de carinhos.

---

[84] Aníbal Soares. Cruz e Sousa – Uma carta sobre a vida do poeta. *Gazeta de Notícias*, 13 de dezembro de 1912.

Por intermédio dessa aludida carta, conhecemos como chegaram às mãos de Aníbal Soares algumas das poesias de Cruz e Sousa e ao mesmo tempo a pretensão de chamar a atenção dos "historiadores que no futuro viessem se ocupar do infortunado autor dos *Broquéis*". Ao contar a história do livro *Cambiantes*, Aníbal Soares diz que conseguiu a parte impressa do livro com seu vendeiro, que o teria adquirido como papel de embrulho. Segundo ele, o poeta queria se desfazer dos papéis, por não achar mais oportuna a publicação do seu conteúdo em livro. "Do convívio diário com o poeta Antonio Moreira de Vasconcelos, 'reconheceu Cruz e Sousa que o seu livro *Cambiantes* estava eivado de defeitos e incorreções de métrica e resolveu não concluir a impressão, mandando vender a peso todo o papel impresso, contando trinta e tantos sonetos, além do prefácio escrito por F. Moreira de Vasconcelos'"[85]. Para assegurar a veracidade do que falava deu como prova a transcrição do soneto *Extremos*, informando, contudo, que ele abria o livro e que era dedicado à mãe do poeta catarinense. Na parte impressa, que seria a primeira, intitulada *Sons e tons*, trazia um belo prefácio assinado por Francisco Moreira de Vasconcelos e a dedicatória à mãe, ao poeta Antonio Moreira de Vasconcelos, irmão do dramaturgo, e ao escritor Isidoro de Castro[86], que à época narrada por Aníbal Soares, ou seja, o ano de 1883 ou 1884, escrevia para o jornal *Correio da Europa*, editado em Portugal.

Na *Obra Completa* de Cruz e Sousa existem outros sonetos pertencentes a este livro. O pesquisador Iaponan Soares, que estuda a mais de dois lustros a vida e a obra de Cruz e Sousa, localizou em suas investigações os sonetos *Mãe e filho* e *Os dois*[87], com indicações de que pertenciam à mesma coleção.

O amigo Virgílio Várzea, segundo Soares, pela coluna do jornal *Despertador*, de 29 de outubro de 1884, escrevendo sob o pseudônimo de Alfredo Delóim, registra que o volume teria aproximadamente 300 páginas e "que, pelos espécimes já apreciados, tem merecido urras de aclamação, e é esperado ansiosamente pela imprensa e pelo grande mundo literário brasileiro." A seguir transcreve os sonetos *Escárnio perfumado* e *Satanismo*, já incluídos na obra do Poeta Negro.

---

[85] SOARES (Op. Cit., p. 62).
[86] Idem.
[87] Ambos os sonetos saíram na *Regeneração*, de 21 de junho e 5 de julho de 1885.

Ainda segundo a carta de Aníbal Soares, Cruz e Sousa contratou no Maranhão a publicação da obra, na mesma tipografia em que Moreira de Vasconcelos mandara imprimir o seu poema *O espectro do rei*, de franco ataque ao regime monárquico, com foco direcionado para a figura do imperador D. Pedro II[88].

Não podendo a companhia teatral aguardar mais tempo na Cidade de São Luís, onde Julieta dos Santos se apresentava com grande sucesso, recolheu Cruz e Sousa a parte impressa do livro e o restante dos seus originais. Aníbal Soares diz que o livro era divido em partes[89], sem precisar quais seriam elas.

> Minha mãe, minha mãe, quanta grandeza
> Nesses palácios, quanta magestade;
> Como essa gente há-de viver, como há-de
> Ser grande sempre na feliz riqueza.
>
> Nem uma lágrima sequer — e à mesa
> Dentre as baixelas, dentre a imensidade
> Da prata e do ouro — a azul felicidade
> Dos bons manjares de ótima surpresa.
>
> Nem um instante os olhos rasos d'água,
> Nem a ligeira oscilação da mágoa
> Na vida farta de prazer, sonora.
>
> — Como o teu louco pensamento expandes
> Filho — a ventura não é só dos grandes
> Porque, olha, o mar também é grande e...
>   chora!

---

[88] A Biblioteca Nacional tem no seu acervo de Obras Raras o exemplar desse livro que pertenceu a Cruz e Sousa, que traz a assinatura do poeta na folha de rosto e na última página.

[89] Este não seria o único livro desaparecido de Cruz e Sousa. Outras obras suas foram anunciadas pela imprensa e nunca chegaram à lume. Destacam-se entre eles, Campesinas (sonetos), Coleiros e gaturamos (versos), Baladas e canções (poemas), Cirrus e nimbus (versos), Jambos e morangos (prosa) e Versos modernos. Na contracapa de Tropos e fantasias (1885, de parceria com Virgílio Várzea) ele prometera a edição do romance Os souzas e os silvas, também nunca surgido.

ATUAÇÕES INTENSAS

O périplo da companhia dramática e do Poeta Negro não parava um só instante, pois a cada cidade ou lugarejo se tornava mais intensa e calorosa a viagem, devido à recepção aos artistas, que despertava a curiosidade da população e o interesse de autoridades, intelectuais e jornalistas. Isto na Bahia, onde a passagem da companhia teatral, tendo no centro a figura da bambina Julieta dos Santos, foi "um delírio".

Lá, contrastando com os outros lugares por onde passara, Cruz e Sousa foi distinguido com uma belíssima homenagem pelos clubes abolicionistas Luís Gama e Libertadora Baiana, além de grupos de intelectuais e artistas locais. O poeta, menos pelas suas características raciais, cujo fenótipo era bem conhecido de todos no Brasil oitocentista, e mais pela desenvoltura do intelecto, do comportamento e da maneira de ser, causou grandes impressões ao povo baiano, merecendo da imprensa, principalmente da *Gazeta da Tarde*, da Bahia, deferimento jamais visto, inclusive dando destaque de sua presença através da publicação de anúncios e editais convidando o povo a participar de uma de suas palestras na Cidade de Salvador.

A *premiére* de Julieta dos Santos aconteceu nos palcos do teatro São João, mesmo lugar onde Cruz e Sousa realizou um caloroso discurso, que ficou marcado indelevelmente na memória de muita gente. Aquele negro era diferente, assim pôde concluir o povo baiano e outros tantos personagens que puderam conviver com ele nesse período.

Dois depoimentos, pelo menos, marcam de alguma forma esse período e nos levam a entender melhor esse episódio da vida de Cruz e

Sousa na Bahia, e, sobremaneira, o seu papel como abolicionista. Moreira de Vasconcelos, em seu livro sobre Julieta dos Santos, não deixa grandes pistas sobre a presença do Poeta Negro catarinense na turnê em terras soteropolitanas. Sua presença é destacada, primeiramente, apenas pelos *réclames* jornalísticos estampados em primeiro plano nos jornais da cidade, sobretudo na *Gazeta da Bahia*. Outro indício da passagem do bardo negro, como já me referi, é a localização de duas crônicas assinadas, uma pelo acadêmico Constancio Alves e outra pelo coestaduano e amigo Horácio de Carvalho, respectivamente.

O primeiro desses textos atesta categoricamente que Cruz e Sousa esteve na Bahia nesse período. É um relato pormenorizado sobre o momento de entreato, talvez possamos dizer assim, entre um espetáculo e outro. O interessante deste texto é que ele revela o comportamento do poeta no convívio da Companhia e dos amigos. O escritor Constancio Alves, um jovem, que anos mais tarde ingressaria nos quadros da Academia Brasileira de Letras, em um artigo publicado no *Jornal do Commercio*, do Rio de Janeiro, diz textualmente[90]:

> Conheci Cruz e Sousa em 1884, quando ele foi à Bahia com a Companhia de Julieta dos Santos, apresentada como criança-prodígio, rival de Gemma Cuniberti e dos irmãos Lambertini. Dirigia a Companhia Moreira de Vasconcelos, ator e poeta. Alugara parte do primeiro andar de um sobrado, à Ladeira da Praça, e ali, nas noites em que não tinha espetáculo, passávamos longas horas falando de poesia e de arte. Às vezes entretinham-se alguns dos presentes em fazer versos: e mais de uma vez a improvisação consistiu em arranjar sonetos escritos a dois, no prazo fatal de um quarto de hora, marcado num relógio aberto em cima da mesa. Escolhido o título, um poeta escrevia o primeiro verso, o outro rabiscava o segundo, até o final. Esses versos, feitos em minutos, nas costas de anúncios de espetáculos, certamente não mereciam um dia de vida. Guardei, porém, alguns deles como lembrança.

A narrativa de Constancio Alves revelando um episódio que passou ao largo do livro descritivo de Moreira de Vasconcelos tem valor

---

[90] *Apud* MAGALHÃES JR. (1975, p. 53)

documental apreciável, e, em justo caso, para levar-nos a conhecer como se dava o ambiente dos profissionais da arte cênica fora dos palcos. O empresário também, como descrito acima, preferia alugar imóveis a hospedar-se em hotéis. Em uma de suas crônicas, Affonso Várzea esclarece o seguinte, com base no livro de memórias de Moreira de Vasconcelos: "atravessando províncias dominadas pela numerosa classe de fazendeiros escravocratas, teve vários incidentes na defesa do ponto, quando em hotéis, navios, trens e mesas de refeição levantavam-se enfatuados que exigiam que Cruz e Sousa mudasse para longe dos brancos"[91]. No tópico seguinte, fala Alves então do Poeta Negro:

> Cruz e Sousa, ponto da Companhia Julieta dos Santos e companheiro de Moreira de Vasconcelos, preferia ao vozerio das palestras e à declamação das poesias o afastamento e a mudez. Como que tecera em torno de si um casulo. Calado, sentado a um extremo da comprida mesa de pinho, folheava cadernos de papel. Pouco a pouco fui me destacando do grupo jovial, em que figurava apenas como ouvinte, e me aproximando daquele rapaz, miúdo, meio curvado, de feição menineiras e delicadas, com uma face pensativa esculpida em ônix. Creio que não lhe foi desagradável a aproximação. Eu não ia quebrar o seu silêncio, mas aumentá-lo com a adição do meu. Demais, Cruz e Sousa não era inimigo da convivência. Era um tímido, a quem o rumor aturdia, um recatado, a quem a exibição vexava, um triste, a quem um mal secreto entenebrecia. Adivinhando a agudeza dos que sofrem, a minha simpatia entreabriu a sua alma, abrindo os seus cadernos de versos. Tive assim a ventura de admirar esse delicioso lírico, ainda inédito ou quase.

Em outra passagem de sua crônica, o escritor faz uma comparação espiritual que, pensada nos dias de hoje, pode explicar um pouco mais o relacionamento do poeta e do empresário teatral:

> A dessemelhança entre Moreira de Vasconcelos e Cruz e Sousa era absoluta. Ambos continuavam na vida a situação que ocu-

---

[91] Affonso Várzea. Moreira de Vasconcelos no Desterro. *Correio da Manhã*, 20 de agosto de 1955.

pavam no teatro. Moreira de Vasconcelos, espigado, torcendo os grossos bigodes castanhos, movendo-se, falando com entusiasmo e vibração, trazia à idéia claridades de gambiarras. Era o ator e Cruz e Sousa era o ponto. Parecia estar sempre dentro da caixa ignorada. Um pouco curvo, como que para adaptar à exigüidade desse local, falando de raro em raro e brandamente, uma voz quase silêncio, acomodado a função discreta de soprar o papel dos artistas. Na poesia, acentuavam-se as divergências dessas duas naturezas. Nos versos de Moreira de Vasconcelos soavam os metais da charanga de Guerra Junqueiro. Nos de Cruz e Sousa, murmuravam as angústias do Pauvre Lélian: Les sanglots longs de violons de l'automne... Todas as vezes que escuto aqueles violões que choram relembro as noites em que ouvi, sob os dedos do artista, as cordas dolorosas.[92]

Já o depoimento do catarinense Horácio de Carvalho é de outra monta, aborda o aspecto proativo, ou seja, o ativista político pela causa da abolição, e que, num outro extremo, foge completamente da figura frágil, acolhida, acanhada, traçada pelo escritor e acadêmico.

Em uma página de memória, Horácio de Carvalho[93] faz revelações importantes sobre um episódio no qual o Poeta Negro tivera participação destacada. O caso ocorreu no teatro São João durante uma conferência, em que a Companhia dirigida por Moreira de Vasconcelos realizou um benefício em favor da abolição. Assim teria acontecido o fato revelado pelo próprio poeta ao seu companheiro de vida literária catarinense[94].

> Assim é que, contava ele rindo com a verve a mais simples, estando na Bahia, durante a efervescência abolicionista, sendo secretário de uma empresa dramática, numa noite festiva em favor da Abolição em um teatro daquela cidade, fora instado por

---

[92] MAGALHÃES JR. (Op. Cit., p. 54).

[93] Cruz e Sousa tinha uma relação de amizade bastante estreita com Horácio de Carvalho, a quem dedicaria textos e traçaria o perfil numa belíssima página em prosa. Uma das fotografias mais significativas de Cruz e Sousa, tirada no Rio de Janeiro, é a que está ao lado de Virgílio Várzea e Horário de Carvalho.

[94] Horácio de Carvalho. Perfil de Cruz e Sousa. *A Pena*, 14 de setembro de 1902.

alguns amigos para ser o orador oficial da festa, e a sua palavra tendo produzido tal impressão calorosa no auditório, o satisfizera muito. Porém qual não fora a grande surpresa depois daquele acolhimento tão fidalgo e glorificante, quando chega-se-lhe um homem do povo, uma dessas pessoas cuja grandeza de generosidade excede em muito a pequenez intelectual, pergunta-lhe quanto que ele queria para sua alforria, que todo o seu dinheiro estava à sua disposição, ao que ele respondeu com toda a polidez, que nada havia pedido ao público nesse sentido, que a sua palavra estava sempre ao serviço dos seus irmãos de raça, que os seus votos eram em nome daqueles infelizes.

Dois outros documentos marcam ainda esta passagem de Cruz e Sousa pela Cidade de Salvador. Refiro-me a textos autógrafos do poeta, ambos representando perfeitamente seu estado de espírito. O primeiro texto não tem nada a ver com a causa da abolição. É uma demonstração de amizade aos amigos Santos Lostada e Virgílio Várzea. Mesmo distante da terra natal, Cruz e Sousa vivia em permanente contato com os amigos mais chegados. Recebia cartas, telegramas e publicações, enviados para onde estivesse, dando conta dos progressos literários dos três, como uma forma de mantê-los unidos pelo mesmo ideal: a literatura.

Em uma página que trata dos jornais enviados pelos amigos para a Cidade de Salvador, intitulada *Da Bahia*[95], Cruz e Sousa saúda-os pelos textos, com epítetos do tipo "Maravilha!" e "Único!". E diz ainda: "Eu cá estou de longe para guardar no sacrário de minha admiração convicta e séria as pérolas e as flores de luz e ouro do ideal desses combatentes moços que se chamam Virgílio Várzea e Santos Lostada". Faz algumas citações demonstrando o alto grau de suas leituras. Entre os autores citados, estão Dumas Filho, de *Dama das camélias*, e José de Alencar, ou de "uma frase perfumada, de luva *gris-pèrle* de Théophille Gautier, de quem cita *Mademoiselle de Maupin*, e Eugène Veron, falando-lhe do "livro admirável", *L'Esthètique*. Dentre os dois amigos, o que mereceu melhor análise e consideração no texto foi Santos Lostada, tratado como "galantemente espirituoso e espirituosamente galante".

---

[95] Publicada na *Regeneração*, de 23 de abril de 1884.

Tivemos acesso à conferência proferida por Cruz e Sousa na redação do jornal *Gazeta da Tarde*[96], patrocinada e festejada pelo clube abolicionista Luis Gama e pela benemérita Libertadora Baiana, esta presidida pelo convicto abolicionista Pamphilo de Santa Cruz, que honrou Julieta dos Santos "com o titulo de sócia benemérita"[97].

Dessa passagem gloriosa de sua vida existe um texto publicado no *Desterro* com o título de *Abolicionismo*, referindo-se como sendo a primeira parte da palestra que tanta reação provou na terra de Castro Alves. Talvez como "um apaixonado", como já disse dele Virgílio Várzea, o poeta empolgara o público. Certamente pelo dom da oratória, pois desde que deixou o Ateneu Provincial vinha sendo chamado para ser orador nos mais diversos eventos. O discurso que fez mostra bem o ímpeto com que ataca as instituições escravagistas e seus supremos perversores[98].

A parte do texto divulgada na imprensa[99] possui uma espécie de preâmbulo, também de autoria de Cruz e Sousa, em que ele mais uma vez dá o tom do seu eruditismo em relação às suas leituras e seus autores prediletos naquele momento. Assestando a sua força contra a empresa escravagista de então, o poeta catarinense é um panfletário, uma pena que funciona como uma metralhadora giratória:

> No intuito de esboroar, derruir a montanha negra da escravidão no Brasil, ergueram-se em toda a parte apóstolos decididos, patriotas sinceros que pregam o avançamento da luz redentora, isto é, a abolição completa.

> O Ceará, que foi o berço da literatura que deu Alencar, quis também ser a cabeça libertadora da raça escrava deste país e, a gol-

---

[96] Uma carta de Cruz e Sousa, do início de 1885, endereçada ao Clube dos Jornalistas, do Rio de Janeiro, liga-o à redação do jornal, "como representante", para congratular-se e aplaudi-lo, por ser "a consubstanciação da democracia moderna". In MAGALHÃES JR. (Op. Cit., p. 67).

[97] VASCONCELOS (Op. Cit., p. 61).

[98] Pena que Cruz e Sousa não deu seguimento à publicação desse texto no Moleque nem na *Regeneração*, outro jornal onde colaborava com assiduidade, o qual tinha uma grande abertura para a causa abolicionista.

[99] Cruz e Sousa. Abolicionismo. *O Moleque*, 12 de outubro de 1885.

pes de direito e a vergastadas de clarões, conseguiu este Aleluia supremo:

— Não há mais escravo no Ceará!

Já o discurso de Cruz e Sousa mostra a palavra de um homem consciente, maduro e politizado diante das questões que afetam a sociedade. Como negro, cujo passado próximo viveu o estigma da senzala, o poeta sabe, na carne ou na pele, o que está efetivamente falando, e consegue salivar sílaba por sílaba de cada período que professa para os seus atentos interlocutores.

Só não se entende o porquê do olvidamento dessas posições tão importantes, que em muito salientariam o seu perfil biográfico no contexto da sua militância no campo da abolição da escravatura brasileira, ficando até recentemente tão desconsiderado pelos estudiosos das suas vida e obra[100]. Mas, homem do seu tempo, Cruz e Sousa não era indiferente, talvez não pudesse ser, à causa maior da maioria dos brasileiros daquele período. Da "brilhante conferência abolicionista" do seu "pujentíssimo redator", sobre esse assunto, "feita na sala da redação da *Gazeta da Tarde* da Bahia", *O Moleque*, concluída esta parte, "publicará um discurso do mesmo, pronunciado no Teatro S. João, por ocasião da libertação total do luminoso Ceará", e assim *O Moleque* prestará "o seu humanitário auxílio para movimentar de certa forma mais inteira, mais entusiasta, a abolição entre nós"[101].

Pena que estes documentos se perderam no tempo, pois seria de grande oportunidade se o heróico jornal desterrense *O Moleque* tivesse consumado a íntegra de sua publicação para regalo da posteridade.

Estamos em face de um acontecimento estupendo, cidadãos:
A Abolição da escravatura no Brasil.
Neste momento, do alto desta tribuna, onde se tem derramado, em ondas de inspiração, o verbo vigoroso e másculo de diversos

---

[100] O Movimento Negro brasileiro chegou a ter uma certa prevenção contra o poeta, por imaginar que ele não houvesse tido participação ativa no abolicionismo, sendo taxado, inclusive, de "negro de alma branca", tese referendada por um estudo biográfico realizado por Paulo Leminski.

[101] Trechos extraídos de *O Moleque*, edição de 12 de outubro de 1885.

outros oradores, eu vou tentar vibrar nas vossas almas, cidadãos, no fundo de vossos corações irmanados na Abolição, eu vou apelar para vossas mães, para vossos filhos, para vossas esposas.

A Abolição, a grande obra do progresso, é uma torrente que se despenca; não há mais pôr-lhe embaraços à sua carreira vertiginosa.

As consciências compenetram-se dos seus altos deveres e caminham pela vereda da luz, pela vereda da Liberdade, Igualdade e Fraternidade, essa trilogia enorme, pregada pelo filósofo do Cristianismo e ampliada pelo autor das — Châtiments, — o velho Hugo.

Já é tempo, cidadãos, de empunharmos o archote incendiário das revoluções da idéia, e lançarmos a luz onde houver treva, o riso onde houver pranto, a abundância onde houver fome.

Basta de gargalhadas!

Este século, se tem rido muito, e se o riso é um cáustico para a dor física, é um veneno para a dor moral, e o século ri-se à porta da dor, ri-se como um Voltaire, ri-se como PolichInelo.

O riso, cidadãos, torna-se a síntese de todos os tempos.

Mas, há ocasiões, em que se observam as palavras da Escritura: "Quem com ferro fere, com ferro será ferido".

E, então, o riso, esse riso secular, que zombou da lágrima, levanta-se a favor dela e a seu turno convence, vinga-se também.

É aí que desaparecem, na noite da história, os Carlos I e Luis XVI, as Maria Antonieta e Rainha Isabel, é aí que desaparece o cetro, para dar lugar à República, a única forma de governo compatível com a dignidade humana, na frase de Assis Brasil, no seu livro República Federal.

A deduzir pelo final dessa conferência, concluímos o entusiasmo dos amigos do poeta quando falavam, em linhas gerais, dos grandes sucessos obtidos por Cruz e Sousa nas províncias do Rio Grande do Sul e da Bahia. Nota-se também a influência marcante — não só na poesia — das ideias políticas de cunho republicano que Cruz e Sousa passara a professar a partir da sua vivência ao lado de Moreira de Vasconcelos, cujo livro, *O espectro do rei*, como já vimos, era, na verdade, uma forte crítica contra o regime monárquico de D. Pedro II. Em algumas passagens de sua produção literária, o poeta será um socialista decidido, o que, julgamos, deve tratar-se dessa referida influência.

Depois da excursão pela Bahia, Cruz e Sousa acompanha a Companhia Dramática Julieta dos Santos rumo à província de Pernambuco, onde se instala na Cidade do Recife. Pelo tom da imprensa local, pelo fervor das matérias jornalísticas, a passagem de Julieta dos Santos representou uma grande sensação na velha cidade.

O poeta Cruz e Sousa esteve presente nos acontecimentos mais marcantes dessa temporada. O forte teor abolicionista dos discursos, da movimentação dos partidos, dos jornais, das organizações sociais, fazia com que todos se contagiassem, e, com isso, engrossassem cada vez mais a fileira dos que queriam a abolição rápida e imediata.

Republicano e abolicionista desde a época da Cidade do Desterro, Cruz e Sousa sempre encontrou ambiente favorável às suas ideias. Irmanado pelo panfletarismo de Moreira de Vasconcelos, antimonarquista ardoroso, o ideal abolicionista passou a fazer parte do lema também da companhia teatral. De certo modo, a figura de um negro poeta e intelectual, vestido segundo os requisitos da época, falando fluentemente os dois principais idiomas do momento — o francês e o inglês —, ajudava sobremaneira o diretor da empresa a tocar o seu projeto de uma companhia de entretenimento de cunho político-ideológico voltado para o movimento abolicionista.

Tanto é assim que, desde o Rio Grande do Sul, para o qual temos registro (ou seja, com a entrada em cena do Poeta Negro), tendo em vista o estreitamento de contato com o dramaturgo Artur Rocha, autor do drama *A filha da escrava*, a Companhia Dramática Julieta dos Santos passou a dedicar parte de sua turnê à libertação de escravos. Isto aconteceu em praticamente todas as cidades por onde a trupe artística passou. Na Bahia, especialmente, como vimos, Cruz e

Sousa foi ovacionado pelas organizações abolicionistas Luis Gama e Libertadora Baiana, as mais destacadas no processo de abolição na província.

Na Cidade do Recife não seria diferente. O clima de espera pela atrizinha gaúcha já era enorme. Os jornais da véspera a festejavam e a sociedade recifense — ou a pernambucana de um modo geral — a aguardava cheia de frênesis. De acordo com os registros nos jornais, Moreira de Vasconcelos e sua trupe aportaram na cidade, a bordo do vapor *Espírito Santo*, no dia 17 de abril de 1884.

Na cidade, a campanha abolicionista efervescia. Enquanto estavam se dirigindo para o Recife, a 25 de março de 1884, a província do Ceará festejava "a libertação de todos os seus escravos". O Poeta Negro, exultando com a notícia extraordinária, escreveria o soneto *25 de março*, dedicado "À província do Ceará, berço de Alencar e Francisco Nascimento[102] — o Dragão do Mar — é conseqüentemente o berço da literatura e a mãe da humanidade"[103]. O teor eloquente da frase do poeta diz bastante sobre seu estado de espírito no momento em que escreveu esta composição poética.

> Bem como uma cabeça inteiramente nua
> De sonhos e pensar, de arroubos e de luzes,
> O sol da surpresa esconde-se, recua,
> Na órbita traçada, de fogo dos obuses.
>
> Da enérgica batalha estóica do Direito
> Desaba a escravatura — além de cujos fossos
> Se ergue a consciência — e a onda em mil destroços
> Resvala e tomba e cai o bronco preconceito.
>
> E o Novo Continente, ao largo e grande esforço,
> De gerações de herói — presentes pelo dorso
> À rubra luz da glória — enquanto voa e zumbe

---

[102] O jangadeiro Francisco Nascimento, filho de escravo, ficou conhecido nacionalmente por ter se recusado a fazer o embarque e desembarque de escravos no porto de Fortaleza, deflagrando com isso o movimento pela abolição total da província, em março de 1884.

[103] MAGALHÃES JR. (Op. Cit., p. 55).

O inseto do terror, a treva que amortalha,
As lágrimas do Rei e os bravos da canalha,
O velho escravagismo estéril que sucumbe.

O soneto foi declamado para uma grande assistência no intervalo de umas das sessões no imponente Teatro Santa Isabel, no centro da cidade. Dois outros momentos foram importantes para Cruz e Sousa em sua passagem pela capital da província pernambucana. O primeiro deles aconteceu a 4 de maio, não a 3, como destacou o biógrafo Raimundo Magalhães Júnior, quando participou de uma "matinée abolicionista" e assistiu à conferência do advogado Isidoro Martins Júnior, a quem "o grande Júpiter do naturalismo gaulês", Émile Zola, dirigiu uma graciosa carta, ao "Monsieur et cher confrère", numa fervorosa união de espíritos.

Disse Moreira de Vasconcelos sobre esse memorável dia:

> O ainda novo club abolicionista — Ceará Livre — na esplêndida matinée realizada a favor da emancipação de escravos, a 4 de maio, no Santa Isabel, convidou-a para tomar parte nessa festa, cujo alcance só pode ser compreendido pelos verdadeiros patriotas, e, após o seu concurso, que foi poderosíssimo, exibindo a apreciada comédia de Sena Pereira — Diabruras de Julieta — e recitando pela primeira vez a inspirada poesia de Alexandre Fernandes — Homenagem ao Ceará — honrou-a, indo à cena toda a diretoria, com o diploma de sócia benemérita, que lhe foi entregue pelo ilustrado jornalista e reputado cantor das Visões de hoje — Martins Júnior.[104]

A partir dessa data, no entanto, ambos se tornariam muitíssimos amigos. Dez anos depois, o poeta catarinense, casado e pai de um filho recém-nascido, e ainda não nomeado para a Estrada de Ferro Central do Brasil, recorreria ao amigo, que se fixara no Rio de Janeiro, devido ao período legislativo, para um socorro pecuniário de urgência e, provavelmente, uma carta de fiança para o aluguel de alguma casa. Isidoro Martins Júnior, em 1894, deputado federal por Pernambuco e

---

[104] VASCONCELOS (Op. Cit., p. 70).

professor universitário, desprendido como sempre foi, não demorou no envio da resposta e do socorro ao solicitante aflito e ansioso.

O segundo momento aconteceu 17 dias depois, na época do espetáculo em favor do diretor da Companhia Moreira de Vasconcelos. Na ocasião, o teatrólogo recitou o soneto *Nova orientação*[105], de autoria de Cruz e Sousa. Devido ao grande sucesso, a récita repetiu-se em 24 de maio. Nesse dia, a *Sociedade Abolicionista 28 de Julho* realizou uma matinê "destinando-se o produto arrecadado à libertação de escravos"[106].

Os dirigentes do Club Ceará Livre, grandes entusiastas da causa abolicionista, editaram um pequeno jornal, *O Ceará Livre*, que teve três números[107]. O primeiro saiu a 25 de março, em homenagem à revolucionária abolição da província do Ceará. Dele participaram, com diversos tipos de textos, Clovis Bevilácqua, que assinou o editorial, Artur Orlando, João Bandeira, Aureliano Barbosa, Jayme de Miranda, Alfredo Pinto, Phaelante da Câmara, Manoel Coelho dos Reis, Georgiano Gonçalves, Isidoro Martins Júnior etc. Este número foi todo enfeixado de textos em prosa e três poesias — sendo dois sonetos —, assinados por Fernando de Castro Paes Barreto, Claudino dos Santos e A. de Sousa Pinto. Em sua maioria eram jovens e estudantes de direito.

O segundo número foi completamente dedicado a Julieta dos Santos e tinha como título, em letras garrafais "À Julieta dos Santos, homenagem do Club Ceará Livre na noite do seu benefício, 1884". Esta edição trouxe a data de 28 de maio. As homenagens se renderam a muitos textos em prosa e outros tantos em poesias, assinados pelos protagonistas já citados, além de Thomaz de Lemos, Alfredo Falcão, Samuel Martins, Garcia Costa, Hugo Barradas, entre outros. Estranhamente, não aparecem aí os nomes de Cruz e Sousa e Moreira de Vasconcelos, frequentadores assíduos desse tipo de tributo. Porém, destacava-se entre as poesias publicadas neste número uma intitulada "À Julieta dos Santos", assinada por Isidoro Martins Jú-

---

[105] Dezenas de poemas de Cruz e Sousa estão olvidados nos jornais das antigas províncias (hoje estados) e cidades por que passou. Nesse período sua produção foi bastante abundante.

[106] MAGALHÃES JR. (Op. Cit., p. 56).

[107] Quero agradecer, mais uma vez, a gentileza de Hildo Leal, diretor do Arquivo Público do Estado de Pernambuco, pela cópia que me enviou dos números desse jornal.

nior, a "propósito da recitação d'Melro" pela atriz mirim. O seu final era o seguinte:

> — O melro com certeza
> Não sabia chorar como tu choras
> Comover como tu, por largas horas,
> Quando, no drama, o rosto de criança
> Mostra-nos, a ferir como uma lança!

O último e terceiro número de *O Ceará Livre* saiu, estranhamente, cinco meses depois do segundo, ou seja, em 28 de setembro de 1884. Nessa data, o poeta Cruz e Sousa já não se encontrava mais no Recife ou em qualquer cidade da província pernambucana. Pois a 10 desse mês o jornal *O País*, editado em São Luís, anunciava a representação da peça *Calembourg e trocadilhos*, de autoria dele e de Moreira de Vasconcelos. Esta edição de *O Ceará Livre*, no entanto, dedicada à data do 28 de setembro (dia consagrado à assinatura da Lei do Ventre Livre), foi feita "em homenagem aos escravos". Num editorial assinado por toda a diretoria, encabeçada pelo presidente Francisco Campello, era conclamado que todos "nós que empenhamos os nossos esforços em prol da ideia abolicionista, que há-de triunfar apesar dos insultos e dos ódios de adversários sem convicções, sem outro estandarte a não ser aquele do interesse sórdido e mesquinho; todos nós trabalhadores do futuro, que saltando por cima de todos os obstáculos procuramos salvaguardar a dignidade nacional a tantos séculos vilipendiada por uma instituição iníqua; todos nós uníssonos, confraternizados, devemo-nos vangloriar todas as vezes que um escravo, reivindicando os seus direitos, recebe o título de cidadão"[108].

Tudo isso, em verdade, para dizer que o clube orgulhava-se de "no dia de hoje (...) conceder a treze irmãos escravizados as suas liberdades extorquidas por um princípio iníquo"[109].

No final do artigo o jornal trazia os nomes, idades e a relação dos seus proprietários. Este número, além dos costumeiros colaboradores, trazia outras penas laboriosas em suas colunas: Graciliano Mar-

---

[108] *O Ceará Livre*. Pernambuco, 28/9/1884; Século XIX, 3ª edição em homenagem aos escravos, p. 1.
[109] Idem.

tins Sorrinho, Vilella do Rego, Olintho Victor, Mariano de Medeiros, Luiz Ayres d'Almeida Freitas, M. Telles, entre outros. Uma colaboração se sobressaía do conjunto de poesias divulgadas pelo jornal. Ela era assinada por Cruz e Sousa e tinha como título *Aleluia!*, com dedicação "Ao club abolicionista 'Ceará Livre' na sua primeira matinée", e como epígrafe, uma simples evocação de Goethe "Luz e luz!".

Eram seis quadras, datadas de "Pernambuco, Abril, 84", certamente entregue por Cruz e Sousa aos redatores do veículo, mas, inexplicavelmente, só nesta data publicado. A citação e a reprodução do trecho final deste poema foi feita primeiramente por Raimundo de Magalhães Júnior, em sua conhecida obra sobre o poeta catarinense[110]. Mas unicamente como documento valioso, não estético, sobre o período e por ser uma importante peça demonstrativa da sua militância abolicionista, resolvemos colocar o seu conteúdo na íntegra:

> Senhores! — Já que a odisséia
> Do bem esplende qual sol
> E a liberdade, essa idéia
> Em proporções de farol;
>
> Senhores! — Já que o trabalho
> Da etereal redenção,
> Combate a treva, espantalho
> Do tribunal da razão;
>
> Senhores! — Já que o direito,
> Prepara e amolda o futuro,
> Valente e audaz peito a peito
> — Num corolário seguro;
>
> Senhores! — Já que estas festas
> São largos prólogos sãos
> Da luz que há de as arestas
> Cravar nos ímpios irmãos;

---

[110] MAGALHÃES JR. (Op. Cit., p. 56). Ver também Uelinton Farias Alves, Cruz e Sousa inédito e desconhecido: fecundidade literária do poeta catarinense continua a surpreender. Poesia Sempre, Biblioteca Nacional, Ano 12, número 18, setembro de 2004, pp. 214-222.

Senhores! — Já que a era nova
Sepulta os erros nas lousas
E se levantam da cova
As grandes almas das cousas;

Deixai que eu venha trazer-vos
Com meus sorrisos de Abril,
Com este *ensemble* de nervos
E um coração varonil,

As minhas rimas humildes
As minhas c'roas e bravos,
Que arrojarei aos das lides
Da redenção dos escravos.

E nos triunfos mais brancos
Dos seus litígios supernos,
Lhes caiam louros, nos flancos,
Os bons aplausos modernos!...

 O poema saiu na página 4, a última, aliás, ao lado de um outro, dedicado ao imperador Pedro II, de autoria de Fernando de Castro, e de um texto em prosa, intitulado Os ingênuos, assinado por Samuel Martins.
 Na Cidade do Recife, publicou Moreira de Vasconcelos o seu livro biográfico sobre Julieta dos Santos, como já vimos. Uma particularidade dessa pequena obra, no entanto, são as referências a Cruz e Sousa feitas pelo poeta e dramaturgo. Fechando a obra, na página 80, Moreira de Vasconcelos encerra-a com um soneto de Cruz e Sousa, dedicado à jovem atriz e intitulado *Águia do ideal*. O soneto, esquecido nessa publicação, é esteticamente uma grande evolução do fazer poético do Poeta Negro, denunciando o seu aprendizado durante esses quase dois anos de trabalho na companhia teatral. Eis o soneto que se perderia como muitos outros, não fosse a publicação desse livrinho revelador:

A arte!?... a arte!?... O sentimento, a estética,
Todo o conjunto de paixões estóicas,
— Sérias paixões — originais, heróicas
E acentuadas pela luz elétrica;

Esse vigor alevantado e novo,
Forma o brasão de quem trabalha e gera
No seu talento um claro sol que impera...
— Sol triunfante que deslumbra o povo!

E tu que és, excepcional criança,
D'um porvir belo a delicada esp'rança,
A estrela d'alva de arrebóis cingida:

Do palco, em meio, a genial coorte,
Segues na vida sem pensar na Morte...
Foges da morte... procurando a Vida!...

A companhia dramática que havia seguido para o Ceará[111] chegou à capital da província, Fortaleza. O clima na província era de festa e regozijo. A poeira ainda estava levantada do chão e bastante quente com tantos festejos pela memorável data de 25 de março. Francisco Nascimento, alcunhado "Dragão do mar", responsável pelo grande feito, estava sendo tratado como herói nacional.

A Companhia deu a primeira récita a 12 de junho e a última no dia 8 de julho, sempre no Teatro São Luís, da capital da província. Nesta última, o poeta teve oportunidade de conhecer o jornalista João Lopes (posteriormente deputado federal), a quem se ligaria numa longa amizade, a ponto de se tornarem compadres, tendo este batizado um dos filhos do Poeta Negro.

O projeto de abertura dos espetáculos em qualquer das cidades visitadas consistia na representação do drama abolicionista *A filha da escrava*, de Artur Rocha, que era sempre sucesso absoluto e garantido. Este fato vinha causando alguns senões entre o empresário e o

---

[111] O livro de Moreira de Vasconcelos sobre Julieta dos Santos, impresso em Pernambuco, encerrou o curso da história da Companhia em 1884. A partir do Ceará as notícias que utilizamos são todas provindas das fontes dos jornais e biógrafos.

pai de Julieta dos Santos, Irineu Manoel dos Santos, e sua avó Francisca Leal, ambos atores da companhia dramática.

Ao partir para o Maranhão, na última temporada da viagem de Cruz e Sousa, a Companhia Julieta dos Santos teria uma de suas mais demoradas estadas. A atrizinha também ficou adoentada, sendo assistida pelo médico Belford Roxo, ficando uma semana sem se apresentar ao público. Os jornais locais deram notícia do passo-a-passo da empresa teatral.

Cruz e Sousa também teve muitas de suas produções divulgadas pela imprensa, entre as quais os jornais *O País* e *A Pacotilha*. Foi uma das etapas mais férteis do poeta em sua temporada pelo país. Além de vários versos e poemas divulgados, um deles surpreendentemente escrito em francês, *Oiseaux de passage*[112], e outros indicados como integrantes da coleção *Cambiantes*, como *Escárnio perfumado* e *Filetes*, todos já integrados à sua obra completa.

De todas essas curiosidades literárias vale a pena lembrar aqui o soneto em francês, como prova da verdadeira ousadia e evolução de sua estética:

> Les rêves, les grands rêves que moi toutjours adore,
> Les rêves couleur rose, les rêves éclaitants,
> Ainsi que les colombes un autre ciel cherchants
> J'ai vu les ailes ouvertes, si belles que l'aurore.
>
> Autour de la nature, autour de la profonde
> Et merveilleuse mère de fleurs, des harnonies,
> Les rêves éblouissants, remplis d'amour et vie,
> Trouvaient de l'espoir le plus doré des mondes.
>
> Helás!... — mais maintenant, par des chagins, secrèts,
> L'amour, les étoiles et tout ce qu'il nous est
> Cheri — le beau soleil. La lune et les nuages;
> Tout fut plongé d'adord, plongé dans le mystère,
> Avec de mon Coeur la douce lumière,
> Les rêves de mon ame — uns oiseaux de passage!...[113]

---

[112] Cruz e Sousa. Oiseaux de passage. *A Pacotilha*, 10 de agosto de 1884.

[113] O biógrafo Raimundo Magalhães Júnior observou algumas falhas no soneto. Para ver detalhes examinar Op. Cit., p. 62.

O outro texto de divulgação está na verdade no corpo de uma notícia de jornal. Este representa um dado novo na vida e na obra de Cruz e Sousa. Trata-se, afinal de contas, do texto da peça *Calembourgs e trocadilhos*. Disse um dos jornais da época, da Cidade de São Luis do Maranhão, onde a peça estreara, que era uma "comédia em um ato dos Srs. Moreira de Vasconcelos e Cruz e Sousa"[114]. No jornal *O País* do dia anterior, um grande anúncio publicado relacionava as peças a serem representadas pela Companhia Dramática Julieta dos Santos. No final dizia o anúncio provavelmente redigido pelo *ponto* Cruz e Sousa: "Segue-se pela primeira vez a mimosa comédia em 1 ato, original de Moreira de Vasconcelos e Cruz e Sousa, *Calembourgs e trocadilhos*, desempenhada pelos artistas Adelina Castro e João Rocha"[115]. Adelina Castro era uma das principais atrizes da Companhia, depois de Julieta dos Santos, e esposa de Moreira de Vasconcelos.

O que chamava-se de ponto era aquele que, num espetáculo teatral, "sob o palco, aparecendo para os atores apenas com a cabeça, escondida do público por uma caixa de madeira vazada na frente, ia dizendo as falas seguidas a cada pausa dos atores"[116].

A pesquisadora Ermínia Silva, tratando desse assunto, diz que, como regra, havia uma pessoa que cumpria a função de ponto, e sua presença era considerada essencial nas representações teatrais da época, particularmente devido ao grande número de peças que faziam parte do repertório das companhias, sendo que algumas variavam as peças quase diariamente. Com tal rotatividade, os ensaios eram realizados em no máximo uma semana, ficando a técnica entregue aos ensaiadores, e os atores acabavam não recebendo o texto integral, mas apenas a sua parte e a deixa. O ponto era o único que tinha todo o texto completo. De acordo com a autora, era impossível dizer tantas palavras "sem o auxílio do ponto"[117].

Este texto teatral, embora não o tenhamos para contextualização, mostra que a atividade de ponto de Cruz e Sousa permitia-lhe um contato direto com os atos do espetáculo e, ao mesmo tempo,

---

[114] *O País*, de São Luís, de 11 de setembro de 1884.

[115] *O País*, 10 de setembro de 1884.

[116] TROTTA (1994, p. 115).

[117] SILVA (2007, p. 225).

com a produção da peça e seus textos. Sem contar que era ele que Moreira de Vasconcelos incumbia de reproduzir os anúncios para os jornais e, muitas vezes, peças e cenas inteiras, pela impossibilidade de mandá-las à impressão gráfica, pelo custo e pela praticidade, dada a enorme profusão de textos que a Companhia ia adotando a cada viagem, muitos dos quais recebidos graciosamente dos seus autores, que os escreviam expressamente para a atriz principal.

Essa experiência formada a partir do contato redacional e da leitura dessas inúmeras produções deve ter fomentado a verve criativa do poeta que a repassou ao seu amigo, chefe e empresário da Companhia. Não existem muitas informações acerca da representação de *Calembourgs e trocadilhos*. Mas o fato é que ela continuou no rol das peças encenadas, pois na viagem a Belém, na província do Pará, a peça foi representada por duas ocasiões, nos dias 12 de outubro e 22 de novembro. Os anúncios sobre a peça dizem que *Calembourgs e trocadilhos* era musicada, com partitura composta pelo maestro Faustino Rabelo "escrita especialmente para esta comédia"[118].

O termo em francês *calembourg*, aliás, na grafia atual escrito sem o "g", à época intruso, quer dizer exatamente "trocadilho"[119]. A peça, jamais citada nas bibliografias do poeta, faz parte de um mistério[120], embora não seja a única experiência de Cruz e Sousa nessa área[121].

Depois da partida para Belém, a 17 de setembro, anunciada nos jornais, dentre eles *O País*, a Companhia, que antes tinha pretensões de viajar para Lisboa, em Portugal, chegou à Cidade de Belém, pelo vapor Manaus, mantendo sua temporada até a festa do Círio de Nazaré. Os jornais locais deram grande destaque à passagem da festejada atriz-mirim Julieta dos Santos, como *O Liberal*, *Diário do Grão-Pará*, *Diário de Belém*, e outros. Este último publicou alguns

---

[118] MAGALHÃES JR. (Op. Cit., p. 64).

[119] Dicionário Ediouro, Francês — Português; Português — Francês. Ediouro, 18ª. Edição, s/d, p. 38.

[120] José Galante de Sousa em O teatro no Brasil não menciona na bibliografia de Moreira de Vasconcelos a co-autoria da peça com Cruz e Sousa. Em uma conversa com o grande pesquisador do século 19, me disse que não possuía provas da autoria do poeta, embora não contestasse os anúncios dos jornais, mandados publicar pela própria Companhia, da qual era diretor Moreira de Vasconcelos.

[121] Affonso Várzea, na capa de uma palestra impressa e distribuída na ABI relaciona o seguinte: "Macário — Virgílio Várzea e Cruz e Sousa — Reccourci do Drama de Álvares de Azevedo — Desterro, 1875".

textos de Cruz e Sousa, inclusive o seu misto de conto ou crônica *A bolsa da concubina*, mais tarde inserido no volume *Tropos e fantasias*, escrito de colaboração com Virgílio Várzea e publicado no Desterro, pela tipografia do jornal *Regeneração*.

Datado do dia 14 de setembro, na Cidade de São Luís, Maranhão, o texto, hoje incluído no *corpus* da obra completa do poeta, dedicado a Horácio de Carvalho, faz apologia ao amor. É, em verdade, uma volta das experiências no campo da prosa de ficção de Cruz e Sousa, até então mais dedicado à poesia. Um dos seus trechos diz coisas desse tipo:

> O amor é uma escada que tem uma extremidade na glória e outra no abismo, — disse-o Matias de Carvalho.
> Vezes há que essa escada, devendo resvalar na glória, resvala abruptamente no abismo.
> E ai daqueles que se tem librado a ela.
> O amor é uma torrente de circunstâncias anormais.
> Quanto maior é o amor, maior deve ser o sacrifício.
> O amor faz gigantes e faz anões, ilumina e entenebrece os espíritos nervosos e doentios.
> É como o cáustico: cura mas deixa os sinais evidentes.
> Daí as incompatibilidades, as duras idiossincrasias do amor.
> Daí as monstruosidades e os abortos morais, os perigos e as aberrações sociais.
> O amor, o amor que consubstancia no dever, a harmonia, no bem-estar, no sossego de espírito, na probidade e na lisura, é o maior elemento higiênico da moral da família.

A passagem por Belém foi mais longa também por duas circunstâncias: a festa do Círio de Nazaré e a dissolução da sociedade entre Moreira de Vasconcelos e os agentes de Julieta dos Santos, no caso o pai, Irineu Manoel dos Santos. O empresário, a atrizinha e seus acompanhantes, separadamente, regressaram, então, para São Luis. A atrizinha gaúcha seguiu para Pernambuco, conforme noticiara o jornal *O País*, da cidade maranhense, de 27 de novembro e de 13 de dezembro, respectivamente.

Moreira de Vasconcelos, de acordo com as notícias dos jornais, iria "ingressar na Companhia de Emília Adelaide"[122]. Sem demora, a 20 de dezembro, o ator estreava na representação de *Kean ou gênio e desordem*. Sua esposa, Adelina Castro, a 27, apresentava-se no papel de Princesa Real, em *Maria Antonieta*, em que o marido desempenhava o Duque de Malesherbes.

O poeta Cruz e Sousa continuou adido ao ex-empresário de Julieta dos Santos, uma vez que data de 1 de janeiro de 1885 o seu longo artigo de análise crítica sobre o livro de Moreira de Vasconcelos, *O espectro do rei*, já incluído na sua obra completa, seção de *Dispersos*, na 2ª edição, publicada em 1995, sob a supervisão do poeta Alexei Bueno.

A volta a São Luís não teve muita demora. Logo o poeta estaria aportando na Cidade do Rio de Janeiro, como noticiara o jornal *O País*, da Corte, que dissera que ele iria publicar, em breve, o livro *Cambiantes*. A nota, reproduzida em *O Moleque*[123], da Cidade do Desterro, fora escrita pelo repórter da folha recém-fundada, Oscar Rosas, seu grande amigo.

Era a segunda vez que Cruz e Sousa pisava na capital do Império, onde estivera havia um ano e meio. Na Corte, hospedara-se na casa dos pais do ator e empresário Moreira de Vasconcelos, no bairro da Saúde, de acordo com depoimento do irmão deste, o poeta Antônio Moreira de Vasconcelos[124].

Oscar Rosas, no entanto, não trabalhava apenas como repórter de *O País*. Outro jornal também acolhia produções suas. Era a *Gazeta da Tarde*, órgão abolicionista de propriedade de José do Patrocínio. Em suas páginas, Oscar Rosas divulgou muitos sonetos, entre 1884 e 1885. Nessa segunda viagem de Cruz e Sousa à Corte, o Poeta Negro voltou a estreitar contatos com o conterrâneo, cuja camaradagem era recíproca.

Além dos belíssimos sonetos que publicava quase diariamente, mas que na sua totalidade não foram aproveitados nem citados por nenhum dos seus estudiosos e pesquisadores, como Andrade Mu-

---

[122] MAGALHÃES JR. (Op. Cit., p. 65).

[123] *O Moleque*, 5 de fevereiro de 1885.

[124] *Correio da Manhã*, 1º de janeiro de 1926.

ricy e Iaponan Soares[125], e que só agora aparecerão em livro[126], Oscar Rosas divulgava também textos em prosa, com algum comentário sobre escritores, suas obras ou política.

Talvez sobre o influxo gerado pelo contato com Cruz e Sousa, publicou uma pequena observação sobre o livro *O espectro do rei*, de Moreira de Vasconcelos. Embora sem assinatura, o texto é expressamente escrito pelo conterrâneo catarinense. Ora, pois, este livro só poderia ter chegado às mãos de Oscar Rosas a partir de um contato com o Poeta Negro, não há dúvidas. O pequeno artigo, no entanto, sob o mesmo título do livro, saiu na edição de 11 de fevereiro de 1885. Nele, o articulista faz um retrato de corpo inteiro de Moreira de Vasconcelos, definindo-o, "em poucas palavras": é "mais poeta [do] que artista, do ponto de vista da arte". Mas expressa sinceridade quando escreve: "Assim é que, a par de bem bons versos encontram-se também outros detestáveis". Em outra passagem do referido artigo, diz o articulista: "O Senhor Moreira de Vasconcelos não tem culpa por seus versos errados, porque em certos pontos de seu livro há alguns de uma beleza extraordinária".

Jamais Cruz e Sousa escreveria uma nota dessa natureza sobre o seu amigo e patrão, mesmo porque ele já o fizera, em momento mais oportuno, num jornal do Maranhão.

Oscar Rosas, no entanto, nesse caso específico, de franqueza desmedida, e, muitas vezes, descabida, nada tinha a perder. "Como propagandista, para bem encará-lo, seria necessário um estudo muito detido", se conscientiza o jornalista de plantão. "Distanciado completamente do autor destas linhas, o Sr. Moreira de Vasconcelos é um republicano terrível, encontrando todos os defeitos nos reis e dando estes como causa de todos os defeitos aos povos".

O articulista acha que a propaganda republicana "é melhor que seja... bem dirigida quando há tanto excesso na linguagem do doutrinador, como sucede no livro que temos sob as vistas".

Finalizando, o autor do artigo, faz um resumo de tudo o que disse: "O Sr. Moreira de Vasconcelos é um bom poeta, e o será me-

---

[125] MURICY (1973, pp. 260-267); SOARES (s/d).

[126] Oscar Rosas, *Obra reunida*; edição da Academia Catarinense de Letras, 2008, organização, introdução e notas explicativas de Uelinton Farias Alves; estabelecimento de edição por Lauro Junkes, da Universidade Federal de Santa Catarina (UFSC).

lhor porque em 2º livro vai aceitar nossos conselhos de amigo". E, adiante, arremata: "O Sr. Moreira de Vasconcelos é um moço de talento, cheio de boa leitura e revela em si o cunho de um verdadeiro homem social".

Na opinião de Cruz e Sousa, o livro de Moreira de Vasconcelos, *Espectro do rei*, ao contrário, é um "livro vigoroso e robusto, por si só bastaria para formar uma reputação superior; revolucionar mesmo".

> Moreira de Vasconcelos escreveu-o de um fôlego, sem pausa, quase, diremos, sem refletir pesadamente, no acanhado espaço de dois meses em que nós que lhe sentimos a vertigem do cérebro, a pulsação das veias, o glorificávamos satisfeito, à vista de tanta pujança de talento, de tanta facilidade de concepção, de tão extraordinária abastança de idéias e assuntos originais.
> É preciso que se diga alto e altivamente estas verdades de bronze:
> — Poucos têm a felicidade de, reunindo a forma à arte, a rima ao metro, o fino e delicado espírito à sátira valente e mordaz, acumulando fato sobre fato, originalidade sobre originalidade, passagens históricas, variando de ritmo, de tons, de propriedade de ação, de propriedade de estilo, ampliando figuras nítidas e completas, imagens claras e soberbas, harmonia superior e rimas não vulgares, algumas, muitas, únicas e brilhantíssimas, poucos têm a felicidade de preparar em dois únicos meses de um trabalho nervoso, um livro de versos tão magnífico, tão bem acabado, o mais exigentemente possível, para quem quer enxergar as coisas direitas.[127]

Cruz e Sousa aproveitou bem a onda favorável aberta pelo amigo e divulgou nas páginas do jornal abolicionista um poema que permaneceu inédito, ou seja, fora de sua obra completa. A versalhada saiu estampada na coluna *Comunicados* do jornal de José do Patrocínio, sob o título *O teu olhar*[128]. No poema, o Poeta Negro exalta o "olhar que exprime um desejo", dizendo:

---

[127] Publicado no *Jornal do Commercio*, do Desterro, nos dias 5, 8, 10, 11, 14, 15 e 16 de julho de 1885, no datado de Maranhão em 1 de janeiro do mesmo ano.

[128] Cruz e Sousa, O teu olhar. Coluna Comunicados, *Gazeta da Tarde*, 11 de fevereiro de 1885, p. 3.

Do teu olhar essas fechas
— As flechas incendiadas —
Abrem-me n'alma umas brechas
Profundas como alvoradas.

Há nele um filtro indizível,
Cousas de um mundo radiante
Que dão-lhe um tom de aprazível
De essencial, de vibrante.

No teu olhar sempre aberto,
— Olhar que exprime um desejo —
Existe uma alma, por certo,
Uma alma que eu sinto e vejo.

Pois diante desse evangelho
Do teu olhar bom e místico
Alucinado eu me ajoelho
Num grande êxtase artístico.

Pode ser que o poeta fizesse referência à menina-prodígio Julieta dos Santos, como tantos outros dos seus textos, poemas e sonetos que para ela compusera, na febre de exaltá-la e reverenciá-la sempre, embora não pertencesse mais, como Moreira de Vasconcelos, à Companhia que carregara o nome da pequena atriz, que desapareceria para a história.

DE VOLTA AO DESTERRO

Não se tem registro do rumo que tomaram o Poeta Negro e o empresário Moreira de Vasconcelos depois da saída do Rio de Janeiro. O mais provável para nós é que Cruz e Sousa tenha se desligado da companhia teatral ou tenha sido desligado dos compromissos artísticos do qual o ator e empresário era o fautor, permanecendo algumas semanas na Cidade do Rio de Janeiro, pois somente a 26 de abril noticiaria *O Moleque* a sua presença: "Acha-se entre nós, depois de uma longa excursão por todo o Brasil, o valente e rutilante poeta Cruz e Sousa".

A notícia, talvez escrita por um dos seus principais redatores naquele momento, Virgílio Várzea, falava da possível publicação do livro *Cambiantes* e de que o poeta deveria passar alguns meses com a família, antes de voltar para a Cidade do Rio de Janeiro, onde assumiria uma folha diária. No período aludido, Cruz e Sousa, na verdade, assumia a redação do jornal de propriedade de Pedro Paiva. *O Moleque* era um órgão que representava, em Desterro, um desafio ao preconceito de cor.

Esta fase desterrense de Cruz e Sousa seria uma das mais significativas de sua vida e obra. Sobretudo para quem esteve praticamente longe de sua terra natal do início de 1883 a meados de 1885. Mesmo longe, comunicava-se com a família, os amigos e a namorada ou noiva, Pedra Antioquia da Silva, por meio de correspondências, infelizmente perdidas. Os jornais da capital catarinense estampavam notas, versos e textos dando conta de sua produção e de seu paradeiro.

Com essas viagens pelo Brasil o poeta trouxera na bagagem, além de muitos livros, dos muitos recortes de jornais das capitais das províncias, de endereços de amigos que lhe acompanhariam pela vida afora, um importante acúmulo de experiências vividas no seu cotidiano e uma nova visão sobre os processos políticos, históricos, culturais e a luta abolicionista que apaixonava, cada vez mais, a nação e selava a morte do regime monárquico liderado por D. Pedro II.

A volta ao lar reconfortou o coração e a alma angustiada do poeta. Assim pôde estreitar nos braços o velho pai, Guilherme, e a extremosa mãe, Carolina, o irmão Norberto e os amigos, além dos vizinhos Thomazia, Custódio e Marcelina, que eram os mais ansiosos para saber das novidades e os mais próximos de sua família. Durante esse período, mantinham um envio regular de dinheiro aos seus progenitores, que na capital catarinense ficaram na companhia do filho mais novo.

Mas a grande ansiedade de Cruz e Sousa, que, na verdade, lhe afligia o peito, localizava-se próxima a um dos recantos da ilha, numa "casa de pau-a-pique", de acordo com Araújo Figueredo que consignou estas e outras informações em suas memórias inéditas, *No caminho do destino*[129], e atendia pelo nome de Pedra Antioquia da Silva.

De acordo com informações contidas nas memórias de Araújo Figueredo, ela e o poeta conheceram-se ainda no tempo em que morava, ele, nas dependências da casa do marechal Guilherme Xavier de Sousa, por volta de 1873 ou 1875. Ela tinha, então, 14 para 15 anos, e ele, por volta de 16. Ele nasceu em 1861; ela, em 1862. Segundo os biógrafos, sobretudo Raimundo Magalhães Júnior, o encontro dos dois aconteceu numa tarde em que Pedra estava numa casa vizinha, na qual residia o professor Anphilóquio Nunes Pires, de onde era empregada. Nasceu daí a afeição e o namoro. Nessa época, o poeta acabara, há pouco, o curso de Humanidades do Atcneu Provincial Catarinense. Eram dois adolescentes.

De volta ao Desterro, depois de tantas viagens pelo Brasil, em 1885, alguns amigos o vão encontrar enluarado pelo amor. O mulato Araújo Figueredo (que gostava de grafar o nome sem o "i") chegou a indagar ao amigo Cruz e Sousa, numa espécie de provocação: "Por que não procuras uma rapariga pelo menos cor de jambo

---

[129] FIGUEREDO (Op. Cit.).

para aperfeiçoares a raça?". A resposta veio imediata e contundente: "Para que ela, meu Araújo, julgando-se quase branca, não me chame maliciosamente de negro!"[130].

Alguns apontamentos não são exatamente como querem os biógrafos do poeta. Localizamos duas entrevistas dadas por Pedra Antioquia da Silva, ambas com revelações importantes sobre aquele período. Pelo teor das suas falas, entendemos um pouco mais do seu namoro e noivado com o grande poeta. A primeira das entrevistas foi realizada por Mário Hora, do jornal *A Noite*, em 1915[131]. Nesta diz a noiva do poeta, textualmente, pela escrita do jornalista carioca:

> Conheci Cruz e Sousa — disse-me ela sem esconder a emoção que lhe inundava os olhos de lágrimas — aos 14 anos de idade. Ele também era mocinho — mais velho do que eu dois ou três anos. Aqui, nesta casa, nos vimos pela vez primeira; aqui fui sua namorada, depois sua noiva. Do namoro até o dia em que ele daqui partiu decorreram oito anos.

Em outro trecho diz ela:

> Cruz e Sousa amava-me verdadeiramente e fui eu a inspiradora dos seus primeiros versos. Era extremoso, amoroso, apaixonado, ardente mesmo; mas ai! meu caro senhor! — era, sobretudo, um sonhador. Nas horas em que conversávamos juntos, não se fartava de devanear. Um futuro luminoso nas letras e na política era o seu permanente desejo; e quase sempre eu ouvia dos lábios de Cruz e Sousa que, ao meu lado, parecia falar a alguém que não estava ali: — "Ainda hei de ser governador de Santa Catarina!" Ou então: — "Hei de morrer mas hei de deixar nome!"

Ao tempo dessa entrevista, Pedra se considerava ou se comportava quase como uma viúva. Lamentosa, chorou enquanto falava do poeta diante das quatro pessoas que ocuparam a sua casa, no número 34, no entorno da subida da Fortaleza de Sant'Anna. Fica-

---

[130] Ler a esse respeito REIS (2002).

[131] Mário Hora. A noiva de Cruz e Sousa. *A Noite*, 7 de setembro de 1915.

ra anos a fio sem namorar, e, embora ultrapassasse a casa dos trinta anos, guardava com devotado zelo, numa caixa de madeira à guisa de baú, os manuscritos que o poeta lhe dedicara, como os versos escritos no correr dos anos 1880, além de um retrato com dedicatória. *Amor!* era o titulo do poema recitativo, escrito em letra cursiva, "Oferecido à Ilma. Sra. D. Pedra como prova de imensa amizade e profundo amor que lhe consagra o autor". A poesia, além do manuscrito encontrado pelo jornalista Mário Hora em poder de Pedra, também saiu na imprensa local[132].

> Amor meu anjo é sagrada chama
> Que o peito inflama na voraz paixão,
> Amo-te muito eu t'o juro ainda
> Deidade linda que não tem senão!
>
> Virgem formosa d'encantos bela
> Gentil donzela, meu amor é teu.
> Vou consagrar-te mil afetos tantos
> Puros e santos qual também Romeu!
>
> Flor entre flores, a mais linda, altiva,
> Qual sensitiva, só tu és, ó sim.
> Esses teus olhos sedutores, belos
> De mil anelos, me pedirão a mim.
>
> Anjo meu anjo eu te adoro e amo.
> Por ti eu chamo nas horas de dor.
> Sem ti se sofro; um sequer instante
> De ti perante só me dás valor.
>
> Meu peito em ânsias só por ti suspira
> Como da lira a vibrante voz!
> Te vendo eu rio e senão gemendo
> Vou padecendo saudade atroz!

---

[132] *Regeneração*, Desterro, 23 de julho de 1885.

> Amor ardente de meu coração
> Santa paixão em todo peito forte
> Eu hei de amar-te até mesmo a vida
> Deixar, querida, e abraçar a morte!

A promessa do poeta não se concretizara, no entanto. Diz Pedra Antioquia da Silva, lamentando o episódio, que resultou no rompimento do compromisso:

> Uma rixa, uma questão de nonada separou-nos, nos desobrigando do compromisso de noivado e motivando a ida de Cruz e Sousa ao Rio, pela segunda e última vez.

Não fora pela segunda vez; por certo, teria sido a quinta viagem do poeta à capital do país, em se tratando do final do ano de 1890, como é mais provável. De todo modo, a memória de Pedra é, desconsiderados esses pormenores de datas e idades, a mais confiável. Sua paixão pelo poeta fora enorme. Quando perguntada se sentia saudades de Cruz e Sousa, ela dizia: "Oh! sim! jamais pude esquecê-lo. E toda a vez que tenho necessidade de falar de Cruz e Sousa, é como o senhor vê: — coro!".

Na outra entrevista, feita pelo escritor Ildefonso Juvenal, Pedra Antioquia já estava casada com Belarmino Alexandre Machado, e, agora, morava num "chalezinho de madeira", no morro da Nova Trento. Pedra Antioquia repete algumas coisas das entrevistas de 1915, referindo-se inclusive a ela, mas melhora as informações prestadas ao repórter.

> Eu tinha 16 anos quando conheci João da Cruz e Sousa, filho do mestre Guilherme. Era ele um moço de maneiras distintas, aprimorada educação e notável instrução; trajava muito bem e andava quase sempre sozinho, com um livro debaixo do braço ou então em companhia de homens brancos de elevada posição social, pois, como todos sabem, ele era poeta, se bem que não gostava que a gente tratasse como tal. Ficava radiante de contentamento quando se lhe dizia ser escritor, o mesmo não acontecendo quando, inadvertidamente, alguém evidenciava a sua qualidade de poeta.[133]

---

[133] Ildefonso Juvenal, Cruz e Sousa: o primeiro amor do poeta dos Últimos sonetos. *A Gazeta*, de Florianópolis, 23 de novembro de 1941.

Em outra passagem, destaca o relacionamento social do poeta no meio político catarinense, sobretudo com a população negra:

> Apesar de muito querido dos homens cultos da raça branca, não desprezava os pretos como ele: sempre saudava cortesmente e freqüentava sociedade e reuniões familiares de gente de cor, onde se fazia ouvir ao piano e ao violão. Comparecia, também, quando convidado, às reuniões sociais ou familiares dos grandes, não dançando, mas, fazendo-se ouvir satisfatoriamente à hora dos brindes.

Encerrando a entrevista, publicada de página inteira, Pedra Antioquia Machado (sobrenome adquirido com o casamento), a ex-noiva refaz os primeiros esclarecimentos dados a Mário Hora:

> Morava eu na casa do Dr. Anfilóquio Nunes Pires, professor do Ateneu e homem de grande importância social, quando conheci Cruz e Sousa. A primeira vez que eu o vi encontrava-se ele à janela de sua casa, na parte térrea do sobrado do Marechal Guilherme, aquela casa que fica na antiga Chácara do Espanha. Enamorou-se de mim e devotou-me por muitos anos ardorosa manifestação do seu sentimento. Eu era, como afirmava, a sua musa inspiradora. Dedicou-me muitos versos, um dos quais, contendo seis ou oito quadras, foi publicado pelo jornal carioca *A Noite*, que há alguns anos me entrevistou por intermédio de um de seus redatores.

Quanto as razões para o rompimento do namoro, houve uma mudança, não mais falou sobre "rixa", mas sobre "dilatação do prazo".

> Era seu propósito casar-se comigo, mas, estando eu esperando oito longos anos pela realização do consórcio, acabei por não me conformar com a dilatação do prazo. Ao vê-lo seguir para o sul e depois para o norte do país, sem a preocupação de resolver o problema, resolvi desfazer de minha parte o compromisso, com o que teve que concordar, talvez com pesar, por ser muito amoroso.

Dois destaques importantes: a revelação das habilidades musicais do poeta quanto ao piano e ao violão e sua inserção na sociedade negra do Desterro[134]. Música e poesia muito se combinam. Outra coisa refere-se à data do rompimento. Se foi próximo ao período de viagem "para o sul e para o norte do país", a ex-noiva Pedra Antioquia quis referir-se ao ano de 1883, quando Cruz e Sousa esteve nas províncias do Paraná, Rio Grande do Sul, Rio de Janeiro, São Paulo, Bahia, Pernambuco, Maranhão, ou quando retornou ao Rio Grande do Sul, em 1886? Se ela diz que romperam nesse ano, só podem ter se conhecido por volta de 1875, quando ainda era viva dona Clarinda Fagundes Xavier de Sousa, viúva do Marechal Guilherme, morto desde 1870.

O dado novo nesta questão (e que não foi abordado por nenhum biógrafo do poeta) é que a poesia foi dedicada a Petra, alvo de chacota pelos opositores do Poeta Negro. Embora fosse um tipo de composição poética muito comum à época, os detratores de Cruz e Sousa não perdoaram sequer seus sentimentos mais íntimos. Alguns jornais glosaram o texto do poeta, igualmente com uma construção iniciada com a palavra "Amor", sob o título geral de "Recitativo". Fugindo do caráter romântico, apaixonado da composição, a blague era apenas para a diversão do espírito, para a gozação, o que deve ter deixado imensamente irritado o apaixonado poeta. Eis o que tinha a dizer essas quadrinhas, aqui transcritas em dois de seus fragmentos:

> Amor é fogo que o diabo atiça
> Quando a lingüiça se queimando vai,
> Amor é chama em que acaba o mundo
> É charco fundo em que caiu meu pai.
>
> Amor é bode de chavendo grande
> E que se expande num pular veloz,
> Amor é burro jesuíta, galo,
> Até regalo, para todos nós.[135]

---

[134] Ver sobre esta reportagem TILL (Op. Cit., pp. 69-70).

[135] O texto, intitulado Recitativo, saiu na edição de julho de 1885 do jornal Província, de Desterro, com 6 quadras, assinado por Xico das Candeias Júnior, pseudônimo de algum gaiato local.

Este período da vida de Cruz e Sousa no Desterro vai encontrá-lo sob o foco da política e do jornalismo, com viés eminentemente literário. Chegado recentemente de viagem, jovem, mas cheio de maturidade, a alegria inicial cede lugar a uma grande angústia existencial. O problema foi resolvido imediatamente, talvez por sugestão dos amigos mais próximos: Virgílio Várzea e Santos Lostada. No lugar da propalada partida anunciada pelos jornais, de volta para a Corte, assume o poeta a redação de *O Moleque*. São outros os tempos. A ausência da terra natal não só corporifica-o, mas, ao mesmo tempo, provoca um certo estranhamento com os meios locais. Cruz e Sousa não é mais o mesmo, tampouco os meios provincianos — políticos e culturais, sobretudo suas personalidades.

A vivência com esse contraste é que vai determinar o novo comportamento do poeta, sobretudo à frente do jornal que mais estranheza há de causar no grupo dominante desterrense, o dos brancos.

Esse drama não será sentido só por ele, mas por sua família. O entusiasmo provocado pelo assédio conquistado pela incursão nas cidades e capitais das províncias, quiçá os mais importantes, não encontrou impacto na sociedade desterrense, sempre refratária a esses arroubos.

Ao tratar de um episódio da vida de Cruz e Sousa nesse período, o jornalista Affonso Várzea fala da mãe do poeta, Carolina Sousa, "grande e muscular, lavadeira-engomadeira que também fazia comida pra fora"[136], a essa época residindo "numa vila de casas junto à igreja de São Sebastião, entre o Mato Grosso e Praia de Fora", ao dizer que ela andava irritada com o filho mais velho que só pensava em leitura, nos livros e nos jornais, exibindo-se por toda a parte, sem um ganho certo, um emprego, já que o que havia ganhado com o empresário Moreira de Vasconcelos acabara. De acordo com Affonso Várzea, ela "prezava o outro filho, o alto e sólido Norberto, ganhando 6$000 por dia como tanoeiro". Diante deste fato, ela o teria aconselhado, segundo ainda Affonso Várzea:

— Faz como teu irmão! Vai trabalhar...

---

[136] Affonso Várzea. Paixões de Cruz e Sousa. *O Jornal*, de 5 de fevereiro de 1956.

O MOLEQUE E SEU EDITOR

Ao assumir a redação de O Moleque, no mês de maio de 1885, passando a redigir praticamente sozinho o veículo, tirando dele o seu ganha-pão, Cruz e Sousa vai logo deparar-se com o preconceito racial. A fase em que participava harmoniosamente dos eventos culturais, em geral convidado pelas sociedades artísticas e pelos clubes sociais, havia acabado. Agora, à frente do jornal, ao contrário do que imaginava, a reação contrária à sua presença passara a ser enorme.

Com um grupo ativo e militante nas letras, furando os bloqueios nas redações, o poeta era constantemente zurzido pela imprensa alheia através de apelidos e ironias. O mesmo ocorria com os seus amigos. Para os seus detratores, que não eram poucos, o ex-presidente da província (1883-1884), Gama Rosa, era o Gama-Rósea ou Capa-Rosa, o escritor Virgílio Várzea, o Varzóvia, o poeta Manoel dos Santos Lostada era o Costada e Cruz e Sousa o Cruz da Idéia ou Cousada.

Raimundo Magalhães Júnior descreve em seu livro que a turma era tratada com desprezo. "Estes eram chamados de os idiotas da terra, pobres meninos, tristes águias condoreiras, simples satélites do sol presidencial"[137].

No Jornal do Commercio, de propriedade de José da Silva Cascaes, vários articulistas, sob pseudônimos — como Bocage, Quebedo, Tolentino e Piron —, em tese fazendo alusão a Álvares de Azevedo (Quevedo) e Lord Byron (Piron), desprezavam o grupo de jovens escritores e poetas, tratando-os por "micróbios".

[137] MAGALHÃES JR. (Op. Cit., p. 57).

Uns versinhos ficaram muito conhecidos nessa época, publicados pelo grupo opositor aos rapazes da *Idéia-Nova*, como eram chamados:

> Coitados, pobres meninos,
> Tristes águias condoreiras,
> Misturam frases faceiras
> Com abóboras e pepinos.

Guerras e guerrilhas literárias eram coisas antigas no Desterro. Tempos houve em que os jornais da terra se enchiam de quadrinhas rimadas e sonetos canhestros forjados para espezinhar terceiros. Briga de cachorro grande, como se costumava dizer. Virgílio Várzea foi o pensador desta guerrilha, relembrada por ele numa série de artigos publicados no *Correio da Manhã*[138].

Seus triolés passaram de mãos em mãos nas ruas da velha Cidade de Nossa Senhora do Desterro. Um dos casos de maior repercussão ocorreu entre ele e o poeta Eduardo Nunes Pires. Altino Flores[139] conta que existia na cidade um mulato que era alfaiate, conhecido pela alcunha de Biguibi, e gostava de colecionar autógrafos em um álbum em que recolhia produções dos mais diversos literatos. Ocorreu então que, lendo uma dessas produções no álbum do Biguibi, ao qual qualquer um tinha acesso, assinada por Nunes Pires, do grupo da velhacaria, Virgílio Várzea viu em uma delas "insultos à sua pessoa". Diante de tal veneno, o filho de dona Júlia Várzea, pelas páginas da *Regeneração*, escreveu uns triolés contra Eduardo Nunes Pires, alguns assinados por X e endereçados a N, de Nunes. Foi o estopim da guerrilha e a utilização de uma nova modalidade de verrina, o triolé. Ao ler, no jornal de Elyseu Guilherme, as versalhadas escritas por Virgílio, o membro da escola velha partiu para o ataque, na base da agressão física, o que ocorreu pelos lados do Mato Grosso, caminho da casa de Cruz e Sousa. Não se sabe quem saiu vencedor da contenda pugilista. Os jornais trouxeram explicações de ambos os personagens, propalando, cada qual, o seu sucesso. Nesse perío-

---

[138] Virgílio Várzea, Impressões da província (1882-1889) *Tribuna Popular* e A Guerrilha Literária Catarinense. *Correio da Manhã*, ano de 1907.

[139] Altino Flores, Discurso no IX Congresso Brasileiro de Geografia, 1940. Vol. I, pp. 232-245.

do, Cruz e Sousa mambembava com a Companhia Dramática Julieta dos Santos, do empresário Moreira de Vasconcelos, pelo norte e nordeste do país. Portanto, ainda estava fora e não presenciara nem tomara parte em nada.

Seguem abaixo essas quadras de certa forma bastante infantis que Virgílio Várzea escreveu na edição da *Regeneração*[140],:

> Ó idiota emproado,
> Com pretensão a talento
> Tu tens o crânio castrado,
> Ó idiota emproado
> És literato atrasado
> E poeta bolorento,
> Ó idiota emproado,
> Com pretensão a talento.
>
> Largaste somente asneiras
> No álbum do Biguibi,
> Minhoca das esterqueiras,
> Largaste somente asneiras.
> Ri-me das linhas porqueiras
> Ali traçadas por ti.
> Largaste somente asneiras
> No álbum do Biguibi.
>
> Na minha moderna escola
> Tu não tens ingresso não;
> Não entra a tua cachola
> Na minha moderna escola,
> Já tens estragada a bola,
> Por isso que és toleirão,
> Não minha moderna escola
> Tu não tens ingresso não.

---
[140] Citados por MOELLMANN (1994, pp. 184-185).

> Eu não te julgo n'altura
> De poderes criticar,
> Por seres cavalgadura
> Eu não te julgo n'altura.
> Precisas de ferradura,
> Es da raça cavalar
> Eu não te julgo n'altura
> De poderes criticar.

A provocação foi, talvez, desmedida. Narra o historiador Oswaldo R. Cabral[141]: "publicados os triolés, é óbvio, Eduardo Nunes Pires saiu à procura de Várzea, que andava a inspirar-se lá para os lados do Mato Grosso, lugar bastante apropriado para duelos. Levava aquele 'és da arte cavalar' atravessado no gogó e o jornal espremido na mão. E, tendo encontrado o 'engraçadinho', quis fazer com que ele engolisse os triolés ao molho da tinta em que haviam sido impressos". Eduardo Nunes Pires não gostou do que leu. Diz a lenda que, injuriado, fez o poeta "engolir o agravo". Mais adiante, continua Cabral: "cada um dos contendores proclamou-se vitorioso do desforço físico"[142]. Pelo que tudo indica, Virgílio Várzea saiu-se mal da peleja. A *Regeneração*, de 4 de janeiro de 1884, publicou um texto sob o título de "Agressão", no qual o jornal contestava o *Jornal do Commercio* acerca da notícia da vitória de Eduardo sobre "uma criança de 18 anos (sic)". Duraram dias e dias pelos jornais o bate-boca entre os dois cabras machos. Logo a seguir, Eduardo Pires, sob o pseudônimo de Anaxágoras, ironizou ainda mais as queixas do adversário com um versinho zombeteiro:

> Aceita meus parabéns
> Pelos 'tapas' que levaste...
> Foi assim tão caladinho,
> Que nem ao menos... choraste!

---

[141] CABRAL (1979, p. 132-133).
[142] Idem.

Eis aí um pouco da "guerrilha" literária do Desterro no período em que o poeta Cruz e Sousa retornava à cidade. Com a sua ascensão a editor do jornal O Moleque, a coisa tomou outros rumos e caminhos. O poeta também não poupava críticas aos escravocratas, todos homens que detinham o poder político e econômico da província. Além disso, o grupo de rapazes lançava movimentos. Como o da *Idéia-Nova*, uma reação contra a Idéia-Velha, ou Velha Escola, grupo dos velhos jornalistas e literatos da província, que não eram tão velhos assim, pois Eduardo Pires tinha apenas 39 anos.

Como redator de *O Moleque*, Cruz e Sousa passou a ser visto de outra maneira pela sociedade desterrense. Não era mais aquele rapazinho que, anos antes, sem visão de mundo, convivia com todos e alegrava a boca de cena dos poderosos. Era até convidado para os eventos, como vimos, atuando como orador oficial, com nomes nas colunas dos jornais, declamando versos e publicando, com certa facilidade, suas produções.

O nome do jornal — *O Moleque*[143] — já dizia tudo. O que dizer, então, de um editor que é negro, arrojado, que como tal não enxerga o seu lugar, e cujo os pais, na condição de ex-escravos, ainda eram vivos e conviviam socialmente com todo mundo na sociedade catarinense?

O Moleque foi fundado em dezembro de 1884 e trazia no seu cabeçalho os dizeres: *Propriedade de uma Associação*. Em maio de 1885, quando Cruz e Sousa assume a redação do jornal, no final do mês, o cabeçalho passa a ter a seguinte denominação: *Redação de Cruz e Sousa. Propriedade de uma Associação*.

O poeta, em plena terra natal, passa a rivalizar com os poderosos: é dono de jornal. De um lado os conservadores; de outro, os liberais. Como eles, pela primeira vez na história da província um negro também exerce o poder do veto autoral, por decidir o que sai publicado ou não no veículo, quando e onde aquele determinado texto sai. Na história da escrita no Brasil — seja da escrita literária, jornalística, científica ou acadêmica — são raros os textos produzidos por homens ou mulheres negros. Textos sobre a Abolição da Escravatura, por exemplo, sobre questões raciais ou preconceito são

---

[143] Do quimbundo mu'leke, menino; negrinho. Outra acepção: indivíduo sem palavra; canalha; patife; velhaco; engraçado; pilhérico; trocista; jocoso. Novo Dicionário Aurélio da Língua Portuguesa, 2ª Edição, Nova Fronteira, 1986, p.1150.

mais difíceis ainda. A grande marca deixada por Cruz e Sousa em *O Moleque* está nos triolés e nos textos em prosa, principalmente nos editoriais, hoje tão esquecidos e fora de sua obra completa. Aí sim ele assume posições políticas firmes e corajosas contra o sistema escravista, denunciando instituições e homens públicos. Seus editoriais, até hoje inéditos em livro, bem como uma série de poemas (triolés) produzidos e publicados nesse período, também se encontram, boa parte deles, estranhamente, fora de sua obra completa.

São textos que muito podem esclarecer passagens importantes de sua vida social e profissional, de seu comportamento e sua obra. O jornal, aliás, um semanário, era o palco para o seu aparecimento ideológico. Socialista por natureza, pregava, copiando o lema francês — a igualdade, a fraternidade e a liberdade entre os povos. Foi assim que instituiu um concurso de beleza entre as moças do Desterro. Desde muito jovem, a figura feminina, de mulheres negras, brancas e morenas, tem destaque em sua obra. Portanto, um concurso de beleza entre as jovens desterrenses é algo natural no seu dia-a-dia. E *O Moleque* encara essa tarefa com especial leveza de espírito. A sociedade burguesa local, que já torcia o nariz para o filho do preto Guilherme Sousa e da lavadeira Carolina Sousa, ficou ainda mais irritada com ele.

Mesmo assim o concurso foi um verdadeiro sucesso. Destinava-se "aos moços solteiros" da Província, com a seguinte pergunta: "qual a moça solteira mais bonita do Desterro?". O concurso apresentava, na verdade, duas categorias: a mais bonita e a mais simpática de todas. Os rapazes colocaram na disputa os nomes mais prestigiados da cidade, nomes de mulheres da nata da sociedade catarinense, sendo que já na edição de 1º de novembro, vinha, tomando quase toda a página, a relação das concorrentes, cerca de trinta candidatas ou mais, com seus respectivos votos. A eleita, na categoria "a mais bonita de todas", foi "a Exma. Sra. D. Júlia Trompowsky", com 20 votos; e na categoria "a mais simpática", os rapazes escolheram "a Exma. Sra. D. Custódia Beirão, com 25 votos". "Como uma apoteose, as duas vitoriosas estrelas da beleza e da simpatia", definia o redator-chefe com vivo entusiasmo.

Na mesma edição, todavia, o poeta-editor dedicava um bonito soneto "Às moças votadas" com o título de *Chuva de ouro*[144]. Por incrível que pareça, o soneto propriamente dito não consta da obra completa do poeta. O único que o reproduz corretamente é Raimundo Magalhães Júnior, na biografia sobre Cruz e Sousa, à página 81 do seu livro:

> Moças e virgens pelo Azul da vida,
> Sonhos e crenças abraçadas, rindo,
> Almas de fogo, como o sol, partindo,
> Em busca, em busca de amplidão florida.
>
> Subindo sempre e alegres na subida,
> Vão, como as aves que no espaço, abrindo
> Asas — num tempo cor de rosa e lindo,
> Rasgam distâncias de cabeça erguida.
>
> — Ó mocidade! és como a luz que canta,
> No ninho ideal dessa tu'alma santa,
> Há esperanças mas não posso vê-las...
>
> E, excelentíssimas, também, por dentro
> De vós — oh! como canta a luz — no centro
> Do vosso peito, um coração d'estrelas!...

O soneto foi publicado com pseudônimo pelo poeta — Zé K. —, um dos muitos que ele adotaria nesse jornal[145], prática comum na sua vida de jornalista, não só no Desterro, mas depois no Rio de Janeiro.

O que vem sendo reproduzido com o nome incorreto de *Chuva de ouro* é este soneto, igualmente muito apreciado pelo seu fundo

---

[144] *O Moleque*, 12 de outubro de 1885. Traz encimado a indicação Poemas XVIII (na verdade XIX) e o título. Na Obra Completa (Nova Aguilar), reorganizada por Alexei Bueno, o título deste soneto foi dado ao soneto do Poemas XVIII, repetindo o erro de Andrade Muricy, quando organizou a edição da obra do poeta, em 1961.

[145] O uso de pseudônimos se tornaria comum na militância jornalística do poeta. Sobre pseudônimos de Cruz e Sousa, ver SOARES (Op. Cit., pp. 76-78); MAGALHÃES JR. (1975); MUZART (1983); e Zahidé Lupainacci Muzart, Papel branco, tinta negra: Cruz e Sousa, jornalista in Revista Continente Sul Sur, edição do Instituto Estadual do Livro, Porto Alegre, 1998, pp. 101 a 106.

de crítica social[146]. Pois, afinal, o que vem a ser esses "Albergues infantis, noturnos"?

> A Rainha desceu do Capitólio
> Agora mesmo — vede-lhe o regaço...
> Como tem flores, como traz o braço
> Farto de jóias, como pisa o sólio
>
> Triunfantemente, numa unção, num óleo
> Mais santo e doce que essa luz do espaço...
> E como desce com bravura de aço...
> Pois se a Rainha, como um rico espólio,
>
> O seu brioso coração foi dando
> Aos pobrezinhos, que ainda estão gozando
> Bênçãos mais puras qu'os clarões diurnos,
>
> Por certo que há de vir descendo a escada
> Do Capitólio da virtude — olhada
> Pelos Albergues infantis, noturnos!

A aventura de Cruz e Sousa como redator de *O Moleque* gerou muitas controvérsias no Desterro. Primeiro, porque, pelas páginas do semanário ilustrado, o poeta assumiu, de forma mais premente, sua condição de negro e abolicionista ferrenho, do tipo que não leva desaforo para casa.

Em textos em prosa e versos, em forma de triolés, Cruz e Sousa mirava e acertava no cerne dos seus alvos com uma rara precisão. Era como se a cidade estivesse aos seus pés. O que nos espanta é que nessa discussão sobre questão racial que encontramos alhures — se "Cruz e Sousa é poeta de alma branca" ou se Cruz e Sousa é um "negro branco", como quer Paulo Leminski em um dos seus trabalhos[147] —, feita pela sociedade acadêmica e pelos muitos biógrafos,

---

[146] Na Obra Completa, edição Nova Aguilar, pp. 260-261, vem se dando a divulgação do soneto, que no jornal *O Moleque* saiu com o título Poemas XVIII, sem outro título.

[147] LEMINSKI (1983). Este livro, escrito por um ascendente de ancestrais de poloneses e negros, e que reivindicava-se afro-descendente, gerou muitas confusões no movimento

estes textos, além de serem pessimamente citados, não foram sequer aproveitados em sua obra definitiva. Este fato suscitou muitos debates e um certo mal-estar no Movimento Negro, que chegou a considerar o poeta catarinense como uma espécie de "alienado", o que é contraproducente com a sua produção intelectual de militante dessa fase de sua vida.

Nos editoriais e outras matérias de fundo, chamadas, na gíria, de "a cozinha do jornal" — uma vez que ele redigia o semanário praticamente sozinho, pois quase não havia contribuições de outros autores, como Virgílio Várzea e Horácio de Carvalho — toda a sua verve criativa foi posta à prova.

Em um desses artigos, igualmente desprezados pelos biógrafos, Cruz e Sousa faz uma prelação em favor do Clube Abolicionista do Desterro. O clube, que tinha à frente um amigo seu, o artista Manoel Bittencourt (na verdade um sapateiro, que disponibilizava parte do que ganhava para a compra de cartas de alforria), fazia parte das atenções do poeta. Nesta matéria, assinada sob pseudônimo[148], o editor reclama do tratamento dado pelos jornais sobre a agremiação.

> É por isso que o Clube Abolicionista, como tudo o que tiver uma aspiração, um fim bonito, uma idéia vibrante, rubra, com ecos sonoros e fortes de clarins de batalha, cheirando à pólvora da evolução, à dinamite do progresso, ao petróleo da liberdade, igualdade e fraternidade — essas três auroras da comunhão social, essa consubstanciação dos povos, — é por isso que tudo, aqui, neste torrão...essencialmente católico, apostólico... catarinense, está dentro desta palavra, sinistramente esmagadora: Túmulo!!!!

Sua grande verborragia era o que incomodava como abolicionista. "Não se fala mais no Clube Abolicionista. Aqui nesta terra as ideias não chegam a tomar as proporções da borboleta: ficam na lagarta. Há uma sombra enorme de indiferença que oprime e entenebrece tudo"[149]. Não era a primeira vez e nem seria a última

---

social negro, só tardiamente resolvidas. Chegamos, ambos, a polemizar sobre tal obra.
[148] Zé K. (Cruz e Sousa). Zigue-zagues. *O Moleque*, 5 de julho de 1885, p. 2.
[149] Idem.

que o faria. O Clube Abolicionista vinha sendo assunto constante também de colunas como *Piparotes*, que Cruz e Sousa assinava igualmente com pseudônimos.

O enfrentamento que o jornal faria à sociedade desterrense, sobretudo aos proprietários de escravos, seria feroz. O assunto, aliás, dominava os pequenos jornais, como *Matraca*, *Província*, *Regeneração*, entre outros. O editor-chefe-poeta sempre encontrava algum motivo para criticar ou elogiar atitudes no que se referia à questão de raça e preconceito. Num dos *Piparotes* (textos fundamentais, ainda inéditos, sobre a sua fase jornalística desterrense), Cruz e Sousa se refere a um "honrado cidadão" que libertara dois escravos. Como o gesto partira de uma pessoa comum, sem títulos ou honrarias, assim se manifestou *O Moleque*[150] sobre ele:

> Curva-te, Moleque.
> O Sr. Marciliano de Carvalho, acaba de dar liberdade, isto é, de enveredar para a luz dois escravos que possuía.
> Magnífico.
> Nós que não somos como a imprensa narcótica que não aureola com as flores da palavra e da escrita, fatos como estes, talvez, pela minha razão de não ser quem a praticou, nenhum barão ou comendador pífio e súcio, nós, repicando alegremente vides os sinos sonoros de deslumbrante catedral dos júbilos — a alma — diante da figura simpática e distintamente cavalheirosa do honrado cidadão, fazemos das nossas esperanças e das nossas crenças, como as entradas de Cristo em Jerusalém, um tapete franco e largo para a sua passagem triunfante no caminho do direito.
> Curva-te, Moleque.

Nesse mesmo dia, Virgílio Várzea deixava a redação a cargo do talento de Cruz e Sousa por ter sido nomeado Secretário da Capitania dos Portos de Desterro.

Já no mês de maio, em um dos seus primeiros textos como único redator de *O Moleque*, Cruz e Sousa punha na cena jornalística a história de um escravo que sofria maus-tratos pelo seu senhor.

---

[150] Piparotes, assinado por Zat (um dos inúmeros pseudônimos usados por Cruz e Sousa no jornal), *O Moleque*, 16 de junho de 1885, p. 3 (na edição saiu a data trocada, como 26 de março).

Seria uma constante a partir daí. Nesse caso específico, o poeta não trata da questão apenas nos textos pela coluna *Piparotes*, mas através dos seus famosos triolés. Assim ele cunhou o caso, como *Questão Brocardo*, referindo-se à figura de escola de Estevão Manuel Brocardo. Num editorial, sem assinatura, Cruz e Sousa critica os "senhores Chefes e Delegados de Polícia — os Catões — da justiça, da ordem, do dever", ao dizer que as autoridades fazem terceto com o Sr. Brocardo, "nessa grande opereta canalha do deboche social". E explica o caso para a sociedade, expondo-se publicamente vítima e algozes:

> O Sr. Estevão Brocardo tem um escravo que debaixo do ódio vermelho e terrível do seu senhor, do seu dono, tem suportado as calamidades atrozes da dor, do desespero e da perseguição.

Mais adiante, continua a dizer:

> S.S.S.S. deveriam saber que antes do mais estava a justiça e a verdade, desde que o escravo encontrou quem o abonasse, o sr. Brocardo e os dignos britadores do erro, ao menos para alardear magnanimidade a crença abolicionista, deviam consentir nesse abono, precisamente; e ainda isso, dentro da circunstância precisa da particularidade especial, do mau trato que recebe o escravo.

Não satisfeito, o poeta finaliza o texto falando do "fato tremendo e repugnante", lamentando não poder "dar um pontapé vigoroso na alma pequenina do Sr. Estevão Brocardo", mas resolvia bater "palmas por lhe darmos hoje, no seu vulto de escravocrata essa bonita e franca bofetada... de luz"[151].

As páginas do semanário pareciam ganhar um novo brilho, nesse propósito, brilho de gambiarras vermelhas, pois o poeta extravasa toda a sua ojeriza contra o sistema escravista então vigente na Província, e não só na Cidade do Desterro. A chamada questão Brocardo recebe o dardo de dois triolés que o poeta assinara, desta vez com o pseudônimo de Zat. Eis os versinhos:

---

[151] Ver a esse respeito MUZART (1998, p. 102).

> — Pife, pufe, pafe, pefe
> Pafe, pefe, pife, pufe —
> A cacholeta no chefe —
> — Pife, pufe, pafe, pefe
> Estoure como um tabefe
> E o ventre de raiva entufe —
> Pife, pufe, pafe, pefe
> Pafe, pefe, pife, pufe!

E esse outro que também não é nada lisonjeiro:

> Triolé fura essa pança
> Do Delegado — és um russo;
> Revolução nessa dança...
> Triolé fura essa pança,
> Fura, fura como a lança
> Ou como no boi um chuço;
> Triolé fura essa pança
> Do Delegado — és um russo.[152]

Não se sabe a repercussão dessas espetadas nas autoridades. O certo é que Cruz e Sousa não trataria o caso em outras colunas do jornal, nem voltaria a escrever triolés sobre o tema.[153] Não deixaria, no entanto, de continuar a cacetear os escravocratas, o preconceito racial e a injustiça social. Desterro era uma cidade muito desigual do ponto de vista de classes, onde uma casta política e econômica dominava o cenário e comandava a capital da Província com mãos de ferro. *O Moleque* é, nesse período, um veículo de forte expressão jornalística. Não são poucos os artigos em que o redator-chefe reclama do tratamento que o seu jornal recebe se comparado a outros veículos menos expressivos, nem sempre apoiadores da causa, como *A*

---

[152] Os triolés saíram nas edições de *O Moleque* de 3 e 10 de maio de 1885, um em uma semana, outro na outra, uma vez que a publicação era semanal. Na Obra Completa (1995) os dois triolés saem com o título de Questão Brocardo, mas só o último vinha com essa denominação.

[153] Estevão Manuel Brocardo, estranhamente, aparece entre os fundadores da Associação Abolicionista, a 10 de junho de 1883, ao lado de personalidades como Germano Wendhausen, Virgílio José Vilela, José Joaquim Lopes Júnior, Eliseu Guilherme da Silva, entre outros.

Luta, A Voz do Povo, Matraca, entre outros. Convites para festas, banquetes, cerimônias, mesmo religiosas, solenidades, atos públicos e políticos não são encaminhados para a redação do jornal. O editor protesta. Num evento sobre a data nacional da França, a queda da Bastilha, o editor de *O Moleque* não foi convidado para o banquete realizado pela colônia francesa na ilha no Grande Hotel. Irritado, o editor reverbera contra a atitude.

> *O Moleque* não é o esfola-caras das ruas, na frase de Valentim Magalhães, nem o abocanhador peralta e atrevido que salta à noite os muros altos para lançar a prostituição no seio das famílias, não é o garoto das praças públicas, o gamin das latrinas sociais, o tartufo ensacado e enluvado que arrasta a sua imbecilidade córnea pelos clubes, pelos teatros, pelas reuniões, pelos passeios. É um jornal moço; moço quer dizer nervoso; moço quer dizer sangüíneo, cheio de pulso forte, vibrante, evolucionista, adiantado.[154]

Em um outro tópico do artigo, Cruz e Sousa, na pele de Zé K., continua destilando sua ira contra o ato preconceituoso à sua pessoa e, de certa forma, ao seu jornal, no fundo, ferido em seu orgulho:

> Uma vez que *O Moleque* não é um trapo sujo do monturo, um caráter enluvado com sífilis moral por dentro, um pasquim ordinário e safado, um bêbado de todas as esquinas ou um leproso de todas as lamas, havia obrigação... de ser *O Moleque* considerado como gente... Só não se distribuiu convite para *O Moleque* é porque o seu redator-chefe é um crioulo e é preciso saber que esse crioulo não é um imbecil.[155]

Com Virgílio Várzea fora da redação praticamente desde 26 de abril, mas ausente definitivamente a partir de maio, dedicado que estava à Capitania dos Portos, Cruz e Sousa teve um campo vasto de atuação. Dele diria o autor de *Miudezas*, pelas páginas de *O Moleque*:

> Para avaliar a sua grande força cerebral, é bastante dizer que ele goza de elevada e extensa reputação de poeta de 1ª ordem, en-

---

[154] Zé K. A Bastilha. *O Moleque*, 12 de julho de 1885.

[155] *O Moleque*, texto citado.

tre os vultos mais eminentes da nossa literatura, como sejam — Aluisio de Azevedo, Valentim Magalhães, Urbano Duarte, José do Patrocínio, Silvestre de Lima, Raimundo Correia, Raul Pompéia, e tantos outros que não nos é possível recordar agora na rapidez de uma notícia.[156]

Como o companheiro, que escrevia o semanário praticamente sozinho[157], o Poeta Negro desdobrava-se numa multiplicidade de pseudônimos, entre os quais Coriolano Scévola, Zé. K., Zut, Zot, Zat, Trac, sem contar os textos sem qualquer assinatura, mas que são de sua autoria. Tem como foco a questão racial, mas outros assuntos também perpassam sua pena. Na edição de 5 de maio, Trac critica os "escrivães... de jornais".

> Gente, esquisito!...
> Há aí por esse mundo de Cristo, uma caterva de escrivães de... jornal, tão impossível, tão chatinhos, tão... lorpas...
> Jesus...
> E como eles escrevem; sem gramática (Misericórdia), sem idéia (Valha-me Deus), sem estilo, sem imaginação, cansando o espírito do leitor com os matusalêmicos assuntos estafados, trôpegos, que não andam, que não desenvolvem pelos meandros das orações, dos períodos, da escrita finalmente.

São inúmeras as matérias jornalísticas escritas em *O Moleque*, infelizmente, até hoje, fora da obra completa do grande poeta. Não pelo fato de não terem um alto valor literário, mas pelo fato de traçarem a trajetória do poeta e do prosador, e pertencerem à documentação de sua vida como intelectual.

Ironia e deboche eram os tons aplicados a muitos destes textos, que traziam aquele toque estilístico empolado, como a produção de Cruz e Sousa ficou conhecida. Um dos textos que também ficou

---

[156] *O Moleque*, 26 de abril de 1885. Assinava a nota Gustavo d'Albany, pseudônimo de Virgílio Várzea.

[157] Virgílio Várzea escrevia cerca de 80% do jornal, entre janeiro a abril de 1885, entre textos em prosa e poemas; desdobrou-se nos seguintes pseudônimos Viriato Reis, Coriolano Auvergne, K. Boclo, Gustavo d'Albany, Alfredo Delorm, talvez outros. Com este último publicava uma série intitulada Poema realista.

fora do garimpo dos muitos dos seus biógrafos foi uma das colunas *Piparotes*, desta vez escrita em versos, com assinatura de Trac. Esta não é a única poesia deixada de lado pelos pesquisadores do poeta. Nos números da publicação existente na Biblioteca Pública de Florianópolis, copiada em microfilmes pela Biblioteca Nacional, a qual tivemos acesso, podemos perceber outros textos em versos que não foram recolhidos.

O que vai a seguir é uma mostra do que estou falando, que, como os demais, estranhamente não foi aproveitado no conjunto do *Livro Derradeiro*:

>Hoje o Trac, meus leitores,
>Deita versos, belas obras,
>Pois que é certo — os meus senhores
>Nunca viram tais manobras:
>Vai falar de caçadores,
>De lagartos e de cobras.
>
>Ora vejam, vão ouvindo:
>Me disseram que se a gente
>Pela estrada vai seguindo
>Sem parar, sempre em frente,
>Vê um caso muito lindo
>De fazer... ranger o dente.
>
>Tal é ele que na rua
>Major Costa, — apelidada
>Haja treva ou haja lua
>Mesmo à tarde ou madrugada
>(Até mesmo a gente sua
>Só com medo da Coisada)
>
>Caçadores dos mais finos,
>Dos mais destros e certeiros
>Dia e noite — uns assassinos
>Assemelham — tão brejeiros
>Matam burros pequeninos,
>Como tigres altaneiros.

Vão e vão, dentre os escombros
E os bambus da grande mata,
D'espingarda sobre os ombros:
Ora o chumbo se desata
Sobre lontras — ora assombros
Há — e tudo desbarata;

Tudo corre, cai na lama,
Tropeçando nos bambus,
É que como um epigrama,
Rubro, quente, irado — cruz! —
O Fiscal Lodios derrama,
Sobre todos, cospe à flux.

Mas por fim, e reatando,
No meio do grosso ataque,
Como embora, se enraivando,
O Fiscal sempre é basbaque,
Os tiros, de quando em quando,
Fazem tric, troc
Trac.

No fim vinha a indicação "continua", mas isto não aconteceu. Percebe-se que Cruz e Sousa brinca com o seu próprio nome, o que ocorre no 18º verso, em que ele diz "só com medo da Coisada", aludindo às alcunhas que os detratores lhe impunham, e no verso 34ª, com a estrofe "rubra, quente, irado — cruz! —". A poesia saiu na edição de 12 de julho, na página 3.

Outro verso que ficou fora das coleções enfeixadas da obra do poeta catarinense foi este, com o título de *Diamantes*:

A tua alegre esperança
Viçosa, sem ter inverno
E calma como a bonança,
A tua alegre esperança,
Essa ave do Empório eterno,
Essa ave do eterno Empório,

> Eu hei — de vê-la, ainda vê-la,
> Essa ave, — tornada em lírio,
> E o lírio — tornado em vê-la.

Cruz e Sousa falaria ainda sobre a queda do Gabinete Dantas, reproduziria cartas panegíricas e escreveria uma série de perfis a vapor, rápidas biografias sobre amigos e personalidades do seu mundo pessoal e do seu tempo, como políticos, professores, jornalistas, poetas, militares ou gente comum. A coluna, escrita inicialmente por Virgílio Várzea (mas assinada com o pseudônimo de Viriato Reis), foi continuada por Cruz e Sousa, também com pseudônimo.

Esses perfis a vapor, cujos textos encontram-se hoje na sua obra completa, saíram entre abril e dezembro de 1885, mês da última edição do semanário. Eram textos leves, despretensiosos, ligeiros. Em 24 de maio, saiu um sob o título de Carlos Schimidt, um outro intitulado Major Camilo e um apenas tratado por Ele, sem nomeação de quem era, apenas dizendo que sabe "ler o D. João, do Guerra Junqueiro, esses versos que parecem milhões de espadas luzidias", e assim por diante[158]. Além dos textos aqui arrolados, o poeta publicou ainda muitos outros sonetos.

Ainda em 24 de maio, publica um soneto nomeado com o número III, em romano, como sairiam diversos outros sonetos publicados no jornal desse período, parte deles já visto aqui por nós.

Na *Obra Completa* (edição de 1995), este soneto saiu na página 248, com o título tirado da sua primeira estrofe. O soneto, com um certo tom de cacofonia, era este, mas não é de todo ruim:

> Anda-me a alma inteira de tal sorte,
> Meus gozos, meu pesar, nos dela unidos
> Que os dela são também os meus sentidos,
> Que o meu é também dela o mesmo norte.
>
> Unidos corpo a corpo — um elo forte
> Nos prende eternamente — e nos ouvidos
> Sentimos sons iguais. Vemos floridos
> Os sons do porvir, em azul coorte...

---

[158] Boa parte destes textos seriam republicados no Rio de Janeiro, após 1890.

> O mesmo diapasão musicaliza
> Os seres de nós dois — um sol irisa
> Os nossos corações — dá luz, constela...
>
> Anda esta vida, espiritualizada
> Por este amor — anda-me assim — ligada
> A minha sombra com a sombra dela.

Outro soneto publicado por Cruz e Sousa, agora com a sua assinatura, saiu na edição de 21 de junho de 1885, e trazia por título *Noiva e triste*, e era o quinto da série publicada pelo autor, que poderia ser enfeixada de acordo com sua ordem de publicação, assim como as outras produções, que, no geral, trazem a indicação das obras, como *Campesinas*, *Cambiantes*, *Cirrus e nimbus*, *Coleiros e gaturamos*.

O texto do soneto é o seguinte:

> Rola da luz do céu, solta e desfralda
> Sobre ti mesma o pavilhão das crenças,
> Constele o teu olhar essas imensas
> Vagas do amor que no teu peito escalda.
>
> A primorosa e límpida grinalda
> Há-de enflorar-te as amplidões extensas
> Do teu pesar — há-de rasgar-te as densas
> Sombras — o véu sobre a luzente espalda...
>
> Inda não ri esse teu brilho rubro
> Hoje — inda n'alma, nesse azul delubro
> Não fulge o brilho que as paixões enastra;
>
> Mas, amanhã, no sorridor noivado,
> A vida triste por que tens passado,
> De madressilvas e jasmins se alastra.

Antes deste soneto, o poeta, sob a pele de Coriolano Scévola, as iniciais C, de Cruz, e S, de Sousa, publicou um soneto sem título, sob o número IV[159], que, como os anteriores, saiu na última edição de suas obras completas.

---

[159] Este soneto saiu também na edição de 29 de maio de 1886 do *Jornal do Commercio*, do Desterro, sob o título de Esfuminhamento.

O seu texto é este:

> Quando eu partir, que eterna e que infinita
> Há-de crescer-me a dor de tu ficares;
> Quanto pesar e mesmo que pesares,
> Que comoção dentro desta alma aflita.
>
> Por nossa vida toda sol, bonita,
> Que sentimento, grande como os mares,
> Que sombra e luto pelos teus olhares
> Onde o carinho mais feliz palpita...
>
> Nesse teu rosto da maior bondade
> Quanta saudade mais, que atroz saudade...
> Quanta tristeza por nós ambos, quanta,
>
> Quando eu tiver já de uma vez partido,
> Ó meu amor, ó meu muito querido
> Amor, meu bem, meu tudo, ó minha santa!

Foram muitas as produções publicadas por Cruz e Sousa em *O Moleque* nesse período, em prosa e verso, de abril a outubro. O volume dessa produção é bem grande e foi parcialmente tratado em artigo pela professora Zahidé L. Muzart, que há algum tempo se ocupa da vida e da obra do poeta sobre o ponto de vista conceitual e jornalístico.

A força poética de Cruz e Sousa nessa fase desterrense dera à produção literária do poeta um grande fôlego. Mas o jornal, que andava cambaleando, perdia força. Suas assinaturas eram cobradas na primeira página, com um desenho indicando o endereço. Foram cerca de sete meses de muitas dificuldades, enfrentadas com bravura desmedida pelo poeta. As últimas edições de *O Moleque* foram publicadas graças a um grande empenho de seu editor. Já em setembro, o esforço para imprimir o jornal o deixava muito preocupado. Parece que antecipadamente as dificuldades o emparedavam para que o jornal (aliás, muito bem editado e diagramado, com belíssimos desenhos, alguns talvez de autoria de Virgílio Várzea, que chegou a estudar desenho, quando foi aluno do professor de desenho Manuel Franc das Oliveiras Margarida) não saísse ou tivesse o apoio da sociedade catarinense.

No final do mês que antecederia a morte do semanário, Cruz e Sousa escreve em socorro ao ex-presidente Gama Rosa, certamente o único aliado com tais condições financeiras, solicitando auxílio em dinheiro para salvar o tablóide. A resposta de Gama Rosa (a de Cruz e Sousa se perderá no espólio do ex-presidente, que se encontra espalhado entre as Cidades do Rio de Janeiro e de Brasília, em poder dos seus familiares) chegou logo, para dar uma satisfação ao poeta e amigo, que considerava "um moço de notável talento". Citava na mesma missiva também Virgílio Várzea, ligando-o ao Poeta Negro pelo companheirismo e pela amizade.

> Rio de Janeiro, 2 de outubro de 1885. Meu caro amigo Cruz e Sousa. Recebi sua carta de 28 de setembro. Por intermédio do correio, envio-lhe a quantia de duzentos mil-réis que do mesmo correio receberá por meio de conhecimento junto. Essa quantia não constituiu empréstimo, mas um oferecimento que tenho o prazer de fazer a um moço de notável talento, o companheiro e amigo de Virgílio Várzea. Pelo vapor passado enviei o poema de Guerra Junqueiro. Seu amigo, Gama Rosa.[160]

Combativo até o fim de sua circulação, *O Moleque* sob a direção de Cruz e Sousa foi um dos periódicos mais atuantes de toda a Cidade do Desterro, em termos abolicionistas e jornalísticos. Seu redator-chefe, prevendo esse fim prematuro do vigoroso órgão de imprensa, palanque para os seus arroubos de jovem intelectual, tentou divulgar, na totalidade, um texto que o jornal chamou de "uma brilhante conferência", proferida pelo "seu pujantíssimo redator" no ano anterior, 1884, "na sala da redação da *Gazeta da Tarde* da Bahia". Certamente a ideia do poeta era publicar na íntegra todo o texto, mas o espaço do jornal não oferecia esta condição. Então optou por publicar em partes, talvez duas, talvez três. Não se sabe se o cálculo foi errado ou se o redator-chefe blefou — sabe-se apenas que a edição de 12 de outubro foi a última a sair, salvo engano ou extravio da coleção, contrariando, todavia, a opinião de todos os outros estudiosos.

A conferência, como já vimos, causou sensação na plateia. O poeta era, certamente, um bom orador, e sua condição de negro, jovem e letrado, numa terra como a Bahia, sem dúvida chamava muito a atenção.

---

[160] Citada por MAGALHÃES JR. (Op. Cit., p. 84).

O ANO DOS *TROPOS E FANTASIAS*

Ainda no ano de 1885, surge uma segunda parceria em livro de Cruz e Sousa. Agora com Virgílio Várzea publica o volume de contos e crônicas *Tropos e fantasias*. O livro, depois da polianteia em versos dedicada à atriz Julieta dos Santos, de 1883, era a mais nova experiência literária do Poeta Negro. Virgílio Várzea, no entanto, estreara em versos com *Traços Azuis*, em 1884, com o apoio financeiro de Gama Rosa, então presidente da província de Santa Catarina[161].

Os jornais desterrenses deram pouca atenção ao aparecimento da obra, publicada pela tipografia do jornal *Regeneração*. Pouco se falou do livro pela imprensa, destacando-se notas esparsas de *A Luta*, *Província*, *Matraca*, *Regeneração* e *Jornal do Commercio*. *A Luta* se referiu à obra dizendo que seus textos já haviam sido publicados antes nos jornais; *Regeneração* falou de "dois jovens de espírito adiantado", que "trilham veredas novas" nas letras. Entre um elogio e outro, no entanto, não deixava de zurzir com os autores, reproduzindo chacotas em frases construídas na forma de diálogos. No *Jornal do Commercio*, todavia, Horácio de Carvalho salvou a pátria. Rasgou elogios aos amigos, ligando-os à Escola Naturalista, dizendo que Virgílio Várzea e Cruz e Sousa "conseguiam dar à nossa literatura uma face toda nova, original, evolutiva",

---

[161] Traços Azuis era um livrinho tosco, 17cm x 12cm, de 115 páginas, com produção de escritos entre o final de 1879 a 1883, contendo 37 poesias, sem indicação da tipografia que o imprimiu. Era dedicado aos pais do autor e trazia um prólogo. Teve entre 30 a 50 exemplares, nada mais. No meu arquivo, tenho as últimas páginas da edição de 1884, com a poesia "Saudação – aos distintos aspirantes a guardas-marinha de 1882", escrito na Escola da Marinha, além de sua assinatura.

e que eles eram "educados suficientemente, rijamente, nas proféticas teorias de Darwin, Herbert Spencer, Hartmann, Haeckel e outros".

Porém, não só de prosa panegírica viviam os dois enamorados das letras. Uma polêmica sobre o pagamento da edição do livro junto à tipografia da *Regeneração* tomou os noticiários dos jornais e foi tema de diversas folhas no período.

Partiu a mesma do jornal *Regeneração*, que publicamente cobrou o pagamento da tiragem da obra aos seus autores. Um grande mal-estar se fez de público, sendo capitaneado por toda a imprensa, com nota de esclarecimento divulgada pelo jornal *O Moleque*. O bate-boca permaneceu por dias na imprensa. Os oposicionistas, porém, não perdoaram a linguagem emproada da prosa tanto de Cruz e Sousa quanto de Virgílio Várzea. A imprensa contrária taxava a literatura dos dois jovens escritores, galhofamente, de "dinâmica, vulcânica e jaquárica Escola Evolutiva". A mira no Poeta Negro o atingia de todas as maneiras, como num trecho desse triolé, publicado na imprensa da época:

> Ó minha pomba arminosa!
> Ó pomba da simpatia!
> Na tua face mimosa
> Ó minha pompa arminosa
> Existe a cor cetinosa
> Da rosa Alexandria!
> Ó minha pomba arminosa!
> Ó pomba da simpatia!

Enviado para outros meios, o livro chegou à Corte, onde recebeu notas de alguns jornais. O periódico *A Vespa*, de 6 de agosto de 1885, em sua seção "Biblioteca da *Vespa*", sob a rubrica "*Tropos e fantasias*, contos de Virgílio Várzea e Cruz e Sousa", registra o seguinte: "Depois da leitura desse pequeno livro tivemos então ocasião de externar o nosso juízo. Francamente eu não gosto muito de colocar os estreantes em posição difícil. Leio sempre com atenção os seus livros, vejo as suas fraquezas, os seus defeitos, mas prefiro ficar em silêncio do que externar-me, sobretudo quando desse juízo pode resultar o desânimo para eles. Aqui porém não se dá isso. Os senhores Virgílio Várzea e Cruz e Sousa no seu livro manifestam qualidades aproveitáveis e aptidão para o gênero. Apesar disso precisamos ser francos — a par de algumas belezas, há aí nos *Tropos e fantasias* alguns defeitos, que com o tempo podem desaparecer, de modo que brevemente podemos ver os seus autores bem encaminhados". Melhor atenção deu ao mesmo livro Araripe Júnior, um dos críticos mais respeitados da imprensa carioca. Por uma página inserta na revista *Semana*, transcrita pelo *O Moleque*, com destaque, tinha frases do tipo "Morda-se, pois, toda a cáfila dos invejosos". Araripe Júnior viu em *Tropos e fantasias* um pequeno "livro escrito com estilo". Para o crítico, "Os srs. Virgílio Várzea e Cruz e Sousa deram, pois, uma prova de vitalidade não sucumbindo à ação de um meio tão ingrato como é aquele dentro do qual acham-se mergulhados; mostram talento pondo-se, através de tantas dificuldades físicas e morais, em contato ou em relações de simpatia com os espíritos que dominam o nosso século literário".

Acertando em seu parecer, ao enxergar as dificuldades enfrentadas pelos dois escritores na província, Araripe Júnior fala das "irregularidades e incongruências" da obra, as quais só irão "desaparecer com a integração final".

> Completamente despreocupados das radicais do pensamento, os srs. Várzea e Cruz e Sousa fazem com a frase, com o período o mesmo que os minituaristas com os seus artefatos. Pouco se importam que a lâmina da espada brilhe ou corte, contanto que os copos ofereçam aos olhos de quem a empunha uma obra de buril cheia de mágicos rendilhados.

Em outra passagem, diz o crítico da *Semana* que *Tropos e fantasias* "quando outra qualidade não tivessem, seriam objeto de curiosidades pela audácia que revelam". Mais adiante: "Seus autores, filiando-se à escola naturalista, atiram-se às formas literárias cultivadas por E. Zola e Eça de Queiroz, com um entusiasmo frenético só comparável à ansiedade e aos deslumbramentos do *pioneer* que pela primeira vez penetra em uma jazida aurífera".

Os dois autores exultaram de alegria, mostrando a todos a edição de *Semana*, enviada, certamente, por Oscar Rosas, a quem o livrinho de 71 páginas era dedicado, juntamente com Luis Delfino e Santos Lostada, as "três mentalidades pujantes da nova fase literária catarinense"[162]. Duas coisas destacam-se ainda na obra a respeito de Cruz e Sousa: a indicação das obras a publicar, relacionadas na contracapa, e os títulos dos contos publicados. No primeiro caso, a contracapa trazia as seguintes promessas de publicação: *Cambiantes (sonetos), Cirrus e nimbus (versos), Jambos e morangos*, único em prosa, *Coleiros e gaturamos (versos)*. E de parceria com o próprio Virgílio Várzea, *Os Sousas e os Silvas*, que prometia ser uma espécie de "romance naturalista".

Com relação aos contos publicados, os de Cruz e Sousa são os seguintes: *Alegros e surdidas, Piano e coração, A bolsa da concubina* (divulgado primeiramente no Maranhão), *O padre, Pontos e vírgulas* e *Sabiá-rei*. Todos eram dedicados a uma personalidade, como Artur Rocha, que recebeu uma dedicatória de Virgílio Várzea e outra de Cruz e Sousa, respectivamente.

Na contribuição de Cruz e Sousa, o texto que mais se destacara e de maior impacto foi o conto *O padre*, dedicado ao amigo João Lopes. Ferindo ainda a nota abolicionista, o Poeta Negro transpôs para o papel uma das situações mais contraditórias da Igreja Católica Apostólica Brasileira: a escravidão. Acusando um padre da igreja de escravocrata, aquele "que deveria ser o arrimo dos que sofrem, o sacrário da bondade, o amparo da inocência, o atleta civilizador da cruz" — era um escravocrata "de batina e breviário... horror!". Eis um dos trechos:

> Um padre, amancebado com a treva, de espingarda a tiracolo como um pirata negreiro, de navalha em punho, como um garoto, para assassinar a consciência. Um canibal que pega nos instintos e atira-os à vala comum da noite da matéria onde se revolvem as larvas esverdeadas e vítreas da podridão moral. Um padre que benze-se e reza, instante a instante, que gagueja à frente do cadáver o aforismo de Horácio — Hodie mihi cras tibi. Um padre que deixando explosir todas as interjeições da ira, estigmatiza a abolição.

---

[162] Virgílio Várzea e Cruz e Sousa. *Tropos e fantasias*. Edição fac-similar. Introdução de Ledo Ivo. FCC Edições/Fundação Casa de Rui Barbosa, 1995, 97p. Reproduzidos em *Obra Completa*, Edição Nova Aguilar, 1995, pp. 339/455.

O poeta proporia escrever um livro intitulado *O abutre de batina*, em "puros alexandrinos, todos iguais, corretos, com os acentos indispensáveis, com aquele *tic* da sexta — tipo elzevir, papel melado — e ofereço-to, dou-to".

O padre é um dos pontos altos dessa pequena obra-prima, com toda a razão aceita pelo crítico Araripe Júnior.

OUTRAS COLABORAÇÕES

Com o jornal fora de circulação, Cruz e Sousa tratou de procurar outros rumos na sua vida profissional. Ainda assim como editor de *O Moleque*, o poeta não abandonou de vez suas colaborações nas outras folhas, como na *Regeneração* e, principalmente, no *Jornal do Commercio*.

Na verdade, ao contrário do que afirma Raimundo Magalhães Júnior nas páginas 86 e seguintes do seu livro *Poesia e vida de Cruz e Sousa*, começou desde seu retorno à terra natal a colaboração do Poeta Negro ao jornal de Martinho José Calado e Silva, a quem talvez se entenda um triolé saído em *O Moleque*, que antes de tudo, é um belo exercício de indução linguística sobre o nome e a palavra *calado*:

> Nunca se cala o Calado
> E sempre o Calado, fala
> Calado que não se cala,
> Nunca se cala o Calado,
> Calado sem ser calado,
> Calado que é tão falado...
> Nunca se cala o Calado
> E sempre o Calado, fala.[163]

Nesse jornal, o poeta publicaria muitos dos seus textos, sobretudo poesia, iniciando tal colaboração no mês de junho e se estendendo até o ano seguinte. O primeiro desses textos é um soneto que

---
[163] *O Moleque*, 24 de maio de 1885.

traz uma epígrafe daquele que o iria acompanhar espiritualmente pela vida afora, padre Oliveira e Paiva "sempre se amando, sempre se querendo" e dedicado a "M. B. Augusto Varela".

Dessa fase do poeta, este é um soneto que vale a pena relembrarmos por aqui:

> De longe ou perto, juntas, separadas,
> Olhando sempre os mesmos horizontes,
> Presas, unidas nossas duas frontes
> Gêmeas, ardentes, novas, inspiradas;
>
> Vendo cair as lágrimas prateadas,
> Sentindo o coro harmônico das fontes,
> Sempre fitando a — cúspide — dos montes
> E o rosicler das frescas alvoradas.
>
> Sempre embebendo os límpidos olhares
> Na claridão dos humildes luares,
> No loiro sol das crenças se embebendo,
>
> Vão nossas almas brancas e floridas
> Pelo futuro azul das nossas vidas,
> Sempre se amando, sempre se querendo.

No *Jornal do Commercio*, Cruz e Sousa aproveitou a fartura de espaço (o jornal, ao contrário de *O Moleque*, era de tamanho padrão), para divulgar suas poesias mais extensas. Foram, na verdade, dezenas de textos. Em 1885, saíram *Esfuminhamentos*, 29/5, que já havia sido publicado em *O Moleque*; *Grito de guerra*, 9/6; *Sempre e... sempre*, 11/6; *O botão de rosa*, que saiu em 23, 24 e 28/6; *Rosa*, 12/8; *Ninho abandonado*, 8/12; *Crença*, 10/12; *Saudação*, 27/12 (que também saiu na *Regeneração* na mesma data e que o poeta recitou no Liceu de Artes e Ofícios, no dia 25). Em 1886 outros tantos, a começar por *Êxtase de mármore*, 3/1; *Gusla da saudade*, 30/3, dedicada a Santos Lostada pela morte do pai; *Inverno*, 11/4; *Smorzando*, 14/4; *Gloriosa*, 15/4; *O Chalé*, 16/4; *Delírio do som*, 18/4; *Frêmitos*, 30/4; *Ilusões mortas*, *O sonho do astrólogo* e *Cristo*, na mesma data, 7/5; *Frutas de maio*, 14/5. Dos textos em prosa, foi publicado, salvo engano, em 1885, o longo artigo crítico sobre o livro *O espectro do rei* (5, 8, 10, 11, 14, 15 e 16/7). No ano seguinte, saíram *Pinto da Rocha*, 29/4, e *O estilo, 12/5*.

A poesia que ele dera o nome de *O botão de rosa*, dedicado a uma atriz, era de versos soltos. Só não se sabe que atriz seria essa. Poderia entender-se com alguma das atrizes da Companhia Dramática Julieta dos Santos, Simões ou de Emília Adelaide?

Esta longa poesia é uma das raras do poeta compostas em versos soltos, experimentalismo que ele poucas vezes voltaria a adotar em sua arte. Em um dos trechos, dizia

> Quanta vitalidade indefinida, quanta,
> Na pequenina planta,
> No doce verde-mar dos trêmulos arbustos,
> Que misticismos, justos,
> Bebia a alma inteira ao devassar o arcano
> Das árvores titãs, das árvores fecundas
> Que tinham, como o oceano,
> Febris palpitações intérminas, profundas.

E assim continuava infinitamente, tanto que fora publicado em três edições do jornal, feito mais comum para textos em prosa ou folhetins açucarados, como no caso daquela narrativa *Margarida*, de *Colombo*.

De todas as poesias publicadas, destacaremos duas, especialmente *Delírio do som*, pelo ferimento da nota simbolista que iria consagrar o poeta anos depois, e, tirando a colocação do pronome "Me" erroneamente antes do verbo, é um dos seus melhores sonetos dessa fase, além de *O Chalé*.

Segue o texto do primeiro soneto:

> O Boabdil mais doce que um carinho,
> O teu piano ebúrneo soluçava,
> E cada nota, amor, que ele vibrava,
> Era-me n'alma um sol desfeito em vinho.

Me parecia a música do arminho,
O perfume do lírio que cantava,
A estrela-d'alva que nos céus entoava
Uma canção dulcíssima baixinho.

Incomparável, teu piano — e eu cria
Ver-te no espaço, em fluidos de harmonia,
Bela, serena, vaporosa e nua;

Como as visões olímpicas do Reno,
Cantando ao ar um delicioso treno
Vago e dolente, com uns tons de lua.

O Chalé, soneto da coleção dos *Coleiros e gaturamos*, que, como vimos, foi publicado na edição de 18 de abril, e saiu com um erro tipográfico que enganou pesquisadores experientes, como Andrade Muricy. Na aludida edição do *Jornal do Commercio*, o oitavo verso trazia uma palavra que vinha adulterada no original da folha, provocando um erro de leitura: um leitor sem atenção, via na palavra "silforamático", no lugar do segundo "a", a letra "i". Nos versos do soneto, soa esquisito. Sem contar que o poeta usara a palavra em dois outros casos: na poesia *Rosa* (publicada a 12 de agosto de 1885 no mesmo *Jornal do Commercio*) e na prosa *Alegros e surdinas* do livro *Tropos e fantasias*, também de 1885, quando o autor fala sobre "os coloridos silphoramaticos" (para usar a grafia da época). Mestre Andrade Muricy reescreveu a palavra como "silforamativo", por não ter encontrado paralelo nos nossos dicionários. Já Raimundo Magalhães Júnior no seu livro *Poesia e vida de Cruz e Sousa*, às páginas 92 e 93, apresenta uma verdadeira pesquisa, indo encontrá-la numa apresentação do ilusionista europeu Jules J. Bosco, no Teatro Santa Isabel, de Desterro, que fez umas "soiréss misteriosas", de "silforama, com efeitos gonometroscópicos, sem rival no mundo". A palavra tem mais a ver com o mundo do circo, não do teatro. E acreditamos que, mambembando pelo Brasil com as companhias teatrais, sobretudo no Rio de Janeiro, Cruz e Sousa tenha tido contato com as companhias circenses, que apresentavam em seus espetáculos variados ilusionismos, com projeções de lanternas e lâmpadas. Jules J. Bosco, citado no livro de Ermínia Silva[164] como artista de circo, provavelmente fez uma apresentação nos moldes circenses no teatro catarinense, impressionando vivamente a plateia, que incluía o Poeta Negro.

O soneto *O Chalé* era este:

> É um chalé luzido e aristocrático,
> De fulgurantes, ricos arabescos,
> Janelas livres para os ares frescos,
> Galante, raro, encantador, simpático.
>
> O sol que vibra em rubro tom prismático,
> No resplendor dos luxos principescos,
> Dá-lhe uns alegres tiques romanescos,
> Um colorido ideal silforamático.
>
> Há um jardim de rosas singulares,
> Lírios joviais e rosas não vulgares,
> Brancas e azuis e roxas e purpúreas.
>
> E a luz do luar, caindo em brilhos vagos
> Na placidez de adormecidos lagos
> Abre esquisitas radiações sulfúreas.

No *Jornal do Commercio*, Cruz e Sousa divulgou também uma poesia, em 9 de julho, *Grito de Guerra*, dedicada aos "senhores que libertam escravos", aproveitando a onda libertadora que começava a tomar conta das mentes boas no Desterro, e que ele acompanhava, com especial atenção, pelas páginas de *O Moleque*. Esta poesia, muito interessante, é bem significativa dessa quadra de sua vida.

> Bem! A palavra dentro em vós escrita
> Em colossais e rubros caracteres,
> É valorosa, pródiga, infinita,
> Tem proporções de claros rosicleres.
> Como uma chuva olímpica de estrelas

---

[164] SILVA (2007, p.350.).

Todas as vidas livres, fulgurosas,
Resplandecendo, — vós tereis de vê-las
Rolar, rolar nas vastidões gloriosas.

Basta do escravo, ao suplicante rogo,
Subindo acima das etéreas gazas,
Do sol da idéia no escaldante fogo,
Queimar, queimar as rutilantes asas.

Queimar nas chamas luminosas, francas
Embora o grito da matéria apague-as;
Porque afinal as consciências brancas
São impotentes como as grandes águias.

Basta na forja, no arsenal da idéia,
Fundir a idéia que mais bela achardes,
Como uma enorme e fúlgida Odisséia
Da humanidade aos imortais alardes.

Quem como vós principiou na festa
Da liberdade vitoriosa e grande,
Há de sentir no coração a orquestra
Do amor que como um bom luar se expande.

Vamos! São horas de rasgar das frontes
Os véus sangrentos das fatais desgraças
E encher da luz dos vastos horizontes
Todos os tristes corações das raças...

A mocidade é uma falena de ouro,
Dela é que irrompe o sol do bem mais puro:
Vamos! Erguei vosso ideal tão louro
Para remir o universal futuro...

O pensamento é como o mar — rebenta,
Ferve, combate — herculeamente enorme
E como o mar na maior febre aumenta,
Trabalha, luta com furor — não dorme.

Abri portanto a agigantada leiva,
Quebrando a fundo os especiais embargos,
Pois que entrareis, numa explosão de seiva,
Muito melhor nos panteões mais largos.

Vão desfilando como azuis coortes
De aves alegres nas esferas calmas,
Na atmosfera espiritual dos fortes,
Os aguerridos batalhões das almas.

Quem vai da sombra para a luz partindo
Quanta amargura foi talvez deixando
Pelas estradas da existência — rindo
Fora — mas dentro, que ilusões chorando.

Da treva o escuro e aprofundado abismo
Enchei, fartai de essenciais auroras,
E o americano e fértil organismo
De retumbantes vibrações sonoras.

Fecundos germens racionais produzam,
Nessas cabeças, claridões de maios…
Cruzem-se em vós — como também se cruzam
Raios e raios na amplidão dos raios.

Os britadores sociais e rudes
Da luz vital às bélicas trombetas,
Hão de formar de todas as virtudes
As seculares, brônzeas picaretas.

Para que o mal nos antros se contorça
Ante o pensar que o sangue vos abala,
Para subir — é necessário — é força
Descer primeiro à noite da senzala.

Outro longo poema sobre o mesmo tema e que provavelmente é da mesma época intitula-se *Crianças negras*. A versão que se conhece dessa poesia, no entanto, é de um manuscrito localizado atualmente no Arquivo-Museu de Literatura Brasileira da Fundação Casa de Rui Barbosa. Em umas das estrofes, Cruz e Sousa dramatiza:

> Para cantar a angústia das crianças!
> Não das crianças de cor de oiro e rosa,
> Mas dessas que o vergel das esperanças
> Viram secar, na idade luminosa.
>
> Das crianças que vêm da negra noite,
> Dum leite de venenos e de treva,
> Dentre os dantescos círculos do açoite,
> Filhas malditas da desgraça de Eva.
>
> E que ouvem pelos séculos afora
> O carrilhão da morte que regela,
> A ironia das aves rindo à aurora
> E a boca aberta em uivos da procela.
>
> Das crianças vergônteas dos escravos,
> Desamparadas, sobre o caos, à toa
> E a cujo pranto, de mil preitos bravos,
> A harpa das emoções palpita e soa.
>
> Ó bronze feito carne e nervos, dentro
> Do peito, como em jaulas soberanas,
> Ó coração! és o supremo centro
> Das avalanches das paixões humanas.

Nas últimas duas estrofes, de um total de 19, Cruz e Sousa escreve:

> Vai, coração! na imensa cordilheira
> Da Dor, florindo como um loiro fruto,
> Partindo toda a horrível gargalheira
> Da chorosa falange cor do luto.

As crianças negras, vermes da matéria,
Colhidas do suplício à estranha rede,
Arranca-as do presídio da miséria
E com teu sangue mata-me a sede!

Não há registro da publicação dessa poesia, resgatada do espólio deixado pelo poeta para o crítico Nestor Vítor, herdeiro espiritual e grande guardião da memória de Cruz e Sousa, protetor de sua obra, sobretudo após a sua morte[165].

No esforço de contribuir com suas ideias para a discussão dos interesses da sociedade desterrense ou catarinense, Cruz e Sousa engendra uma produção literária voltada diretamente para os grandes temas. E não trata só de assunto inerente à questão do negro, como é de se supor, ou da política partidária, comentando a queda dos gabinetes liberal ou conservador. O poeta vive antenado com todos os movimentos sociais, inclusive as tragédias humanas. Nesse espírito compôs a poesia *Frêmitos*, publicada no *Jornal do Commercio* em 30 de abril de 1886. Antes de divulgar esta poesia, Cruz e Sousa fez aparecer nas páginas do jornal um texto que deu por título o nome de *Pinto da Rocha*. Este texto, na verdade resposta a uma carta, aliás, a um bilhete simples e banal que o dramaturgo e político gaúcho endereçara a Virgílio Várzea (com citação ao Poeta Negro), motivou um longo artigo, que não consta da obra do poeta, destacando o tal bilhete, que parabenizava os autores pelo "lindo e interessantíssimo" livro *Tropos e fantasias*, que acabavam de publicar.

Já *Frêmitos* — uma longa poesia de 15 estrofes com seis versos cada — tinha como alvo as vítimas da febre amarela que assolava a capital sulista. O *Jornal do Commercio*, como os demais veículos jornalísticos da província, vinha dando no seu noticiário informações a respeito da devastação causada pela doença, a mobilização da população, das quermesses para arrecadar fundos e donativos para auxiliar os mais necessitados. Publicada com destaque, em coluna cheia, a poesia trazia estrofes como essas:

---

[165] Nestor Vitor, guardião do espólio literário de Cruz e Sousa, transferiu a guarda dos documentos autógrafos do poeta a Andrade Muricy, que ao final de sua vida, o depositou no Arquivo-Museu da Fundação Casa de Rui Barbosa, do Rio de Janeiro.

> E só a vós, apenas,
> Que eu me dirijo, ó límpidas auroras,
> Que pelas tardes plácidas, serenas,
> Passais, galantes como ingênuas Floras,
> Coroadas de flor de laranjeira,
> Noivas, sorrindo à mocidade inteira.

Ou como essas:

> Eu peço para todos
> E peço para vós que sois as fortalezas
> Da esperança, da fé — a vós que os lodos
> Da miséria, do vício, das baixezas,
> Não denegriram essas consciências
> Castas e brancas como as inocências.

Na 15ª estrofe, assim se expressava:

> Enquanto a mim, na arena
> Da heroicidade humana que consola,
> Oh, faz-me bem a vibração da pena,
> Pelo amor, pelo afago, pela esmola,
> Como um radiante e fúlgido estilhaço
> De sol febril no mármore do Espaço!

No encerramento de sua colaboração no *Jornal do Commercio*, Cruz e Sousa se viu no centro das atenções de um artigo de Virgílio Várzea a seu respeito, com dados elogiosos e algumas restrições estéticas, em especial, ao seu *modus* poético saído dias depois. A crítica de Virgílio Várzea é longa e compara o Poeta Negro a autores consagrados, como os portugueses Gomes Leal e Guerra Junqueiro. Sobre este último, evoca o livro *A morte de D. João*. Chama Cruz e Sousa de "um caráter digno e de um moço superior", que possui "aquela grande e suavíssima tendência ideal das aves — cantar, cantar e cantar sempre, extinguir-se cantando". Mas faz restrições diante da "pequenez galante e tentadora desse moço", "um defeito que atordoa por vezes toda a harmonia violinada", se referindo à "violência da rima difícil, rebuscada e rara, de que tão fanaticamente se ocupa".

Talvez o poeta não tenha apreciado essas palavras.

NA COMPANHIA APOLÔNIA

Apanhado pelas circunstâncias, o poeta viu, de repente, uma luz despontar no fim do túnel. Já estava buscando uma alternativa após o fechamento do jornal *O Moleque*, cavando trabalho nas folhas locais, que acolhiam apenas esporadicamente as suas produções poéticas, sem pagamento de salário, como ocorria no *Jornal do Commercio* e na *Regeneração*. No final de abril, no entanto, escreveu a Gama Rosa, com quem se correspondia assiduamente, sobre a possibilidade de uma oportunidade de emprego como redator no jornal *A Reforma*, órgão do Partido Liberal, ao qual o ex-presidente era ligado politicamente, no Rio de Janeiro. Sua intenção era partir para a capital do Império, para fazer a vida. Meses depois, escreveria na *Regeneração* um longo artigo dedicado a Gama Rosa, sobre o livro *Biologia e sociologia do casamento*[166], que também seria divulgado, em partes, em 1890, no corpo de artigos assinados por Virgílio Várzea para *O Mercantil*, de São Paulo.

Foi quando surgiu no Desterro uma nova companhia dramática, chegada pelo navio *Rio de Janeiro*, a caminho do Rio Grande do Sul, e a ela se juntou Cruz e Sousa. Passados mais de um ano do seu retorno das viagens realizadas na companhia do empresário e autor Moreira de Vasconcelos, a situação de Cruz e Sousa na cidade não era das melhores. Precisava de meios pecuniários para se sustentar, o que via cada vez mais distante e irrealizável. Precisava manter o bem-estar dos pais, ambos de idade avançada e não muito bem de saúde. O irmão Norberto trabalhava em atividade braçal, no ofício

---

[166] Cruz e Sousa. Biologia e sociologia do casamento. *Regeneração*, 2 de junho de 1886.

de tanoeiro. A família vivia numa casa na Praia de Fora, modestamente, sem luxo e sem regalias. Depois de passada a emoção da chegada e terminado o pouco dinheiro que ganhou nas excursões com Moreira de Vasconcelos, do fechamento de *O Moleque*, das contribuições minguadas na imprensa, era preciso empregar-se o quanto antes, sob pena de ficar em situação crítica.

O aparecimento da Companhia Dramática Apolônia Pinto-Moniz, dirigida pelo ator José Antonio Moniz, foi o esteio que faltava ao poeta. Desde o início de julho na cidade, a Companhia estreara no Santa Isabel com duas peças: *A honra do nome*, do francês Alexandre Dumas, e *Paraísos conjugais*, uma comédia do português Pinheiro Chagas. Segundo Magalhães Júnior, a Companhia Apolônia Pinto-Moniz apresentou cerca de oito espetáculos, "alternando dramas de Octave Feuillet e Paul Féval com comédias de J. Etchegaray e de Eugène Labiche"[167]. O último espetáculo ocorreu no dia 4 de agosto com o drama *Paulo e Virgínia*, adaptação para o teatro do romance de Bernardin de Saint-Pierre. Depois disso, partiu para o Sul. Não se tem plena certeza se Cruz e Sousa acompanhou a trupe, mas, nesse período, é notada a ausência do poeta sobretudo na imprensa desterrense. Por outro lado, aparecem na imprensa rio-grandense textos do poeta, denunciando sua presença.

O que nos faz crer na incorporação do poeta catarinense à companhia dramática é uma carta de Virgílio Várzea a Cruz e Sousa, datada de 17 de setembro, falando do "bom resultado da tua viagem segunda a essa terra do sul, tão hospitaleira e educada, e que teve a ventura e o gozo de saltar do seu seio o maior filósofo do Sul América — Dr. Gama Rosa".

A carta de Virgílio Várzea era uma resposta a duas cartas do Poeta Negro e o envio de "retalhos de impressos", sendo um deles "acentuando ainda uma vez o brilhantíssimo talento de Raul Pompéia, outros glorificando o teu sonoro e rutilante espírito de poeta meridional americano".

Em setembro, o marinhista Virgílio Várzea prenunciava a volta do poeta: "Fico esperando o teu luminoso regresso, para empalidecer e vibrar e tremer e rir, na comoção intensa de um grande abraço de afeição pleníssima, na tua chegada, ainda a bordo, por entre o

---

[167] MAGALHÃES JR. (Op. Cit., p. 103).

ruído expansivo dos passageiros que desembarcam e os trinados vivos, meiguíssimos e joviais dos *Coleiros e gaturamos*, que andam em cardumes (sic) coloridos, a encher de hilaridade e de festa a verdura raquítica e desviçada da nossa enfezada literatura".

A referência aos *Coleiros e gaturamos*, livro de poesia do Poeta Negro, tem a ver com uma proposta de edição surgida na Cidade de Bagé, onde a Companhia Apolônia Pinto-Moniz se achava para apresentação. Uma notícia reproduzida na *Regeneração* dizia que o proprietário do *Diário de Bagé*, Antenor Soares, penalizado pela "escassez de meios" do poeta, e sabendo que ele "é pobre, vive parcamente dos honorários de seu penoso trabalho", resolveu auxiliá-lo na publicação dos *Coleiros e gaturamos*, na "sua tipografia", abrindo uma subscrição na casa comercial "dos srs. Viza Chaubert & Comp." para a impressão da obra. Nesta mesma reportagem, bastante elogiosa ao poeta, além de dar como certa a edição do livro, diz que o poeta já prepara outro livro, as *Baladas e canções*, "dignas sucessoras dos *Coleiros*"[168]. Obviamente o livro não foi publicado, sem motivos aparentes, a não ser a falta de adesão à proposta.

Prosseguindo na excursão e já se encontrando em Dom Pedrito no mês de outubro de 1886, Cruz e Sousa receberia ainda uma carta do editor Carlos Pinto & Cia, de Pelotas, na qual escusava-se à "publicação dos seus versos", justificando a resolução devido ao "grande número de edições literárias que temos comprado, muitos dos quais nos parece que nem chegarão a ser publicados, por não poderem nossas oficinas dar vencimento a tanto trabalho". Tratava-se da mesma obra, os *Coleiros e gaturamos*? Não sabemos, uma vez que Cruz e Sousa tinha, por essa época, vários trabalhos prontos para publicação, entre prosa e verso.

A par das contribuições do Poeta Negro à imprensa, pelas cidades em que passou, um texto ficou esquecido, embora tenha sido publicado três vezes na imprensa: uma no *Echo da Fronteira*[169], de Dom Pedrito (a cuja edição não pude ter acesso), outra na *Rege-*

---

[168] Sobre Baladas e canções, uma notícia da *Regeneração*, de 5 de abril de 1887, dá conta que com esse título o jornal começaria a publicar "uma esplêndida coleção de cintilantes sonetos, do distinto poeta, nosso conterrâneo, Cruz e Sousa".

[169] Dezembro de 1886; *Regeneração*, 16 de dezembro de 1886; e *A Liberdade*, 3 de abril de 1887.

neração, de Desterro (que reproduziu o texto diretamente do *Echo da Fronteira*) e por último em *A Liberdade*. Este artigo inexplicavelmente permanece fora da *Obra Completa* do Poeta Negro, a despeito de sua importância literária. Por seu ineditismo, destacaremos aqui alguns trechos da publicação feita por *Regeneração*, de 16 de dezembro de 1886. O jornal de Alexandre Margarida, encimou no artigo a informação de que publicaria "o seguinte e importante artigo sobre à instrução pública, da hábil pena do nosso distinto conterrâneo Cruz e Sousa", extraído "do *Echo da Fronteira*, da Vila de S. Pedrito, na província do Rio Grande do Sul". Na falta de revisão, saiu o S, de São, não o D, de Dom.

O poeta iniciava seu texto falando sobre sociologia:

> As evoluções sociológicas, que se operaram nestes últimos tempos, colocando a humanidade na linha reta dos direitos positivos e alargando a área dos conhecimentos universais, exigem que a instrução pública, o principal fator da integração nacional das gentes, tome o primeiro lugar na marcha progressiva das nacionalidades.

> Bem alto fala a palavra das épocas, no momento em que a concretização científica das teorias de Herbert Spencer, mede a pulsação dos séculos e regulariza a vida coletiva.

> Os educadores modernos plantaram nas terras fecundas e ubérrimas do país da inteligência, a luminosa e resplandecente árvore da filosofia e seguiram, espaço afora, fazendo vibrar longe e ao largo a charrua abençoada das razões observadas e analisadas.

O artigo é grande e imensamente interessante, mas não cabe sua reprodução integral aqui neste espaço. Mas a fala de Cruz e Sousa sobre a educação tem a ver com o *modus* com que ele pensa o ensino brasileiro, sobretudo ele, que estudou por um processo de protecionismo quase feudal, tendo que mostrar-se melhor entre os melhores para poder sobreviver.

Em outra passagem de *Instrução pública*, diz Cruz e Sousa:

> O Homem entrou no seu ser, no seu objetivo, na sua causa de existência. A compreensão e a intuição deixou de rastejar pelos domínios metafísicos e seguiu as regiões claras da bela luz amada da orientação positiva.

Mais adiante:

> A instrução pública, a face inicial do organismo da poderosa família humana, estiola-se, não há quem lhe sopre os pulmões enfraquecidos o oxigênio reparador e vigorante da vida.
> A exterioridade de nosso caráter público, o nosso jeito de movimentar e esclarecer os negócios, a nossa maneira de acompanhar e explicar os fatos, dá-nos na história da humanidade civilizadora, aspecto de pouco trabalho, de pouca luta, de pouca tenacidade, coloca-nos num caso verdadeiramente amorfo.

Poderíamos seguir, dando trechos e trechos deste artigo, reproduzido em tão pouco espaço de tempo para uma produção do gênero. Nos seus dois últimos parágrafos, no entanto, o poeta fala sobre algo que lhe parece dizer muito intimamente:

> Entregue-se para isso à instrução pública a verdadeiros homens que saibam educar, que saibam explicar intuitivamente ao discípulo, sem a materialidade da forma, sem o arrebique da posse assustadora e tigrina, sem a grita desconforme, brutal e falsa dos medonhos ditongos horripilantes, mas com amor, com muito amor e com muita arte, a fim de que o discípulo veja e sinta o valor e a vibração de cada frase.
>
> Porque, parece-os, que deve ser uma regra científica, fazer compreender ao aluno pelos órgãos visuais e auditivos deste, a tecnologia da linguagem, para que ele se eduque racionadoramente e comece a tomar qualquer feição definitiva na sua individualidade, para não ser unicamente um cego ilustrado que discuta, com a forte espiritualização naturalista dos versos de Guerra Junqueiro, toda a ciência humana, mas que tateie e esbarre nas mais simples e nos mais vulgares objetos domésticos.

A temporada da Companhia Dramática Apolônia Pinto-Moniz se estendeu até o mês de fevereiro de 1887, pois no início deste mês a *Regeneração* inseria a informação seguinte: "acha-se entre nós, vindo do Sul, o nosso distinto conterrâneo João da Cruz e Sousa".

Esta nova viagem, pelo menos a terceira às terras do Rio Grande do Sul, trouxe ânimo novo para Cruz e Sousa, revigorando o seu sangue e as suas ideias. Era como se ele precisasse de ar puro, fazer um voo rasante para aquecer as asas e oxigenar os pulmões. Bem recebido pela imprensa local, com ótimo relacionamento com os meios literários, artísticos e políticos, o Poeta Negro veio revigorado, cheio de disposição para a luta diária, contra uma sociedade tacanha como a catarinense da sua época. Em homenagem à atriz, Cruz e Sousa escreveu um belíssimo soneto, a que intitulou *Êxtase de mármore*, dedicado "À grande atriz Apolônia", publicado no *Jornal do Commercio*, no dia 6 de janeiro, ou seja, o Poeta Negro provavelmente a remetera para o jornal desterrense:

> O mármore profundo e cinzelado
> De uma estátua viril, deliciosa;
> Essa pedra que geme, anseia e goza
> Num misticismo altíssimo e calado;
>
> Essa pedra imortal — campo rasgado
> À comoção mais íntima e nervosa
> Da alma do artista, de um frescor de rosa,
> Feita do azul de um céu muito azulado;
>
> Se te visse o clarão que pelos ombros
> Teus, rola, cai, nos múltiplos assombros
> Da Arte sonora, plena de harmonia;
>
> O mármore feliz que é muito artista
> Também — como tu és — à tua vista
> De humildade e ciúme, coraria!

Tinha alguns projetos literários em mente e queria colocá-los em prática imediatamente. Assim que chegou, retomou sua colaboração para os jornais da terra, entre os quais, *Regeneração* e *Tribuna Popular*[170]. Duas particularidades unem, especialmente, estas publicações tão importantes. No caso da *Tribuna Popular*, sua coleção foi extraviada do acervo da Biblioteca Pública de Florianópolis, em Santa Catarina. Surgida em dezembro de 1885, não em 1882, como está na cronologia da *Obra Completa*, publicada, com revisão de Alexei Bueno, pela editora Nova Aguilar, em 1995.

---

[170] Em nota de rodapé, Andrade Muricy declara que a coleção da *Tribuna Popular*, existente na Biblioteca de Florianópolis, "foi cedida por empréstimo a Virgílio Várzea e nunca mais voltou a suas estantes". O escritor teria informado "tê-la devolvido por via postal, mas o fato é que jamais chegou ao seu destino".

AS "HISTÓRIAS SIMPLES"

Já *Regeneração* sofreu alguns desfalques. O ano de 1887, por exemplo, não existe na Biblioteca Pública catarinense, como atesta o Catálogo de Jornais Catarinenses (1850 — 1989)[171]. Neste ano constam algumas colaborações significativas de Cruz e Sousa. No entanto, tivemos acesso a duas fontes que nos levaram a produções do poeta nesse veículo. Numa consulta ao Fundo Araújo Figueredo, do Setor de Manuscritos da Biblioteca Nacional, encontramos seis poemas copiados com a indicação de que pertencem ao livro *Baladas e canções*. Tais textos não constam hoje da obra definitiva publicada de Cruz e Sousa. A conclusão é a seguinte: o amigo Araújo Figueredo, depois da morte do Poeta Negro, andou escrevendo suas memórias, e como parte significativa delas fala do autor de *Broquéis*, passou a copiar das coleções dos jornais do passado o que encontrava de Cruz e Sousa, sobretudo sonetos e poesias. Foi assim que, ao falecer em 1921, deixou um espólio com diversas produções, que incluíam autores, como Arão Ramos, Carlos de Faria, Cruz e Sousa e Sales Brasil. Todos poetas. Juntam-se a esses documentos, todavia, correspondências autógrafas e duas versões de sua memória, uma em dactiloscrito e outra em manuscrito. Outra parte dos textos resgatados desse jornal deve-se ao trabalho de Iaponan Soares, pesquisador ardoroso que tem feito muito pela literatura catarinense, embora não seja natural da terra.

---

[171] Organização da Biblioteca Pública do Estado de Santa Catarina. Editora FCC, 1990, p. 114.

Sobre *Baladas e canções*, uma nota incerta na *Regeneração*, de 5 de abril de 1887, dizia que aquela folha passaria a publicar, a partir dessa data e com esse título, "uma esplêndida coleção de sonetos do distinto poeta, nosso conterrâneo, Cruz e Sousa".

Na ausência da *Regeneração* do ano de 1887, só podemos supor que os seis sonetos encontrados no acervo de Araújo Figueredo/Fundo Cruz e Sousa possam ter, de fato, alguma ligação com os que o poeta divulgou no jornal de Alexandre Margarida. Sem datas de realizações, mas alguns com o ano escrito no final do último parágrafo, os poemas *Bom dia*, *Frutas e flores*, *A piedade*, *As ondas*, *O cão do fidalgo* e *Mães* ainda assim são representativos da poesia cruzessousiana do período. Além desses, o Fundo Cruz e Sousa traz dois outros textos também divulgados naquela folha, mas sobre os quais não temos maiores referências: *Light and shade* (que só é encontrado pela indicação "À memória de Arão Ramos") e *Asas de Ouro*. O primeiro publicado na edição de 28/5/1887, e o segundo na de 30/10/1887. Iaponan Soares diz na introdução do seu livro[172], referindo-se ao jornal *Regeneração*, que: "Também está desaparecida a parte correspondente ao ano de 1887, da coleção do jornal *Regeneração*, de onde se deixou de copiar os poemas *As ondas* (ed. de 13/4/1887), *O cão fidalgo* (ed. de 16/4/1887) e *Mães* (ed. de 19/4/1887)". Se os sonetos correspondem ou não à coleção das *Baladas e canções* não se sabe, mas apresentaremos pelo menos esses três últimos para termos uma ideia sobre a sua estética.

Segue, então, o texto de *As ondas*, como um resgate dessa produção:

> Ação e reação, as ondas representam
> No movimento insano, divergente
> Ação e reação da vida consciente,
> No sistema das lutas que sustentam.
>
> Elementos contrários que se enfrentam,
> Que se propulsam muito heroicamente;
> Embate singular e transcendente
> De ideias, de paixões que em nós rebentam.

---

[172] CRUZ E SOUSA (1998, p. 21).

Ondas do mar, ondas prodigiosas
Às quais em francas vibrações nervosas
Os pensamentos descem como as sondas.

Ondas azuis e verdes e cor de ouro,
Sois para mim como um fetiche mouro.
Por isso eu tiro o meu chapéu às ondas.

O cão do fidalgo, assim com a preposição "do", como está no manuscrito localizado no Acervo Araújo Figueredo/Fundo Cruz e Sousa[173]. Soneto marcante, que dá uma boa noção da alta ironia do Poeta Negro.

Quando eu o vejo no salão radioso,
Cabeça aberta, sacudindo os guizos,
Deitado às vezes nos tapetes lisos,
Como um paxá no harém voluptuoso;

Todo embebido no luar de um gozo
Que vem de azuis e estranhos paraísos,
Como que um brilho especial de risos
Doces, leais, no olhar vitorioso;

Lembro essa triste humanidade, aquela
Que dentro em si traz uivo de procela
Com rugidoras fúrias de trovão.

Pasmo e em assombro da ironia ardente
Porque bem sei que existe muita gente
Menos feliz até do que esse cão.

O terceiro texto é o soneto *Mães*, publicado em 14 de abril de 1887 na *Regeneração* do Desterro:

---

[173] Os sonetos e poemas inéditos do Acervo Araújo Figueredo/Fundo Cruz e Sousa da Biblioteca Nacional podem ser lidos em ALVES (1996).

Mães! Sim, as mães são somente aquelas
Que atravessam da vida o mar chorando,
Que vão desamparadas caminhando
Pelo triste calvário das procelas.

Mães! Sejam tranqüilas, sejam elas
As mães do amor universal e brando,
Tenham o sentimento venerando
Da fé, da crença, celestiais e belas;

Desfraldem elas como um estandarte,
Aqui, ali, além, por toda a parte,
A esperança vital, com todo o brilho;

Que as mães serão as mães da heroicidade
E hão de provar a toda a humanidade
Que só as mães tornam herói um filho!

No manuscrito da Biblioteca Nacional do Rio de Janeiro este soneto é datado do ano de 1888. Dos outros três sonetos restantes, destacaremos o texto de *A piedade*, pela sua representatividade:

Ah! Mal de ti, ó Deus das Escrituras,
Se do Calvário no sinistro drama
Não houvesse sentido aquela chama
De amor que se alastrou nas almas puras.

Não! Não te fora o cálix de amarguras
Tão doloroso, tão cruel se o trama
Urdido por Judá contra quem ama
Não existisse de entre as criaturas.

Sim! Inda temos um Judá — ainda
Quem ama o bem, a luz, a crença linda,
Sofre contigo, em prol da humanidade.

Ficaste, é certo, inanimado e exangue,
Morreste Deus — mas do teu belo sangue
Nasceu a branca flor da piedade.

Animado e com um arsenal de poesias e artigos na bagagem, Cruz e Sousa trabalhou bem em 1887. No *Regeneração* sua colaboração era bastante intercalada, pois quase diariamente lá estava o seu nome rubricando um texto em prosa ou em poesia. No campo da poesia, o poeta publicou ainda o longo poema elegíaco intitulado *Light and shade* (28/5/1887), em homenagem ao amigo Arão Ramos, e *Asas de ouro* (30/10/1887), este dedicado ao companheiro Horácio de Carvalho. Este soneto que não consta, como os demais citados, na *Obra Completa* de Cruz e Sousa, tem esta redação:

> Oh! vinte anos enfim! — chegaste ao cume
> Da glória e mais do amor — desses carinhos
> Que a alma recebe no frescor dos ninhos,
> Nos roseirais abertos em perfume.
>
> Que te estrele de sonhos em cardume
> Essa cabeça doce como arminhos,
> E te gorjeiem muitos passarinhos
> Dos teus olhos leais no vivo lume.
>
> Bom dia! Jovem rei! Noivo aloirado
> Da primavera que auroresce o prado,
> Noivo da mocidade e da alegria.
>
> Uma chusma de trêmulos canários
> Flavos, trinantes, vindos de céus vários
> Vá ao teu quarto gorjear: Bom dia!

A dicção poética do poeta é bem dinâmica. Mas o que marca essa fase áurea da produção do poeta são, na verdade, seus textos em prosa. Como pouco se conhece de sua produção literária desse período pelas razões arroladas aqui — a principal, o extravio da coleção do jornal *Regeneração* —, essa não consta da obra definitiva de Cruz e Sousa, embora alguns tenham sido divulgados em obras esparsas que infelizmente ficaram restritas apenas aos especialistas e pesquisadores de sua literatura[174].

---

[174] Ver a esse respeito o já citado ALVES (1996); CRUZ E SOUSA, *Formas e coloridos*, organização e nota explicativa de Uelinton Farias Alves (2000); SOARES (1988) e CRUZ E

Em prosa, Cruz e Sousa publicou *A romaria da Trindade*, da edição de 6 de junho, o interessantíssimo *O abolicionismo*, saído em 22 de junho, o curto *Gema Cuniberti* sobre a atriz italiana de mesmo nome, de 20 de julho, o festivo *A noite de São João*, de 18 de setembro, *Entre ciprestes*, de 19 de novembro, e, por último, *A vida nas praias*, que saiu no dia seguinte, 20 de novembro, a quatro dias do seu aniversario. Igualmente desconhecidos do grande público, esses textos formam a base do trabalho diário do poeta e escritor na redação da folha desterrense.

Um a um traz uma peculiaridade, ferindo a nota do que Cruz e Sousa podia entender como a moderna literatura brasileira. Não existem, verdadeiramente, grandes inovações estéticas nessas produções, se é que podemos falar assim, desse jeito despretensioso — existem, diga-se de passagem, arrojo, coragem, postura de literato e jornalista. Estes textos, por sua natureza, não estão nem na categoria de contos nem de prosa poemática; são, em tese, crônicas de costumes, as primeiras, aliás, vertidas pela pena do poeta, para a discursão de ideias enfeixadas em letras de forma.

Em *A romaria da Trindade*[175] (um texto imperfeito que o poeta iria refazer numa segunda publicação), Cruz e Sousa fala do tradicionalismo dessa festa que agrega, até hoje, milhares de pessoas para uma atividade bastante festiva. Dando a tônica dos festejos, diz o poeta: "Carroças de molas perras e gastas enfeitadas e fazendas de cores vibrantes e fortes onde sobressai o escarlate, com grandes penachos coloridos de flores e de fitas, radiantes de bandeirolas, conduzindo dentro toda uma rapaziada ávida de troça, de pândega, gargalhando alto no ar calmo e iluminado o seu bom humor de romaristas, cascaquinando ditos, numa algazarra franca de consciências despreocupadas e jovens, aos estridentes sons metálicos da banda fanfarrona que atira os seus agudos de requinta e os seus abertos e rasgados de trombone pela estrada adiante".

Depois dessa entrada empolgada e empolgante, no final da tarde, "no descambamento lento do dia", ele fala do regresso à cidade,

---

SOUSA, *Dispersos*: poesia e prosa (1998), onde estes textos citados estão reproduzidos na íntegra.

[175] Este texto saiu publicado na edição da *Cidade do Rio* de 23 de março de 1891, com bastantes modificações, que deram mais elementos para a compreensão da festividade. O título passou a ser A Trindade.

"em grupos, aos pares, trôpegos, cansados e frouxos como quem vem em debandada".

Já em *O abolicionismo*, Cruz e Sousa retoma (talvez sem nunca ter deixado de fazê-lo) a propaganda abolicionista. Desde que chegara ao Desterro, de volta de sua última viagem ao Rio Grande do Sul, o poeta reaproxima-se do sapateiro Manuel Joaquim da Silveira Bittencourt, a quem devotava fervorosa amizade e admiração. No comando da pitoresca Sociedade Carnavalesca Diabo a Quatro, Bittencourt recorria ao poeta para engrossar as fileiras dos militantes pela causa abolicionista. No caso de Cruz e Sousa, ele sabe que poderia contar com, além do homem, o poeta e o jornalista. O bravo sapateiro (que não sabemos se era negro ou branco) intensifica seus contatos, mandando mensagem, num trabalho de sensibilização da sociedade, sobretudo dos formadores de opinião em Santa Catarina. Naquele ano está entre os contatados o capitão Luis Felipe Saldanha da Gama (um dos líderes da Revolta da Armada, em 1893). A imprensa, em geral, noticiava a relação dos que contribuíam com dinheiro para a compra de cartas de alforria e o nome de Saldanha da Gama não estava lá, mas aparecia, com a doação de cinquenta mil-réis, o do senador (antigo presidente da província), Alfredo d'Escragnolle Taunay, futuro Visconde de Taunay e autor do festejado romance *Inocência*.

Quando Cruz e Sousa escreveu *O abolicionismo*, estava completamente deflagrada a campanha abolicionista no Desterro pelo comando de Manuel Bittencourt. O texto tinha um tom de "escrito por encomenda", pois, instado a participar do movimento, talvez sem condições de o fazer com recursos financeiros, o Poeta Negro enviou uma carta ao ardoroso abolicionista, colocando à disposição da Sociedade Diabo a Quadro "todo o seu coração de patrício". Esta carta, inserta na Obra Completa, mas não nos documentos organizados por Zahidé L. Muzart[176], foi publicada no *Jornal do Commercio*, a 2 de junho de 1887. Graças a isso chegou até o nosso conhecimento. Endereçada aos dirigentes da Sociedade Carnavalesca — em especial a Manuel Bittencourt — dizia o seguinte:

---

[176] MUZART (org) (1993).

Desterro, 31 de maio de 1887.

Ilmos. Srs.

Cumpre-me responder ao ofício de Vv. Ss. que me foi dirigido em data de 20 deste mês. Agradecendo, sumamente penhorado, as amabilidades cavalheirescas e distinções que no aludido ofício me fazem, cabe-me a ocasião de cumprimentar, de saudar altamente, com um largo sopro de retumbante clarim de aplausos, a digna e prestimosíssima Sociedade Carnavalesca Diabo a Quatro, à qual Vv. Ss. estão agremiados, pela ideia grandiosa e simpática de promover a libertação dos cativos desta capital. A Sociedade Diabo a Quatro, que ri, que solta a gargalhada do bom humor, que abre nos corações de todos, ao sol da idéia, a luminosa e resplandecente febre da alegria, nos curtos dias do seu curto mas pitoresco reinado de galhofa e de crítica — os dias de carnaval — definiu e ampliou ainda mais a alma franca e forte que costuma ter nas festas de Momo, dando a essa alma toda a amplidão serena da liberdade.

Eu faço significar, com toda a lealdade, o meu aplauso a essa estimável corporação, e ponho ao dispor da bela causa dos tristes, não só a minha insignificante e deslustrada pena, não só o meu pequenino préstimo intelectivo, mas todo o meu coração de patrício, que é, para estes casos, o fator absoluto, aberto como um estandarte de paz e democracia. A Sociedade Diabo a Quatro que tenha sempre como divisa de luta este princípio filosófico e político de um economista inglês: "Destruir para organizar". Deus guarde a Vs. Ss. Cruz e Sousa

Ilmos. Srs. Manuel J. da Silveira Bittencourt e mais dignos auxiliares da Diretoria da Sociedade Carnavalesca Diabo a Quatro.

Pondo a serviço modestamente a sua "deslustrada pena" ou seu "pequenino préstimo intelectivo" foi que Cruz e Sousa escreveu *O abolicionismo*, a fim de contribuir para a causa, petardo que atinge de chofre a raiz do escravismo catarinense e brasileiro, ou seja, a sociedade burguesa. O texto[177], peça inédita, não foi citado por Raimundo Magalhães Júnior em sua obra.

---

[177] Republicado no Diário Catarinense, de 20 de março de 1988, no caderno DC Especial. Cruz e Sousa, 90 anos sem o gigante do Simbolismo, p. 12.

Cruz e Sousa inicia o texto falando sobre o desenvolvimento significativo da ação abolicionista na capital da província, provavelmente pelo trabalho da Sociedade Carnavalesca Diabo a Quatro. Refere-se à "adesão de todos a esta ideia soberana, à vista dos protestos da razão humana". Chama de "bárbara e absurda" a instituição do escravismo.

Diz textualmente num dos primeiros tópicos do artigo:

> A onda negra dos escravocratas tem de ceder lugar à onda branca, à onda de luz que vem descendo, descendo, como catadupa de sol, dos altos cumes da idéia, propagando a pátria para uma organização futura mais real e menos vergonhosa. Porque é preciso saber-se, em antes de se ter uma razão errada das coisas, que o abolicionismo não discute pessoas, não discute indivíduos nem interesses; discute princípios, discute coletividade, discute fins gerais.

Entende que a posição "tristemente humilde e acobardada pelos grandes e pelos maus" é o que atrasa enormemente a "sociedade brasileira":

> Não se liberta o escravo por pose, por chiquismo, para que pareça a gente brasileira elegante e graciosa ante as nações disciplinadas e cultas. Não se compreende, nem se adaptando ao meio humanista a palavra "escravo", não se adapta nem se compreende da mesma forma a palavra "senhor".

Para o poeta, a humanidade do passado, por uma falsa compreensão dos direitos lógicos e naturais, "considerou que podia apoderar-se de um indivíduo qualquer e escravizá-lo", ao mesmo tempo em que via como única maneira de eliminar este sistema a conscientização de todos no objetivo de fazer "desaparecer esse erro, esse absurdo, esse crime".

Via profeticamente as coisas com olhos de esperança e fé na ação dos homens justos e honestos, sobretudo os do tipo de Manuel Bittencourt que davam mais do que o suor do rosto para a glorificação do trabalho libertador.

A Escravidão recua, o Abolicionismo avança, mas avança seguro, convicto, como uma idéia, como um princípio, como uma utilidade. Até agora o maior poder do Brasil tem sido o braço escravo: dele é que parte a manutenção e a sustentação dos indivíduos de pais dinheirosos; com o suor escravo é que se fazem deputados, conselheiros, ministros, chefes de Estado. Por isso no país não há indústria, não há índole de vida prática social, não há artes.

Como não media suas palavras, a sua "pena deslustrada", como ele mesmo gostava de dizer, ia fundo na raiz do problema:

> Os senhores filhos de fazendeiros não querem ser lavradores, nem artífices, nem operários, nem músicos, nem pintores, nem escultores, nem botânicos, nem floricultores, nem desenhistas, nem arquitetos, nem construtores, porque estão na vida farta e fácil, sustentada e amparada pelo escravo dos pais, que lhes enche a bolsa, que os manda para as escolas e para as academias.
> De sorte que, se muitas vezes esses filhos têm vocação para uma arte que lhes seja nobre, que os engrandeça mais do que um diploma oficial, são obrigados a doutorarem-se porque se lhes diz que isso não custa e que poderão, tendo o título, ganhar mais facilmente e até sem merecimento, posições muito elevadas, e mesmo porque, ser artista, ser arquiteto, ser industrial, etc., é uma coisa que, no pensar acanhado dos escravocratas, dos retrógrados e dos egoístas, não fica bem a um nhonhô nascido e criado no conforto, no bem-estar, no gozo material da moeda dada pelo braço escravo.

Das contribuições de Cruz e Sousa para *Regeneração*, em 1887, essa é uma das mais significativas de todas. Os outros textos, excluindo o que trata de Gema Cuniberti, *A noite de São João, Entre ciprestes* e *A vida nas praias*, são impressões do cotidiano, rápidas fotografias apanhadas dos flagrantes instantâneos das percepções do dia-a-dia.

Mas o que chamou mesmo a atenção nessa fase de colaboração de Cruz e Sousa no jornal *Regeneração*, foi, sem qualquer dúvida, a série que ele publicou sob o título de *Histórias simples*[178]. Dessa fase, certamente são os textos mais bem acabados que foram dados à publicidade pelo Poeta Negro.

Depois da divulgação do caso de *O abolicionismo* é bem mais fácil encadear a publicação das *Histórias simples* com a campanha antiescravista liderada pela Sociedade Carnavalesca Diabo a Quatro. São narrativas, espécie de contos, que retratam cenas do cotidiano da escravidão, cenas bucólicas, trágicas e tristes muitas vezes, que contam histórias de escravos na cena urbana, histórias de crueldade perpetradas por senhores, possivelmente na Cidade do Desterro. Nelas, Cruz e Sousa assume, de forma nunca vista antes, um posicionamento firme perante a escravidão, como se fosse um seguimento dos seus textos anteriores.

É preciso esclarecer o seguinte: com o desaparecimento da coleção do jornal *Regeneração* editado no ano de 1887 da Biblioteca Pública de Florianópolis, os textos de *Histórias simples* só foram localizados e resgatados a partir de uma cópia existente da Enciclopédia de Santa Catarina, um trabalho organizado por Carlos da Silveira Carneiro e que hoje pertence ao acervo da Biblioteca Central da Universidade Federal de Santa Catarina[179]. Através de consulta aos cadernos que compõem a Enciclopédia do Almirante, como ficou conhecida, o pesquisador Iaponan Soares pôde chegar aos textos de Cruz e Sousa, publicando-os pela primeira vez em 1988. Tais textos datam de junho a setembro de 1887, período em que o poeta se engaja no bando do sapateiro Manuel Bittencourt, após chegar de sua viagem como ponto ou secretário da companhia dramática da atriz Apolônia Pinto, como vimos. Com isso, fica praticamente evidenciada a ligação de *Histórias simples* com a campanha de sensibilização da opinião pública em prol da manumissão de escravos catarinenses.

O trabalho, como sempre, seria grande para os moldes de uma ilha como a catarinense. De acordo com uma estatística do Minis-

---

[178] Ver sobre Histórias simples em SOARES (1988) e CRUZ E SOUSA (1998), em texto do mesmo autor, que vieram à lume graças a sua perspicácia de pesquisador.

[179] Informa Iaponan Soares que a Enciclopédia compõe-se de 68 livros e 29 cadernos, uma parte manuscrita e outra datiloscrita. Ver também a esse respeito Zahidé L. Muzart, A enciclopédia do Almirante, *Diário Catarinense*, de 6 de julho de 1987.

tério da Agricultura realizada nos idos de 1881, o país contava com cerca de 1.200.000 escravos. Estes números representavam em Santa Catarina, certamente com maior representação na capital da província, nada mais que 10.821 indivíduos, ou 0,9% do total[180].

São oitos histórias curtas, iniciadas em 23 de junho e encerradas (ou interrompidas?) em 3 de setembro de 1887, precedidas de um prólogo ou prefácio. Cruz e Sousa, pelo visto, tinha a intenção de publicar em livros tais histórias, pois elas obedecem a um formato de obra literária.

No prólogo ou prefácio, o poeta faz algumas considerações sobre "a fulgurantíssima ideia de libertar escravos nesta aprazível terra" e resolve contar umas histórias simples, "interessantes e leves e fáceis e claras", uma espécie de "croquis ligeiros do escravo no lar e na sociedade, com a mesma luz geral do método racionalista, intuitivo e prático do grande alemão Froebel"[181]. Ele acha que com essas histórias descerão "do trono de papelão o ridículo manequim do preconceito oficial e improgressivo", numa alusão clara aos senhores de escravos.

Com a descoberta dessas narrativas, a participação de Cruz e Sousa no processo abolicionista catarinense toma outra dimensão, evidentemente projetando-o para um patamar bem mais saliente no espectro que contribuiu para o fim do regime perverso em sua terra natal.

Todas as narrativas trazem, nos títulos, apelidos carinhosos de mulheres. Elas são ouvintes de histórias contadas por uma espécie de Griot. Pela ordem de saída vem Iaiá, Sinhá, Nicola, Bilu, Santa, Bibi, Neném e Zezé. A primeira saiu em 23 de junho. Esta conta a história do cadáver de um negro encontrado na praia. Depois das especulações, do mistério que rondara o corpo do morto, descobriu-se que se tratava do cadáver de um escravo "que procurara na desventura da vida, a liberdade da morte, no mar". A segunda, *À Sinhá*, sem indicação de data, narra o caso de um senhor perverso que

---

[180] *Apud* CABRAL (1987, p. 167).

[181] Friedrich Froebel viveu na Prússia entre 1782 a 1852 e era filho de pastores luteranos. Sua obra máxima é a constituição do Jardim da Infância, nos moldes como o conhecemos até hoje. É considerado o reformador educacional do século 19. Alguns o achavam um perigoso revolucionário, razão pela qual teve seu projeto proibido de ser continuado. É autor do livro A educação do homem, de 1826, o qual provavelmente Cruz e Sousa teve acesso.

"vergastara a duros golpes de relho (...) uma frágil mulher, escrava indefesa que não sei se ria ou chorava, se blasfemava ou suplicava tanta era a descarga de impropérios que o terrível homem lhe rebentava às faces, como o estado de brusca excitação nervosa em que os meus sentimentos se achavam diante da mais ignóbil das cenas".

A terceira, *À Nicota*, de 3 de julho, é a história dela mesma, da loura Nicota, que sonhava "que eras escrava", "que ias vendida para longe, para além, para onde tu não sabias". E mais: "Haviam te amarrado os pés para não fugires. Tinha no rosto um rasgão de sangue". A quarta história, *À Bilu*, de 7 de julho, trata de um viajante que espantado com a quantidade de "homens negros, trabalhando assim, ao sol, quase nus!" e ao obter a resposta que "são escravos brasileiros", fica perplexo e indaga: "Então os brasileiros são escravos!... Eu disse-lhe que sim". A quinta narrativa, *À Santa*, saída em 9 de julho, depois de contar a história dos passos de Jesus, que "veio da Galiléia, veio do povo hebreu, cheio de mistérios sagrados", refere-se a esse mesmo Jesus como escravo. "Jesus, escravo, que queria ser livre também para o amor como a outra gente; queria amar muito, amar sempre, amar na eternidade". A sexta, intitulada *À Bibi*, cuja história publicada a 14 de julho se refere a sua criação com a escrava Maria. Como escrava, Maria ensina a Bibi as artimanhas que sabe. "Influenciada por Maria, Bibi fazia tudo. Maria mandava-a tirar às escondidas da sinhá velha um torrão de açúcar, Bibi tirava... Ambas inclinadas ao mal desenvolviam-se no mesmo meio como uma planta enxertada na outra. E Bibi tornava-se imprudente, de maus costumes, mentirosa e vingativa. Maria era a causa; Bibi o efeito". A sétima narrativa, *À Neném*, fala da Semana Santa. Nessa data, chama a atenção uma velha "de cabelo repartido em bandós, de vestido preto e de amplo mantelete de vidrilhos". O caso fala de uma velha que "possui escravos que castiga atrozmente, de uma maneira desumana e brutal". Com a oitava e última narrativa, *À Zezé*, publicada em 3 de setembro, bem distante da saída da anterior, o poeta conta a história de uma mulher que se dedica, com persistência e capricho, a confeccionar "umas chinelas", que vão ser doadas a um "bazar a favor dos escravos". A partir daí, nada mais saiu publicado. Tem-se a impressão de que o poeta não teve mais condições de se dedicar a elas em função do tempo. Elas também podem não ter agradado, e ter incomodado os poderosos locais. Não sabemos também por que as histórias são contadas a partir das experiências femininas. A menos que sejam para impor mais sensibilidade e dramaticidade às mesmas. Em suma, algumas delas necessitavam de pesquisas, sem contar que eram sempre muito bem elaboradas.

Nesse tom de denúncia e de revolta, Cruz e Sousa foi narrando casos e situações, ou o que ele chamou de "ligeiros croquis do escravo no lar e na sociedade", e, com isso, acabou por fazer uma homenagem a um "belo homem que à luz do *Jardim da Infância* estabeleceu a fisionomia lógica do ensino primário nas sociedades infantis do mundo, com a sua ciência liberal e fecunda de transcendentalismo pedagógico".

Enquanto divulgava pela imprensa suas ideias abolicionistas, participando ativamente como artífice do movimento, mantinha contato com o amigo Oscar Rosas no Rio de Janeiro. Escrevera ao conterrâneo, naquela data, fazendo uma série de cobranças, uma delas era sobre a divulgação dos *Tropos e fantasias*. Oscar Rosas, nessa quadra da vida, já era pai do menino Ernani, "um rapagão de ano e meio que é um peralta & cia.", e sentia a responsabilidade pesando firmemente nas costas.

Numa carta muito lamentosa, na qual justificava-se por não ter escrito ao Poeta Negro, Oscar Rosas[182] falava da dureza da vida de casado: "Pois eu fui um canalha que não tive uma folha de papel para escrever-te um agradecimento pelo belo trabalho que tu e o Várzea me ofereceram! 'Como os mais, indiferente e hipócrita', com certeza intimamente disseste, sabendo e sofrendo o meu silêncio".

Diz mais Oscar Rosas: "Mas como te enganaste redondamente. Que podia eu naquele momento fazer pelo livro de vocês? Nada! Promover um elogio? Vocês são bastante espirituosos para dispensar-mo e compreenderem que não é disso de que precisamos nós, os homens de letras e poetas".

---

[182] Pertencente ao Arquivo-Museu de Literatura da Fundação Casa de Rui Barbosa, do Rio de Janeiro, como as demais citadas aqui.

Num outro momento da carta, Oscar diz que disputara um concurso público[183] (a partir do qual ingressou para a Sociedade Central de Imigração), para se desculpar por não ter respondido o Poeta Negro, e continuava a lamentar sua situação: "Não imaginas o que seja a preocupação da comida, para um homem que não tem com que comprá-la. Se imaginasses o que são esses horrores, com certeza já estaria perdoado".

Neste ponto, Oscar Rosas brinca com o poeta. A maior luta do poeta e de sua família era contra as dificuldades financeiras, que o levava, rotineiramente, a deixar sua terra natal, como no caso das companhias dramáticas.

Depois de lamentar tanto, faz uma reviravolta no seu discurso choroso e muda completamente de atitude. "Deixemos esses trapos e toda a história lutulenta de uma quadra horrenda. Falemos do conforto, do leito morno, da abundância, de vinhos copiosos e espumante, do *beef* sangrento à inglesa, da opulência, da ostentação, do luxo, e até da vaidade".

De repente de pobre passa a rico: "Hoje, graças aos empenhos e minhas habilidades estou apto a sustentar ao exército alemão, ao francês e russo, sem nada negar ao italiano e austríaco, podendo mesmo dar algum *copito* de bom vinho à armada inglesa e francesa".

Uma coisa era certa, Oscar Rosas considerava muito Cruz e Sousa: "Ora, eu te considero como um irmão". E dizia, sem meias palavras, como era de sua natureza: "Você (o! perdão) tu aí nessa terra não podes senão criar carrapatos e asas nunca, porque as que tens estão arriscadas a cair por causa da inveja e do preconceito. Que futuro aí te espera? Tu não és político nem vives para a intriga política, não queres pertencer ao número de nulos que povoam esse santo solo, o que aí fases?".

Não sabemos, ao certo, como Cruz e Sousa reagia a essas encenações do amigo que conheceu no período do Ateneu Provincial Catarinense. Mas o chamado era muito tentador, para quem não tinha, segundo o termo, nem eira nem beira na tacanha província cheia de prevenções sociais, econômicas e raciais:

---

[183] Na cronologia da obra de Cruz e Sousa, esta refere-se a ele como empregado da Sociedade Central de Imigração, quando na verdade o funcionário é o amigo. Esse erro persiste até a última edição, de 1995, da Nova Aguilar.

Pergunto-te eu agora: — Não te convirá mais morar no Rio de Janeiro (enquanto desempregado na casa de um amigo, que te dará enquanto quiseres e entenderes — casa, comida, roupa lavada e engomada e até dinheiro quando tiver e, quando empregado, aonde parecer) onde podes encontrar cotação para o teu talento brilhantíssimo?

Na minha casa terás do que eu tiver quanto a conforto e tratamento. Eu nela sou o rei absoluto e despótico, aqui não terás de que corar nem quem te interrogues com olhares expulsadores e sovinas. Dela sairás no dia que entenderes, dentro de um mês ou de 20 anos, sem que me sejas pesado nem me incomodes. Eu mesmo te ajudarei a procurar emprego, para que teus brios de homem não sofram.

Já vês que a missão móvel desta carta é convidar-te para morares comigo neste centro de atividade e labor. Quando estiveres doente dar-te-ei o que puder e o que a mim faria te farei. Se morreres, mandar-te-ei enterrar.

Oscar Rosas depois disso tudo fornecia os endereços de sua localização: durante a semana encontrava-se na rua General Câmara, n° 63, num sobrado, que era a sede da Sociedade Central de Imigração, no horário das 11 da manhã às 3 da tarde. E se "aqui chegares num domingo ou fora desse num dia de semana mesmo, dirige-te à estação Central da Estrada de Ferro D. Pedro 2°, no Campo de Santana, aí compra um bilhete para a Estação Cupertino aonde moro (é um subúrbio elegante e tranqüilo) que me encontrarás de braços abertos e mesa posta à tua espera. Vem, que trabalharemos juntos".

Oscar Rosas e Cruz e Sousa trocaram dezenas de cartas, entre os anos de 1883 e 1890, pelos menos das que chegaram ao nosso conhecimento. Infelizmente nenhuma de Cruz e Sousa sobreviveu à sanha do tempo. No ano de 1887, no entanto, além da datada de setembro, conhecemos uma outra, do mês de 12 de outubro.

A intenção do amigo de Cruz e Sousa era atender, provavelmente, a um apelo do próprio Poeta Negro, com certeza formulado nas cartas que desapareceram[184]. Para Oscar Rosas, a única maneira era

---

[184] Leda Campos Rosas, já falecida, neta de Oscar Rosas, disse-me em depoimento que documentos referentes ao avô, como cartas, manuscritos e um caderno preto com di-

trazê-lo para o Rio de Janeiro, onde acharia ambiente mais propício para sua sobrevivência profissional. Numa segunda carta, datada de 12 de outubro, escrita em um papel timbrado da Sociedade Central de Imigração, Oscar Rosas toma ciência das necessidades formuladas de Cruz e Sousa, bem como das ponderações feitas pelo poeta.

> Meu Cruz.
> Cá recebi tua estupenda e flamboyant carta. De tudo perfeitamente informado. Procuro resolver o problema do dinheiro, que para mim é uma coisa muito de segunda ordem. Apronta-te para o fim deste mês, que de algum modo hei de atirar-te nestas praias fluminenses.
> Estão tomadas todas as providências. Uma carta minha imediata a esta levará as instruções e socorros! Até, um abraço e adeus.

Não houve outra carta de Oscar Rosas nesse ano de 1887, ou se houve se perdeu com o tempo. Pouca saída restou a Cruz e Sousa, confinado no Desterro, até reatar a dita correspondência com o conterrâneo no Rio de Janeiro, o que só ocorreu em princípios do ano seguinte.

Nesse tempo, além da *Regeneração*, Cruz e Sousa escrevia em outro jornal da província, do qual também era redator Virgílio Várzea. Era o jornal *Tribuna Popular*, fundado em 1885. A participação do Poeta Negro nesse jornal é completamente desconhecida. Oscar Rosas também é citado em carta de Virgílio Várzea entre os colaboradores. "Como verás, pela tua *correspondência* inserta na *Tribuna* de hoje, recebi a tua carta, belíssima e luminosa onde se dá conta do nascimento de mais um filho, 'um beijo, um fruto d'alvorada', como diz o Guerra. Um *embracing* por tão festivo acontecimento"[185].

Localizamos no Setor de Obras Raras (embora microfilmados) da Biblioteca Nacional dois números da *Tribuna Popular*: um de 18 de abril de 1889 e outro de 16 de julho de 1890. Não encontramos nenhum artigo assinado por Cruz e Sousa em nenhum dos exempla-

---

versos recortes e fotografias, teriam sido jogados fora por uma bisneta, após a morte da mãe, irmã de Leda e filha de Coralia Rosas Campos.

[185] Carta sem data (provavelmente de 1888, data do nascimento da filha Coralia), Arquivo-Museu de Literatura da Fundação Casa de Rui Barbosa do Rio de Janeiro.

res. O datado de 18 de abril fala da passagem do dia 13 de maio e do restabelecimento de Manuel Bittencourt. O outro jornal, de 16 de junho, traz uma notícia sobre a colaboração de Cruz e Sousa e Virgílio Várzea no *O Mercantil*, de São Paulo, além da reprodução de uma carta, enviada de São Paulo, de José Artur Boiteux, que trata da confecção de um monumento consagrado a Fernando Machado. Não por menos, Boiteux ficou conhecido como Semeador das Estátuas[186] e a quem Edmundo da Luz Pinto cognominou de o "garimpeiro do Ouro do nosso passado". Se há uma participação da pena jornalística de Cruz e Sousa na *Tribuna Popular*, no caso desses dois números do jornal catarinense ela se deu nessas notas, e anonimamente.

Manuel Bitencourt, por exemplo, muito querido e estimado, tinha até anúncio rimado na imprensa do Desterro:

> O homem mais barateiro
> Que vende melhor calçado
> É o Bitencourt sapateiro
> O homem mais barateiro:
> Só faz negócio a dinheiro,
> Mas é um moço estimado,
> O homem mais barateiro,
> Que vende melhor calçado.[187]

---

[186] Henrique da Silva Fontes, José Artur Boiteux — patriarca do ensino superior. *A Gazeta*, de 8 de dezembro de 1965; e Edição do Autor, s/d, p. 13.

[187] *O Moleque*, 15 de janeiro de 1885; provavelmente de Virgílio Várzea. In MUZART (org) (1993, p. 32).

ANO DA ABOLIÇÃO

A vida no Desterro estava fervilhando com a campanha abolicionista. Era, na verdade, um reflexo do país inteiro, surpreendentemente envolvido nesse processo libertador, que parecia não ter mais volta.

O assunto era *o* tópico principal das discussões políticas no Senado e na Câmara Federal, nas rodas dos cafés, nos teatros, circos, nos clubes sociais e recreativos, nas confeitarias, nas escolas e nos lares, ou seja, nos espaços públicos de modo geral.

Vindo de uma atuação marcada pela sua forte colaboração nos jornais, Cruz e Sousa via nas ruas de sua cidade a corporificação do movimento das pessoas pela causa abolicionista. As sociedades carnavalescas — Diabo a Quatro e Tenentes do Diabo — eram as mais ardorosas; partiam delas as proposições que mantinham toda a sociedade catarinense envolvida e atuante.

Os jornais, todos os dias, anunciavam a concessão de cartas de alforria e os nomes dos beneficiados, bem como dos beneficiadores, apareciam nos noticiários da grande imprensa. Era um prêmio justo àqueles que contribuíam com a causa maior que agitava todo o país.

Nessa quadra empolgante, Cruz e Sousa ainda alimentava o sonho de deixar a capital da província e vir para a grande metrópole, a Corte, para encontrar melhor oportunidade profissional, através da qual pudesse ajudar seus pais, ambos já bastante idosos. Dos dois, Carolina, a mãe do poeta, ainda trabalhava, atendendo a encomendas das casas vizinhas, seja na entrega de doces ou na lavagem de roupas.

Contando com poucos recursos financeiros, atrelado a uma vida profissional bastante instável, o Poeta Negro se desesperava. Aos 26 anos, nesse início de 1888, precisava encontrar garantias de sobrevivência que não fossem só o trabalho jornalístico, nem sempre diário.

Os amigos Virgílio Várzea, Carlos de Faria, Araújo Figueredo e Horácio de Carvalho, beirando as mesmas idades, tinham preocupações outras, o que nem sempre possibilitava um encontro mais frequente entre eles, como no passado. Embora companheiros da mesma jornada, encontravam-se nas redações dos jornais ou nos comícios e eventos organizados pelas entidades político-recreativas. Para Cruz e Sousa, com o fim próximo da luta escravista, pouco lhe restaria a fazer em Santa Catarina, uma vez que as oportunidades continuavam escassas para gente como ele. Muito festejado nas rodas, frequentando inclusive círculos importantes, porém, na hora de ser alçado a um posto administrativo ou político, seu nome não era lembrado. A não ser o trabalho de caixeiro, de acordo com as memórias de Araújo Figueredo, não se conhece outro emprego a que Cruz e Sousa estivesse ligado, seja nos meios públicos, comerciais ou privados.

Conta-se a história do cargo de promotor público em Itajaí ou Laguna, durante o governo Gama Rosa. Mas, tudo não passou de especulação. Cruz e Sousa estava, na época do governo de Gama Rosa, longe do Desterro, na função de secretário e ponto da Companhia de Moreira de Vasconcelos.

Em meio a esse fogo cruzado, em fevereiro de 1888 chega-lhe às mãos a tão prometida carta de Oscar Rosas. Já tinha perdido as esperanças de ir ao Correio atrás de correspondências. Estava quase desistindo, quando o companheiro deu sinal de vida. A carta, como documento histórico, vale a pena ser transcrita:

> Bem sei, meu Cruz, que, a estas horas, estarás fazendo cruzes (sem calembourg) à vista do meu procedimento. No dia em que falei ao Cândido a teu respeito, tinha o cobre precioso no bolso e mais alguns vinténs, mas, desgraçadamente, nos achávamos numa casa de jogo — o Derby Club — e a febre de ganhar dinheiro, para te poder aumentar o cobre, levou-me a perdê-lo. Pedi emprestado, perdi-o. E, perdendo sempre, fui perdendo a tramontana e o diabo que te carregue para cá.

Como vez ensandeci, porque além do teu, perdi o meu rico dinheirinho, produzindo o caiporismo um infernal desequilíbrio financeiro, o qual cessará somente no fim deste medonho mês.
Se a tua boa consciência não se tiver revoltado contra a minha má cabeça, responde-me imediatamente, que é para dar as necessárias providências.
Falando assim, creio ter corrido à frente do meu perdão, que não seria digno de mim se de outro modo o buscasse. O seu Juca, o Raposo, sabes? Aquele?!... o da Inspetoria das Terras, o colega do Dr. Fausto (Faustinho) andou por aqui a querer morder-te e ao Várzea; mas eu puxei as rédeas para trás e o fiz morder o freio, a essa besta sem sexo e idiota. Xujo! O! Xujo! Dirás ao Várzea que me escreva e que para a Semana muitos versos e poucas assinaturas, que o novo proprietário — o Cabral, está ali, está fechando a quitanda.
E mais que me escreva que não é somente a Izia que tem direito as atenções do vate. Nas candelárias fluminenses pairam agora duas éguas, pergunta-lhe se ele as montou, porque eu ainda não. A carta que acima e ora lhe peço, quero-a num estilo ultra-pornográfico-debochativo e que ela me diga quais as presumíveis conquistas atuais da mãe-pátria. Faz sentir a esse Cupido catarinense que me zangarei se dele não receber as deleitantes, caprichosas letras. Manda-me o teu retrato, que em compª do Várzea e Carvalho tiraste[188]. Quero-o a todo o transe, mas não autrance.

A carta era como um tento no cravo e outro na ferradura. Após ler toda a missiva, o poeta não sabia se suspirava de alívio ou se aumentava sua aflição. Mas manteve a serenidade. Cruz e Sousa, provavelmente, não respondeu a Oscar Rosas. Por uma outra carta deste, de 5 de abril, em papel da Sociedade Central de Imigração, soubemos que o Poeta Negro recebera os recursos. Mas de uma forma, talvez, um pouco enviesada. Vamos à carta de Oscar Rosas:

Até aqui, meu amigo, o remorso mordia-me a consciência, como um bull-dog intocado no meu ser. Eu não te mandava o dinheiro. Agora (a 13 do mês passado mandei-o pelo Dr. Fausto Jr. da Ins-

---

[188] Fotografia clássica, tirada no Desterro, na qual aparece Cruz e Sousa sentado, de cartola e bengala, ao lado dos dois amigos, também impecavelmente elegantes.

petoria Central de Imigração) enviei-te o cobre por um portador seguro e tu não vens, nem me respondeste! Vens ou não vens? Queres sair da cacimba infecta, onde cantavas como um sapo artista à luz do sol tropical e amoroso, ou queres ficar, visguento e limoso, enterrado na sua lama até os cabelos? Palavra, sonhador, que eu não te entendo.

Porque deixas de vir? Mandei-te 25 Pizzicatos[189], que a 500 réis são 12$500. Enviei-te mais 20$000 para pagamento da passagem e tu não vens, não surges, não apareces, sepultando (sic) num túmulo de desespero shekespeareano! Responda-me, teu Oscar Rosas.

Enquanto o poeta exitava em responder ao amigo distante, na dúvida se aceitava ou não a "gorda" oferta, a Cidade do Desterro fervilhava de contentamento. No dia 24 de março, o presidente da Província, Francisco José da Rocha, era oficiado pelo presidente da Câmara, Eliseu Guilherme da Silva, e demais vereadores, de que "a capital da província de Santa Catarina não possuía dentro dos seus limites nem mais um escravo". Todos eram livres na ilha! Uma sessão, para solenizar a notícia foi organizada na Câmara Municipal, no dia seguinte, por volta do meio-dia.

Mês e pouco depois, chegava a notícia alvissareira: a regente ao trono, Princesa Isabel, assinava a Lei Áurea, em 13 de maio de 1888. Mal chegou a notícia ao Desterro, a alegria tomou conta da cidade. A Câmara Municipal mandou cantar um *Te Deum* em ação de graças. Em seu belo livro *Nossa Senhora do Desterro — Memória*, volume 2, Oswaldo R. Cabral reproduz os noticiários dos jornais *O Tipógrafo*, órgão literário de propriedade dos empregados de *O Conservador*, que vai aqui como ele transpôs:

> Havia dois coretos na Praça — que, então, ainda se chamava Barão da Laguna — além de uma tribuna. A multidão, convidada com antecedência, era enorme quando, às 7 horas da noite, chegaram as Bandas de Música União Artística e Companhia Nite-

---

[189] *Pizzicatos* (Rio, 1886) é um livro de autoria de B. Lopes, um poeta mulato e que se tornaria grande amigo de Cruz e Sousa no Rio de Janeiro. Como o Poeta Negro, seria muito visado pela imprensa da época.

rói, que era uma companhia de circo, aqui realizando espetáculos, indo colocar-se à frente do Palácio.

O Presidente da Província deu os costumeiros "Vivas" ao Imperador, à Regente, ao povo catarinense, à Lei de 13 de Maio. O foguetório queimou solto, forte e abundante. Depois, foi a vez dos oradores. Falaram Francisco Margarida, José de Araújo Coutinho (que como republicano disse que a abolição tinha sido obra do povo e não da Coroa), José Séqui Júnior e o "artista" Manuel Joaquim da Silveira Bitencourt. Até às 9 e meia tocaram as Bandas Musicais, pois o povo ainda estava acostumado ao toque de recolher do sino da Câmara. E, acabados os foguetes, recolhidos as bandas de música, a festa terminou.

Num outro tópico da notícia, Oswaldo R. Cabral ainda informa:

> Na véspera, a Cia. Ginástica Niteroiense havia dado espetáculo, com o comparecimento das Sociedades Diabo a Quatro e Bons Arcanjos, tendo as artistas oferecido ramalhetes ao Presidente da Província, a Germano Wendhausen e a Henrique Abreu. O povo delirou, vivando, aclamando e o picadeiro foi invadido pela moçada que ofertou flores às artistas (com grande oportunidade para ver como eram elas, de perto).

Integrado aos festejos, discursando à porta da *Tribuna Popular*, de onde, com Virgílio Várzea, era um dos principais redatores, se preocupava com o destino dos negros, agora libertos. Na rua, muitos deles (uma boa maioria já com a cabeça branca pelo passar dos anos) perguntavam: "O que será de nós, agora?".

Em grande contentamento, Cruz e Sousa compôs um soneto que foi encontrado entre o espólio literário da Araújo Figueredo, hoje depositado no Setor de Manuscritos da Fundação Biblioteca Nacional. O texto, inédito na *Obra Completa*[190] do poeta, intitulado *À pátria livre*, tem estas estrofes:

---

[190] Foi divulgado no corpo de um texto inserto em ALVES (1990, p. 35), e em CRUZ E SOUSA (1996, p. 27).

Nem mais escravos e nem mais senhores!
Jesus desceu as regiões celestes,
Fez das sagradas, perfumosas vestes
Um sudário de luz p'ra tantas dores.

A terra toda rebentou em flores!
E onde havia só cardos e ciprestes,
Onde eram tristes solidões agrestes
Brotou a vida cheia de esplendores.

Então Jesus que sempre em todo mundo
Quis ver o amor ser nobre e ser profundo,
Falou depois a escravas gerações:

— Homens! A natureza é apenas uma...
Se não existe distinção alguma
Por que não se hão de unir os corações?!

Sem esperanças de contar com Oscar Rosas para a viagem — os *Pizzicatos* não devem ter sido vendidos com facilidade e a necessidade certamente pode ter levado o poeta a usar os 20$000 entregues pelo Dr. Fausto, da Sociedade Central de Imigração — só restou ao poeta recorrer ao maior abolicionista catarinense de todos os tempos, para ter a sua situação resolvida: Germano Wendhausen. Afinal, era o produto mais acabado de que o negro tinha todas as condições de conviver na sociedade e fazer carreira, qualquer que fosse ela. Foi por causa dele, e não de Oscar Rosas, com quem moraria, diga-se de passagem, no Rio de Janeiro, que o sonho da viagem à Corte finalmente se concretizara.

Graças a duas cartas endereçadas ao abolicionista por Cruz e Sousa, do ano de 1888 — depositadas no Arquivo-Museu de Literatura da Fundação Casa de Rui Barbosa do Rio de Janeiro —, é que fomos saber como se deu a viagem do Poeta Negro. Verdadeiras pérolas do epistolário brasileiro, escritas com requinte e delicadeza, as cartas, dos meses de abril e junho, ao mesmo tempo em que expõem as suas fragilidades, expõem, igualmente, a grandeza e o espírito ético do seu autor. Na primeira delas, o poeta fala de sua situação precária de jornalista na *Tribuna Popular*. Esta carta[191], então, tem o tom de um grande desabafo:

---

[191] Divulgada em Boi de Mamão, periódico de Cultura, número especial dedicado a Cruz e Sousa. Florianópolis: FCC, 1980, p. 7. Vide também em MUZART (org) (Op. Cit., pp. 28 e 29).

Caríssimo e nobre amigo Germano Wendhausen,

Venho, mais uma vez, valer-me da sua proteção, da generosidade dos seus sentimentos, pedindo-lhe que me faça a gentileza de me ouvir. Ilustre amigo, não sei se sabe ou não a situação difícil da minha vida nem o estado de fatalidade em que me acho; no entretanto, acreditando-me um indivíduo sério e leal, dará a atenção devida às minhas palavras.

Acontece que, por largo espaço de tempo, me tenho visto embaraçado, muito afogado de lutas, achando sempre contrariedades em tudo que proponho fazer para melhorar de estado, para trabalhar, ter um futuro mais garantido e seguro, não encontrando nunca o auxílio de ninguém. Como deve saber, na *Tribuna Popular*, onde escrevo, nada me dão, nem eu o exijo porque não o podem fazer, e eu estou ali, apenas, para ajudar o Lopes, porque o faço generosamente, de coração aberto, com dedicação e simpatia, e mesmo, pela grande causa abolicionista que nós todos defendemos com desinteresse e honra. Já vê o meu nobre amigo que, nas dificuldades em que estou, tenho absoluta necessidade de procurar destino. Assim, tenho já deliberado a minha viagem para a Corte, venho valer-me do seu prestígio e da sua generosidade jamais desmentidos pedindo-lhe encarecidamente para influir com o seu amigo e correligionário Virgílio Vilela sobre uma passagem, ou, no caso de ser isso absolutamente impossível, embora o meu excelente amigo envide os seus esforços, fazer-me o supremo obséquio de me emprestar 50$000 réis para eu poder transportar-me, pois, fica na honestidade do meu caráter e do meu brio satisfazer-lhe essa importância desde que o trabalho me garanta mais poderes para isso.

Bem sei que já o ocupei e que me serviu tão bondosamente, com tanta consideração e apreço, mas, no estado em que vivo não vejo a quem recorrer senão à sua prestimosa individualidade. Sabe Deus quanto me custa e quanto a minha dignidade se vê abatida por me ver obrigado a fazer-lhe tal pedido! Mas, acredite o Sr. Germano Wendhausen que em mim verá sempre um rapaz sincero, franco e leal daqueles que não abusam e que sabem ser gratos. Só a sua pessoa me pode valer, e eu a ela me dirijo com confiança, em nome de sua veneranda mãe. Disponha sempre de um amigo firme, que fará mais e mais por se tornar digno da sua estima e consideração que tanto distinguem as pessoas que têm a felicidade de as possuir.

Os argumentos do poeta tocaram fundo na alma acolhedora do político e abolicionista Germano Wendhausen, que tinha por Cruz e Sousa grande estima, além dos seus pais, pois conhecia todos desde pequeno. O Lopes a que o poeta se refere trata-se de João Lopes Ferreira da Silva, dono da *Tribuna Popular* e grande abolicionista. Virgílio Vilela, natural do Desterro, era negociante, e de 1888 a 1889, foi deputado à Assembleia Legislativa Provincial, além de ter a patente de coronel da Guarda Nacional.

Escrita no início do mês de abril, logo após o anúncio do fim da escravidão na capital da província, foi levada em consideração pela experiência abolicionista. O certo é que o sonho do poeta se concretizara, de alguma forma, de acordo com o pedido que fizera. Em fins de maio, Cruz e Sousa pisava o solo fluminense vindo do Desterro. Era a terceira vez que viajava à cidade, desta vez em condições bem diferentes.

Municiado das melhores referências, acudiu à porta dos seus recomendados. Esperava ser tratado dignamente. Entusiasmado com a cidade, como se estivesse nela pela primeira vez. A experiência, contudo, representou a primeira desilusão que podia aguardar. Em carta de agradecimento ao amigo abolicionista, temos uma ideia de como a Corte estava após o ato da Princesa Isabel e sobre sua recepção:

> Caro amigo Germano Wendhausen
> Cá estou nesta grande capital que cada vez mais se distingue pelo movimento e atividade mercantil de que dispõe em alto grau. Isto importa dizer que continuo a ser amigo e apreciador sincero e firme das pessoas que, como o meu belo e generoso amigo, tanto me desvaneceram e honraram com a sua consideração e simpatia. Um dever de cavalheirismo, pois reconheço a franqueza, modéstia e o desprendimento do meu excelente e digno patrício, me faz deixar de falar nas gentilezas incomparáveis que me fez, que eu não esquecerei nunca e que em tempo saberei retribuir como precisa ser.

> O senador Taunay recebeu a minha carta, isto é — a carta que os adoráveis e distintos amigos aí me deram para ele; porém nem ao menos me mandou entrar, procedimento esse que me autorizou a não voltar mais à casa de tal senhor. Embora eu precise fazer carreira, não necessito, porém, ser maltratado; e, desde que o sou, pratico conforme a norma do meu caráter. Deixemos o Sr. Taunay que não passa de um parlapatão em tudo por tudo. Aqui, em alguns arrabaldes, também continuam, com bastante brilho, diferentes festejos em homenagem à libertação do país. Até 15 ainda assisti algumas manifestações de regozijo ao triunfante e heróico acontecimento que ainda me faz pulsar de alegria o coração e o cérebro.
>
> A imprensa tem me tratado bem, tenho sido apresentado a todos os escritores da Corte, alguns dos quais conhecem-me. Queira dar-me a honra de escrever e recomendar-me à Exma. Família, a Manuel Bitencourt, Margarida, Schmidt, Dr. Paiva, Manuel João e a toda a leal e gloriosa falange do Diabo a Quatro. Sou, com consideração e sinceridade, amigo e criado agradecido.[192]

O parlapatão — sinônimo de "mentiroso, vaidoso, impostor", segundo o Dicionário Aurélio — Taunay de que fala Cruz e Sousa é Alfredo d'Escragnolle Taunay (RJ, 1843-1899). Parlamentar, foi presidente da província de Santa Catarina (1876-1877), e receberia, em pouco tempo, o título de visconde, mas que ficou conhecido por ser autor do romance *Inocência*. No Paço do Senado, participara a 11 de maio, da comissão especial que avaliara e aprovara o projeto que iria à sanção da Princesa Regente. Os demais citados eram homens ligados ao abolicionismo catarinense e à batalhadora Sociedade Carnavalesca Diabo a Quatro.

Os "arrabaldes" mencionados na carta podem ser, de algum modo, o subúrbio de Cupertino, no ramal da Estrada de Ferro D. Pedro II, onde morava Oscar Rosas, que tinha um vizinho importante e famoso, Quintino Bocayuva, cuja casa existe até hoje. A localidade leva hoje o nome do seu morador ilustre, considerado o patriarca da República[193].

---

[192] MAGALHÃES JR. (Op. Cit., p. 125).

[193] SILVA (1963).

Desde a assinatura da lei de 13 de maio, as festividades se estendiam pela cidade inteira. Em sua biografia sobre José do Patrocínio, Raimundo Magalhães Júnior diz que as comemorações da abolição "transcorreram por vários dias". Em 15 de maio, André Rebouças recebeu delirante ovação dos alunos da Escola Politécnica, sendo carregado aos ombros, triunfantemente, até o Largo de São Francisco de Paula; em 16, dia seguinte, um grupo da Confederação Abolicionista se retrata, juntamente com Ângelo Agostini, considerado "o lápis que com maior tenacidade advogara a causa dos escravos desde os tempos de *O Cabrião*, ao lado de Luís Gama, em São Paulo"; em 17, realizou-se a grande missa campal comemorativa — "um dos mais grandiosos espetáculos que tem visto a humanidade, antevisão do vale de Josafá", como Rebouças anotou no seu diário. Sabe-se que ao final dessa missa, a Princesa Isabel tomou o filho de Patrocínio nos braços e pronunciou: "Como é engraçadinho!"[194]; em 19, a Sociedade Central de Imigração (da qual Oscar Rosas era funcionário) entregou à princesa, no Paço da Cidade, uma mensagem congratulatória; e em 20 de maio, ao espocar de foguetes e ao som de bandas de música, houve uma marcha cívica geral. E não pararia por aí.

Enquanto a Regente Isabel festejava com os próprios abolicionistas (que realizaram muitos banquetes) a data consagradora de sua imortalidade, a reação violenta se formava, no lema: Indenização ou República!, proclamada pelos ex-senhores de escravos, a quem o engenheiro negro André Rebouças chamava de movimento dos "landlordismo escravocratas", numa alusão à palavra inglesa *landlords* (senhores de terras), tendo como alvo o Barão de Cotegipe, aliás mulato e um dos homens poderosíssimos do final do Império, e que, num encontro com a Redentora, foi por esta questionado:

— Então, senhor barão? Não lhe dizia eu que a abolição seria feita com festas e flores? Ganhei ou não ganhei a partida?

Ao que teria respondido Cotegipe:

— Vossa Alteza ganhou a partida, mas perdeu o trono![195]

---

[194] MAGALHÃES JR. (1969, p. 245).
[195] MAGALHÃES JR. (1975, p. 247).

Assim Cruz e Sousa encontrou a então capital do Império do Brasil, estando D. Pedro II fora do país. O regozijo do poeta a respeito da imprensa e do encontro com escritores que o conheciam foi devido a Oscar Rosas, que o arrastara pela cidade, levando-o às redações e aos pontos onde se reuniam poetas e jornalistas para um café ou bate-papo.

Um desses escritores era o maranhense Artur Azevedo, grande teatrólogo, irmão de Aluisio Azevedo, o romancista de *O cortiço* e *O mulato*. Bem posicionado na imprensa, a ele recorreu Oscar Rosas, enviando-lhe uma carta de apresentação endereçada ao "Meu caro Artur", com duas produções — "uma em prosa e outra em verso"[196]. A carta, em papel timbrado da Sociedade Central de Imigração, dirigida a esta época pelo escritor Inglês de Sousa, era acompanhada de alguns "trabalhos literários" de um "rapaz de um talento excepcional e privilegiado". Dizia que Cruz e Sousa já era "um artista amadurecido" e "seu estilo é são, nervoso e sem jaça". E, mais adiante: "Veio do Desterro, um pote de barro que o asfixiava. É preciso que nós o arejemos, que lhe demos a beber este oxigênio novo de um clima tropical e sadio".

> Cruz e Sousa é um negro, mas tem um ninho de auroras amanhecendo eternamente do seu espírito. Ele te conhece perfeitamente. Vivia fisicamente na província, mas o seu espírito estava a palestrar aqui com o teu e o de outros, estava em Paris, em S. Petersburgo, vadiava em Milão, em Lisboa. É uma justiça dedicar-lhe meia dúzia de linhas e espantar o mundo fluminense com a irradiação daquela inteligência extraordinária.

Ao final da carta, depois daquele "vadiar em Milão", exagera mais um pouco, o que era próprio de sua conduta:

> Peço-te que não me julgues besta ou bêbado, nem que esta carta seja uma alucinação, efeito da muita luz que a prosa nítida deste rapaz deixou-me na retina intelectual, mas é que na verdade as suas qualidades de homem e talento superiores me obrigam a fazer-lhe inteira justiça, como tu farias a Eça de Queiroz, se ele anonimamente te aparecesse.

---

[196] Carta de Oscar Rosas a Artur Azevedo, Rio de Janeiro, 5 de junho de 1888. Arquivo-Museu da Fundação Casa de Rui Barbosa.

Apesar dos exageros, a carta cumpre a sua função. Artur Azevedo, que escrevia com o pseudônimo de Elói, o herói uma coluna denominada *De Palanque*, do jornal *Novidades*, de Alcindo Guanabara, atendeu ao seu pedido. Ao escrever as suas crônicas, Artur Azevedo tinha por hábito apoiar ou divulgar os novos prosadores e poetas. Entre seus primeiros divulgados estava Olavo Bilac, ainda desconhecido. Não seria diferente com o Poeta Negro. Em 15 de junho, no entanto, dez dias depois do recebimento da carta de Oscar Rosas, o maranhense encerrava seu artigo do dia, publicando um soneto de Cruz e Sousa, com essas palavras: "Para terminar, submeto à consideração do leitor este soneto que li com muito prazer". E transcrevia o soneto *Doente*, anteriormente divulgado no *Jornal do Commercio* do Desterro:

> As unhas perigosas da bronquite
> Nas tuas carnes sensuais e moles
> Não deixarão que o teu amor palpite
> Nem que os olhares pelos astros roles.
>
> É fatal a moléstia. Só permite
> Que te acabes por fim e te estioles,
> Sem que em teu peito o coração se agite,
> Sem que te animes, sem que te consoles.
>
> Vai se extingüindo a polpa dessas faces...
> Mas se ainda hoje em mim acreditasses
> Como no tempo virginal de outrora,
>
> Tu curar-te-ias com pequeno esforço
> Das serranias através do dorso,
> Pela saúde dos vergéis afora.

Não localizamos o texto em prosa nem temos ideia de que texto seria esse. Os esforços de Oscar Rosas não cessaram um só minuto. Depois do horário na repartição pública no centro da cidade, os dois se encontravam para correr as redações e fazer contatos profissionais. Mas a vida no Rio de Janeiro não estava nada fácil. Com o fim da escravidão, o que parecia abrir portas acabou por fechá-las. Os jornais abolicionistas perderam suas funções. Então, muitos dos jornalistas acabaram por serem dispensados. Não havia mais os mesmos investimentos. O propósito de manter as folhas em circulação, para fortalecer a ideia libertadora, perdeu inteiramente seu objetivo. A fileira dos intelectuais, em geral abolicionistas, e em grande número, que combatia os escravocratas, grei de latifundiários, ricos e poderosos, ficou, de repente, atabalhoada e perdida.

Por outro lado, a capital do Império estava repleta de grandes talentos. Além das estrelas de primeira grandeza, como Machado de Assis, a imprensa estava cheia de jovens promissores: Raul Pompéia, Olavo Bilac, Coelho Neto, Aluisio Azevedo, Luis Murat, Álvares de Azevedo Sobrinho, Medeiros e Albuquerque, B. Lopes, sem contar Valentim Magalhães, Gastão Bousquet, Guimarães Passos, Paula Nei, Lima Campos, e os críticos, Araripe Júnior, José Veríssimo, Silvio Romero, entre tantos outros.

Embora empreendesse grande esforço pessoal, as chances de Cruz e Sousa eram bem pequenas. Após a colaboração no *Novidades*, em que publicou mais um poema, provavelmente por diligência do mesmo Artur Azevedo, encontramos, na *Cidade do Rio*, de José do Patrocínio, algumas colaborações de Cruz e Sousa. Isto não nos induz a pensar que o poeta chegou a trabalhar no jornal do tribuno negro. Na verdade, são sete textos assinados por Cruz e Sousa, entre 13 de junho e 8 de agosto de 1888, seis deles no jornal de Patrocínio, e um na *Gazeta de Notícias*. Partes desses textos são velhos conhecidos nossos. Em prosa, saíram *Marinha* (a 13 de junho, e que no futuro *Missal*, de 1893, receberia o título de *Tintas marinhas*, com sua linguagem moldada segundo estética simbolista, que contaminava o poeta desde a província); *Paisagem*, a 3 de julho (também aproveitado em *Missal*); e *Na primavera* ("Romperam-se já os tenuíssimos véus diáfanos da neblina. E agora, uma revivescência de cores e luz, se alastra numa pulverização de ouro pela paisagem alegre, onde cada flor brota como um riso e os colibris como uns meteorozinhos com asas, sugam-lhe o saboroso licor perfumado e virgem das pétalas."), que Cruz e Sousa não aproveitaria em nenhuma de suas obras, a 6 de julho. Em outras datas, publicaria quatro sonetos. O primeiro saiu no dia 12 de junho, na *Cidade do Rio*, e tinha como título *Acrobata da dor*, e era dedicado ao amigo e protetor Oscar Rosas. O texto desse soneto, muito divulgado pelo autor, que muito gostava dele, só para lembrar, é esse:

> Gargalha, ri, num riso de tormenta,
> Como um palhaço, que desengonçado,
> Gargalha, ri, num riso absurdo, inflado
> De uma ironia e de uma dor violenta.
>
> Da gargalhada atroz, sanguinolenta,
> Agita os guizos e, convulsionado,
> Salta, gavroche, salta, clown, varado
> Pelo estertor dessa agonia lenta...
>
> Pedem-te bis e um bis não se despreza!
> Vamos! Retesa os músculos, retesa
> Nessas macabras piruetas d'aço...
>
> E embora caias sobre o chão, fremente,
> Afogado em teu sangue estuoso e quente,
> Ri! Coração, tristíssimo palhaço.

O segundo soneto, que também Cruz e Sousa reproduziu em outras oportunidades e cuja versão encontra-se no Acervo Araújo Figueredo/Fundo Cruz e Sousa da Biblioteca Nacional, saiu na edição de 28 de junho (para sair novamente em 8 de agosto na *Gazeta de Notícias*), com esta redação:

> Laranjas e morangos, quantos às frutas,
> Quantos às flores, ah! quanto às flores,
> Trago-te dálias rubras — dessas cores
> Das brilhantes auroras impolutas.
>
> Venho de ouvir as misteriosas lutas
> Do mar chorando lágrimas de amores;
> Isto é, venho de estar entre os verdores
> De um sítio cheio de asperezas brutas,

Mas onde as almas — pássaros que voam —
Vivem sorrindo às músicas que ecoam
Dos campos livres na rural pobreza.

Trago-te frutas, flores, só, apenas,
Porque não pude, irmã das açucenas,
Trazer-te o mar e toda a natureza!

No original pertencente ao Fundo Cruz e Sousa da Biblioteca Nacional, o primeiro verso traz a redação "Laranjas e goiaba, quanto às frutas", além de modificações na pontuação, como do ponto-e-vírgula (verso 8), logo após a palavra *amores* e da falta de travessão (verso 9), "Mas onde as almas — pássaros que voam —, finalizando com ponto final no verso 14, ao contrário do ponto de exclamação. Na versão publicada em *O Mercantil*, de São Paulo, a 8 de fevereiro de 1890, a modificação mais significativa (que não condiz com a publicada na *Obra Completa*, 1995, p. 275) é no verso 7. Na versão do Fundo Cruz e Sousa e da *Obra Completa*, diz: "Isto é, venho de *estar* entre os verdores", corretíssima, enquanto no jornal paulista, a palavra "estar" vem substituída por "ouvir", que destoa o sentido do verso.

Porém, de todas essas colaborações do poeta, a mais expressiva e que infelizmente não foi recolhida à obra definitiva de Cruz e Sousa foi um soneto dedicado provavelmente à memória do poeta francês Vitor Hugo, à passagem dos seus três anos de morte. Admirador confesso do poeta francês, a ele o Poeta Negro dedicou dois textos em prosa, ambos publicados na província desterrense, entre maio e junho de 1885. Tanto o primeiro, quanto o segundo[197] lembram-lhe a morte, ocorrida a 22 de maio daquele ano, em Paris. No Rio de Janeiro, em grande comoção, a comunidade literária promoveria através de subscrições, um fundo financeiro para erigir uma estátua para Vitor Hugo na... França. Oscar Rosas contribuiu com 5$000. O Imperador D. Pedro II, amigo do morto, solicitou a Múcio de Oliveira, que reunisse em livro as traduções feitas por poetas brasileiros de poemas de Vítor Hugo e o resultado foi o livro *Hugonianas*, obra

---

[197] Os textos, sob o mesmo título geral de Vítor Hugo, saíram na *Regeneração*, de 30 de maio e *O Moleque*, de 7 de junho de 1885.

oferecida a Jeanne, neta do "gigante do século", como era chamado. A *Gazeta de Notícias*, no dia seguinte ao da morte, estampou uma grande manchete. Machado de Assis fez um texto lacônico. A morte do autor de *La Legende des Siécles* mexeu com o Brasil e meio mundo, enquanto o seu corpo era velado e venerado em pleno Arco do Triunfo.

O soneto a Vítor Hugo[198], como peça inédita e esquecida, digna de figurar em sua *Obra Completa*, tinha o sabor daquele grande dia, em que se alvoroçaram todas as redações e as gerações letradas à espera de notícias dos cabos telegráficos, como os da agência *Havas*. Vejamos, então, o soneto a Vítor Hugo:

> Quando ele entrou no século presente
> Na vibração de eternos ideais,
> Foi como um facho de petróleo ardente,
> Num retinir de espadas e punhais.
>
> Seu coração vulcânico e fremente,
> Tinha esquisitas pulsações brutais,
> Ora rugindo ameaçadoramente,
> Ora cantando os flóreos madrigais.
>
> Quando as cem liras dedilhou, as rimas
> Iam céu fora — procurando os climas
> Das serras altas, dos rochedos nus.
>
> Mas, ó palavra racional das eras,
> Ele há de entrar nas gerações austeras,
> Como um trovão e não como uma luz!

Ao par dessas poucas colaborações na imprensa fluminense, pouco mais restaria a Cruz e Sousa, a não ser o dissabor de estar morando na casa de um amigo havia oito longos meses. De hábito pouco morigerado, Oscar Rosas era, na personalidade, muito diferente de Cruz e Sousa. Este era tímido, retraído aos extremos e respeitoso, sem vícios aparentes, como o da bebida e do fumo. Não era espalha-

---

[198] As referências da publicação eram essas: Cruz e Sousa. Vitor Hugo. Letras Seara de Ruth. *Cidade do Rio*, quinta-feira, 21 de julho de 1888.

fatoso nem no vestir nem no modo de falar. Tinha gestos delicados, próprios para não chamar a atenção, coisa que ele detestava.

Oscar Rosas, por sua vez, um poeta vermelho, como dizia, e jornalista provocador, era piadista e gargalhava e gesticulava com grande desenvoltura. Seu *hobby* predileto era tomar um bom vinho, falar sobre mulheres e degustar um puro *habanos*, isto é, charuto. Não tinha hora para nada, nem papas na língua. A rua era o seu mais forte atrativo. Vivia nas rodas, nos cafés, nas confeitarias, nas *brasseries*, nos grupos dos poetas, jornalistas e escritores, a beber e fumar, em grandes jogatinas no *Derby Club*, a contar pilhérias e a comentar os acontecimentos políticos. Tudo o que o Poeta Negro não gostava. Sem ter como se livrar dessa situação, era, então, um homem angustiado. Além do mais, na casa de Oscar Rosas, conviviam, debaixo do mesmo teto, a sogra, os dois filhos do casal, uma jovem agregada, Migalu, provavelmente o pai, a madrasta ou uma de suas tias, vindas com ele de Santa Catarina.

Altamente dependente da ajuda do amigo, Cruz e Sousa se irritava fácil, sobretudo quando se retraía, pensativo, em busca de irremediáveis soluções. No fundo do peito, um coração apertado pela saudade dos pais e do irmão, Norberto, além das palestras em torno do Mercado Público, ou na praça do Palácio do Governo, ou, ainda, nas escadarias da Igreja Matriz e do Rosário.

Antes de embarcar, no princípio de janeiro, escreve uma carta desalentadora a Virgílio Várzea. A carta mostra todas as agruras e desesperanças de um homem fatigado pela vida. Sem acesso, vivendo à sombra dos amigos, Cruz e Sousa expõe, nessa missiva, o grau mais elevado de sua aflição. Dias antes, porém, o próprio Virgílio havia lhe escrito[199], também bastante desanimado. Um dos motivos era a mudança da namorada inglesa Amália Primrose, a Lilly, para o Rio de Janeiro. "Broken heart! Broken heart!", chorava ele a Cruz e Sousa.

Como ia dizendo, a correspondência, uma das mais conhecidas do Poeta Negro, e na qual ele discorre sobre a condição fundamental de sua vida, o de ser artista, é até certo ponto visionária, como se antevisse as angústias do futuro:

---

[199] Carta de Virgílio Várzea a Cruz e Sousa. Desterro, 3 de janeiro de 1888.

Adorado Virgílio:

Estou em maré de enjôo físico e mentalmente fatigado. Fatigado de tudo: de ver e ouvir tanto burro, de escutar tanta sandice e bestialidade e de esperar sem fim por acessos na vida, que nunca chegam. Estou fatalmente condenado à vida de miséria e de sordidez, passando-a numa indolência persa bastante prejudicial à atividade do meu espírito e ao próprio organismo que fica depois amarrado para o trabalho. Não sei onde vai parar esta coisa. Estou profundamente mal e, ao mesmo tempo, longe daí... Aí só tenho a minha família, só tenho a ti, a tua belíssima família, o Horácio e todos os outros nobres e bons amigos, que poucos são. Só dessa linda falange de afeições me aflige estar longe e morro, morro sim de saudades. Não imaginas o que se tem passado por meu ser vendo a dificuldade tremendíssima, formidável em que está a vida no Rio de Janeiro. Perde-se em vão tempo e nada se consegue. Tudo está furado, de um furo monstro. Não há por onde seguir. Todas as portas e atalhos fechados ao caminho da vida e, para mim, pobre artista ariano, ariano, sim porque adquiri, por adoção sistemática, as qualidades altas dessa grande raça, para mim que sonho com a torre de luar da graça e da ilusão, tudo vi escarnecedoramente, diabolicamente, num tom grotesco de ópera bufa. Quem me mandou vir cá abaixo à terra arrastar a calceta da vida! Procurar ser elemento entre o espírito humano? Para quê? Um triste negro, odiado pelas castas cultas, batido das sociedades, mas sempre batido, escorraçado de todo o leito, cuspido de todo o lar como um leproso sinistro! Pois como! Ser artista com esta cor! Vir pela hierarquia de Eça ou de Zola, generalizar Spencer ou Gama Rosa; ter estesia artística e verve, com essa cor? Horrível! És um coração partido, acabo de saber pela tua chorosa carta. Broken heart! Broken heart! A tua Lilly emigrou, doce pássaro d'amor, para esta tumultuada cidade. Hoje vou vê-la e à mãe, e as flores que elas espalharem pela tua lembrança e pelo teu coração eu farei com que cheguem ainda vivas e cheirosas junto de ti. Quero ver como essa avezinha escocesa[200] trina de amor e de saudade... Adeus! Lembrança, saudades infinitas à tua encantadora família, e que eu lhe desejo bons

---

[200] Amália Primrose era inglesa.

anos de ouro e festas alegríssimas ao meio da mais soberana das satisfações. Abraços no celestial Horácio, no Araújo, no Jansen, no digno Lopes da nossa tribuna e no excelente e adorabilíssimo Bitencourt. Veste o croisé e vai, por minha parte, apresentar pêsames sinceros e honestos às tuas exmas. primas pelo morte do cavalheiro, do limpo homem de distinção José Feliciano Alves de Brito. Não te esqueças. Honra-me por esse modo delicado e gentil. Abraço-te terrivelmente saudoso — Cruz e Sousa.

Alguns biógrafos, baseados nas informações contidas nas memórias deixadas inéditas por Araújo Figueredo, *No caminho do destino*, dizem que o que levou o Poeta Negro a decidir sobre sua partida foi um fato ocorrido entre Oscar Rosas e a mulher, Julieta Chaves Escobar Rosas, resultado de uma briga entre o casal. Conta Araújo Figueredo a sua versão do fato:

> De atitudes violentas, sem ordem, sem disciplina, o Oscar quisera bater na mulher e, como o poeta interviesse, reprovando o ato, fora-lhe apresentada a porta da rua. E o poeta saiu, de cabeça erguida na serenidade da justiça que acabara de fazer, sendo obrigado, porém, por força das circunstâncias pecuniárias, a meter-se num paquete e vir cair nos braços dos antigos companheiros.

Segundo o relato de Araújo Figueredo, morto em 1921, portanto testemunha ocular dessa história, a sorte do Poeta Negro foi ter por perto o amigo Raul Hammann, um jovem alemão morador da praia do Caju, não de Botafogo, como está nas memórias transcritas por Raimundo Magalhães Júnior[201]. Graças a ele, que mais tarde seria padrinho de casamento de Cruz e Sousa com Gavita, o poeta conseguiu o dinheiro da passagem de volta para Desterro, já no ano de 1889. Deixou a capital do império no dia 17 de março, a bordo do "Rio Apa", chegando ao cais da terra natal a 21 do mesmo mês, como noticiou *O Trabalho*, do dia 29, jornal onde colaboravam Virgílio Várzea e Carlos de Faria.

---

[201] MAGALHÃES JR. (Op. Cit., p. 132).

Realizado ou não o ato da expulsão, o que achamos improvável, uma carta de Oscar Rosas quase foi buscar o Poeta Negro ainda de bordo da embarcação, como se depreende nessas linhas bastante lamentosas. No início da missiva, datada de 23 de março[202], Oscar evoca uma "eterna saudade" do amigo, onde cada vez "mais cresce esse desejo de te ver":

> Quando domingo, 17, cheguei de volta de bordo do cais, ia saindo o paquete que te levava e pelas portas abertas dos velhos armazéns que deitam para o mar, eu, de bonde, acompanhei a marcha do vapor até sumir-se barra fora. Parecia-me impossível que te tivesses partido, por momentos julguei que a minha família houvesse sido exilada e que eu cá ficasse numa separação eterna.

Segue esse tópico dizendo:

> Mas obrigado a acreditar na verdade à força de lógica, rebelei-me contra ti: corri à praia, quase entrei n'água, ecoei a ferocidade trágica e ululante de seiscentos milhões de avós bárbaros e ferozes, eu, por atavismo, desejei todos os temporais possíveis para o teu vapor, todas as refregas e todas as desgraças, e atirei ao mar duendes fantásticos de adjetivos infernais, com pés de sátiro e cabeça de tritão, onde tu eras aquarelado como o sapo mais hidrópico da criação. Mas o oceano tem bálsamos e toda a joalheria das crinas das ondas, rogados de encontro às encostas de pedra e as bóias do cais, trouxe-me um certo lenitivo e o meu ódio voou então, como um belo corvo, de ti para o filósofo intransigente das Tiras.

Mais adiante, perde a seriedade e entra na galhofa:

> E rosnando como um cadelo faminto, mandei fazer um bife colossal na praia do Peixe e atolei-me todo, porque, não sei se te lembras, não tinha almoçado. E aí, o! fraqueza humana, entre galegos fedorentos e pretos trombudos e cornos, recuperei toda a

---

[202] Pertencente ao Arquivo-Museu de Literatura da Fundação Casa de Rui Barbosa.

calma e vi que o Gama Rosa era um belo rapaz, e que eras ainda mais lindo e que o meu mal era fome!

Depois de citar Coelho Neto e Luiz Murat, diz que mandou carta a Eça de Queiroz. "Os versos do Lopes (B. Lopes) vieram na *Ilustração* do Pina. A mulher do Eça achou-os adoráveis. Que linda coisa!" Após citar a revista portuguesa, na qual não encontramos nenhuma colaboração do poeta fluminense, continuava caceteando o Poeta Negro:

> A carta que enviei com a cópia ao Eça era um primor, não imaginas. Falei-lhe de ti, de todos e do presente do quintarola que lhe desejas fazer. Há de ficar encantado, garanto-te. Escreverei corretamente e genialmente depois.

A esta carta, seguiram outras, uma das quais Oscar Rosas escreveu a 23 de abril, reclamando que o poeta só escreveu para ele a 13 do mês. O Poeta Negro não confirma o recebimento das cartas. "Então não recebeste estas cartinhas?" — indaga Oscar — "É impossível, foram ambas com envelope da Central, e portanto é impossível que não as recebesses. Por sinal seguiu o *Banquete* impresso na *Cidade do Rio*".

Este citado *Banquete* é um longo poema que Oscar Rosas dedicou a Cruz e Sousa e que a *Cidade do Rio* publicou a 5 de abril, mas com data de realização de 9 de fevereiro. É um belo poema, que os admiradores do conterrâneo do Poeta Negro infelizmente não conhecem. Uma das primeiras estrofes tem esses versos:

> Vás-me dar um opíparo banquete.
> Soube-o por esses olhos a dois dias;
> Haverá um licor de fantasias
> E requintes fidalgos de bufete.
>
> Serás toda, querida, nessa mesa,
> Regurgitando obesa de manjares;
> Terei o vinho azul dos teus olhares
> E os acepipes todos da beleza.

Na última quadra, no entanto:

> Assim deve toda esta liberdade
> Gozar o nosso amor — Águia da Etrúria,
> Que quando o coração bate com fúria
> Quer ver o mar, a selva, a imensidade!

A carta fala ainda da vida no Rio de Janeiro, que corre monótona e sob a mesma perspectiva de sempre; regala-se por ter na cidade "milhares de mulheres adoráveis para nos tentar com o *roast-beef* das suas ancas". Mas, afora as citações e os disse-me-disses de suas cartas, os conteúdos dos escritos desse conterrâneo tem por fim elogiar o amigo, agora distante.

> Dou-te os meus parabéns pelo progresso contínuo de mentalidade que tu, sem parar nunca, fazes. Refiro-me a Inauditismo. Isto necessariamente é do Várzea — esse belo funâmbulo de sol, que faz ginástica no tapete cor de lírio da via-láctea e que faz jogos malabares com as estrelas e com a pálida lua. É uma linda expressão, cheio de filosofia do mistério e do Inconsciente. Sobre *inauditismo* pode-se escrever lindas páginas de dúvida e de paradoxos.

No caso de *Inauditismo*, deve referir-se Oscar Rosas a algum artigo publicado por Cruz e Sousa na *Tribuna Popular*. É também um documento precioso em referências e confissões. Em determinada passagem, comenta o aparecimento do amigo de ambos J. F. Gromwell, que, nos anos 1890, intercederia junto a Lauro Müller, então governador nomeado de Santa Catarina (José Artur Boiteux era seu chefe de gabinete) para que este conseguisse um emprego público para Cruz e Sousa, bem como sobre as aventuras amorosos de B. Lopes, "sempre empoeirado e atrás de um ideal louro, artístico, que é muitas vezes uma sórdida mulata desdentada". De outra parte, faz críticas mais ácidas. "Quem vai me enchendo as medidas, sempre e sempre, é o Medeiros e Albuquerque; anda agora de pelúcia verde, com sapatos amarelos, de couro, e pelúcia rubra!! A burguesia morde-se, arrepia-se como uma galinha choca, quando ele passa de monóculo ao olho de cadáver em decomposição".

Conta que escreveu um artigo para a *Cidade do Rio* sobre o livro *Madrigais*, que Araújo Figueredo publicou no ano anterior, mas que não assinou. Sobre a paixão de Virgílio Várzea, a inglesa Amália Primrose, que eles chamavam de Lilly, moradora recente do Rio vinda do Desterro, refere-se Oscar Rosas:

> Não tenho ido à Lilly desde que te foste embora, ela esteve muito mal, a morrer, a podre ave do paraíso! Lá irei por estes dias, ao piano, à cerveja com biscoitos ingleses, ao finíssimo conhaque moscatel e à prosa, à encantada prosa que vem da Lilly e da sua gente e que é como um toque de cítara, porque vem toda do coração.

Como não poderia deixar de ser, cita igualmente Gama Rosa nas linhas finais:

> Não tenho avistado o eminente filósofo e biologista mefistofélico. Tenho andado por longe. Todos em casa bons; menos Miga, que, ao ler ontem a carta que me mandaste, caiu pª [para] trás finada de paixão e com uma pontinha de febre que a faz chorar muito. Creio que não será coisa de cuidado. Meu pai vai bem e o resto. Recomenda-me a teus pais e todo em requebros e candangos cai nos braços deste teu...

No meio dos seus, o poeta Cruz e Sousa continuava sua rotina na imprensa do Desterro, sobretudo na *Tribuna Popular*, fazendo par com Virgílio Várzea, que naquelas folhas devia depositar os seus melhores contos da vida marinha, pois se tornaria, no cânone nacional, um dos mais importantes marinhistas da literatura brasileira.

O ARAUTO DA *TRIBUNA*

De volta à província, aos braços dos amigos — Virgílio Várzea, Santos Lostada, Horácio de Carvalho e Carlos de Faria, os principais — e no seio da família — mestre Guilherme e dona Carolina —, Cruz e Sousa logo acampou na redação da *Tribuna Popular*. Nesses oito meses passados no Rio de Janeiro, jamais deixou de enviar suas "correspondências", que eram endereçadas a Virgílio Várzea, no momento funcionando como uma espécie de editor do poeta.

Outro colaborador frequente e assíduo da folha era Oscar Rosas (talvez, mesmo, um dos seus colaboradores financeiros, como Gama Rosa). Numa de suas cartas a Cruz e Sousa e a Virgílio Várzea, ele comenta sobre o envio da "cabeça para a *Tribuna*". Diz ainda que serão tipos novos. Em outra, depõe: "O título da *Tribuna* irá, mas gravado em madeira ou daí passado em galvam, obra estética, digna de coroar a fronte do jornal que tem o grande farol do teu espírito, brilhando alto, como um foco da Tour Eiffel"[203]. Ao escrever a Virgílio Várzea, em 28 de setembro de 1888, portanto durante a estadia de Cruz e Sousa no Rio de Janeiro, Oscar Rosas reclama com o amigo sobre o trecho de um artigo seu que saiu truncado na *Tribuna Popular*. Passando como uma descompostura no marinhista, ele dizia:

> Já não bastava que o artigo tivesse sido escrito no desatino de uma dor de cabeça e o fogareiro interior da febre que me consumia então, já não bastava que o original, de que o Cruz tirou

---

[203] Carta de Oscar Rosas a Cruz e Sousa. Rio de Janeiro, de 20 de março de 1890. Acervo da Fundação Casa de Rui Barbosa do Rio de Janeiro.

cópia, estivesse impossível pela letra, obrigando-o a imprimir palavras como neste período que peço dês, reconstruído como vai, como errata:

> O defeito a que aludimos é a falta de precisão do termo; é a falta da habilidade de saber higienizar a escrita com palavras limpas, lavadas; é a falta da arte de brunir termos velhos, tirando-lhes o caruncho para que fiquem novos; é a falta da esgrima e da gramática artísticas que educam a frase, como se educa um colegial.

Em vez de:

> O defeito a que aludimos é a falta de precisão do termo; é a habilidade de saber higienizar a escrita com palavras limpas, lavadas; é a arte de brunir termos velhos, tirando-lhes a caruncho, que fiquem novos; é a esgrima e a ginástica artísticas que educam a frase, como se educa um colegial.

Este último trecho vem a ser, na verdade, um recorte do jornal colado num espaço em branco da folha da carta. Exigente, queria outros reparos no seu artigo, pois estava "sempre pronto a retificar" qualquer coisa em sua "obra literária", recebendo de bom grado e de coração risonho "a tua colaboração quando ela não me viesse fazer assinar uns absurdos doidos de tolice":

> Eu disse o seguinte lá num dos períodos do princípio da minha crônica:
>
> A veiazinha azul que listra a epiderme Láctea de uma italiana loura, que lhe atravessa o seio como um canalzinho de águas do Danúbio" e tu escreveste, aumentando as orações, sem prestares atenção ao resto do período: "As veiazinhas azuis que listram a epiderme láctea de uma italiana loura, que lhe atravessa os braços redondos (vê que erro negro e sujo de gramática — veiazinhas que lhe atravessa...) por onde corre e serpenteia a seiva (seiva, como sangue, é retoriquice, pode-se empregar, mas é pro-

curando dar mais precisão naturalista à palavra e a oração é ambígua) como num mapa os desenhos dos rios (os desenhos dos rios nos mapas são quase sempre pretos e eu me referia a uma veia azul, só comparável a um fino e tortuoso canal oriundo do Danúbio, que tem águas azuis).

Essa bronca não tinha nada de raivosa ou de maldosa, pelo contrário, os amigos se mantinham ainda mais amigos. Mesmo o depoimento afirmando que Oscar Rosas expulsou Cruz e Sousa de sua casa — apontando-lhe o caminho da rua — coisa bastante contestável — não fez com que diminuísse os laços entre o Poeta Negro e o conterrâneo do Rio de Janeiro. O próprio Araújo Figueredo, no início de 1890, se hospedaria na casa de Oscar Rosas. E seria apresentado por este a Raul Pompéia e Olavo Bilac. Declarando à época que o aceitava "com muito gosto", Oscar dizia, pois, que "já o estimava muito" e que faria tudo para empregá-lo: "Será hospedado no meu palácio"[204].

Essa onda de camaradagem, fortalecida pelo ideal da arte, levou os dois amigos a pensarem numa alternativa de publicação para fugirem do esquematismo e, de certa forma, da camisa-de-força da *Tribuna Popular*. Queriam, neste caso, tanto Cruz e Sousa, quanto Oscar Rosas, exercitar a veia humorística, poder continuar caceteando os intelectuais metidos à besta, mas que, na verdade, não tinham produção alguma, não tinham ideia, não tinham nada. A insatisfação com a *Tribuna Popular* era grande. Nessa mesma correspondência, declara a Cruz e Sousa: "Eu não sabia que a *Tribuna* era ou tinha ponto de contato com o *Diário Oficial*, com *Time* e com o *Jornal do Commercio* do Rio. A *Tribuna* eu não sabia Conselheiro Acácio". Fundam, com isso, o *Gilvaz*, cujo primeiro número começou a circular em agosto de 1889. Na Biblioteca Nacional, encontrei o número 4, de 8 de setembro. Oscar Rosas escrevia algumas crônicas, enquanto o Poeta Negro cuidava da parte versada e os textos de fundo da publicação. Impressionado com o seu primeiro número, Oscar Rosas escreveu:

---

[204] Carta de 18 de janeiro de 1890. Num telegrama expedido por Pedro Paiva, fundador de *O Moleque*, a Cruz e Sousa, comunicava o seguinte: "Recebi carta de Araújo. Este hospedado até carnaval com Oscar Rosas agora arranjou Campo de Santana quarto mobiliado. Empregado Tipografia 'Correio do Povo' favor de Luis Pires a Oscar ganhando 5$000 por dia, digo noite, melhor 150$000 por mês trabalhando seguido. Magnífico. Melhor do que o Egas. Recomendações e um abraço meu — Pedro Paiva".

A metralha incruenta da tua verve, do teu fuzilante espírito de duelista da praça, ritmado pelo teu talento americano e tropical, estrepitosamente ferem da vanguarda a retaguarda, em todas as direções, este horrendo Rossinante — a Humanidade. Muito galante as seções do *Gilvaz*. O artigo de fundo do seu 1º número lembra o troar formidando da artilharia raiada do Lepando (sic). Os teus versos estão admiráveis de espírito e sátira.

O *Gilvaz* era uma pequena folha, que saía três ou quatro vezes por mês, não uma "seção satírica" da *Tribuna Popular*, como imaginou Raimundo Magalhães Júnior[205]. No número de setembro, encontramos duas produções em versos humorísticos que atribuímos a Cruz e Sousa, embora sejam publicações sob pseudônimos diferentes: Lord e Satyro.

Como Lord, o poeta divulga esse triolé dedicado "À miss Iaiá Várzea", provavelmente irmã de Virgílio, cuja família frequentava. O poeminha é banal, mas vale como registro da nova assinatura do poeta:

> Num fino perfil de inglesa,
> Num cabelo quase louro
> Os sonhos da natureza
> Num fino perfil de inglesa
> Engrinaldam-lhe a beleza,
> Estrelam a su'alma de ouro,
> Num fino perfil de inglesa,
> Num cabelo quase louro!

O versinho saiu na página quatro; na seis, o poeta publicou um outro que parecia pertencer a uma seção — assinada com o pseudônimo de Satyro[206] — sob o título geral de *Cabriolas*, que trazia estas estrofes geniais:

---

[205] MAGALHÃES JR. (Op. Cit., p. 139).

[206] Cruz e Sousa usaria este pseudônimo na sua fase da *Cidade do Rio*, entre dezembro de 1890 a março de 1891.

Nariz postiço,
Nariz de folha,
Como um chouriço
Pintado a rolha,
Em gargalhadas,
Em troça viva
Cai de pedradas,
De setas criva.

Criva de setas
E de cebolas
As panças retas
Das cousas tolas,
As graves panças
Dos idiotas
Fisga de lanças
E de chacotas.

Como farinha
De pó de mico
Dá-lhes à espinha,
Dá-lhes ao bico
E pó da troça
Que as carnes queima
E embota a bossa
Da vil toleima.

Caracolando
Em vários giros,
Esfogueteando
Bombas e tiros
No burguesismo
Peludo e gordo,
Diz ao cinismo:
Olha que eu mordo,

Põe-lhe na testa
Um B a ferro
E desembesta
Depois num berro,
De malho às costas
Dando pra baixo,
Fazendo em postas
O burro, o macho.

Ridículo haja
Fervendo em brasa
Para que raja
Gilvaz, tua asa
De verve acesa,
Como o íris quente
Da natureza,
Eternamente!

Pena que restou apenas um único exemplar desse curioso jornal para contar a sua história, jornal tão bem diagramado e escrito pelo Poeta Negro. Infelizmente, não temos mais notícias desse jornal, cuja localização só foi possível graças à carta escrita por Oscar Rosas e à localização de um exemplar no Setor de Obras Raras da Biblioteca Nacional (mas não no original, apenas no microfilme).

Como já sabemos, além do *Gilvaz*, o Poeta Negro (o que fazia durante sua última estada no Rio de Janeiro) manteve sua colaboração no jornal *Tribuna Popular*. Enquanto isso, mantinha a ideia fixa de voltar à capital do império, que cada vez mais se fragilizava com as investidas dos fazendeiros e ruralistas em torno do pedido de indenização após a assinatura da chamada Lei Áurea.

Nessa volta ao Desterro, encontrou o velho pai com boa saúde e a mãe, Carolina, "rija e forte", segundo Virgílio Várzea, que os visitava com frequência para falar do poeta, de quem sentia saudades.

A esse grande escritor catarinense chamado Virgílio Várzea, hoje o escritor do Estado mais conhecido e respeitado depois de Cruz e Sousa, devem-se diversos movimentos renovadores da cultura, iniciados no final do século XIX. Além da parte jornalística, com a fundação de jornais, como o *Colombo*, em 1881, e *O Moleque*, em 1885 (do qual foi, na verdade, cofundador com Pedro Paiva), empreendeu o movimento de reação literária conhecido como *Idéia-Nova*, no fundo uma reação parnasiana e naturalista ao romantismo empedernido, liderado por literatos antigos na capital da província.

Historiador inquieto e literato de grande fôlego, muito culto e meticuloso, Virgílio Várzea jamais aceitou o nome da capital, Desterro, que achava ignorante e eivado de brutalidade. Com isso, empreendeu uma ferrenha campanha pela troca de nome da capital para Ondina. Há algum tempo, a vontade de mudar o nome da cidade já contagiava certos espíritos. Nos anos 1870, por exemplo, de acordo com *O Despertador*, da época, poetas propuseram o nome de Exiliópolis, que viria também se referindo em artigo assinado por Carlos de Faria, em 1884.

Mas foi de fato Virgílio Várzea quem levou, afinal, a campanha a sério e para o certame da discussão política. Desde o início dos anos de 1885, pelas páginas de *O Moleque*, dá o tom do seu propósito de mudança do nome. Contagia com isso os amigos Cruz e Sousa, Araújo Figueredo, Horácio de Carvalho e, na Corte, Oscar Rosas. A imprensa local estimulada também aderiu a nova ideia.

O movimento de mudança tomou vulto. Virgílio Várzea conseguiu que o projeto chegasse à Assembleia Legislativa Provincial, apoiada por Eliseu Guilherme da Silva, presidente da casa, e levada a efeito pelos deputados Francisco Luiz de Medeiros e Francisco Tolentino — o primeiro autor do projeto; o segundo, relator da comissão relativa a ele.

O projeto, embora bem defendido e apresentado, não gozava de apoio da casa legislativa. Poucos parlamentares o apoiavam, numa visão conservadora, por acharem a ideia absurda e imprópria. Jornais não tardariam a fazer chacota da proposta, que acabava por expor os rapazes da *Idéia-Nova*, sobretudo o redator da *Tribuna Popular*.

Escrevendo sem parar sobre a mudança de nome, Virgílio Várzea passou a assinar suas correspondências com o nome de Ondina[207]. Assim é que ele endereçou para o Rio de Janeiro uma carta única — para Oscar Rosas e Cruz e Sousa. Dizia a carta:

---

[207] Virgílio Várzea inspirou-se nesse nome, após ter lido o romance homônimo de Pierre Maël, cuja tradução do inglês feita por ele ficou inédito (*Apud* Lauro Junkes, p. 25, na introdução do livro Canções das gaivotas [Editora Lunardelli, 1985]).

Oscar e Cruz. Se for possível a vocês acenderem reclame pela imprensa daí sobre esta história da mudança de Desterro para Ondina, é bom. Eu grito alto, a toda hora, aqui que essa imprensa do Rio há de falar simpaticamente da idéia. Digam que a cousa partiu da *Tribuna*, elevem os créditos dos deputados Medeiros e Tolentino.

O Mosquito, jornal que gostava de dar umas picadas na moçada alegre, andou por suas páginas perguntando se os nascidos em Ondina seriam chamados de Ondianos. Numa de suas edições, lançou estes versos gozadores com o próprio nome do proponente:

> Ela surgiu garbosa
> Das águas garça divina
> De uma onda vargenosa
> Ela surgiu gabolosa
> Chamam Desterro a formosa
> No entanto o nome é dorina
> Ele surgiu gaborosa
> Das águas garça divina,
> Maimbique ou Jurerê-mirim.[208]

No Rio de Janeiro, ninguém menos que Gama Rosa aderiu a ideia, embora com algumas restrições. No mês de outubro de 1888, ocasião em que o Poeta Negro ainda se encontra na Corte, o ex-presidente de Santa Catarina enviara a Desterro um telegrama, filiando-se à campanha e dando a entender que a capital do país aderia a ideia, com esses dizeres: "Imprensa Corte aplaude Ondina — Cruz", recomendando o amigo poeta que escrevesse ao Várzea para fazer menção ao referido telegrama, "mas como coisa espontânea, exclusivamente sua", porque, como político, "não desejo que em S. Catarina se saiba que interesso-me por essa questão, a fim de que ela não tome feição política".

No final de 1888, caíam por terra as alvissareiras pretensões de Virgílio Várzea. O projeto fora rejeitado no Parlamento pela maioria da casa e o nome de Ondina ficou definitivamente no esquecimen-

---

[208] MOELLMAN (Op. Cit., p. 1940).

to. Para sepultar de vez o empreendimento, mais uma vez *O Mosquito*, "periódico semanal, de princípios agradáveis, críticos, literários e mais alguma cousa", como se anunciava, riu-se da situação,

> Acabou-se a lengalenga
> Deste nome de Ondina
> Foi mudado no de — Orina
> Acabou-se a lengalenga
> A garça ficou capenga
> Apesar de ser virgínia
> Acabou-se a lengalenga
> Deste nome de Ondina.

Num longo perfil biográfico sobre Gama Rosa, publicado na *Tribuna Popular* e em outros jornais para lembrar os tempos em que este era presidente da província, Virgílio Várzea comenta que "a excelente idéia" do nome Ondina é do Dr. Gama Rosa "em virtude de uma propaganda imensa que fez a *Tribuna Popular*, em séries infinitas de artigos sobre o assunto". Virgílio Várzea diz exageradamente que o projeto Ondina recebeu logo "a aclamação e o aplauso de toda a imprensa brasileira, especialmente a do Rio de Janeiro".

Só muito tempo depois, em 1893, em plena República e no foco da Revolta da Armada, sufocada por Floriano Peixoto, mais conhecido como o Marechal de Ferro, é que a capital veio a mudar de nome definitivamente para Florianópolis, tendo, inclusive, Virgílio Várzea como um dos deputados da casa legislativa que votou o projeto. De acordo com o historiador Oswaldo R. Cabral, desta vez, "ninguém teve coragem para achar hedionda, imprópria e inoportuna a mudança de denominação, mesmo porque os carabineiros do coronel Moreira César ainda andavam por aqui. Não era mesmo para ter coragem. Só maluco". Mais adiante, relatou o eminente historiador: "Ninguém disse não. Foram consultadas as Câmaras Municipais de todos os municípios — e todas acharam muito boa a ideia e a denominação. Houve uma, a de Lages, que até achou altissonante, eufônica e patriótica"[209].

---

[209] CABRAL (1979, volume I, p. 34).

PRONTO PARA O VOO

A viagem do poeta Araújo Figueredo no início de 1889 para o Rio de Janeiro aguçou o interesse de Cruz e Sousa para voltar à capital do país. Não conseguia viver mais em Desterro. O clima de hostilidade era bem grande, sem contar que a falta de oportunidade levava-o a um estado de espírito desanimador, suportado pelos estímulos dos pais, sobretudo do mestre Guilherme, próximo ou acima dos 80 anos.

O pai foi com ele fazer uma promessa na Irmandade de Nossa Senhora do Rosário e dos Homens Pretos; mas de nada adiantou. Pensou consigo: é bruxaria. Então, resolveu levá-lo para se benzer. Com a resistência do filho, teria dito o velho Guilherme:

— Pois acredite ou não acredite tu vais te benzer. Isso não pode continuar assim: tu com a cabeça nas nuvens e tua família nesta situação de miséria. Vais te benzer. Eu assim o ordeno.[210]

Vendo que era impossível contrariar a ordem do velho pai, a quem tanto amava, Cruz e Sousa pediu pelo menos que a viagem de duas léguas até a Lagoa, onde morava o benzedor, fosse feita à noite, ficando a volta para o dia seguinte.

Araújo Figueredo, em suas memórias, narra os momentos de angústia do poeta na casa dos pais. O autor de *Praias de minha terra* chegou a contar em detalhes que Cruz e Sousa ficava dias e dias em sua companhia no sítio de sua Tia Felicidade, nos Coqueiros, onde morava em companhia da parenta. Araújo informava que o Poeta Negro chegara a passar, certa vez, um mês inteiro com ele, ambos a ler e a estudar, compondo "lindos versos em cima de um meio-

---
[210] SOARES (Op. Cit., p. 28).

alqueire de cedro, que servia para medir farinha no engenho, à luz de uma lamparina de querosene, única luz na velha casa da tia Felicidade, já com 80 anos"[211]. Disse Araújo Figueredo que numa noite, Cruz e Sousa escreveu vários sonetos "em mangas de camisa e descalço, em plena liberdade, vibrando de alegria". Mais adiante:

> Fomos para a cama às duas horas da madrugada e às seis horas estávamos de pé, a caminho de uma cacimba onde lavamos o rosto numa água muitíssimo fresca, à sombra das bananeiras cujas folhas o vento agitava, recortando-as em pequenas fitas verdes. E fomos, em seguida, ao café que fumegava num canjirão de barro, numa mesa tosca, ao meio do engenho, depois de sugarmos uns copos de leite fresco e espumante, tirado ao apojo das vacas presas ao palanque, no lado esquerdo do engenho.[212]

O depoimento de Araújo Figueredo, além de inédito, é por demais interessante. Bem interessante também é quando, em suas memórias, ele fala dos pais do Poeta Negro. Sobre mestre Guilherme diz que "possuía a serenidade de um apóstolo", participando risonhamente das alegrias do filho e de seus amigos, sempre "com o cachimbo a fumegar ao canto da boca". Por outro lado a mãe, Carolina, era uma mulher muito preocupada, por "ser muito recatada e convencional, temendo grandes desgraças dos brancos contra seu filho". Acrescenta Araújo Figueredo:

> E como andasse ela seguidamente ao trabalho nas pedras da fonte, em conduzir roupas lavadas e encomendas à sua freguesia, não estava para perder o pão de cada dia pelas idéias do filho, o que, por várias vezes, já tinha perdido, na casa da senhora S. e da senhora M., que a despediram com impropérios, visando à petulância do crioulo em querer escrever nos jornais como os brancos. Mas não era má, a Carolina; apenas não queria que o seu filho, com as suas esquisitices e talvez mal encaminhado pelos seus amigos, ofendesse os brancos, dos quais ela tirava proveito

---

[211] *Apud* CORRÊA (1981, p. 110).
[212] Idem.

com a sua lavação e engomação, seus únicos meios de subsistência numa cidade tão pobre de recursos.

A dor interior sentida por Cruz e Sousa alimentava ainda mais essa ânsia de partir, ganhar o mundo. Era um homem resolvido na vida, mas não era realizado. Vivia na pele aquela distinção formulada por Jean-Jacques Rousseau, *l'amour propre* em substituição do *l'amour de soi*[213]. O dilema de vida que tanto o atormentava e fazia infeliz: formação sólida *versus* oportunidade. Com ele, o inverso ocorria de maneira extraordinária: formação sólida sem oportunidade. Num de seus livros, *Evocações*, na prosa *Intuições*, pergunta-se sobre o sentimento artístico em contraponto com a arte, e surge nesse grosso caldo de cultura o poder da tristeza, do ser triste, do alvoroço da vertigem. "A doença espiritual da minha tristeza — diz o Poeta Negro — é por não poder impoluir, virginar jamais as consciências já violadas; por não poder fazer brotar nelas a flor melindrosa e boa da timidez simples, que o pecado brutal das luxúrias imponderadas e das intemperanças ferozes fez para sempre murchar".

Cruz e Sousa entendia que "o natural na Arte é o alto Absurdo" — ou seja, "é o Absurdo, o Fantástico, o Intangível!". Seu coração está ou anda em estado de erupção plenamente. Este paradoxo de vida vem carregado de um ancestralismo poderoso, da alta confiança em seus poderes e na sua capacidade intelectual, que ele, a cada momento, retocava com o embebedar de leituras filosóficas ou humanitárias. A literatura era seu alimento poderoso. Para o mundo tacanho em que vivia, era um ser superior. Nestor Vítor conta que os relatos ouvidos sobre Cruz e Sousa, ainda no tempo da província, sem dúvida de pressentimento do seu valor, andando sozinho, possuíam "um ar em que havia qualquer coisa de solene, de principesco, já como depois aqui no Rio tantos ainda hoje se lembram de tê-lo visto caminhando, sem pensar, sem querer"[214]. Araújo Figueredo, em suas valiosíssimas memórias[215], narra episódios da vida cotidiana do flagrante do poeta no Desterro:

---

[213] Citado por Zygmund Bauman em *Medo líquido* (tradução de Carlos Alberto Medeiros), Jorge Zahar, 2008, p. 172.

[214] Nestor Vítor, in *Obra Completa de Cruz e Sousa*. Anuário do Brasil, volume I, 1924.

[215] FIGUEREDO (Op. Cit.).

O poeta sempre trajou com certa regularidade, usando roupas apertadas, que lhe davam ao corpo bastante elegância. Queria os sapatos muito brunidos, porque com os sapatos sujos, enlameados, não podia ter idéias. E a sua bengala predileta representava a cabeça de um gavroche; bengala que ele fincava no chão a cada passo que dava, com o corpo aprumado, sempre ritmado. E ele muito ria quando eu lhe dizia ser cada um de suas passadas uma rima de ouro, pois na verdade o seu andar parecia cadenciado como uma rima junto de outra rima. Sempre usou chapéu duro para melhor cumprimentar, com riscos violentos, da esquerda para a direita, as pessoas amigas e conhecidas, e, nas apresentações balofas e ao encontro da burrice presumida, o seu chapéu, no entanto, era apenas pegado de leve, pela aba, e não tinha senão uma saudação muito fria. Se, porém, o apresentado era algum intelectual, ou pessoa de que ele logo gostava, ei-lo dominado por uma onda de satisfação e, no claro dos risos, nas suas maneiras, tudo ficava expresso. A palestra corria animada, e o apresentado e ele se ligavam para sempre. Observador profundo, nunca se enganou, uma só vez, com aqueles de quem disse serem puros, e possuírem um filão de ouro do talento.

Não gostava de ser contrariado. Diz o memorialista: "[nunca] encontrei-o disposto a rebater insultos, menos diante de um vilão que a nossa terra adora e a que espera criar um monumento... Nesse dia, vi-o capaz de lançar à cara desse vilão o seu belo gavroche de peroba. Afastei-o, meti-me entre os dois...". Cruz e Sousa não bebia e não fumava, não pronunciava palavrões ou palavras de cunho pornográfico.

Quebrando o marasmo de sua vida, Cruz e Sousa é despertado para uma campanha política que, provavelmente, tinha tudo para mexer com as emoções dos catarinenses. No final de 1889, Oscar Rosas escreve para Cruz e Sousa convocando-o para participar da campanha ao Senado do médico e poeta Luiz Delfino. Delfino é catarinense, durante as estadias do Poeta Negro na Cidade do Rio de Janeiro foi levado até o político pelo amigo conterrâneo. No momento em que decide candidatar-se ao Senado, já em plena República, é Luiz Delfino que, segundo Oscar, lembra do seu nome e do jornal *Tribuna Popular*, onde era redator. "Ele mesmo lembrou o teu nome para pedir o que te peço, não te fazendo ele esse pedido por decoro"[216]. Mais adiante:

> Quero pedir-te o seguinte — em favor desse nome o teu franco apoio, que será de grande alcance. Começarás já por lembrar, como uma boa idéia, pelas colunas da *Tribuna*, essa eleição. Luiz Delfino é filho da terra, tem fama e pode ser bem aceito. Peço-te o maior empenho neste negócio, que me foi pedido por ele e em que tomo o maior interesse por motivos de gratidão. Confio em ti.

Em outro trecho da correspondência, aconselhava Cruz e Sousa, "à vista dos acontecimentos", a se "agachar e preparar um bofe formidável para esmagar alguns". Mas era só chapa:

> Embora a situação seja dos pulhas, embora a República esteja sendo explorada pela imbecilidade, onde se notam Boiteux, Lauro, Esteves e todas as zebras humanas, é preciso que tu meu velho, fingindo que estás muito de acordo com eles, que os admira, te metas, pregando o nome dos atuais ministros ao povo como o evangelho da liberdade; é preciso mesmo que fales publicamente ao povo em Igualdade, em Fraternidade, na República Universal, na santa Liberdade, na América para os Americanos..."

No lugar do nome do missivista, vinha escrito, com estilo, "não assino". Seria muito pouco provável que o Poeta Negro fizesse tudo o que Oscar Rosas solicitava na carta. Como os números da *Tribuna Popular* não podem ser mais compulsados, vamos crer que Cruz e Sousa tenha dado alguma notícia sobre a candidatura do poeta das *Três Marias*. Quanto a falar mal de José Artur Boiteux, Lauro Müller, Esteves Júnior e de "todas as zebras humanas", isto é bem mais difícil.

Oscar Rosas, ao tratar antigos aliados dessa forma, tinha suas razões. Com a ascensão da República (a queda da Monarquia se dera havia pouco mais de um mês, a 15 de novembro), subiu ao poder

---
[216] Leia sobre esse assunto em *O senador Luiz Delfino*, de Ubiratan Machado. Editora UFSC, 1984, pp.142 e 143.

no agora estado de Santa Catarina, para comandar o governo, o engenheiro Lauro Müller, sendo nomeado seu chefe de gabinete ninguém menos que José Artur Boiteux. Ora, por ter ficado fora dessas negociações políticas que escolheram os líderes do novo regime, Oscar Rosas, sempre se achando muito esperto, queria de alguma forma procurar maneiras para atingi-los, usando de todos os meios e recursos, inclusive do velho amigo. No Rio, pelo *Combate*, inclusive, fez um longo artigo encomiástico à figura de Deodoro da Fonseca, soldado valoroso, que ocupava o posto máximo da nação, o de presidente da República Federativa do Brasil.

No começo de 1890, o clima na cidade estava pesado. Cruz e Sousa se viu cada vez mais isolado, longe dos amigos, pois Araújo Figueredo tinha viajado para o Rio de Janeiro, como já vimos, e Virgílio Várzea cuidava de suas coisas na Companhia dos Portos (embora estivesse preste a ser demitido), Horácio de Carvalho também havia sumido, da mesma forma Carlos de Faria. Cobra notícias de Araújo Figueredo, que, por meado de março, resolve escrever ao amigo, chamando-se mulato, ingrato, pois "ao lembrar-te de que, ainda a bordo, no dia em que saí barra a fora, ouviste-me dizer tantas coisas sobre o teu coração e o teu espírito". Araújo comunicava que morava no Campo de Santana, número 51, "num belo quarto mobiliado, com cama de roupas brancas cheirosas, com cadeiras de balanço, cômodas, mesas e lavatórios de mármore branco cortado de veias azuis com café em xícaras de louça transparente, com criados que me engraxam as botas e me escovam a roupa, com jornais do dia à cabeceira e banhos frescos, de chuva, todas as manhãs sob um caramanchão de trepadeiras em flor". A vida do Rio de Janeiro era uma maravilha, Oscar Rosas era visto como um "fantástico selvagem". Os olhos do Poeta Negro brilharam com essa esperança renovada e cobiçosa.

A resposta de Cruz e Sousa chegou rápida e irônica:

> Ondina, abril, de tarde, de 90. Meu querido poeta. Não! Nem canalha, nem mulato, nem ingrato! Não julgues, meu madrigalesco[217] sonhador, que eu sou o "vidro de cheiro", na frase do Várzea, do Rodolfinho de Oliveira. Ele, sim, palito humano, como é, é quem deve ter raivas fáceis e banais ao não receber notí-

---

[217] Referência ao livro *Madrigais*, de 1888, de Araújo Figueredo.

cias tuas. E até tu, dando-me zangas e canseiras caixeirais pelas demoras de notícias tuas em cartas tuas, igualas-me, comparas-me muito naturalmente e muito logicamente com o vidrinho de cheiro. Mas vade retro, Araújo, como o outro que dizia — vade retro, Fradique[218]. Jamais me parecerei com o Rodolfinho: nem nas unhas. Eu claramente sei o que são os atropelos de chegada e depois gozos e gostos de provinciano largamente impulsionados e vidrados numa grande capital como esta em que agora vives lordificado e regalado... Assim, claramente sei também, e vivamente sinto também, que em tais cidades, o rumor, sol alto dos assuntos mais inauditos inflamam, queimam, incendeiam qualquer provinciano, tanto mais quanto o provinciano, como tu, tem qualidades e sentimento d'arte. Portanto, sabendo tu do meu espírito, da visão que tenho das coisas, fútil, grandemente fútil foi começarem os teus lingüaços de correspondência, em data de 15 do que acabou, com aquela suposição de lamuriosas queixas. Basta de lamúrias e de queixas. No mais, não: a tua carta vem arejada, com ar d'outros ares, como se o teu viver fosse de dentro de uma toca transportado a um alto castelo situado no mar... Sim senhor! Adoro-lhe as atitudes, a maneira livre, a nota que tem tomado no Rio. Belo Rio esse, que tão cristalinas águas saudáveis possui para duchar os poetas! Quanto ao perguntar se podes mandar correspondência para a *Tribuna* — acho outra pergunta de muletas. Para que interrogações inúteis? Corrija-se disso. Manda, manda tudo! Manda a cabeça do Castro Lopes, com arroz; do Melo Morais, com batatas; do Gastão Bousquet, com abóbora; do Soares de Sousa Júnior, com quiabos; do Gregório de Almeida, com lingüiça; do Barão de Paranapiaçaba, com pepinos; do Taunay, com cenouras; do Rangel Sampaio, com feijões; manda, manda todos esses caracteres verdes, manda tudo, que quero empanturrar, fazer rebentar de comedorias a terra. Isto, em blague; agora sem blague: manda mesmo largas, amplas correspondências... e o espírito que t'o pague. Saberás (ou já sabes?) que por maio sigo para aí e conto morar contigo. Nada digas sobre essa resolução ao Oscar. Depois, ele o saberá. Convém-me

---

[218] Aqui é a Eça de Queiroz que se refere, em Correspondência de Fradique Mendes.

mais morar contigo enquanto não tiver ocupação regular. Por isso apronta-te para receber-me, que no princípio daquele mês, ou por meados dele, lá estarei, num impulso de verve, a chicotear esses literatos de sapatos, que aí também os há, e a abraçar-te fortemente, amorosamente, num longo abraço espiritual, a ti a ao Oscar. Adeus! Florzinha! Só me punge agora a dor de não ter uns beijuzitos da titia para mandar-te como recuerdo... Manda a correspondência, mas coisa com jeito, e escreve-me, como na antiga, ao menos uma vez na vida. Até à volta.

Antes dessa carta, porém, um assunto dominou o espírito do poeta. O estado vivia um clima de euforia e decepção com o novo regime. Para os velhos monarquistas, partidários de D. Pedro II e da família imperial, fora um grande golpe e uma tremenda traição contra o monarca; para os republicanos, um grande alívio ser livre de um regime caduco e sem prestígio político. Aos olhos práticos dos republicanos, quem não estivesse desse lado era monarquista e, portanto, traidor. Pelas ruas, as pessoas andavam desconfiadas uma das outras. Nos cafés, nos pontos de encontro dos políticos e intelectuais, o assunto não era outro: a ascensão de jovens políticos ao poder. Quem se opusesse ao regime, obviamente seria preso, como seu adversário. Esse clima favoreceu atrocidades posteriores, como na chamada Revolução Federalista, no Desterro, comandada pelo coronel Moreira César, uma triste memória para a população.

O jornal *Gazeta de Sul*, na sua edição de 18 de março, traz uma notícia um tanto intranquilizadora para quebrar o marasmo da rotina de Cruz e Sousa. Um telegrama expedido do Rio de Janeiro dá conta de que "o governador do Estado de Santa Catarina Lauro Müller quer prender aí o jornalista Cruz e Sousa". O telegrama em forma de notícia movimentou as hostes do governo. Que reação teve, a esse episódio, o amigo José Artur Boiteux? O próprio Lauro Müller, por que agira assim? Seria resultado dos artigos da *Tribuna Popular*, comandada por Cruz e Sousa e que resultaram na campanha vitoriosa do poeta e médico Luiz Delfino, eleito para o Senado?

O amigo Araújo Figueredo, sentindo as mesmas pressões, embarcara mais cedo para o Rio de Janeiro. O que fazer então? No dia seguinte à publicação do telegrama, em meio algumas providências tomadas pelo Poeta Negro em termos de segurança pessoal, um editorial da *Gazeta do Sul*[219] volta a tratar do assunto, procurando, de alguma forma, encontrar uma resposta para o mesmo. O jornal diz o seguinte: "se bem que não nos constasse, em todo o Estado e fosse sem fundamento, o boato de que se pretendia prender o sr. Cruz e Sousa, assim como relativamente ao recrutamento neste Estado, bem fizemos, em dar isso conhecimento ao nosso público para que com prontidão fossem esses boatos desmentidos, como nós o fazemos". Mais diante: "Realmente não sabemos a que atribuir a origem desses boatos, porquanto não nos consta que aqui mesmo se tenha ao menos falado".

Cruz e Sousa era colaborador da *Gazeta do Sul*, onde, aliás, publicou o soneto *Flor espiritual*, que ficaria fora de sua obra definitiva:

> És um velho, bem sei! Mas entretanto
> Dentro de ti há muita mocidade...
> Há músicas sutis, a suavidade
> Dum cristalino e sonoroso canto,
>
> Banha-te embora em pérolas o pranto
> A face iluminada de bondade,
> Sempre um clarão de límpida saudade
> Do teu passado lembrará o encanto.
>
> Mas que chores, enfim, eternamente...
> Sempre em tu'alma generosa e ardente
> Hão de sorrir cândidas lembranças
>
> De que foste na estrada do futuro,
> O guia, o mestre glorioso e puro,
> O divino santelmo das crianças!

A agitação já está à toda velocidade quando uma carta de Oscar Rosas, de 20 de março, caiu feito uma bomba nas mãos de Cruz e Sousa:

---

[219] Ler sobre esse assunto em Iaponan Soares, *Cruz e Sousa preso por Lauro Müller?*, in SOARES (Op. Cit., pp. 43 e 44).

> Adorado Cruz. Com raios de alegria recebi a carta do Várzea com os contos (magníficos) e a tua bela resposta à minha carta, estupendo artigo com a violência da força da cauda da baleia monstruosa dos mares austrais. Isto que te escrevo é a toda pressa, apenas um bilhete. Dirás ao Várzea que o Jansen nunca mais me apareceu, que eu ainda não tive a glória divina de tocar nas Miudezas. O Jansen esteve doente e necessariamente está muito ocupado com a promoção que deve sair sábado. [*Mais adiante:*] Mando-te quatro Democracias (o! vingança gostosa) onde lerás um soneto do Xavier Pinheiro (silêncio, que é malvadeza minha) assinado por Horácio Nunes. Todos estes miseráveis daí vão me pagar; os jornais daqui sairão dora avante sempre repletos de artigos e versos marrecos e pevides assinados pelo Lauro, Boiteux, Blum, Eduardo Pires, Pedro de Freitas, Chico Margarida, o bolo (Barbosa) que aqui esteve a representar o meu partido etc. etc. Ri e pasma adiante do meu plano infernal. Não há quem resista a tamanho ridículo.

Na mesma correspondência, cita o caso da *Gazeta do Sul*, de alguma forma trazendo um alívio para o Poeta Negro:

> Os telegramas da *Gazeta do Sul* a respeito da tua prisão, duelo Lopes, mulato Aluísio, recrutamento aí, são meus, que os fiz para chamar a atenção do mundo sobre ti e prevenir qualquer desgraça que a mula russa te prepare. O Alberto Silva é o correspondente da *Gazeta do Sul* e aí se explica a minha ingerência no negócio.

Tratava ainda da vinda de Cruz e Sousa, que ele previa para uma data próxima, sem, contudo, deixar de dar-lhes conselhos pouco recomendáveis para quem era:

> A tua vinda terá lugar a 1 ou princípios de maio; terás passagem de 1ª classe, etc., etc. Prepara-te para partir e só deve dizer isto ao Várzea. Faz dívidas grandes aí antes de partir.

Nas linhas finais, depois de admitir que começava a ter "facilidade na vida literária", terminava dizendo: "Hoje em arte sou um simbolista *arrouge*".

Embora anunciara a Araújo Figueredo a sua partida, isto não aconteceria, bem como não aconteceria em maio. Em Santa Catarina, no foco do poder atual, ficara ele e Virgílio Várzea. Santos Lostada estava afastado, portanto longe do problema vivido pelos dois amigos. Enquanto não se resolvia o problema da viagem, surge uma colaboração para o jornal *O Mercantil*, de São Paulo, cujo editor, Eduardo Salamonde, era amigo de Virgílio Várzea, a quem seria dada a nota de maior relevância, em termos de elogios, na edição de 8 de fevereiro de 1890. O jornal, fruto da remodelação do antigo *Correio Mercantil*, dos portugueses Léo de Afonseca e Boaventura Gaspar da Silva (este foragido de Portugal por problemas políticos, mas mais tarde alçado com o título de Visconde de São Boaventura), tinha colaboradores como o futuro simbolista Afonso Guimarães (que também se assinava como Guy, e que, futuramente, passaria a assinar Alphonsus de Guimaraens), Modesto de Paiva, Filinto de Almeida, Severiano de Rezende e Coelho Neto, entre outros. Neste jornal, travaria esplêndida batalha pelo Simbolismo, sobre a premissa dos "Novos" em contraponto aos "Velhos", ou do movimento Norte e Sul, ambos empreendidos por Oscar Rosas no Rio de Janeiro. Em função desses movimentos, Virgílio Várzea escreveria uma seção interessantíssima intitulada *Crônica do Rio* (Jovem Brasil), onde abordava assuntos de literatura, mas que infelizmente não é nem citada em sua biografia.

Cruz e Sousa atuou com diversas colaborações na folha paulista, onde era reconhecido, juntamente com Horácio de Carvalho, outro colaborador, como "dois rapazes de grande futuro, ambos ricos de talento e de coragem". Todos esses sonetos, no entanto, foram aproveitados em sua obra completa (edição da Nova Aguilar, 1995)[220]. Na ordem de publicação, saíram *Frutas e flores* (a 8/2), *Ilusões mortas* (que já havia saído no *Jornal do Commercio*, do Desterro, em 7 de maio de 1886), com dedicatória a Virgílio Várzea, *Acrobata da dor* (a 16/2), *Visão medieva* (a 6/3), *Recordação* (a 8/3), *Na fonte* (que já saíra em *O Moleque*), *Glórias antigas*, *Roma pagã* (a 4/7), *Espiritualismo* (a 6/7), *Plangência da tarde* (a 9/7), *Alma antiga* (a 19/7), *Vanda* (a 23/7).

---

[220] O professor norte-americano Gerald M. Moser reuniu toda a coleção em Alguns sonetos esquecidos de Cruz e Sousa. Revista da Faculdade de Letras de Lisboa (III série, nº 13, 1972). Foi o primeiro a revelar a existência de tais inéditos.

Este, entre todos, chama a atenção por uma particularidade: tratava-se de uma mulher negra. Vejamos:

> Vanda! Vanda do amor, formosa Vanda,
> Macuana gentil, de aspecto triste,
> Deixe que o coração que tu poluíste
> Um dia, se abra e revivesça e expanda.
>
> Nesse teu lábio sem calor onde anda
> A sombra vã de amores que sentiste
> Outrora, acende risos que não viste
> Nunca e as tristezas para longe manda.
>
> Esquece a dor, a lúbrica serpente
> Que, embora esmaguem-lhe a cabeça ardente,
> Agita sempre a cauda venenosa.
>
> Deixe pousar na seara dos teus dias
> A caravana irial das alegrias
> Como as abelhas pousam numa rosa.

Uma referência no segundo verso deste soneto nos chama a atenção. No jornal *O Mercantil* a palavra *macuana*, originária de Moçambique, vem grafada *makôama*, erroneamente. Consultado a respeito, Nei Lopes, pesquisador da diáspora africana, disse o seguinte: "Parece-me que o *macuana* do nosso Cruz e Sousa é uma criação da mesma natureza do *iorubano*, *a*: *Yoruba* > *ioruba* > *iorubano*, ou seja, *makwa* > *macúa* > *macuano*, *a*".[221]

A 26 de julho, saía outro soneto, *Êxtase*; a 31, *Luar*; em agosto, a 7, *Celeste*; a 16, *A partida*; depois veio *Ser passado* e, a 27, *Canção de abril*. Como lembrou o professor norte-americano Gerald M. Moser, muitos desses textos fazem referências a outras obras de Cruz e Sousa.

De todos estes textos, vale a pena recordar este último, *Canção de abril*, pela sua plasticidade e colorido:

---

[221] Consulta feita por e-mail em 12 de março de 1998.

Vejo-te, enfim, alegre e satisfeita,
Ora bem, ora bem! — Vamos embora
Por estes campos e rosais afora
Onde a tribo das aves nos espreita.

Deixa que eu faça a matinal colheita
Dos teus sonhos azuis em cada aurora,
Agora que este abril nos canta, agora,
A florida canção que nos deleita.

Solta essa fulva cabeleira de ouro
E vem, subjuga com teu busto louro
O sol que os mundos vai radiando e abrindo.

E verás, ao raiar dessa beleza,
Nesse esplendor da virgem natureza,
Astros e flores palpitando e rindo.[222]

Sem dúvida, a mulher é um tema recorrente na obra de Cruz e Sousa, bem como o mar, a natureza, o som e as cores.

---

[222] Ver *Obra Completa*, 1995, p. 281.

MUDANÇA DE DESTINO

Cruz e Sousa aportou no Rio de Janeiro, em dezembro de 1890, entre os dias 23 a 24 deste mês, véspera do Natal, com a sua situação financeira e profissional no limite do desespero. Aos 29 anos, não era mais um moleque, que bem ou mal vivesse sob a proteção do pai e da mãe. Pelo contrário, ao deixar a Cidade de Nossa Senhora do Desterro, desfez-se, a duras penas, dos laços familiares. O *Novidades*, de 24 de dezembro, na coluna *Crônica vespertina*, assinada por Viriato (antes que entenda-se com Virgílio Várzea, que já assinou no *Moleque* artigos com o pseudônimo parecido, como Viriato Reis, por exemplo, esta assinatura era de Oscar Rosas), dava esta notícia: "É dever do cronista noticiar a chegada a esta capital do belo artista Cruz e Sousa, um adorável poeta e demônio de conteur, muito singular e persa. O estilo dele cheira a flores de pecegueiro".

Ao deixar os pais — já velhos — para trás, pois não lhe restava a menor condição de trazê-los consigo para o Rio de Janeiro, e a ausência do irmão Norberto — os amigos mais chegados, os vizinhos do bairro e os familiares —, o rompimento de tudo isso deve ter despedaçado o coração e a alma do poeta.

No entanto, não era uma boa hora para a chegada de Cruz e Sousa à novata Capital Federal, proclamada fazia pouco mais de um ano, mas também pressentia haver passado do momento de sua permanência na cidade natal.

Na recém-proclamada capital da República, Cruz e Sousa chegou com apenas uma pequena vantagem em comparação a muitos jovens do interior: uma vaga de redator no jornal *Cidade do Rio*, de

José do Patrocínio, onde estrearia no dia 27 de dezembro de 1890, com um soneto, inédito até agora, que não é ruim. Sob o comando de Serpa Júnior, gerente da folha, o jornal tinha como redatores, dois fiéis amigos do Poeta Negro: o paranaense Emiliano Perneta e o coestaduano Oscar Rosas. Fora este, e não outro, quem conseguiu colocá-lo no jornal carioca. Virgílio Várzea desde agosto residia na capital, e juntamente com Araújo Figueredo, escrevia também na *Cidade do Rio*; mas, apesar disso, não influíram em nada para persuadir Serpa Júnior a empregar o poeta Cruz e Sousa na folha do polêmico e excêntrico tribuno negro, no momento em sua segunda viagem pela Europa.

Cruz e Sousa foi recebido pela imprensa do Rio de Janeiro com um estranho e longo artigo de Rigoletto, pseudônimo usado tanto por Emiliano Perneta quanto por Oscar Rosas, no jornal *Cidade do Rio*. É bem provável que este artigo, nessa ocasião específica, não tenha sido escrito por Oscar Rosas, acostumado a fazer rasgados elogios ao Poeta Negro, pois dá um verdadeiro banho de água fria nas esperanças do vate catarinense. Eis o que diz o artigo, bastante sincero, datado de 26 de dezembro de 1890:

> Chegou, há dias, de Santa Catarina, o núbio nevrótico, o adorável poeta Cruz e Sousa. Ele veio, como todos nós, de um canto da província, "lá bás au grand soleil", atraído pela sereia de cabeça de deusa e cauda de ouro. Pobre, sem outra riqueza a não ser a sua bagagem literária e o seu estilo emplumado, ele veio tentar a fortuna das letras, fortuna semelhante àquela história de amizade, de que fala Rochefaucauld e em que todo o mundo fala, mas que ninguém ainda viu. Fosse isto Paris, e todos nós o iríamos saudar, ali, no Cais Pharoux, convictos de que a miséria que o cerca atualmente seria muito pouco duradoura. Em breve ele andaria como um príncipe aqui neste pavé, príncipe de talento, é preciso que se diga, porque em geral os príncipes são burros. Isto, porém, não é Paris. Aqui, em vez da coroa de louros desejada e do Panteon, o mais que se pode ambicionar é uma coroa de espinhos e um pequeno lugar na vala comum, por muito favor e com muito incômodo dos que lá estão apertados. Aqui, em vez de uma bela crítica que nos ponha em pé, a toda luz, tem-se uma

crítica que nos ensina que todo o nosso trabalho foi muitíssimo besta, pois nós não acreditamos que a arte era a companheira inseparável da moral. E nem acreditamos na profecia do Sr. Sílvio Romero. Aqui, o melhor soneto passa despercebido como um mosquito que não morde, e o povo passa diante dele como diante de um sapo. Aqui, o que há de mais agradável é a febre amarela e este calor de não sei quantos graus, muito próprio para o amor... molhado. Se eu pudesse dar um conselho ao Cruz e Sousa, diria que ele, em vez de ter vindo receber o julgamento final nesta terra de moças bonitas, devia ou ficar em Santa Catarina, recitando versos ao mar, ou então chegar aqui e atirar-se de cima do Corcovado, de cabeça para baixo, porque podia ser que ainda não morresse e daria motivo para um artigo de fundo.

O poeta iria morar com o amigo Araújo Figueredo, como dissera em carta, que nessa época residia na rua do Lavradio, nº 17, próximo da atual praça Tiradentes[223]. Este endereço era de um sobrado datado da metade do século, localizado no centro da cidade, hoje demolido. Os dois artistas residiram neste local por mais de um ano, e, como prometera Araújo por carta a Cruz e Sousa, comprara para este uma cama de ferro para hospedar o poeta. Aí passariam momentos delicados, de muita camaradagem, de apertos financeiros terríveis, dadas as dificuldades que ambos teriam em conseguir emprego nos jornais.

O emprego no jornal *Cidade do Rio* não era dos melhores. Quando chegou, o jornal já publicava o *Comodoro — romance fim do século*, narrativa escrita pelos catarinenses Oscar Rosas e Virgílio Várzea.

Antes do seu fim, os capítulos desse romance sumiram, sem a menor explicação, das páginas do jornal de Patrocínio nos últimos dias do mês de dezembro, o que pode ter sido por causa das polêmicas criadas por Oscar Rosas com um grupo rival de escritores. Na verdade, o romance, até interessante do ponto de vista de sua história, mais tarde republicado apenas por Virgílio Várzea com o título de *George Marcial*, era motivo de chacota por toda a imprensa, pela sua linguagem empolada e pelo uso de palavras desconexas ou

---

[223] No local onde antes existia este sobrado, de três lances de escadas, já demolido, é hoje um terreno baldio, servindo a depósito de coisas usadas, carroças de ambulantes e estacionamento.

esquisitas. Além do mais, Oscar escrevia várias seções na *Cidade do Rio*, a maioria sob pseudônimos, como um tal de "Tic", este em conjunto com Emiliano Perneta, que era secretário da folha.

Sempre muito polêmica, uma dessas seções, intitulada *Bolachas*, fez uma ofensa pessoal aos jornalistas do *Diário de Notícias*, que escreviam uma seção de nome *Jornalzinho*, pilheriando e fazendo a graça dos seus leitores. Entre novembro e dezembro de 1890, Tic (Oscar e Perneta) zombaram, em ligeiros perfis gualhofeiros, de Emanuel Carneiro, Figueiredo Coimbra, Gastão Bousquet etc. Pelo *Diário de Notícias*, quem mais tomou as maiores dores foi Emanuel Carneiro, um contista elegante, que, pelas colunas do seu jornal, reclamou com o gerente Serpa Júnior pedindo providências contra os autores. Serpa Júnior, como quem não quisesse se envolver no assunto, desconversou o quanto pôde, até que a situação chegasse a um clima insuportável.

Não satisfeito, Emanuel Carneiro resolveu dar nomes aos bois, levando o gerente a pedir explicações aos seus colaboradores, Oscar Rosas e Emiliano Perneta, sob a alegação de que vinha sendo ofendido em sua honra, que tinha coisa do tipo "corno faisandé", escrito pelos dois. Então, assumindo o pseudônimo de Tic, Oscar Rosas e Emiliano Perneta passam a responder, pela *Cidade do Rio*, os ataques de Emanuel Carneiro e de seus amigos, que também resolvem entrar na briga, como redatores da seção *Jornalzinho*, do *Diário de Notícias*. Esta polêmica renderia por vários dias e edições dos jornais *Cidade do Rio* e *Diário de Noticias*.

Embora dessem explicações e até retirassem as ofensas a uns e outros, Emanuel Carneiro desafiou Oscar Rosas para um duelo. Mandou à *Cidade do Rio* dois padrinhos, Artur de Miranda e Manuel Porto Alegre, e pediu que o jornalista também apresentasse os seus. Talvez temeroso com o que poderia suceder, já que Emanuel Carneiro era envolvido com falsificações de nome e outras coisas não muito explicadas, segundo o próprio Oscar Rosas fazia insinuar nos seus textos, e de comum acordo com Emiliano Perneta, outro envolvido, resolveu retirar todas as ofensas feitas à família do jornalista do *Diário de Notícias* e dar por encerrada a discussão, sem apresentar padrinho algum para o tal duelo.

Foi nesse clima de intrigas e animosidades fáceis que o poeta Cruz e Sousa começou a trabalhar no *Cidade do Rio*. Seu primeiro texto publicado foi um soneto com o título de *Sentimento do vago...*, que verificamos não estar incluído na sua Obra Completa:

> Céu estrelado em lágrimas em fio
> Que correm como de olhos de quem ama:
> Lágrimas, sim, que à larga e viva chama,
> Feitas estrelas brilham no ar sombrio.
>
> O caudaloso e taciturno rio
> Da dor, no mundo agora se derrama...
> Só dos astros no céu a luz inflama,
> Aquece as almas a tremer de frio.
>
> A tremer, a tremer do frio intenso
> Que a dúvida soprou num gelo imenso
> Do mundo no mais hórrido fracasso.
>
> Nada mais há na terra florescendo!
> E os corações que aos poucos vão morrendo
> São ninhos de águias a boiar no espaço...

O soneto, o primeiro de tantos outros, saiu na edição de 27 de dezembro, na página 2, do jornal carioca. Nessa mesma data, entretanto, o poeta publicava no *Novidades*, secretariado por Oscar Rosas, um outro soneto, com o título de *O mar*, que ele deve ter composto durante a sua viagem de navio, pouco conhecido, porém, mas já constante da sua obra definitiva, na coleção Livro derradeiro:

> Que nostalgia vem das tuas vagas,
> Ó velho mar, ó lutador Oceano!
> Tu de saudades íntimas alagas
> O mais profundo coração humano.

Sim! Do teu choro enorme e soberano,
Do teu gemer nas desoladas plagas,
Sai o quer que é, rude sultão ufano,
Que abre nos peitos verdadeiras chagas.

Ó mar! Ó mar! embora esse eletrismo,
Tu tens em ti o gérmen do lirismo
És um poeta lírico demais.

E eu para rir com humor das tuas
Nevroses colossais, bastam-me as luas
Quando fazem luzir os seus metais.

A colaboração de Cruz e Sousa no *Cidade do Rio* seria mesmo em prosa. Ali ele passaria a escrever uma seção chamada *Formas e coloridos*, com a qual o poeta catarinense iniciaria uma atuação breve, porém profícua na folha carioca, que infelizmente duraria pouco mais de três meses e cerca de quarenta crônicas e contos, sendo que vinte e cinco destes textos, sob a égide dessa retranca, permaneceriam inéditos, ou seja, fora da obra do poeta[224].

Não se verificou outro modo de colaboração que denunciasse a pena do Poeta Negro, como a justificar a afirmação do biógrafo Raimundo Magalhães Júnior, segundo o qual "Cruz e Sousa resolveu aceitar a magra oferta de cinqüenta mil-réis para trabalhar como noticiarista da *Cidade do Rio*".

O que Cruz e Sousa publicou na *Cidade do Rio*, durante esse curto período, nada teve a ver com noticiário, e sim com crônicas, contos e alguns poemas. Entre os poemas, o poeta divulgou a 19 de janeiro, *Trompa de roldão*, a 24, *Nos campos*, e a 31 *Clarões apagados*. Os últimos são dois longos poemas, constante da obra de Cruz e Sousa. Já *Trompa de roldão*, é um soneto que ficou inédito, não sendo recolhido pelos pesquisadores do poeta catarinense. Nesse sentido, o damos aqui, para divulgação de suas estrofes:

---

[224] Em 1998, em comemoração ao centenário de morte de Cruz e Sousa, reunimos estes textos em CRUZ E SOUSA (2000).

Rude e membrudo Deus peludo, hirsuto,
Convulso como um torvo Lacoonte,
Em que mundo, em que céu, em que horizonte
Foste gerado, assim horrendo e bruto?

Que fruto podre, que maldito fruto
Envenenado, d'algum pétreo monte
Tragaste — que só tens no olhar, na fronte
E dentro d'alma o mais tremendo luto?

Que devastadas e longínquas terras,
Que sociedades, religiões e guerras
Deram-te à Dor o aspecto assim profundo?

Quem és, ó deus peludo, ó deus nefando?...
Ah! és o homem, bem sei, e vens calçando
A pata de Satã por sobre o mundo!

Além desse soneto inédito, o poeta divulgou algumas produções em versos satíricos, a primeira intitulada de *Cabriolas* e a segunda *Fláus*, assinadas com os pseudônimos de Satyro e Gamin, respectivamente. Como Satyro, pseudônimo usado em 1889 no *Gilvaz*, publicou Cruz e Sousa um único texto, com versinhos como estes:'

Veste casaca,
Tira o Chinó
E deixa o antigo paletó de alpaca
Ficar em cinza, em fumo, em nada, em pó.

Bebe gelados,
No fino fraque, dos mais bem talhados
Com correção, com linhas de primor.

Toma sorvetes,
Bebe Xerez
E deixa-me esses modos velhaquetes
E esses usos tão fósseis, duma vez.[225]

---
[225] *Cidade do Rio*, 6 de fevereiro de 1891.

Na pele de Gamin (que quer dizer rapaz, garoto, molecote), palavra muito usada nas crônicas de *O Moleque*, Cruz e Sousa publicou uma série de 10 a 12 textos bastante parecidos, a exemplo desse trecho:

> O barão de seu Lucena
> Mete pena
> Vê-lo todo atrapalhado
> E embrulhado.
>
> Quer ser um barão à força
> Nem que torça
> Com verve esta imprensa inteira,
> Galhofieira.[226]

Com a saída de Cruz e Sousa do *Cidade do Rio*, que coincide com a entrada de Olavo Bilac como redator-chefe, estas produções desapareceram do jornal de José do Patrocínio.

---

[226] *Cidade do Rio*, 4 de março de 1891.

FORMAS E COLORIDOS

Quantos aos textos em prosa, alguns foram aproveitados no *Missal*, de 1893, livro, aliás, inaugurador do Simbolismo brasileiro, juntamente com *Broquéis*, do mesmo ano, cuja história contaremos mais adiante. No *Missal*, todavia, foram reunidos vários textos publicados na seção *Formas e coloridos*. Constam naquela publicação *A janela*, de 27/1, *Vitalização*, de 29/1, *Manhã d'Estio*, de 3/2, *Visões*, de 5/2, *Aparição da noite*, de 16/2, *Gata*, de 18/2, *Umbra*, de 26/2, que não tinha título na data de sua publicação, *Tísica*, de 6/3 e *Psicologia do feio*, de 9/3. Outros textos sob a rubrica de *Formas e coloridos* constam em *Outras evocações*[227], reunião de inéditos e desconhecidos apensos às *Evocações*. São esses textos: *O batizado*, de 21/2, dedicado a Gonzaga Duque, *Obsessão da noite*, de 27/2, *Rosicler*, de 13/3, *A abelha*, de 19/3, e *Beijos mortos*, de 31/3. Nessa seção, um texto vem sendo incluído indevidamente, mas que na verdade lá não devia existir como tal, é o caso, por exemplo, de *Hora certa*. Outra seção, *Dispersos*, da mesma *Obra Completa*, também apresenta um texto publicado originalmente na coluna *Formas e coloridos*. Este texto é *O pequeno Boldrini*, divulgado em 21/3, na *Cidade do Rio* (e que, em 1913, seria publicado na *Ilustração Brasileira*, por iniciativa de Euclides de Mattos, de onde foi recolhido à obra do poeta).

Restaram as 25 narrativas e crônicas que não estão enfeixadas na obra definitiva do Poeta Negro, o que, em tese, nos salta como um dado positivo em se tratando do enriquecimento da sua fortuna crítica e literária, bem como da bibliografia do autor. São estes, por

---
[227] In CRUZ E SOUSA (1995, p. 733/738).

ordem de publicação, *Venho de atravessar...* (sem título), de 19/1, *Névoa de Wagner*, dedicado a Oscar Rosas, de 21/1, *Ainda sob o fulgor...* (também sem título), de 22/1 (e que é uma digressão sobre os funerais da condessa de Barral, amante de D. Pedro II), *Sábado...*(outro sem título), de 24/1, *Sazão*, de 28/1, *Peito vazio*, de 6/2, *Falstaff, Sileno...* (mais um sem título), de 7/2, *Ritmos*, 17/2, *Impressionismo*, de 20/2, *Olhos azuis*, de 23/2, *Simbolismo d'arte*, de 24/2, *A vida nas praias*, de 25/2, *Para lá do Continente...* (sem título), de 28/2, *O sol*, de 2/3, *Amor*, de 4/3, *A pequena provinciana*, de 7/3, *Never more*, de 10/3, *Foragido*, 17/3, *Noivos*, de 18/3, *A Trindade*, de 23/3, *A grande árvore*, de 24/3, *O mar*, de 25/3, *Reminiscência de colégio*, 28/3, *Impressões do verde*, de 30/3 e *Em sonhos*, de 31/3.

Não há dúvida de que Cruz e Sousa escreveu estes textos sob uma nova organização mental. Sua concepção literária já vinha, desde os últimos tempos da província, se moldando à revolução estético-literária que era já uma espécie de pedra de toque na Europa: a Escola Simbolista. No final dos anos 1880, o poeta Medeiros e Albuquerque e o filósofo Gama Rosa dispunham de documentos sobre o Simbolismo europeu. De parte a parte, aproveitaram como puderam esses documentos, em geral livros de poesia e crítica divulgando-os na imprensa. Medeiros e Albuquerque, segundo Araripe Júnior, em artigo de crítica no *Novidades*, revela que o autor de *Pecados* (1889), "divaga com livros de toda a espécie, e, ora confabulando com Mallarmé e René Ghil sobre a teoria do verso de mil cores, ora às voltas com Bernheim e Ochrowitez"[228]. Em 1887, Medeiros e Albuquerque, que tem contatos com Oscar Rosas e lê coisas de Cruz e Sousa, publica o livro *Canções da decadência*[229], que fere, de leve, a nota simbolista, onde há versos que dizem o seguinte:

> Chove... Desabem catadupas brutas
> No dorso negro e funeral da terra...
> Chispas rebrilham de medonhas lutas
> De mil titãs em temerosa guerra....

---

[228] Araripe Júnior. *Novidades*, 25 de fevereiro de 1889.
[229] MURICY (1973, p. 321).

Gama Rosa, pelas colunas do diário *Tribuna Liberal*, publica em 1889, um texto sob o título *Os decadentes*[230], anunciando que se trata de uma "nova escola literária". Revela que o "verdadeiro nome que eles possuem é de Simbolistas, para representar as abstrações que são características da doutrina". Da doutrina fazem parte Paul Verlaine, "um dos chefes... que tem produzido maior número de obras"; Stéphane Mallarmé, outro chefe, "é o autor muito apreciado de *L'Après-midi d'um faune*, produção de grande merecimento, e dos *Poèmes* de Edgar Allan Poe (tradução)". Gama Rosa fala de outros decadentes mais notáveis: René Ghil "talento hors-ligne", considerando-o "o poeta genial da plêiade", Jean Lorrain, autor do volume de versos *Griseries*, Stuart Merril, autor de *Les Gammes*, Jules Laforgue, o poeta de *Les Complaintes*, Jean Moréas, que publicou *Les Contilènes*, Ernest Raynaud, autor de *Le Signe*, coleção de poesias, além de "grande número de poetas e prosadores que em cada ano aumentam em dezenas de volumes a já volumosa biblioteca da Escola Decadente".

Na França, já existiam os *Petits poèmes em prose* de Charles Baudelaire (1868), enquanto no Brasil, pela pena promissora de Raul Pompéia, nos idos de 1880, este passa a publicar, pelo *Jornal do Commercio* do Rio de Janeiro, as *Canções sem metro* (que inclusive trazem epígrafe de textos de Baudelaire).

Mas o que são *Formas e coloridos*? Se tomarmos na proposição organizativa das *Histórias simples*, publicadas na *Regeneração*, do Desterro, em 1887, *Formas e coloridos* pertencem à mesma família espiritual e estética, num formato que compreende um desejo oculto do autor, talvez, de publicar em livro, em alguma época, com tais escritos.

Os influxos dos ventos advindos das leituras dos livros franceses (certamente lido pelo poeta através de Gama Rosa e outros; consta que Carlos Ferreira venha a ser o primeiro tradutor de Baudelaire no Brasil, e era amigo do Poeta Negro), ajudou bastante na modelagem da tessitura da linguagem poética que, anos depois, consagraria Cruz e Sousa e lhe garantiria a glória póstuma.

No plano conceitual, muitos desses textos são aproveitados das folhas desterrenses, divulgados pelo Poeta Negro e aqui republica-

---

[230] Gama Rosa. Os decadentes. *Tribuna Liberal*, 8, 9, 10 e 12 de dezembro de 1889.

dos na íntegra ou com sensíveis modificações. Sendo originários, quando muito, da província, são, de certa forma, francamente quase autobiográficos ou de circunstâncias.

Tomemos como exemplo *Reminiscência de colégio*, em que o poeta fala dos camaradas do Ateneu Provincial, lembrando as aulas de latim do padre-mestre Mendes de Almeida "branca pessoa erudita e tranqüila, com um doce ar de velhinho trêmulo e sério". Nessa crônica, Cruz e Sousa relembra a figura de José Paz, o Zeca Paz, também conhecido por Vovô. É uma crônica belíssima, muito sensível, raramente encontrada nos documentos do poeta catarinense. Outra página de recordação é *A Trindade*, que trata da tradicional festa em torno da igreja, coroada por uma romaria aos domingos. Este texto é um dos que o poeta aproveitou de uma edição da *Regeneração*, aí publicado em 5 de junho de 1887, com o título de *A romaria da Trindade*, sensivelmente modificado para melhor, moldado em nova linguagem, polido em seu estilo. Assim ocorre com *Entre ciprestes* (publicado no Desterro, em 19 de novembro de 1887), mas republicado na *Cidade do Rio* com o nome de *Never more*, também modificado estética e estilisticamente para melhor, como se o poeta depurasse bem mais as palavras, a começar pelo título. Outro publicado na província e reproduzido no Rio de Janeiro (isto era uma constante na obra do poeta) foi *A vida nas praias* (saído anteriormente em 20 de novembro, na *Regeneração*), onde o poeta troca "belos passeios pitorescos pelas areias claras das praias" da primeira redação por "belos passeios pitorescos pelas areias fofas das praias". Além desses textos intimistas, há aqueles que falam do mar, de sonhos, de olhos azuis etc. Mas o poeta em *Simbolismo d'arte* busca uma digressão pelo conceito artístico-estético:

> As obras d'arte primorosas, serenas e cinzeladas d'estilo, cujos filigranados arabescos d'oiro tão relevantes e sugestivos são da profusão tropical, ardente e flamejante do sangue; do impulsivo e latente anseio dos desejos; da requintada perfectibilidade estética do gosto, do fundo, do raro, do entranhado evoluir dos sentidos, no pensamento e na alma; essas obras d'arte, conjunto burilado do entendimento e das paixões, através de todo o profundo desenrolar da Vida, tem em si, por isso mesmo que

exprimem a vida, desesperadas angústias, soluços estortegantes, delírios, tormentos, dúvidas, lágrimas e morte, — bem poucas vezes se abrindo em doces vergéis floridos de alegria, em rios claros e castos de carinho, em amplos céus piedosos e resplandecentes de amor.

Sobre *Impressionismo*, ao retratar "o gentil caixãozinho de uma criança morta", ou de *Ritmos*, onde "as idéias nascem, brotam, chegam numa revoada de pássaros que houvessem noivado em ninhos de sol", e dos dias de carnaval (talvez recordando a Diabo a Quatro do Desterro), em que cita Falstaff, Sileno, Momo e Baco! Um dos textos divulgados em *Formas e coloridos* é uma crítica literária interessante ao livro *Versos e reversos* do cearense Antônio Sales. E não é a primeira vez que Cruz e Sousa vira crítico e analista de obras literárias.

Dos textos destacamos ainda *Névoa de Wagner*, dedicado a Oscar Rosas, um dos responsáveis, junto com Emiliano Perneta, pela sua contratação pelo jornal *Cidade do Rio*. Numa passagem, o Poeta Negro homageia o seu protetor e amigo de todas as horas:

> Tu, meu bravo Oscar Rosas, meu nobre lutador, luxurioso sultão de todo um oriente de espírito, que fazes a tua arte com o fel e mosto das uvas, 'helás'!, vê se através desta névoa de Wagner finalmente percebes o emotivo sentimento que me vibrou e assaltou os nervos, à hora calma do entardecer, quando, na entranha virgem da terra vermelha, alguém, que tu amavas lá penetrou, — 'for ever'! — com a glacialidade, o enregelamento da morte e ainda um leve eflúvio de aroma nos tenebrosos veludos da longa e fria cabeleira!

Esse "alguém" descrito pelo poeta era uma mulher comum a ele, a Oscar Rosas e a Virgílio Várzea, falecida ainda moça, para a qual Oscar escreveu uma belíssima crônica no *Novidades*.

Enquanto isso, Virgílio Várzea e Oscar Rosas continuavam produzindo muitos contos, poemas e crônicos, não só para a *Cidade do Rio*, mas para o *Novidades*. Ainda em dezembro, antes da interrupção da publicação do romance *Comodoro*, cujo último capítulo saiu em 29 de dezembro de 1890, na *Cidade do Rio*, Cruz e Sousa, no Desterro, pela *Tribuna Popular*, dá uma síntese do romance, num artigo conciso sobre a obra (e que Oscar e Virgílio rapidamente reproduziram no Rio). Embora não assinado, dificilmente não atribuiríamos este texto a Cruz e Sousa. Numa de suas passagens, o Poeta Negro diz que a obra é de "singular feição", sob "uma concepção excêntrica de requintados, de *recherché* na arte". Completamente desconhecido da produção de Cruz e Sousa, este artigo, escrito dias antes da viagem do poeta para a capital da República, sintetiza bem o que era a viagem dos dois autores e amigos fraternos.

> Nesse trabalho, duma larga feitura estética, as modalidades do sentir e do pensar de cada um dos autores se afinam, se harmonizam, se completam de tal modo que, ao ler-se o romance, crê a gente estar em frente de um só escritor, porquanto os pontos de vista, a análise, a observação, desenvolvidos no livro, tem uma mesma correlação e um mesmo poder de síntese, conquanto uma natureza delicada, com faculdades de Crítica, visão penetradora, possa perfeita e nitidamente destacar a sobriedade, a clareza e a precisão sugestiva, o veludoso e fino humor heineano de Virgílio Várzea, da luxuriosidade imaginativa, da farta coloração flamejante, da abundância tropológica de Oscar Rosas — dois artistas de diverso temperamento, mas que ai nesse livro se justapõem em linhas gerais, não só pela similitude de gostos, como também por acharem os seus espíritos submetidos à fundamentação dum igual processo de escrita no Comodoro.[231]

Esse foi um período conturbado para Cruz e Sousa no jornal carioca. Negro e pobre, em pouco tempo o poeta passou a ser encarado como um corpo estranho dentro da redação. Os cinquenta mil-réis semanais eram a tábua-de-salvação das agruras diárias de um homem praticamente despatriado em sua própria pátria. Um importante detalhe pode ter abreviado a permanência do poeta no jornal: era o pagamento do ordenado. Em geral, dizem os amigos de Cruz e Sousa, quando saía o dinheiro, o mesmo vinha pingado, em conta-gotas, mal servindo às despesas mais emergenciais.

---

[231] Comodoro (artigo transcrito da *Tribuna Popular*), *Cidade do Rio*, 3 de dezembro de 1890.

Necessitado, o poeta se batia contra esta falta de respeito dos donos do jornal, principalmente do seu gerente, Serpa Júnior. Esta posição do poeta acabava contagiando os outros redatores da folha, que tinham no poeta o líder de uma rebeldia surda que os outros não conseguiam exprobrar.

Não duraria muito para indicarem-lhe a porta da rua. Esta saída, no entanto, coincidiria com o período da chegada de José do Patrocínio da Europa, em 22 de janeiro de 1891. Cruz e Sousa permaneceria por lá ainda até março, quando a *Revista Ilustrada* noticiaria a sua saída da *Cidade do Rio*. As razões são obscuras, mas alguns indícios demonstram, que, de parte a parte, haviam bicudos que não se beijavam. O temperamento do Poeta Negro contribuía enormemente para torná-lo um homem difícil, desconfiado, de acesso inacessível, como se ele próprio já profetizasse as palavras catalíticas do *Emparedado*, das *Evocações*.

Esta fama de impenetrável criou atritos com o recém-chegado dono do jornal, José do Patrocínio. É provável que, devido aos seus muitos afazeres, Patrocínio só tenha percebido mesmo a presença do poeta no final do mês de março, tomando a atitude de dispensá-lo. Em março, Olavo Bilac reassume, depois de chegar do exterior, o lugar de redator-chefe. O Poeta Negro, que era um reforço à folha, por ser pau para toda a obra na "cozinha" do jornal, passa para a condição de descartável. Não era do grupo, não era da panelinha.

Gonzaga Duque[232], futuro autor de *Mocidade morta*, relata o seguinte: "Esse exterior [do Cruz e Sousa] prejudicou-o muitas vezes. Os que para ele iam, conduzidos pelos elogios de seus amigos, e recalcavam por delicadeza as prevenções que, por ventura, houvessem contra a sua escola literária ou, tolamente, contra a cor da sua epiderme, lhe sentiam o arzinho desafiante, a atitude provocadora, o modo irreconciliável. Quando lhes faltava espírito para se dominarem o conflito era certo, estalava". Mais adiante (falando sobre um episódio com José do Patrocínio, porém, sem citar-lhe o nome), dizia: "Um grande jornalista meu amigo, que era mulato, voltando da Europa e encontrando-o na redação de seu jornal, recebeu tão forte emoção que, perturbado, agarrando meu braço, me segreda-

---

[232] Gonzaga Duque. O Poeta Negro. *Dom Casmurro*, de 8 de março de 1941.

va: — Seu Duque, esse homem é o diabo!" Em outra ocasião, Araújo Figueredo ouvira da própria boca do tribuno negro:

— Eu não consinto que haja outro negro no Brasil que me iguale!

Este era o Patrocínio, o homem arrojado, introdutor do automóvel no país, sendo o primeiro a ter um. Tempos depois, o próprio Gonzaga Duque, ajudado por Oscar Rosas, conseguiria modificar a opinião de Patrocínio, que, no fundo, tinha um bom coração, tendo ajudado o poeta em boa parte de sua vida.

De qualquer forma, no calor do clima gerado com a demissão, alguns amigos ainda presenciariam discussões entre Cruz e Sousa e José do Patrocínio em cafés e confeitarias da cidade, talvez devido aos resquícios das desavenças surgidas no período de convívio da redação do jornal ou pela cobrança de salário do período trabalhado.

No seu livro de memórias, Araújo Figueredo descreve o que foram aqueles tempos dramáticos na vida do amigo e poeta.

> Queridíssimo na redação da *Cidade do Rio*, pelos seus irmãos de arte, o Cruz e Sousa ajudava a fazer um bloco resistente contra o abuso de Serpa Júnior, gerente do jornal, quando negava-se ao pagamento integral dos honorários dos redatores, sendo que os do Cruz e Sousa eram dos mais retardados, dando-se-lhe em pequenas parcelas semanais. E, todas as vezes que isso acontecia, víamos o Cruz mergulhado numa profunda nostalgia, a confiar o queixo, à porta da redação do jornal, e com a sua indispensável bengala debaixo do braço, sereno nas misérias que o rodeavam invisivelmente, as quais, se criassem forma e se materializassem, apareceriam negras e maiores do que as águias famintas, em torno de Prometeu acorrentado à coluna do seu destino.

E dizia ainda o memorialista, que, no seu sítio de Coqueiros, num recanto da periferia de Florianópolis, se tornaria um dos maiores médiuns do seu tempo:

> É que a fome o devorava, impenitente, num segredo inviolável, nem ao menos sondado e compreendido por seus amigos íntimos.

Araújo Figueredo escreveu em suas memórias que a demissão de Cruz e Sousa teve como desculpa a crise financeira do jornal *Cida-*

de do Rio. Não de acordo com a alegação, o amigo e poeta autor de *Madrigais* resolveu pedir demissão, juntando-se na dor e na solidariedade ao melhor amigo:

> Na rua, sem emprego, achamo-nos sem um real, e com o quarto de cômodo vencendo os aluguéis. Que lutas formidáveis! Que batalhas impenitentes! Que assombros de horrores secretos. Comíamos queijo mineiro, já bichado, que nos vendia uma taberna em frente, e bebíamos água, até que adoeci, devido ao queijo, e fiquei acamado um mês. Mas não deixei de comer queijo, todas as vezes que o Cruz m'o trazia a cantarolar e a rir. E os lençóis da nossa cama como se achavam! Santo Deus! O assoalho do quarto tinha melhor cor! Nem lavadeira, nem engomadeira tinham coragem de entrar no quarto, pois temiam o calote, que seria certo, numa quadra de nenhum dinheiro e nenhum crédito.

Magalhães Júnior descreve o desfecho desse episódio: "A salvação para Araújo Figueredo e Emiliano Perneta, já quase andrajosos, foi um soneto que um poeta do grupo, Benevenuto Pereira, num golpe de sorte, dedicou à filha do Conde de Leopoldina (Henry Lowndes) e o grande banqueiro do Encilhamento retribuíra com um generoso cheque. Indo ao "Preço Fixo", Araújo Figueredo e Perneta se enfarpelaram. O primeiro conta: "E descemos, os quatro, ao Preço Fixo, voltando o Perneta vestindo um fato muito lindo e eu com outro, não saindo também vestido o Cruz porque toda a sua roupa sempre fora feita sob medida, à rua dos Ourives, no Moreira".

Mas nem tudo estava totalmente tão perdido assim para os poetas, que incluía o Oscar Rosas. Cruz e Sousa já colaborava no *Novidades*, onde também foi escrever Araújo. Ambos também passaram a colaborar no *Correio do Povo*, onde Cruz e Sousa republicou *Acrobata da dor* (a 30/7), *Na fonte* (a 12/8), e *Recordação* (a 21/8), na seção *Um soneto por dia*, daquele jornal. E Araújo Figueredo, a 19/8, o soneto *No campo* (dedicado a Artur Azevedo). A imprensa não tinha o hábito de pagar produção em versos, mas em carta ao Poeta Negro, quando ainda este estava no Desterro, preparando-se para vir morar na capital, Virgílio Várzea dizia que remeteria o dinheiro de suas produções em versos assim que as mesmas fossem publicadas e pagas pelo jornal. Pode ser que ele continuasse a recebê-las, de alguma forma.

Pagava-se normalmente artigos em prosa, a 5$ por edição. Cruz e Sousa tinha quase todos os dias um texto novo estampado nos jornais. Em ocasião que publicava mais de um, no mesmo veículo, o fazia através de pseudônimo, que usou fartamente.

Além do *Novidades* e da *Revista Ilustrada*, em maio, com o aparecimento de *O Tempo*, fundado por Antônio Leitão, Cruz e Sousa passa a trabalhar nesse jornal, ao lado do contista Lima Campos. Numa nota dada pela *Revista Ilustrada*, a publicação destaca a presença de Cruz e Sousa. O primeiro trabalho do poeta nesta folha é a página em prosa *Emoção*, que figuraria no livro *Missal*. Depois vieram *Égloga*, *Impressões*, *Crocris de um excêntrico*, *Som*, também incluído em *Missal*, e *Émile Zola*. Aí também republicou o soneto *Acrobata da dor*. Em agosto, porém, recebeu um telegrama triste: o pai lhe comunicava que a mãe havia morrido no Desterro. Uma carta chegada logo a seguir, escrita a rogo, dava detalhes: "Meu querido filho. Esta tem dois fins, o primeiro é acusar a tua carta na qual vinha um vale no valor de 50$000 réis e o outro é com grande pesar; é o de ter falecido minha boa mulher e tua extremosa mãe. Deves ficar certo de que nada lhe faltava e o doutor Rolla muito trabalhou para salvá-la. Peço escrever-lhe agradecendo os esforços que empregou. Agradeço-te muito o que dizer; de nunca te esqueceres do teu velho pai e peço a Deus que sempre te proteja pª fazeres o mesmo a mim. Tua mãe faleceu no dia 25 e [há] dias passei um telegrama noticiando sua moléstia e do qual não recebi resposta alguma, julgando por isso que não tenhas recebido. Receba lembranças do vizinho Custódio, Thomazia e de teu pai, recebe a benção e um apertado abraço".

O Tempo fez um registro em suas páginas: "O nosso estimado e talentoso companheiro de trabalho Cruz e Sousa acaba de receber, por comunicação telegráfica, a dolorosa notícia de ter falecido na capital do Estado de Santa Catarina sua veneranda e virtuosa mãe, a Exma. Sra. Carolina de Sousa". O jornal lamentava o ocorrido e complementava: "Somos dos que entendem que para dores dessa espécie o consolo é uma surperfluidade que nada balsama e nada mitiga, e condoidamente é que deixamos o nosso amigo e companheiro de redação entregue ao sofrimento necessário, que neste momento respeitamos dessa horrível e silenciosa dor". A *Revista Ilustrada* do mês de agosto, da qual também era colaborador, registrou o passamento dizendo, numa nota emocionada, talvez escrita por Artur de Miranda: "É com a maior sinceridade que nos aliamos à dor que punge fortemente o coração do nosso ilustre colaborador e amigo Cruz e Sousa, pela fatal nova do passamento de sua extremosa mãe em Santa Catarina. Quem conhece a alma delicada e vibrátil de Cruz e Sousa; quem sabe o que há nele de fervorosas crenças e afeições simpáticas; quem lhe conhece a maneira de ver a existência sempre contemplada por uma alma de artista, pode compreender esta espécie de concentração que experimentam as almas finas, obrigadas a isolar-se cada vez mais, indo buscar o convívio e as afeições daqueles que lhes são mais íntimos. É por isto que a estas horas, mágoa profunda e imperecível envolve o coração de nosso amigo. Obrigado a ausentar-se do seu Estado pela necessidade natural que tem o artista de expandir-se, de viver em meio mais agitado de ideia e observação, Cruz e Sousa a todas as horas pensava em sua extremosa mãe, cuja imagem existia em seu coração circundada pela auréola mais doce e santa que a mais pura amizade filial pode manter. A Cruz e Sousa apresentamos a expressão profunda e sincera do sentimento que nos invade".

Sentindo pulsar fortemente seu coração, consolado pelos amigos, sobretudo Virgílio Várzea e Nestor Vítor, o poeta ainda tem energia para enviar ao pai uma mensagem através do seu retrato, tirado no Rio, escrevendo a seguinte dedicatória: "Ao meu bom e extremoso pai que eu estimo e considero de todo o meu coração. Ao respeitável homem, honrado pela velhice, pela bondade e pelo trabalho, que viu junto a si morrer a minha querida mãe, de quem nunca mais me hei de esquecer enquanto for vivo. Lembrança de um filho reconhecido — Cruz e Sousa — Rio de Janeiro, 9 de setembro de 1891[233]. Se a sua situação não mudara radicalmente, pelos menos dera uma amenizada. No *Novidades*, era secretário de redação Oscar Rosas, fase em que o jornal tinha como proprietária a empresa Sílvio Batista & Cia e o autor de *Banquete* como um dos seus sócios.

---

[233] Tal retrato pertencia ao arquivo do falecido Almirante Yan Demaria Boiteux, morador do Rio de Janeiro, tio de José Artur Boiteux.

Nesse jornal encontramos extensa produção de Cruz e Sousa. Boa parte dela encontra-se hoje inserida na obra completa, edição da Nova Aguilar. Entretanto, deparamo-nos com algumas produções do poeta publicadas com os pseudônimos de Filósofo Alegre e Felisberto, textos que permanecem fora da obra publicada ou de qualquer outro livro do autor.

A grande surpresa da colaboração de Cruz e Sousa no *Novidades* são os triolés, ou seja, versos em geral satíricos, humorísticos, que o poeta, a pedido certamente de Oscar Rosas, compôs para o jornal. Embora não assinados pelo autor negro, tais triolés trazem características próprias do modo de versejar do poeta catarinense, semelhante à velha forma usada por ele quando redator-chefe de *O Moleque* e de *Gilvaz*.

Não tem como dizer que estes versos não foram escritos por Cruz e Sousa. Damos então três exemplos desses textos, de uma produção de dezenas, pois era praticamente diária.

Beijos

Ó frutos das cerejeiras,
Ó beijos encantadores,
Furtados pelas lareiras,
Ó frutos das cerejeiras,
Que doces almas de freiras
Morrendo, esta hora, de amores,
Ó frutos das cerejeiras,
Ó beijos encantadores!

E mais este, não tão suave quanto o anterior, mas, da mesma forma, impecável na sua construção:

À frente

À frente! palmas, bandeiras,
Bandeiras à frente! palmas,
Clarins de marchas guerreiras,

À frente! palmas, bandeiras,
Flamas rubras de fogueiras
Acendendo em brilho as almas,
À frente! palmas, bandeiras,
Bandeiras à frente! palmas!

Fanfarras estrepitosas
Vivas, músicas, tambores,
Numa alegria de rosas,
Fanfarras estrepitosas
E com pompas luminosas
O sol radiando nas cores,
Fanfarras estrepitosas
Vivas, músicas, tambores.

Outro mais seria publicado por Cruz e Sousa, a 28 de dezembro:

Lirial

Ó minha bela princesa.
Flor da Escórcia e flor da graça
Tens a aurora da beleza
Ó minha bela princesa
E és perante a natureza
Aristocrata da raça,
Ó minha bela princesa,
Flor da Escórcia e flor da graça.

Dá-me um sorriso iriado
Que eu dou-te versos e beijos
Dá-me um sorriso iriado
Com que eu fique iluminado,
Por entre aromas e harpejos,
Dá-me um sorriso iriado
Que eu dou-te versos e beijos.

> Engrinaldada de rosas,
> Num florescer de roseira,
> Como as campinas cheirosas,
> Engrinaldadas de rosas
> Frescas, virgens, purpurosas,
> Surge, alegre, vivandeira,
> Engrinaldada de rosas,
> Num florescer de roseira!

Estas três espécies de triolés lembram, brilhantemente, os que o poeta publicava durante o seu período na imprensa do Desterro, sobretudo na direção do jornal *O Moleque*. Ao convidar Cruz e Sousa, Oscar Rosas, então secretário do *Novidades*[234], sabia o que estava fazendo. A única coisa estranha é a não assinatura, nem por pseudônimo, dos versos pelo Poeta Negro. É verdade que, em outros casos, na colaboração do *Novidades*, Cruz e Sousa usou, com frequência, dois importantes pseudônimos: Filósofo Alegre e Felisberto, com os quais publicou a maioria das suas crônicas, algumas já inseridas na sua obra completa, outras não.

---

[234] Oscar Rosas foi mais que secretário do *Novidades*, em documento divulgado no jornal no final de 1891, na primeira página, Bandeira Júnior diz estar comprando a propriedade do jornal do jornalista catarinense, onde ele se mantém trabalhando.

Fonte: Arquivo do autor.

Arquivo Histórico Eclesiástico de Santa Catarina

CERTIDÃO

Certifico e dou fé que do livro 20 (vinte) de assentamentos de batismos da Paroquia de Nossa Senhora do Destêrro às fls. 28 e - sob o nº. —— consta o seguinte:

"João da Cruz — Aos quatro dias do mez de Março do anno de mil oito centos e sessenta e dous nesta Matriz de Nossa Senhora do Destêrro baptisei solemnemente e puz os santos oleos ao innocente João da Cruz, nascido a vinte quatro de Novembro do anno passado, filho natural de Carolina Eva da Conceição, criôula liberta, natural desta Freguesia. Foram padrinhos Manoel Moreira da Silva Junior e Nossa Senhora das Dores. Do que para constar fiz este termo. O Vº Joaquim Gomes d'Oliveira Paiva — A margem: Pai: Guilherme Souza, por subsequente matrimonio."

Nada mais continha o dito assentamento a cujo original me reporto. É verdade o referido, in fide muneris mei.

Florianópolis, 4 de Agosto de 1958.

[assinatura]

Cópia da certidão de batismo de Cruz e Sousa, lavrada em 4 de agosto de 1958, com a data correta do ano de nascimento do poeta.

Casa que pertenceu ao marechal Guilherme Xavier de Sousa, na Chácara do Espanha, onde o poeta teria nascido e passado a infância.

Cruz e Sousa, provavelmente no Desterro, aos 21 anos de idade.

Fachada da Igreja do Rosário, em Florianópolis, onde os pais do poeta se casaram, em 1871.

O jovem Cruz e Sousa fotografado em 1884, na província de Pernambuco, quando fazia parte da Companhia Dramática Julieta dos Santos.

Francisco Moreira de Vasconcelos, poeta, ator e dramaturgo, a quem Cruz e Sousa era ligado pela Companhia Dramática Julieta dos Santos, da qual era o empresário.

A atriz mirim Julieta dos Santos numa das representações da companhia dramática que levava o seu nome.

Marechal Guilherme Xavier de Sousa no front da Guerra do Paraguai, onde serviu.

Gama Rosa, ligado a Cruz e Sousa por laços intelectuais, foi presidente da província de Santa Catarina (1884).

Cruz e Sousa, sentado; Virgílio Várzea, no centro; e Horácio de Carvalho. Fotografia tirada no Desterro, por volta de 1888.

1.ª secção da "Gazeta de Noticias
— Côrte —

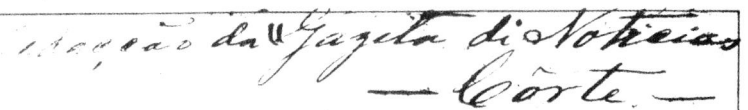

COLOMBO

Assignatura:
Por mez... $500

Pagamento
adiantado

PERIODICO CRITICO E LITTERARIO

REDACTORES DIVERSOS

Publica-se nos dias 7, 14, 21 e 30

ANNO I — Desterro, 28 de Maio de 1881 — Numero 1

COLOMBO

Christovão Colombo, celebre navegador, nascido em 1435 ou em 1441 no estado de Genova, é mesmo em Genova, segundo uns, e segundo outros, em Cuccaro, em Savona, ou em Cogoreo, mas o que é mais provavel é que fosse em Colognetto; foi filho d'um tecelão.

Depois de ter estudado a fundo a geometria, astronomia, e geographia, e a cosmographia, e de ter percorrido por mar quasi todas as partes do mundo conhecido, conjecturou que devia haver terras ao O. da Europa, ou que pelo menos devia haver caminho para a India por este lado.

Propoz primeiro ao rei de Portugal, e depois aos Genovezes que lhe fornecessem os meios de levar a effeito esta descoberta, mas em ambas as partes foi desprezado e tratado como visionario. Dirigiu-se então á Hespanha, aonde reinavam Fernando e Izabel, e alcançou, depois de oito annos de sollicitações, tres navios, com que se embarcou no porto de Palos na Andaluzia a 3 d'Agosto de 1492. No fim de 65 dias de viagem descobriu terra a 8 de Outubro de 1492. Aportou primeiro á ilha de S. Salvador, uma das Lucayas; descobriu depois Cuba, e S. Domingos, e voltou a Europa em Março de 1493, sendo então nomeado vice-rei das regiões por elle descobertas. Em Setembro de 1493 emprehendeu uma segunda viagem, na qual descobriu a maior parte das Pequenas Antilhas e formou estabelecimentos em S. Domingos. N'uma terceira viagem, em 1498, descobriu o continente e percorreu a costa da America meridional, desde a foz do Orenoco até ao Caracas. Finalmente n'uma

FOLHETIM

MARGARIDA

POR

J. da Cruz e Souza

CAPITULO I

Sorrisos e lagrimas de Margarida

(Continuação)

— A minha patria, o meu berço é a verde relva das campinas, é o espaço que nos cobre, é o mundo, emfim!

Meus pais são os meus cães, pois são os que me defendem e minhas irmãs são as minhas ovelhas.

E depois n'uma explosão de pranto, tornou:

— São as minhas ovelhas, sim são as minhas ovelhas!

Ah! era a primeira vez depois que se entregára á vida alegre de pastora, que ella chorava, que dava immensa expansão ás suas lagrimas. Sim, chorou e chorou muito.

— Então, porque chora? disse, querendo tranquillisal-a, o caçador.

Affligi-a talvez com estas perguntas, não foi?

Ah! eu sou um louco!

E este joven de quem não sabemos os intentos, mostrava-se inquieto por vel-a chorar.

Seria prudencia?

Quem sabe!

E depois continuando:

— Eu sou um máo homem, não ...

Fotocópia da capa de uma edição do jornal *Colombo,* publicado e editado por Cruz e Sousa.

Norberto da Conceição Sousa, irmão do poeta, em fotografia inédita. Cópia doada pelo contra-almirante Ian Demaria Boiteux, sobrinho de José Artur Boiteux, amigo de juventude do Poeta Negro.

Oscar Rosas e Cruz e Sousa, no Rio de Janeiro, entre 1888 e 1889.

Oscar Rosas, poeta e jornalista, a quem Cruz e Sousa era ligado por extrema amizade.

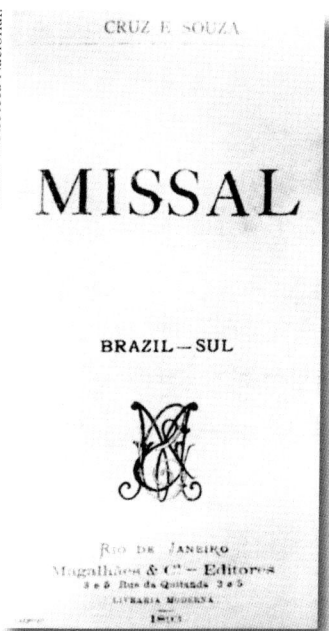

Capa do livro *Missal*, lançado em fevereiro de 1893, no Rio de Janeiro, responsável por inaugurar o Simbolismo no Brasil.

Capa do livro *Broquéis*, lançado em agosto de 1893, no Rio de Janeiro, consolidador do Simbolismo.

Frontispício da capa do livro *Julieta dos Santos – Homenagem ao Gênio Dramático Brasileiro*, de 1883, escrito em parceria com Virgílio Várzea e Santos Lostada.

Página de rosto de *Tropos e fantasias*, de Virgílio Várzea e Cruz e Sousa, Desterro, 1885.

Desenho da *Revista Ilustrada*, de 1893, de autoria de Pereira Neto.

Fonte: Biblioteca Nacional.

Reprodução da fotografia do poeta, tirada no Rio de Janeiro.

Fonte: Arquivo do autor.

Amigos do Poeta Negro (da esquerda para a direita): os poetas Silveria Neta e Santa Rita, o crítico Nestor Victor e o poeta Emiliano Perneta, todos paranaenses, em passagem pelo Rio de Janeiro, no final do século XIX.

Fonte: Fundação Casa de Rui Barbosa.

Fotografia de Tibúrcio de Freitas, um dos grandes amigos de Cruz e Sousa, no Rio de Janeiro.

José do Patrocínio, dono do jornal *Cidade do Rio*, onde trabalhou Cruz e Sousa.

Virgílio Várzea, notabilizado como escritor-marinhista, parceiro de Cruz e Sousa na sua trajetória literária.

Araújo Figueredo, catarinense, com quem Cruz e Sousa morou na Rua do Lavradio, nº 17, no Rio de Janeiro.

Fachada da casa onde morou Cruz e Sousa, no Encantado.

Fotografia inédita do prédio da Estação de São Diogo, onde o poeta trabalhou como arquivista.

Mais uma fotografia do prédio da Estação de São Diogo.

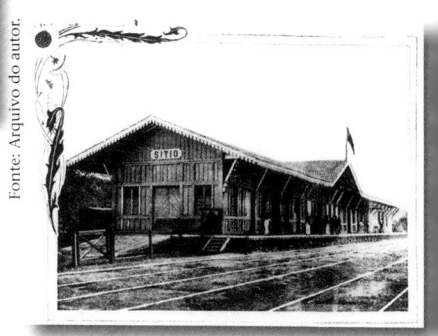

Estação de Sítio, em Minas Gerais, derradeiro destino de Cruz e Sousa. Fotografia inédita.

Prédio da Estação da Estrada de Ferro Pedro II, onde o corpo do poeta foi velado, após chegar da Estação de Sítio.

Desenho de Cruz e Sousa no leito de morte, de autoria do amigo Maurício Jubim.

Sobrado da Rua dos Arcos, nº 60, onde o poeta Cruz e Sousa noivou com Gavita Rosa Gonçalves.

Fonte: Jornal *A Noite ilustrada*, 25 de março de 1936, p. 25.

Fonte: Jornal *A Noite*, 16 de dezembro de 1952.

Silvio Cruz e Sousa e Erci, com os cinco dos seis filhos do casal, na década de 1950.

Silvio Cruz e Sousa, ao lado do antigo mausoléu do avô, quando servia à guarnição do contra-torpedeiro Mato Grosso.

Fonte: Arquivo do autor.

Fonte: Arquivo do autor.

João da Cruz e Sousa, filho póstumo do poeta negro. Fotografia tirada entre 1912 e 1913, quando era aluno do Externato do Colégio Pedro II, em São Cristóvão.

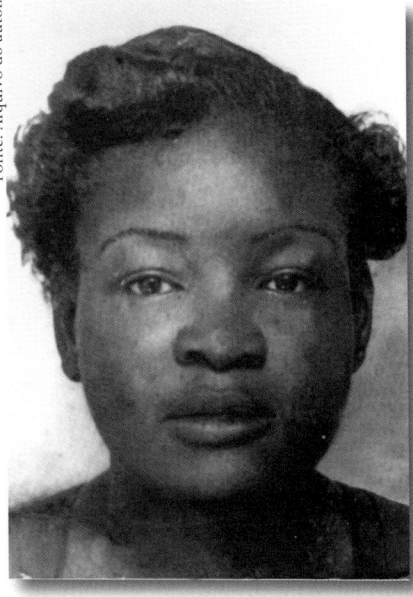

Erci Cruz e Sousa, na época do casamento com Silvio Cruz e Sousa, único neto do poeta.

Fonte: Arquivo do autor.

Talão Nº 257164

Pág. Nº *********

REPÚBLICA FEDERATIVA DO BRASIL
REGISTRO CIVIL

6ª CIRCUNSCRIÇÃO — 3ª ZONA — Freguesia de Santana -
Av. Erasmo Braga-115-"C"-105-"A"-Forum-:-

CASAMENTO Nº 244-

Dr. Joaquim Soto Taboas -:-, Oficial do Registro Civil das Pessoas Naturais da Circunscrição, Freguesia de Santana -:- do Estado do Rio de Janeiro.
****

CERTIFICO que à fls. 63 - do livro nº 03- do registro de casamentos ***************** o assento do matrimônio de JOÃO DA CRUZ E SOUZA e GAVITA ROSA GONÇALVES -:-:- contraído perante o Juiz Dr. Carlos Marques de Sá -:- e as testemunhas Manoel Rodrigues Monteiro de Azevedo e Raul Hamann *****

Ele, nascido Stª. Catarina, aos - de 29 anos - de -:-
profissão Jornalista -, estado civil Solteiro -
e residente nesta cidade -
filho de Guilherme de Souza*-:-

e de Carolina de Sousa *-:-

Ela, nascida Rio de Jan., aos - de 19 anos - de -:-
profissão não consta do termo -, estado civil Solteira -
e residente nesta cidade -
filha de Luis Thomaz Gonçalves*-:-

e de Luiza Rosa*-:-

a qual passa a assinar-se Não consta do termo -:-

Foram apresentados os documentos a que se refere o art. 180, nº *********,
do Código Civil.

Observações: Casamento realizado em 09 de novembro de 1893, na Cidade do Rio de Janeiro.-. Nada mais consta********
********************** Ressalvo onde se lê: HAMANN.********

2ª VIA
CR$ 1.987,04

O referido é verdade e dou fé.
Rio de Janeiro, 21 de outubro de 19 91.

OFICIAL DE REGISTRO CIVIL

7535-651-1131

Cópia da certidão de casamento de Cruz e Sousa e Gavita Rosa Gonçalves.

Registro Civil da 1.ª Pretoria
Eugenho Velho
RIO DE JANEIRO

Escrivão José Cyrillo Castex.

N. 1427

Certifico que do livro n. 43 dos assentos de nascimentos na folha 80 v. consta o de *João*

nascido em 30 de Agosto de 1898 as 12 horas — da noite, na rua Mauá e Barros, 18

filho leg.mo de João da Cruz e Souza e de d.ª Gavita da Cruz e Souza

neto paterno de Guilherme de Souza e d.ª Carolina de Souza
e materno de Thomé Luiz Gonçalves e d.ª Luiza Roza

Foram testemunhas da declaração: *Hector Victor dos Santos e Gustavo Santiago*

Declarante: a propria mãi

O referido é verdade do que dou fé.

Rio de Janeiro, _____ de 1912

O escrivão,

Cópia do registro de nascimento de João da Cruz e Sousa Filho.

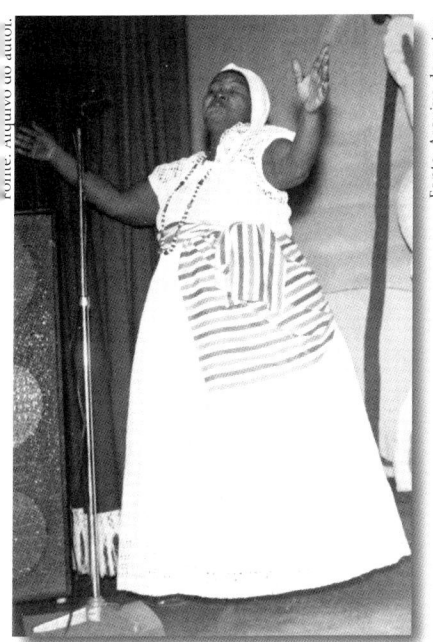

Erci Cruz e Sousa, conhecida como "a voz de bronze", quando cantava no conjunto Os Palmares. Fotografia do show realizado em 8 de agosto de 1967, no teatro Ginástico.

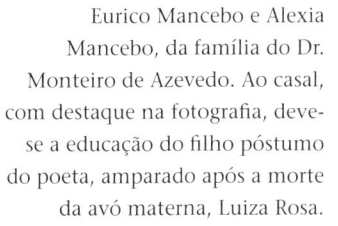

Atual mausoléu de Cruz e Sousa no cemitério de São Francisco Xavier, no Caju.

Eurico Mancebo e Alexia Mancebo, da família do Dr. Monteiro de Azevedo. Ao casal, com destaque na fotografia, deve-se a educação do filho póstumo do poeta, amparado após a morte da avó materna, Luiza Rosa.

Antigo Palácio de Despachos do governo catarinense, hoje Palácio-Museu Cruz e Sousa, onde estão depositadas as cinzas do poeta.

Talão Nº ...:..

Pág. Nº ...:..

REPÚBLICA FEDERATIVA DO BRASIL
REGISTRO CIVIL

9ª CIRCUNSCRIÇÃO — 5ª ZONA — Freguesia de São Cristóvão

CERTIDÃO DE ÓBITO

CERTIFICA que à fls. 45 do livro nº C.36 sob. o nº 966 de registro de óbitos consta o de GAVITA DA CRUZ E SOUZA...

falecido (a) 13 de setembro (9) de mil novecentos e um (1901) à tres hora ... minutos, na Rua Argentina, nº 18...

do sexo feminino, de cor ..., filho (a) THOMÉ GONÇALVES e de LUIZA ROSA DA CONCEIÇÃO...
idade 27 anos profissão domestica
Estado Civil viuva de João da Cruz e Souza...

residência no local do óbito
Natural desta Cidade
Causa mortis tuberculose pulmonar...

Médico atestante Dr. Antonio F. de Almeida Mello...
Local do sepultamento: Cemitério de São Francisco Xavier...

Foi declarante Octavio Vaz da Motta...
Termo lavrado em 03.09.1901...

2ª VIA

Cópia da certidão de óbito de Gavita da Cruz e Sousa.

MOVIMENTO NORTE-SUL

Foi nesse clima que Cruz e Sousa passou a viver no Rio de Janeiro, vindo de Santa Catarina. Antes de chegar ao Rio de Janeiro, que vivia a efervescência da queda da Monarquia, o movimento de reação ao naturalismo, na prosa, e ao parnasianismo, no verso, havia tomado a imprensa da capital da República. Oscar Rosas, sempre ele, era o mentor desse movimento. Parte dele, pode-se dizer, gerava as mais violentas reações. É da autoria de Oscar os principais artigos na imprensa sobre escritores franceses da chamada escola moderna. Espírito polemista, Oscar Rosas proclama-se "simbolista radical" ou "um simbolista *arrouge*"[235]. Sua campanha em favor do Simbolismo divide opiniões. Trava, então, a batalha (uma espécie de Guerrilha Literária nos moldes da do Desterro) entre os que eram do Norte contra os do Sul (semelhante àquela divisão proposta por Franklin Távora, nos idos de 1881)[236], ou de Novos contra Velhos. Por Novo entendia-se os poetas e prosadores na faixa dos vinte e poucos anos, e, em geral, nascidos no Sul. Tal termo foi cunhado por Pardal Mallet em artigo providencial na *Gazeta de Notícias*[237] escusando-se da pecha: "Não sou eu quem diz mas outro é que afirma que inventei os *novos...*" Mas Pedro Rabelo, o P R do *Correio do Povo*, numa nota intitulada *Contra os inúteis*, de 5 de outubro, se posiciona contrariamente, pois para ele foi Pardal Mallet quem cunhou a expressão novos, resumida

---

[235] Carta a Cruz e Sousa, Rio de Janeiro, 20 de março de 1890.

[236] A literatura do Norte, in Cláudio Aguiar, *Franklin Távora e o seu tempo*. Atelier Editorial, 1997, p. 243.

[237] Pardal Mallet. Estou roubado. *Gazeta de Notícias*, 4 de outubro de 1890.

nestas estrofes: "Talhado para as grandezas / P'ra crescer, criar, subir...". E escrevia: "Lugar aos novos! Mas para que, se eles não sabem coisa nenhuma, à exceção de meia dúzia de rapazes que se podem facilmente apontar aí na rua do Ouvidor? Lugar aos novos! Mas para quê, se eles não têm nenhuma ilustração nem talento nenhum". Na coluna *Através da semana*, João Ribeiro, no mesmo jornal, opina da mesma forma sobre a questão dos novos: "A única coisa que me impressiona dos novos é que eles são velhos como o diabo". Em seguida, diz o escritor: "Há, de certo entre os agitadores da literatura momentânea, dessa literatura de jornal, há de certo meia dúzia de talentos vigorosos, que hão de subir à escada da celebridade. O resto é um rebutalho quase indecente, que monopolizou o direito de dizer as mais hediondas asneiras, as mais parvas imbecilidades".

Enquanto isso, Caliban, talvez Coelho Neto, pelo mesmo *Correio do Povo*, propõe um Teatro Livre[238]. No diálogo proposto, estão lado a lado velhos e novos. "Aparece um novo, na flor dos anos, cheio de idéias novas, com o Novíssimo Almanaque debaixo do braço e o Novo Método no bolso... o talento novo. Muito magro, ar trágico:

— Eu sou o Novíssimo reformador das letras e das artes... Eu sou o processo de amanhã...

(Pegaso relinchia um hiato)

— Sou eu quem há de mandar a gramática à tábua e Castilho à fava!"

À frente do movimento, provocando os meios literários, Oscar Rosas e seu grupo (no caso o *Grupo dos Novos*, leia-se: Emiliano Perneta, Virgílio Várzea, Araújo Figueredo, B. Lopes, Álvares de Azevedo Sobrinho, Lima Campos, Oliveira e Silva, Luiz Quirino, e, logo a seguir, Cruz e Sousa) veem-se bombardeados por todos os lados. No início de outubro, fundam um jornal, *Folha Popular* (inspirado na *Tribuna Popular* do Desterro), então chamado de "jornal dos novos" pela imprensa dos velhos, na qual se incluem, injustamente, Coelho Neto, Valentim Magalhães, Olavo Bilac, e mais justamente, pela idade, Silvio Romero, Araripe Júnior, José Veríssimo e Machado de Assis (este com 51 anos nessa época).

O primeiro número da Folha Popular circulou no dia 3 de outubro de 1890, sob a direção Leopoldo Cabral e tendo como gerente Artur Torres e secretário Emiliano Perneta. A imprensa recebeu bem

---

[238] Caliban (Coelho Neto). Theatro Livre. *Correio do Povo*, 12 de outubro de 1890, p. 1.

a publicação, entre os quais o *Correio do Povo*, *O País*, *Gazeta de Notícias* e *Cidade do Rio*. Tivemos acesso a duas edições desse jornal: a de 4 de outubro, número 2, e a de 15 de novembro, número 33, já sem a função de gerente e o nome do Artur Torres no cabeçalho. No dia anterior à saída do número inaugural, a turba da *Folha Popular* saiu à rua para anunciar a novidade. O jornal *O País* registrou o ocorrido numa nota inserta em suas colunas:

> À 9 horas da noite fomos surpreendidos com uma significativa manifestação que nos foi feita por um grupo de rapazes alegres e talentosos, que em nome da *Folha Popular*, a simpática colega que deve hoje começar a ser publicada, veio oferecer-nos flores, orando em nome daquela folha Emiliano Perneta. Acompanhavam-no Emilio de Menezes, Leopoldo Cabral, Leôncio Corrêa, Oscar Rosas, Araújo Figueredo, Gonzaga Duque, Antônio Araújo e outros belos rapazes cujos nomes não podemos tomar.[239]

O *Novidades*, na pena de Terrenus (pseudônimo usado por Oscar Rosas), na seção *Uma quadra por dia*, fez uma saudação ao aparecimento do jornal:

> Hoje a Folha Popular
> Ao bom público sorriu
> E, certo, encontra lugar
> Para eterno desafio.

Numa outra quadra, dizia Terrenus, trocando o sobrenome do poeta paranaense Leôncio Correia:

> Versos de Leôncio Perneta
> Na Gazeta...
> Que perigo!
> Vê só tu, leitor amigo...[240]

A *Cidade do Rio*, falando do "novo batalhador da imprensa", destaca os nomes laureados de Leopoldo Cabral, Emiliano Perneta e

---

[239] *O País*, 2 de outubro de 1890.

[240] Uma quadra por dia, Terrenus. *Novidades*, 3 e 18 de outubro de 1890, respectivamente.

Leôncio Correia, informando que do "seu artigo de apresentação se infere que a *Folha Popular* é a sintetização da independência — livre em política, livre em literatura" e que não vem com "um programa limitado por onde tenha de pautar seus atos, mas pronta a acompanhar a brilhante evolução brasileira em todos os sentidos"[241]. O *Democracia*, destacou "o número cheio, esplêndido" e os contos de Lima Campos, Oscar Rosas, bem como o soneto de Emílio de Menezes e a *Musa Boêmio* de Bruno Lauro (pseudônimo de B. Lopes)[242].

Uma coisa é certa: não se fala em manifesto do Simbolismo, a menos que este artigo citado pela *Cidade do Rio* tenha assumindo esta função. No dia do lançamento, a *Folha Popular* deu uma festa. Em um texto intitulado *Nós*[243], o redator relatava:

> Muito para alegrar-nos foi a festa de anteontem em que, ao inaugurar os nossos trabalhos, pretendemos reunir numa doce fraternidade os colegas da imprensa. Desde pela tarde, tivemos de registrar visitas honrosíssimas, que nos vieram animar para a ardorosa tarefa que nos impusemos, criando um gênero novo na publicidade patrícia. À noite, mesmo antes de dar começo a nossa festa íntima, fomos agradavelmente surpreendidos com a presença dos nossos bons colegas da *Tribuna*, que, por tarefa de ofício nos vieram cumprimentar antes da hora aprazada. Às 11h30, reunidos em um verdadeiro ágape de imprensa, foram os nossos convidados introduzidos na sala-buffet, onde o ilustrado confrade d'O Páis, Antonio Pereira Leitão, brindou-nos lisonjeiramente. Respondeu, em nome da Folha Popular, o nosso companheiro Evaristo de Moraes, que saudou *O País* e o *Jornal do Commercio*, representado pelo sr. Baldonero Fuentes.
>
> Seguiram-se animados brindes, vivamente correspondidos, que prolongaram-se até adiantada hora da noite, sendo levantado o brinde de honra à Liberdade de Imprensa. Nem por ter sido grande o nosso empenho em registrar o nome das pessoas que nos honraram com sua presença, na noite de anteontem e durante todo o dia

---

[241] *Cidade do Rio*, 4 de outubro de 1890.

[242] *Democracia*, 4 de outubro de 1890.

[243] *Folha Popular*, nº 2, 4 de outubro de 1890.

de ontem, apenas poderemos citar os nomes dos srs. cavalheiros que nos visitavam: Felix Bocayuva, Olavo Guerra, F. Ferdinando Costa, Jacobino Freire, José de Paz Oliveira, Frederico Guilherme, Luiz Quirino, Goulart, Álvares de Azevedo Sobrinho, Araújo Figueredo, Silvio Batista, Mariano Gama (redator da Alvorada), Gonzaga Duque Estrada, Virgílio Várzea, Maurício Jobim, Bento Barbosa, Lima Campos, Eugênio Azevedo, d'*A Tribuna*, Alfredo Augusto da Silva, d'*A Tribuna*, Hortêncio Mello, Pardal Mallet, Benjamim Motta, d'O País, M. Correia de Freitas, Gastão Bousquet, Alfredo Prates, Baldomero Caqueira Fuentes, do *Jornal do Commercio*, A. de Albuquerque, d'*A Tribuna*, João Barbosa, da *Gazeta da Tarde*, Jovino Ayres, d'O País, Theotônio Diniz Regadas, do Diário do Comércio, 1º tenente Delfino Lorena, Affonso Martins, d'*A Tribuna*, Artur Azevedo, Firmino Julio Ribeiro, gerente d'A Família, Augusto de Almeida Torres, Arinos Pimentel, do *Diário de Notícias*, Dr. Nilo Peçanha, Oliveira e Silva, pelo Diário do Comércio, Carlos Xavier, da *Gazeta de Notícias*, João Alves Aveiro, Rocha Pombo, Mario Pederneiras, Alfredo Madureira, Dr. Thomaz Delfino, Moraes e Silva, Francisco Luis, João Ribeiro, Alberto de Oliveira, D. Josephina Álvares, Dr. Coelho Lisboa, Dr. Paula e Silva, Dr. Alexandre Stockler, Dr. Hermes da Fonseca e Luiz Ribeiro, do Correio do Povo.

A lista é grande e dela sobressaem dois nomes de futuros presidentes da República: Hermes da Fonseca e Nilo Peçanha. Nesse número, saíram o soneto *Um Deus morrendo*, de Luiz Delfino, o folhetim a *Sobrinha do general*, assinado por Flagy, uma narrativa *O Maurity*, de Emiliano Perneta, e a seção *Diário de um Fauno* que lembra *L'après-midi d'um faune* — a tarde de um fauno — de Mallarmé, um soneto de Bruno Lauro (B. Lopes), além de um artigo de F. B. (Félix Bocayúva), intitulado *O que é ser novo?* 'Depois disso, nada de novo ou revolucionário. Ainda na página 2, vinha um poeminha que era a síntese daquela noite memorável:

> Tivemos anteontem cá em casa
> Uma alta folia do diabo:
> Deixaram-nos a mesa rasa,
> E do champagne deram cabo.

— "Peço a palavra! eu brindo... eu brindo
A graça e o chic, a par
Do talento com que ides dirigindo
A Folha Popular" —

E muitas coisas agradáveis.
Mais — nos disseram os convivas,
Belos rapazes, bons, amáveis,
Entre os estouros e entre os vivas!

Mas pouco duraria a *Folha Popular*. No dia 10 de dezembro o *Correio do Povo* publicava uma seção intitulada *Museu*, falando da morte do jornal. "Foi um belo caso teratológico a pobrezinha. Basta considerar que se chamou a *Folha Popular* e não só tinha por protetor Sileno, o bêbado, o Rigoleto das assembléias dos deuses, o orgíaco que escolhia para companheiro o asno, como também, Popular que ele era, pretendia fazer uma revolução na arte...".

A nota, sem assinatura, dava uma alfinetada em Oscar Rosas (Sileno, o bêbado) e Emiliano Perneta (Rigoleto). Alguns estudiosos tentam associar a Folha Popular a Cruz e Sousa. O Poeta Negro não participou de nenhum processo de construção dessa folha[244]. Em carta ao amigo, Virgílio Várzea, lamentando uns episódios da vida, dizia: "Contava com a *Folha Popular*, com o Perneta seu redator-secretário, contava com o Oscar, contava com o Araújo, contava com muita gente para obter uma excelente colocação para ti. A *Folha Popular* quebrou, o Perneta, conquanto seja de uma generosidade incomparável, de uma alma única, nada pode fazer, porque ele mesmo, apesar do seu grande talento, e da sua formatura, há de falhar na vida..."[245].

Enquanto isso continuava pela grande imprensa a batalha travada pelos que defendiam o grupo dos novos e dos velhos, ou a literatura do

---

[244] Andrade Muricy foi dos que asseveravam essa participação: "Foi admitido como repórter na *Cidade do Rio*. Foi, porém, na *Folha Popular* que B. Lopes, Emiliano Perneta, Oscar Rosas e Cruz e Sousa lançaram, sob a insígnia de um touro, os artigos-manifestos iniciais do Simbolismo Brasileiro", tendo como referência um texto de Araripe Júnior (Movimento de 1893. Crepúsculo dos Povos, 1896, pp. 88-89)

[245] Carta de Virgílio Várzea a Cruz e Sousa, de 26 de novembro de 1890. Falhou o veredicto de Virgilio Várzea. Além de advogado, alçando-se a promotor público, Emiliano Perneta terminou a vida no Supremo Tribunal Militar.

norte e do sul. Oscar Rosas, pelo *Novidades*, ataca violentamente Araripe Júnior, a quem pede que morra, em seguida transcreve o *Traité du Verbe*, de Mallarmé, citando-lhe *Brise marine ("La chair est triste, — hélas! et j'ai lu tous les livres.") e* num comovente artigo faz o necrológio do poeta parnasiano Theodore de Banville[246]. Cruz e Sousa não toma parte do primeiro momento desse movimento, mas será completamente envolvido nele assim que chegar ao Rio de Janeiro. Sua entrada para a *Cidade do Rio*, como já vimos, para o *Novidades*, a *Revista Ilustrada* e depois *O Tempo*, vai fazer com que a sua produção literária se concentre no âmago do novo conceito de literatura que então se prega.

À medida que os ânimos esquentam, Oscar Rosas é o intelectual mais visado pela mídia. Não há quem não cite o seu nome ou a ele faça troças sobre a sua postura. Sobre Araripe Júnior diria ele, num artigo na *Cidade do Rio*:

> Toda a paixão deste crítico (Araripe Júnior) foi não me haver lançado. Nesse caso a cousa era outra, eu seria o seu "engenhosinho", principalmente se fosse tão burro que lhe imitasse o parente, o tal inventor do tacape, dos boés e outros ferros da nossa literatura.

Citando este trecho da crônica de Oscar Rosas, em sua coluna, na qual o articulista faz referência a José de Alencar, Pedro Malazartes, na verdade pseudônimo de Soares de Souza Júnior, faz umas troças ao poeta e jornalista catarinense, com referência ao Paraguai, terra do seu sogro, pai de sua esposa Julieta Rosas:

> Oscar quando escreve é fera,
> É Rosas... do Paraguai!
> É onça, é danado, é cuera,
> Quando ao vulto de alguém vai!
>
> Convenceu-me a novo esfrega
> Do que me disse o Mallet:
> — Quando Oscar da pena pega
> treme a própria mesa até!

---

[246] Oscar Rosas, in *Novidades*, de 18 de outubro de 1890; e 3 e 16 de março de 1891.

> Seriamente o Mallet conta
> Que, escrevendo, o fero Oscar
> Põe-se na mesa a espetar
> Facões e facas de ponta!
>
> Contra sova tão violenta
> Um conselho aqui eu dou:
> — Araripe, agüenta, agüenta,
> Que o Romero já agüentou.

O poemeto[247] faz referência aos ataques de Oscar Rosas a Araripe Júnior, que queria dar-lhe "bolos de mestre-escola", sendo Oscar tratado como "o menino da *Cidade do Rio*"[248]. O *Movimento Norte-Sul* funde-se com o *Movimento Novos e Velhos*, e vice-versa. São estes movimentos — ou os dois fundidos um no outro — que darão as bases para a consolidação do Simbolismo entre nós. Ou seja, quando Cruz e Sousa publica seus livros *Missal*, de prosa, e *Broquéis*, de versos, ambos de 1893, de alguma forma a áurea dessas concepções ainda predomina nos meios literários. *Missal*, ao ser publicado no início desse mesmo ano, pela editora Magalhães & Cia, sairia selado com o monograma editorial *Brasil — Sul*, que, como tudo indica, parece uma referência àquele movimento literário. E isto não é coincidência.

Entre os polemistas que teceram armas com Oscar Rosas nessa imensa contenda, citamos os mais famosos e conhecidos: Silvio Romero, Araripe Júnior, Filinto de Almeida, Artur Azevedo (A *Revista Ilustrada* estampou, inclusive, uma charge em que Oscar e Artur digladiam das janelas do *Novidades* e do *Correio do Povo*, respectivamente), Coelho Neto, Valentim Magalhães, Alphonsus de Guimaraens, entre outros.

Alphonsus, então, com o pseudônimo de Guy[249], quem diria, manifestou-se contrário ao movimento: "Os novos estão aí — dizia ele. Acabaram com a nossa literatura, atirando-a para o monturo das inutilidades, e mandaram a sebo os pobres diabos que se deram ao trabalho de fazer alguma coisa que não fosse de todo má". Depois

---

[247] Pedro Malazartes. Franfeluches (Agüenta!). *Gazeta de Notícias*, 15 de outubro de 1890.

[248] Alferes Cosme Velho (Araripe Júnior). *Correio do Povo*, 17 de outubro de 1890. Ver também, do mesmo autor, *Correio do Povo*, 21 de outubro de 1890.

[249] Guy. Spleen. *O Mercantil*, São Paulo, 20 de novembro de 1890.

de fazer a defesa de Silvio Romero, de Machado de Assis, de Rui Barbosa, de Araripe Júnior, Ferreira de Menezes, protesta: "Eu, que não sou velho mas que declino da nunca sonhada honraria de ser novo, estou aqui, estou a ouvir as sábias pretensões do Sr. Virgílio Várzea, que se repimpa na alta cátedra que o sr. Luiz Quirino lhe impõe modestamente num rasgo de generosidade de chefe obsequioso." No mesmo diapasão, Severiano de Resende, que se revelaria um dos amigos mais próximos de Araújo Figueredo, já no final da vida deste, depois de ler uma relação que incluía seu nome como um dos novos, saiu-se pela tangente: "É com a mais dilacerante angústia e com o mais pudibundo amor ao decoro literário que sou forçado a declarar-me perfeitamente indigno de fazer parte da ubérrima e numerosa falange guerreira, de que sr. Pardal Mallet em uma hora se fez porta-estandarte e de que Quirino, acaudilhando turba-multas de revolucionários que ainda não tiveram ensejo de aprender o que eles estão reforçando: a gramática da língua vernácula"[250]. Noutro tópico do artigo de *O Mercantil*: "Os nomes de Raul Pompéia, de Alcindo Guanabara, de Olavo Bilac, de Domício da Gama, de Coelho Neto, de Artur e Aluisio Azevedo, de Luiz Murat, de Guimarães Passos, de Alberto de Oliveira, de Raimundo Correa, de Rodolfo Bernardelli, de Henrique Bernardelli, de Rodolfo Amoedo, de Castagnetto, de Décio Vilares, de Aurélio de Figueiredo, de alguns músicos de mérito, foram coletivamente substituídos por uma chusma de principiantes, alguns verdadeiros alimárias, mas todos unicamente 'artistas da palavra', ou pretendentes a isso". Para terminar: "Os novos! Não há novos, sr. Várzea, como também não há velhos. Há somente artistas. Aqueles que merecem esse nome tê-lo-ão: os talentos hão de aparecer e as suas obras hão de ficar, sejam elas antigas ou modernas". "Com franqueza sr. Várzea, com franqueza: o sr. não acha que isto é uma pândega e que esta questiúncula de novos já vai cheirando mal? Se nem os cueiros lavam, os porcos?"

A Capital Federal era uma cidade mudada completamente, cheia de agitação capitalista, muito diferente desde a última vez em que o Poeta Negro estivera por lá. Em 1889, o governo imperial ainda comemorou um ano da abolição da escravatura numa festa realizada

---

[250] Severiano de Resende. Sentido com eles! *O Mercantil*, 25 de outubro de 1890, p.1.

no dia 13 de maio, com várias participações, inclusive da chamada Guarda Negra, que, incentivada pela *Cidade do Rio*, era insuflada a defender a coroa por José do Patrocínio, por exemplo. Ao chegar no Rio, o poeta vinha com todo o gás. A viagem fizera-lhe bem. Afora os sonetos publicados na *Cidade do Rio* (*Sentimento do vago...*) e no *Novidades* (*O mar*), Cruz e Sousa iniciara o ano com um longo poema que em muito influenciaria sua obra. A poesia *Arte*, de 1º de janeiro de 1891, tinha a forma de uma profissão de fé (como Olavo Bilac fizera a sua para a escola parnasiana). Eis o poema de Cruz e Sousa:

> Como eu vibro este verso, esgrimo e torço,
> Tu, o poeta moderno, esgrime e torce;
> Emprega apenas um pequeno esforço,
> Mas sem que nada a pura idéia force.
>
> Para que saia vigoroso o verso,
> Como organismo que palpita e vibra,
> É mister um sistema altivo e terso
> De nervos, sangue e músculos e fibra.
>
> Que o verso parta e gire como a flecha
> Que do alto do ar, aves, além, derruba
> E como um leão ruja feroz na brecha
> Da estrofe, alvoroçando a cauda e a juba.
>
> Para que tenhas toda a envergadura
> De asa, o teu verso, como a cimitarra
> Turca apresente a lâmina segura,
> Poeta, é mister como um leão, ter garra.
>
> Essa bravura atlética e leonina
> Só podem ter artistas deslumbrados
> Que sorveram com lábios e retina
> A luz do amor que os faz iluminados.
>
> Nem é preciso, poeta, que te esbofes
> Para ferir um verso que fuzile:

Põe a alma e muitas almas nas estrofes
E deixa, enfim, que o verso tamborile,

Busca palavras límpidas e novas,
Resplandecentes como sóis radiosos
E sentirás como te surgem trovas
Belas de madrigais deliciosos.

Busca também palavras velhas, busca,
Limpa-as, dá-lhes o brilho necessário
E então verás que cada qual corusca,
Com dobrado fulgor extraordinário.

Que as frases velhas são como as espadas
Cheias de nódoas de ferrugem, velhas,
Mas que assim mesmo estando enferrujadas
Tu, grande artista, as brunes e as espelhas.

Que toda a vida e sensação de estilo
Está na frase quando se coloca,
Antiga ou nova, mas trazendo aquilo
Que soa como um tímpano que toca,

Como o escultor que apenas faz de um bloco
A estátua — com supremo e nobre afinco
Estuda a natureza num só foco:
A prata, o bronze, o cobre, o zinco.

Estuda dos rubins, estuda o ouro
E dos corais, da pérola e safira,
Todo esse íris febril radiante e louro
Que é a centelha de sol em toda a lira.

Estuda todos os metais, estuda,
Desce à matéria prodigiosa e vasta,
Estuda nela a natureza muda,
Os veios de cristal da origem casta.

Estuda toda a intensa natureza
Feita de aromas, de canções e de asas
E sente a luz da cor e da beleza
Rir, flamejar e arder, iriar em brasas.

Faz dos teus pensamentos argonautas
Rasgando as largas amplidões marinhas,
Soprando, à lua, peregrinas flautas,
Como os pagãos sob o docel da vinhas.

Assim, pois, saberás tudo o que sabe
Quem anda por alturas mais serenas
E aprenderás então como é que cabe
A natureza numa estrofe apenas.

Assim terás o culto pela forma,
Culto que prende os belos gregos da arte
E levarás no teu ginete, a norma
Dessa transformação por toda a parte.

Enche de alegres vibrações sonoras
A tua idéia pródiga e valente,
Põe nela todo o incêndio das auroras
Para torná-la emocional e ardente.

Derrama luz e cânticos e poemas
No verso e fá-lo musical e doce
Como se o coração nessas supremas
Estrofes, puro e diluído fosse.

Que a abelha de ouro do teu verso esvoace,
Fulja como um fuzil numa borrasca;
Que o verso quando é bom por qualquer face
Lembra um fruto saudável desde a casca.

Com arte, forma, cor, tudo isso em jogo,
Engrinaldado e rútilo de crenças,

O sonho cresce — o pássaro de fogo
Que habita as altas regiões imensas.

E canta o amor, o sol, o mar e o vinho,
As esperanças e o luar e os beijos
E o corpo da mulher — esse carinho —
Canta melhor, vibra com mais desejo.

Canta-lhe a sinfonia dos olhares,
A cálida magnólia austral das pomas,
E quando então tudo isso enfim cantares
Em tudo põe a fluidez de aromas.

Vibra toda essa luz que do ar transborda
Como todo o ar nos seres vai vibrando
E da harpa do teu sonho, corda a corda,
Deixa que as ilusões passem cantando.

Na alma do artista, alma que trina e arrulha,
Que adora e anseia, que deseja e ama,
Gera-se muita vez uma fagulha
Que explose e se abre numa grande chama.

Pois essa chama que a fagulha gera,
Que enche e que acende o espírito de força,
Sobe pela alma como primavera
De rosas sobe por coluna torsa.

Faz estrofes assim, de asas de rima,
Depois de fecundá-las e acendê-las
De amor, de luz — põe lagrimas em cima,
Como as eflorescências das estrelas.

Este poema saiu de alto a baixo da página, em duas colunas, e para um jornal popular como o *Novidades* (fundado e dirigido, no passado, por Alcindo Guanabara), deve ter enchido Cruz e Sousa de orgulho e satisfação. Esta, porém, não é a versão definitiva deste poema. O poeta fizera algumas modificações, insatisfeito, talvez, com a construção de algumas estrofes; das 48 originais, retirou dez. São elas: a 10ª, a 11ª, a 12ª, a 13ª e a 14ª. Conservou a 15ª, a 16ª, a 17ª, a 18ª, a 19ª e a 20ª. Continuou a cortar: a 21ª, a 23ª e a 26ª. Além desses cortes, refez algumas estrofes, modificando pontuações e trocando palavras. Hoje as duas versões figuram na *Obra Completa* do poeta, na coleção integrante do *Livro Derradeiro*.

Ao par de sua linguagem rebuscada, com rimas ricas, *Arte* é um abrir de portas para a estética simbolista, que consagraria a obra do autor, dois anos depois. Feito no influxo da paixão pela poesia, logo Cruz e Sousa viu que ele precisava ser revisto, dar os cortes. Não é uma peça simbolista, na estrita concepção da palavra; diria que se encontra numa fronteira, na região limítrofe entre esta escola e o parnasianismo[251].

Dois dias depois publica um soneto que dera o nome de *Rir!*. É uma bela espécime de tantos que havia composto nos últimos tempos. Neste soneto aflora todo o lado irônico do poeta, no seu mais alto grau:

> Rir! Não parece ao século presente
> Que o rir traduza sempre uma alegria...
> Rir! Mas não o rir como essa pobre gente
> Que rir sem arte e sem filosofia.
>
> Rir! Mas com o rir atroz, o rir tremente
> Com que André Gil eternamente ria.
> Rir! Mas com o rir demolidor e quente
> Duma profunda e trágica ironia.
>
> Antes chorar! Mais fácil nos parece.
> Porque o chorar nos ilumina e nos aquece
> Nesta noite gelada do existir.

---

[251] Após a publicação, o Poeta Negro reduziu a poesia, realizando os cortes anunciados. A versão com os cortes é a que figura na *Obra Completa*, na seção Livro Derradeiro (Ed. José Aguilar, 1961, pp. 332-333)

> Antes chorar que rir de modo triste...
> Pois que o difícil do rir bem consiste
> Só em saber como Henri Heine rir!...

Multiplicam-se suas colaborações na imprensa. A profusão de textos que escreve mostra que o Poeta Negro vive profundamente da vida literária e jornalística. Pois só no *Novidades* publica poemas e produções em prosa. Dos poemas, algumas produções longas, como *Sganarello, Tenebrosa* e *Desmoronamento*, e outras não tão longas, como *Abelhas*. Entre a contribuição em prosa, destacam *O Batizado*, dedicada ao amigo Gonzaga Duque Estrada, e *Bêbado, Sob as naves, Doença psíquica, A janela* e *Gata* (ambos publicados antes na *Cidade do Rio*), *Je dis non* (dedicado a Virgílio Várzea), entre tantos outros. Muitos destes textos, certamente, são reaproveitados de outras publicações feitas pelo poeta, talvez ainda na fase provinciana. O certo é que Cruz e Sousa mantinha uma produção verdadeiramente frenética. Diariamente escrevia para a *Cidade do Rio* as crônicas e contos da coluna *Formas e coloridos*, além de poemas; passara a colaborar na *Revista Ilustrada*, comandada por Artur de Miranda, que lhe convidou, e Pereira Neto (que lhe faria um belíssimo retrato quando do lançamento de *Missal*, em 1893).

Eram três publicações de peso obrigando-o a manter-se nas páginas dos jornais diariamente. No *Novidades*, escrevia alguns textos, sobretudo crônicas, com pseudônimos: Filósofo Alegre e Felisberto, assim como na *Cidade do Rio* ele usou outros dois: Gamin e Satyro, este último utilizado em *Gilvaz*, onde adotou um outro, Lord, no último ano em que permaneceu no Desterro. Advém daí uma confusão que levou (e ainda leva) a erro muitos estudiosos de sua vida e obra. No *Novidades* publicou Cruz e Sousa, com o pseudônimo de Felisberto, um texto que ele dera o título de *O caso do Eldorado*, divulgado na edição do jornal de 21 de outubro de 1891. Nesse mesmo jornal, no dia 11 de outubro, saiu um pequeno texto com o nome de *O El-Dorado*, assinado por Habitué. Onde há o engano? É simples. Habitué era um pseudônimo usado com frequência pela imprensa, inclusive pelo *Novidades*, ou em dezenas de jornais publicados no Rio de Janeiro, em épocas que Cruz e Sousa nem passava perto da cidade. Este pseudônimo era uma maneira de assinar as matérias ou notas corriqueiras, do dia-a-dia do jornal, sem importância editorial ou jornalística. O texto de Habitué é um aleijão à obra e à memória do poeta, pois trata, na verdade, de uma famosa casa de costumes, afamada por fazer a alegria dos homens, tipo bordel, pois "as águas lustrais do prazer lá estão", bem como na "boca rósea de todas aquelas mulheres ferve o champagne do amor". Ora, Cruz e Sousa jamais iria a uma casa dessas. Pelo menos como o conhecemos. Por mais luxureante que fosse boa parte de suas poesias e prosas, não podemos imaginar que ele teria desfrutado do prazer da carne e ao mesmo tempo reproduzido em texto as sensações desse prazer. Enquanto isso, o texto de *O caso do Eldorado*, uma ficção, trata da desventura de um "inditoso moço". Houve, certamente, um erro de indicação de Andrade Muricy, o que resultou, até hoje, numa página que vem sendo lida na *Obra Completa* do poeta sem que ele a tenha escrito.

Eis um trecho de *O caso do Eldorado*, este sim inédito em livro:

> Não conheço absolutamente, não sei quem seja esse inditoso moço, que, num momento de fatal descuido, causou a morte ao seu melhor amigo — um compatriota, um colega de arte, um companheiro na vida, um irmão talvez em idéias e crenças... Lastimo-o, entretanto...
> (...) Sobre sua existência o grande olhar penetrante e esgazeado da pátria longínqua, da família saudosa, dos amigos inconsoláveis daquele que foi a sua vítima, da vítima que foi o seu crime!...

Já que estamos no campo dos erros e das aberrações, há um outro caso que chama a atenção, este ainda mais grave do que o primeiro. Um soneto reproduzido na obra de Cruz e Sousa, *Ideal comum*, é tido como escrito "a quatro mãos"[252] entre ele e Oscar Rosas. Este fato surgiu após o crítico Fernando Góes, em 1943, publicar, pelas Edições Cultura, de São Paulo, as obras de Cruz e Sousa em dois tomos. No primeiro, dedicado às poesias, o último texto é exatamente *Ideal comum*, em que diz que o soneto fora escrito a quatro mãos e colhido no jornal *Novidades*, em 1891, assim como outros poemas. Nas

---

[252] CRUZ E SOUSA (1961, p. 283). Ver a esse respeito Fernando Góes, *Obras*, Tomo I — Versos, Edições Cultura, 1943; MURICY (1973, p. 261); SOARES (Op. Cit., p. 41); entre outros autores que se repetiram.

múltiplas publicações e edições da obra do Poeta Negro, alguns estudiosos aduzem conceitos, fazendo digressões sobre este texto, que na verdade não foi escrito por Cruz e Sousa e sim por Oscar Rosas. A menos que, por algum milagre, o pesquisador paulista tenha tido acesso a um número determinado da coleção do jornal *Novidades*, cujo soneto tenha sido publicado. Na introdução, Fernando Góes não diz que critério usou e de onde copiou os textos extraídos do jornal *Novidades*. Particularmente, quando escrevia a biografia de Oscar Rosas, li o *Novidades* de 1888 a abril de 1892, mês e ano do grupo de Oscar Rosas na folha. Centenas de textos em prosa e verso de Oscar Rosas foram localizados e compõem o projeto de vários livros; outros autores também tiveram textos revelados, entre os quais, alguns inéditos. Um desses autores é exatamente o Cruz e Sousa, de quem descobrimos alguns inéditos que continuaremos a divulgar aqui. Portanto, nada de *Ideal comum*. Este soneto, na verdade, com o título original de *Estrela polar* consta da edição de 11 de junho de 1889, nº 1487, página 1, Ano VI, do *Diário de Notícias*, oferecido ao poeta parnasiano Raimundo Corrêa. Está a íntegra do texto divulgado com a assinatura apenas de Oscar Rosas, e que trazia, além da data (1889) a informação "Do Sangue", dando a entender que pertencesse a uma coleção de poemas. Devemos destacar que, nessa época, Cruz e Sousa já estava de volta à cidade natal, Desterro. Eis, pois, a *Estrela polar*:

> Dos cheirosos, silvestres ananases
> De casca rubra e polpa acidulosa
> Tens na carne fremente e voluptuosa
> Os aromas recônditos, vivazes.
>
> Lembras lírios, papoulas e lilases...
> A tua boca exala a trevo e a rosa,
> Resplende essa cabeça primorosa
> E o dia e a noite nos teus olhos trazes.

Astros, jardins, relâmpagos e mares
Inundam-te os fantásticos cismares
Cheios de amor e estranhos calafrios...

E teus seios olímpicos, morenos,
Propinando-me trágicos venenos,
Passam na treva como grandes rios!

Na *Obra Completa* do Poeta Negro, bem como nas antologias e outros trabalhos sobre o Simbolismo, este texto vem transcrito com pequenas alterações no conjunto de suas estrofes. No verso 2, tem vírgula depois de *acidulosa*; no verso 3, vírgula depois de *fremente* e de *voluptuosa*; no verso 5, ponto e vírgula depois de *lilases*; no verso 9, a palavra *luares* entra no lugar de *mares*; no verso 10, vem vírgula após *cismares*; no verso 11, depois de *calafrios* vem ponto e vírgula no lugar de reticências; no verso 12, vírgula depois de *seios*; e no verso 14, a edição da *Obra Completa* traz a seguinte redação: *São, como em brumas, solitários rios*. Uma construção, sem dúvida, muito melhor que a anterior. A conclusão que se tem é que as modificações tornaram o soneto mais adequado à estética simbolista então vigente, sonorizando-o mais e dando ao mesmo mais *establishment*. Andrade Muricy, no seu importante *Panorama do Movimento Simbolista Brasileiro*, publicado pela Civilização Brasileira com apoio do MEC, chega a dizer: "Os dois quartetos são manifestamente de Oscar Rosas. Nos dois tercetos, porém, já se entrevê a arte dos *Broquéis*"[253].

Os trabalhos de Cruz e Sousa continuariam a ser publicados no *Novidades*, sobretudo sob a proteção do amigo Oscar Rosas, que levou para o jornal, além dos catarinenses, outros poetas e prosadores como colaboradores, a exemplo de Luiz Delfino, Artur de Miranda, Lima Campos, Alberto de Oliveira e muitos outros.

---

[253] MURICY (1973, p. 261). Ver também CRUZ E SOUSA (1961, p. 257; 1995, p. 283); SOARES (Op. Cit., p. 41).

INAUGURAÇÃO DO SIMBOLISMO

Com a saída de Oscar Rosas do *Novidades*, o clima radical do Simbolismo desaparece completamente de suas páginas. Cruz e Sousa que vinha com uma profusão de poemas, contos e prosas, acirra seu foco para a *Revista Ilustrada*, onde publica dois textos em prosa: *Aroma* e *Policromia*, entre outros. No *Novidades* publicaria ainda as prosas *O Senhor Secretário, Nicho de virgem, A milionária, De volta dos prados, Investigação, Psicose, Luz e trevas, Durante a chuva, A carne, Os felizes, Natal, Símbolo, Guilherme I*. Alguns textos ficaram de fora dessa garimpagem: *Cor, As crianças, Carnet de um dia*, além do já mencionado *O caso do Eldorado*. Uma série de triolés não foram recolhidos das páginas do jornal, os quais tratam de temas variados e do dia-a-dia, com a ressalva de que estes últimos textos não trazem assinatura. Da crônica intitulada *A carne* (de 27/10/1891, assinada com o pseudônimo de Felisberto), Cruz e Sousa publicou um triolé praticamente com o mesmo nome, saído em 6/12/1891:

Carne... por um óculo

Já ficou de novo cara
A carne, ao preço, ao quilo,
Que espiga! Que sorte avara!
Já ficou de novo cara!
Se esta bernarda[254] não pára,
Quanta peça e quanto grilo,
Já ficou de novo cara
A carne, ao preço, ao quilo.

---

[254] Sob o título D. Bernardo, Lima Campos e Mário Pederneiras, oportunamente, por essa época, escreveram uma revista teatral.

Não bastava o pão minguado,
Que está com fases de lua,
Que míngua e cresce, o danado,
Não bastava o pão minguado,
Vem o preço amargurado,
Da carne, e da carne crua...
Não bastava o pão minguado,
Que está com fases de lua!

Ah! batatinhas do bife,
Ah! bife das batatinhas
Não te vemos mais, patife,
Ah! batatinhas do bife,
Já morreste, estás no esquife,
Vão rezar-te as ladainhas,
Ah! batatinhas do bife,
Ah! bife das batatinhas!

Esses triolés são crônicas rimadas, que criticam severamente o novo regime republicano pelo elevado custo de vida, que chegou a níveis insuportáveis. A especulação financeira, incentivada a partir de um decreto do ministro Rui Barbosa, criou o Encilhamento, que enriquecia homens e empresas da noite para o dia. Casas de jogos fizeram a fortuna de muitos, tendo se beneficiado dessa jogatina até mesmo o poeta Emílio de Menezes.

Em *A Carne*, uma crônica sobre a carestia do gênero alimentício, diz Cruz e Sousa:

> Para nós, que estamos sentindo, como numa grande calamidade de legenda, a carestia da carne, a sua fabulosa inópia, a visão da felicidade toma aspecto de bife de grelha, sangrento, alapardado numa porcelana de frisos dourados, entre as franjas louras das alfaces lavadas, macias, frescas, deliciosas...

Com tanta produção guardada na gaveta, já era hora de pensar numa obra que possa definir a sua individualidade. A nova escola — o *Simbolismo* — já havia se anunciado e precisava de uma obra que a representasse. Ciente das suas qualidades estéticas e literárias, Cruz e Sousa passou a entender que a ele era dada a missão de abrir oficialmente as portas desse movimento renovador. Mas como isso podia acontecer?

Em fins de 1892, estabeleceu-se no Rio de Janeiro o editor Domingos de Magalhães, dono da Livraria Moderna, mantida pela empresa Magalhães & Companhia. Poucos tentariam no Brasil o ramo editorial. Dos primórdios, o pioneirismo de Paula Brito, editor mulato estabelecido no início do segundo reinado, responsável pelo surgimento de Machado de Assis (que foi seu funcionário na tipografia e na livraria e responsável por publicar o primeiro texto do autor) e pelas primeiras publicações de *As primaveras*, de Casimiro de Abreu, a *Confederação dos Tamoios*, de Domingos José de Magalhães, e de *A filha do pescador*, de Teixeira e Sousa, considerado o primeiro romance brasileiro (1943). Depois dele, vieram os irmãos franceses Garnier (igualmente editores de Machado de Assis) e Laemmert, e também Francisco Alves, que é desse período.

Publicar alguma coisa num Brasil onde a educação ainda patinava e a leitura praticamente não tinha a menor importância, era uma temeridade. Sem livrarias ou pontos de vendas de livros, não havia como escoar a produção e, junto a isso, um povo analfabeto e uma raridade de gente letrada. Mas o editor Magalhães resolveu encarar a empreitada e o fez de uma maneira ainda mais arriscada: queria autores novos e que fizessem determinado barulho. E logo a imprensa se manifestaria. Artur Azevedo, na sua coluna *Palestra*, de *O País*, falava do assunto referindo-se a Coelho Neto, outro que se ligara à mesma empresa, tornando-se um dos autores mais editados por ela: "Deixem-me, portanto, glosar o fato e queimar os meus foguetes! Parece que desta vez, sim senhor, apareceu um editor no Rio de Janeiro. Bravos ao Domingos de Magalhães". Não se sabe de que forma Cruz e Sousa chegou até a ele. De alguma maneira, estabeleceram seus contratos, e entre julho e agosto de 1892, o documento deve ter sido assinado. A *Revista Ilustrada*, em primeira mão, noticiou o acontecimento:

> Cruz e Sousa vai publicar um livro subordinado ao título de *Missal*. É com sumo prazer que anunciamos hoje esse futuro aconteci-

mento literário. Artista de fino tato, burilador impecável do verso e da prosa, Cruz e Sousa constitui-se um dos verdadeiros e inatacáveis escritores modernos. Vê com precisão; a sua análise desce ao recesso mais íntimo da alma humana, para, no requinte da emocionalidade, traduzir, gloriosamente, como um grande astro sonoro, todas as nuanças, todos os claros do ser consciente. A arte assim concebida, e tanto por ele afetiva e amada, assume as suas verdadeiras proporções de grandeza. Não tem ficelles; é genuína; não traz zabumbas matraqueados, é corrente, é sadia, é harmoniosa como as aves da Nova Zelândia. Os períodos e as estrofes de Cruz e Sousa são diáfanos e honrados. Vivem, movimentam, aromatizam e colorejam. Até parece que as suas mãos avaras de Núbio são cornucópias de estrelas. A nossa alegria, por conseqüência, é sem limite. Ler o seu livro será uma purificação salutar; e tanto mais salutar quanto andamos com a alma doente por esse esterilismo artístico. Que venha o Cruz, e escabuje de ódio e inveja essa imbecilidade que por aí anda buzinando tísicos mentais.

Depois de publicado o livro, as primeiras matérias sobre o livro *Missal* saíram entre fevereiro e março. Medeiros e Albuquerque escreveu, talvez, o primeiro artigo do ano sobre o livro, na revista *Fígaro*, em 28 de fevereiro de 1893. *A Revista Ilustrada* consagrou, no número de março, uma charge, de autoria do ilustrador Pereira Neto (substituto de Ângelo Agostini, a essa época fugido na Europa), onde Cruz e Sousa aparece de pé, segurando um volume do *Missal* de tamanho natural. Artur de Miranda (talvez autor do artigo saído no final de 1892) escreveu que o *Missal* era um "livro completo, policromo, que tem áureas cintilações de estrelas cadentes e castas lactescências de luares"; classificando o seu autor pela "vibração de um artista particularíssimo e a notável estética do Decadentismo". Mas não seria o único catarinense a publicar pela editora: Virgílio Várzea editaria a novela da vida marítima *Rose Castle*. Além dele, o novo editor contratou três obras de Adolfo Caminha, *A normalista*, *No país dos ianques* e o seu famoso *O bom-crioulo*.

Em 1893 apareceram outras publicações importantes para a história da literatura desse período: A *Capital Federal*, de Coelho Neto (mas sob o pseudônimo de Ancelmo Ribas) e *A Família Medeiros*, de Júlia Lopes de Almeida (mulher de Filinto de Almeida). Em versos, sairiam

Coração, de Zalina Rolim, *Phantos*, de Lopes Filho (que pertencia ao movimento importantíssimo da *Padaria Espiritual* do Ceará e que publicaria uma revista denominada *O Pão*), os *Traços cor-de-rosa*, de Zeferino Brasil, e as *Estalactites*, de Júlio César da Silva, entre outros.

E como lembra Ivan Teixeira, é o ano de nascimento de Mário de Andrade, em São Paulo, e de Jorge de Leiria, em Alagoas.[255]

Mas sobre *Missal* os destaques da imprensa são poucos mas importantes do ponto de vista do registro do aparecimento da obra literária. Numa de suas crônicas, *Os setes dias vermelhos*, escrita na condição de redator da *Cidade do Rio*, jornal de José do Patrocínio onde o livro poderia ser melhor acolhido, Olavo Bilac, sem citar a obra, comentando o incêndio do Liceu de Artes e Ofícios e a gestão no caso do prefeito Barata Ribeiro, escrevia: "Sete dias vermelhos... Vermelhos de fogo e vermelhos de sangue. A semana, triunfante, nasceu, ateando em torno do domingo a fogueira do Liceu de Artes e Ofícios. E, enquanto durava o pasmo, que esse incêndio provocava, os telegramas que vinham do sul cheiravam a matadouro. Entre os sete dias vermelhos houve, é verdade, dois preenchidos pela entidade alucinada do Prefeito. Os simbolistas e os decadentes dão cor as palavras e cheiro às expansões. Se fôssemos procurar a cor que deve ter a alucinação, acharíamos para a ela a cor vermelha".

Uma das páginas de *Missal* (anteriormente publicada no *Novidades*) tem uma prosa intitulada *Sabor*[256], na qual Cruz e Sousa diz: "Para mim, as palavras, como têm colorido e som, têm, ao mesmo tempo, sabor". Além de Olavo Bilac, outro que consagrou uma página ao livro do Poeta Negro foi o severo José Veríssimo. Sem meias palavras, critica a postura dos autores simbolistas no Brasil, afirmando que, entre nós, "o Simbolismo é uma imitação internacional e em muitos casos desinteligente", concluindo que muitos dos seus adeptos "na sua maioria impotentes", não têm "originalidade nem vigor, alguns talvez sem inteligência, quase todos sem nenhuma instrução ou cultura literária". Propriamente sobre o livro, cacetea-

---

[255] Ivan Teixeira. Cem anos de Simbolismo. in CRUZ E SOUSA. *Missal/Broquéis* (Martins Fontes, 1993, p. XXXIII).

[256] *Novidades*, 18 de julho de 1891, com dedicatória a Emiliano Perneta. Em Missal, a dedicatória foi suprimida, como todas as outras apenses nos textos.

va: "É um amontoado de palavras, que dir-se-iam tiradas ao acaso, como papelinhos de sortes, e colocadas umas após outras na ordem em que vão saindo, com raro desdém da língua, da gramática e superabundante uso de maiúsculas". A impressão que ficava é que era um livro cujas "palavras servem para não dizer nada". Anos depois, porém, ao receber em mãos os *Últimos sonetos*, Veríssimo escreveria: "Se a poesia, como toda a arte, tende ao absoluto, ao vago, ao indefinido, ao menos das comoções que há de produzir em nós, quase estou em dizer que Cruz e Sousa foi um grande poeta, e os dons de clara expressão, à moda clássica, os supriu o sentimento recôndito, aflito, doloroso, sopitado, e por isso mesmo trágico, das suas aspirações de sonhador e da sua mesquinha condição de negro, de desgraçado, de miserável, de desprezado", definia o crítico para finalizar: "...esta alma de eleição, que foi um distinto e singular poeta"[257].

Tais contradições se deram também com outros críticos/autores, como é o caso de Silvio Romero. Mas no campo da crítica após o lançamento de *Missal* vamos encontrar um escrito de Araripe Júnior, talvez o melhor publicado por essa época, na revista *Semana*. Embora só publicado em 1894, essa crítica, que dera o nome *Retrospecto Literário do Ano de 1893*, reunida logo depois em livro[258], mantém o espírito e o calor dos acontecimentos daquele período. Entre um ponto e outro, o crítico cearense, nos altos e baixos, mantém os pontos que nortearam o seu breve comentário quando do aparecimento de *Tropos e fantasias*, em 1885. Em se tratando de *Missal*, Araripe Júnior compara-o muito justamente a *Canções sem metro*, de Raul Pompéia. "Entre as *Canções sem metro* e a obra do poeta catarineta" — diz ele — "há uma grande diferença determinada desde logo pela raça e pelo temperamento de cada um". De acordo com Araripe, Raul Pompéia possui a acuidade dos psicólogos da nova geração e um espírito profundamente inclinado à filosofia sugestiva, de sorte que os seus escritos aparecem impregnados disso que Proudhon chamava *l'expression de l'avenir*: "tendências tolstoianas para a organização do serviço de salvação da idéia". Cruz e Sousa, porém, anda em esfera muito diferente. "De origem afri-

---

[257] José Veríssimo, Estudos de Literatura Brasileira, 6ª Série, 1907; *Apud* O Cisne Negro Cruz e Sousa, de Andrade Muricy in COUTINHO (1979, p. 75).

[258] ARARIPE JÚNIOR (1896, pp. 66 a 100).

cana, como já disse, sem mescla de sangue branco, ou indígena, todas as qualidades de sua raça surgem no poeta em interessante luta com o meio civilizado que é o produto da atividade cerebral de outras raças". Asseverava, todavia, que a "conseqüência desse encontro é a sensação da maravilha. Cruz e Sousa é um maravilhado". Reconhecia, entretanto, que Cruz e Sousa era único e "notório". "No Brasil grande quantidade de mestiços tem aparecido e brilhado, tanto nas letras e nas artes como na política e na administração; negros, porém, sem mescla, é o primeiro que se torna notório pelo talento. Era o que nos faltava para complemento da nossa paridade com os irmãos da América do Norte. Faltavam-nos aqui os equivalentes de Douglas. Cruz e Sousa, pois, representa bem as disposições felizes dos negros superiores".[259]

A crítica só não agradou totalmente o Poeta Negro porque, em certos pontos, tinha algumas restrições, entre as quais dizia que o poeta deixava-se "assoberbar pelo delírio das grandezas", alem de chamar o poeta ora de sacerdote, ora de reverendo, afirmando que o autor de *Missal* "não é nenhum celebrante de missa negra... cheia de poluções sobre as santas particulares e de histéricos sacrilégios femininos que Huysmans tão eruditamente descreve no *Là bas*". A missa de Cruz e Sousa, todavia, para ele, "é branca e solar, celebrada no templo da arte moderna". Outro senão é o relacioná-lo entre os mentores da *Folha Popular*[260], pois, como vimos, a jornal simbolista deixou de ser editado antes da chegada do Poeta Negro do Desterro. Aí Araripe Júnior deixou trair sua memória.

Já *Broquéis* recebe comparações bastante estranhas, como a "um moderno poeta da Senegâmbia", de quem é dado como exemplo um texto em prosa, em detrimento do de Cruz e Sousa, no caso o soneto *Tulipa real*, com estas estrofes:

> Carne opulenta, majestosa, fina
> Do sol gerada nos febris carinhos,
> Há músicas, há cânticos, há vinhos
> Na tua estranha boca sulferina.

---

[259] ARARIPE JÚNIOR, (Op. Cit., p. 91).

[260] Erra por um ano o crítico cearense ao dizer que a *Folha Popular* é de 1891 e, igualmente, em relacioná-la a Cruz e Sousa.

> A forma delicada e alabastrina
> Do teu corpo de límpidos arminhos
> Tem a frescura virginal dos linhos
> E da neve polar e cristalina.
>
> Deslumbramento de luxúria e gozo
> Vem dessa carne o travo aciduloso
> De um fruto aberto aos tropicais mormaços.
>
> Teu coração lembra a orgia dos triclínios...
> E os reis dormem bizarros e sanguíneos
> Na seda branca e pulcra dos teus braços.

Depois de citar este belo soneto, escreve Araripe: "Suprima-se deste soneto o verniz da adjetivação erudita e a repercussão do triclínio romano e ter-se-á o puro poeta astral antropomórfico das raças primitivas e que ainda encontramos no *Cântico dos Cânticos* do voluptuoso Salomão". Considerando Cruz e Sousa "um dos nossos poetas mais sonoros", Araripe Júnior caminhava na contramão da opinião geral. E ao falar das "mulheres catedralescas", assim como *Lésbia*, *Regina Coeli*, *Foederis Arca*, transcrevia o soneto *Dança do ventre*. Ao contrário de *Missal*, *Broquéis* encontra, de alguma forma, melhor acolhida. Nele era — até hoje isto é perceptível — mais fácil perceber o domínio da forma adquirida pelo poeta. Em *Broquéis* há igualmente, ao contrário de *Poesias* de Olavo Bilac, com *Profissão de fé*, vários manifestos simbolistas, em forma de sonetos e longos poemas, como é o caso de *Antífonas*, que traz:

> Ó Formas alvas, brancas, Formas claras
> De luares, de neves, de neblinas...
> Ó Formas vagas, fluídas, cristalinas...
> Incensos dos turíbulos das aras...

Talvez surja daí a opinião de Agripino Grieco, na *Evolução da Poesia Brasileira*, ao dizer que "se nefelibata quer dizer — ao que assegura o dicionário de Cândido de Figueiredo — habitante das nuvens, a designação é justa". Os jornais logo se ativeram ao livro, alguns com reservas, mas numa situação bem melhor do que o anterior. Depois de dizer que já havia se ocupado do autor antes em suas edições, *O País* avisava: "Bem avisado andou o sr. Cruz e Sousa em dar-nos verso de preferência à prosa. O verso se, por uma parte, impõe certas restrições, deixa, por outra, maior amplitude para os arrojos e larguezas de forma que o autor exclusivamente cultiva. Além disso, a prosa deve ser usada (de preferência) por quem deseja comunicar pensamentos e ideias. A forma métrica convém melhor a quem pretenda apurar a depurar a forma até dar-nos a impressão sentida por processos do Sr. Cruz e Sousa". Mais adiante, fechava *O País*, em um artigo sem assinatura:

> Ouvimos que o Sr. Cruz e Sousa tem no nosso meio literário fama de nefelibata. No entanto, ninguém foi alguma vez mais injustamente acusado. O Sr. Cruz e Sousa é simplesmente um parnasiano, que aproveita apenas da nova escola decadista alguns termos; quando muito notam-se aqui e além algumas repetições de que os novos tanto usam e por vezes abusam. Mas o número, a gradação, a sintaxe, o ritmo, a proporção, a forma métrica, tudo o mais é puro, clássico e consagrado parnasianismo. Julgar que o Sr. Cruz e Sousa é um decadista é um erro que só pode ser cometido por quem olha as coisas superficial e exteriormente.

Outro que tratou bem do livro foi Adolfo Caminha, nas suas *Cartas literárias*. Numa passagem, falava esse romancista que exerceu muito bem a crítica: "Se me perguntassem, porém, qual o artista mais bem dotado entre os que formam a nova geração brasileira — pergunta indiscreta e ociosa — eu indicaria o autor dos *Broquéis*, o menosprezado e excêntrico aquarelista do *Missal*, muito embora sobre mim caísse a cólera olímpica do Parnaso inteiro". Diz ainda: "Erro, talvez, de observação e de crítica, mas o certo é que eu vejo em Cruz e Sousa um poeta originalíssimo, de uma rara sensibilidade estética, sabendo compreender a Arte e respeitá-la, encarando a vida com a independência de quem só tem um ideal, — a perfeição artística. Um preconceito injusto e tolo isolou-o dos seus contemporâneos, fechando-lhe as portas do jornalismo, e daí o revoltado e pessimista implacável", e cita uma epígrafe de Baudelaire que abre o livro, para então consagrar: "Cruz e Sousa é um dos pouquíssimos no Brasil que tem ideias seguras sobre

Arte; temperamento de eleição, natureza complexa expandindo-se em criações admiráveis pela estranha música do verso ou da frase, onde quase sempre o sensualismo canta a epopéia da carne e da Forma — ele é um independente, um forte, um insubmisso, que honra as letras nacionais. Não tem escola (sic); sua escola é o seu temperamento, a sua índole, e este é o maior elogio que se lhe pode fazer".

Mas os elogios permaneceram de comunhão com os ataques e as restrições. O momento era delicado, mas a exposição da imagem do poeta era grande. Com dois livros na praça, Cruz e Sousa estava sujeito as emoções circunstantes vindas de um lado e outro. Então, os críticos ao falarem de um livro, comentavam de outro modo. No centro de tudo isso, a guerra do Simbolismo, iniciada em 1889, com os primeiros artigos na imprensa do Rio de Janeiro, escritos por Gama Rosa, Araripe Júnior e os livros de Medeiros e Albuquerque. Do grupo dos novos, especialmente o poeta Oscar Rosas, bebeu dessa fonte, dada a proximidade entre Medeiros e Oscar. Desse período em diante, Oscar passar a citar com mais frequência autores franceses (cuja língua dominava) e versava também copiando estilos linguísticos, ora de Mallarmé, ora de Verlaine.

Com a edição de *Broquéis*, Cruz e Sousa continuava a ser alvo dos pseudocríticos literários de plantão. A *Gazeta de Notícias*, em setembro, por editorial, noticia o aparecimento da obra. Entre outras coisas, diz que "o sr. Cruz e Sousa [é] um poeta de quem há muito a esperar. É mais um serviço que as letras pátrias devem aos editores Magalhães & Companhia, que assim vão tornando conhecidos os moços que têm talento e trabalham". Junto a esse comentário, de certa forma elogioso, o poeta recebia pelo mesmo jornal, uma ataque bastante desmedido. Um jovem, que faria carreira como diplomata, assim recebe o *Missal*: "O *Missal* é um monstro horaciano da literatura brasileira". E sobre os simbolistas: "Decadentes! Eles não sabem a verdade que dizem, quando se denominam tais". Mais adiante, afirmava: "Não me admira que o Sr. Cruz e Sousa consiga formar, não uma escola, mas um grupinho de aderentes e de imitadores, tanto mais que a sua maneira estética é bem fácil de imitar. Estranho, sim, que jornais sérios e criteriosos, nesta terra onde ainda vivem Machado de Assis, José Veríssimo, Olavo Bilac, Raimundo Correia, Coelho Neto e tantos outros, lisonjeiem, sem discussão e sem crítica, o autor do *Missal*, chamando-lhe ilustre prosador, grande cultor das letras"[261].

Anos mais tarde, ao escrever suas memórias, o autor do texto, Carlos Magalhães de Azeredo, pupilo de Machado de Assis e amigo de exílio em Minas Gerais de Olavo Bilac, revelaria um fato ocorrido na véspera da publicação dessa crítica.

> Um artigo meu, reconheço, um tanto violento, publicado na *Gazeta de Notícias*, sobre o *Missal*, me apontou como inimigo aos moços do grupo. Eu instintivamente repelia o que se me afigurava artificial, afetado, nos versos e nas prosas dos inovadores, e isso porventura me tornou injusto para que neles se revelava de genuíno talento. Esse artigo me valeu mais tarde outro não violento apenas, mas virulento, de Nestor Vítor, sobre as Procelárias. Foi uma desforra de amigo; e teria sido melhor não repescá-lo naqueles marulhos polêmicos do que revocá-lo a existência mais longa. Nestor Vítor adotou este último alvitre, e fez mal. O meu sobre o Missal, eu o abandonei nas colunas da Gazeta, onde ninguém irá perturbar-lhe o sono.
>
> Estive até a ponto de retirá-lo antes de publicado. Um dia, andando pela Rua do Ouvidor com um amigo, a quem o lera, aconteceu cair-me na calçada a bengala. Cruz e Sousa, que passava na ocasião, levantou-a, e delicadamente ma entregou. Achei tão polido o gesto, e tão simpático o poeta, que disse ao amigo: Vou retirar da redação o artigo sobre o Missal. Para que magoar um rapaz, que parece tão bom? O amigo riu-se do meu escrúpulo, alegou que naquele escrito nada havia de pessoal, tudo era exclusivamente literário, e que se tratava de uma afirmação de idéias, a que eu não devia renunciar. Cedi a custo; qual hoje sou e me conheço, não cederia.[262]

Não seria a única falta de compreensão brutal à sua obra que o Poeta Negro enfrentaria. De conformidade com os artigos críticos e jornalísticos insensíveis ao seu trabalho, surgiam na imprensa poesias satíricas alusivas ao seu modo de versejar. Juntando diversos es-

---
[261] MAGALHÃES JR. (Op. Cit., p. 246).
[262] Carlos Magalhães de Azeredo, Memórias — Livro II, Academia Brasileira de Letras, 2003, p. 192.

tilos e empilhando palavras e textos dos poemas e sonetos do Poeta Negro, como "torcicolosamente", de *Dança do ventre*, ou "Bonzos tremendos de ferrenho aspecto" de *Clamando...*, ou ainda citações de *Foederis Arca, Visão da morte, Sonho branco* — "Alvo, sereno, límpido, direito" — e de *Satã*, os ataques a Cruz e Sousa saíram do campo conceitual e partiram para a baixaria. Não é demais pensar que como se achava a alma atordoada do poeta. Juntando uma coisa sobre outra, a *Gazeta de Notícias* (sempre ela) publicou nos seus *A Pedidos* (seção livre do jornal) um soneto que tinha por título *Na Costa d'África*, publicado a 3 de setembro de 1893, com estas estrofes:

> Flava, bizarra, álacre e cintilante,
> Na Epopéia de rufos de tambores,
> Surge a manhã dos místicos vapores
> Do Levante irial, purpurejante...
>
> Gargalha o sol — o Deus enamorante
> Cristais brunindo e rútilos fulgores
> Na comunhão dos rubros esplendores,
> N'África rude, bárbara, distante.
>
> E vinha então, torcicolosamente,
> Numa dança macabra a turba ardente
> De pretinhos a rir, trajando tanga...
>
> Festa convulsa, exata d'Alegria,
> Fandangos, Bonzos — tudo enfim havia;
> Missais, Broquéis, Pipocas, Bugigangas...

Quem teria feito, afinal, um escracho desses com o Poeta Negro, a essa época já considerado o Cisne Negro, o Dante Negro, o Príncipe Louro de Pele Negra do Simbolismo brasileiro? Na *Gazeta de Notícias*, além de Olavo Bilac (incluído na relação de "pretos e mulatos" ilustres elaborada pelo grande historiador José Honório Rodrigues)[263], de Magalhães de Azeredo, a redação da *Gazeta* tinha

---
[263] LOPES (2004, p. 119).

o amigo Virgílio Várzea, além de Machado de Assis. Mas nenhuma viva alma para dar conta dessa história. O preconceito, cinco anos após a abolição da escravatura, ainda estava perene, e assim os negros que se cuidassem, e este recado servia muito mais seriamente para os negros intelectualizados, cultos, eruditos, letrados como Cruz e Sousa, que, por certo, não enxergavam o seu lugar, que não era a imprensa, os jornais, os livros, mas sim os trabalhos braçais, à beira do cais do Porto, nas obras de embelezamento da cidade, nas escavações de poços de água ou na construção de prédios e aberturas de ruas e estradas. O jornal fora lido nos cafés e confeitarias; correra o assoalho de pedra da rua do Ouvidor, invadira as repartições e os lares. No entanto, mal recuperara-se da assestada ganha sobre a cabeça pela *Gazeta de Notícias*, *O País* solta outra catilinária, outro pastiche, desta vez não só imitando o *modus* de poetar do poeta, mas lembrando-lhe a origem, a ancestralidade, a diferença de raças, a dominada e a dominante. Sob o título de *Broquel*, assinado Sousa e Cruz[264], numa sessão nobre do jornal, eis o que vinha estampado:

> Espiritualizante manipanço
> Gerado nos confins de Moçambique,
> Acaba de passar n'Arte um debique,
> Sonoramente, em mórbido balanço.
>
> Ó Cristos de oiro e de marfim, não canso
> De convulso gritar que foi a pique
> A velha escola romba! Ei-lo cacique;
> Nunca se viu assim tão grande avanço!
>
> As explosões de prônubas alvuras
> Do Florido noivado das alturas
> Adora imerso em fúlgidos luares...
>
> Todos os pretos-minas da cidade
> Um batuque de estranha alacridade
> Preparam com foguetes pelos ares!

---

[264] *O País*, 10 de setembro de 1893.

O poeta se acercou dos companheiros, sobretudo Nestor Vítor, com quem cada vez mais se afinara do grupo simbolista e que o acompanharia vida afora. O ataque aos *Broquéis* era um direto no queixo do poeta, à sua origem, à sua raça. O poeta incomodara a elite letrada, branca, os burgueses da pena. Como no Desterro incomodara os todo-poderosos políticos em função do seu trabalho de combate pelo abolicionismo. Muitos poetas faziam o trabalho sujo dos poemas satíricos pelos jornais naquela época. Antonio Soares de Sousa Júnior, o Pedro Malazartes, que mantinha pela própria *Gazeta de Notícias* a seção *Franfreluches*, era um deles. Virgílio Várzea, escrevendo pela *Cidade do Rio* ao tratar em artigo sobre a liberdade do poeta Silvestre de Lima, foi vítima das atrocidades de Sousa Júnior. E Cósimo, na verdade Artur Azevedo, outro belo sonetista endiabrado quando queria ser artista e ser pérfido. Pelo *O País* o grande da redação no momento era Coelho Neto, a quem o Poeta Negro detestava. Ou Gastão Bousquet, o Batista, o Trocista que amarfanhava tanto o Oscar Rosas chamando o de "escova de engraxar" e lançador de "modas... estupefacientes". Estes eram os nomes mais cotados para uma sátira desse porte. Mas havia um que era o mais imbatível: o paranaense Emílio de Menezes. A ele é atribuída a autoria dos mais clássicos sonetos satíricos da Língua Portuguesa. Sem sombra de dúvida, é o mais importante poeta satírico dos séculos 19 e 20. Autor de preciosidades como *Mortalhas — Os deuses em ceroulas* (versos humorísticos), onde constam dois sonetos sobre a personalidade do gramático negro Hemetério dos Santos, professor do Colégio Pedro II, com estrofes desse nível:

> No pedagogium de que é soberano,
> Dizque: — comigo a critica se lixe;
> Sou o mais completo pedagogo urbano,
> Pestalozzi genial pintado a piche!

Ou nesse, que vai aqui na íntegra:

> O preto não ensina só gramática.
> É pelo menos o que o mundo diz
> Mete-se na dinâmica, na estática
> E em muitas coisas mais mete o nariz.

> Dizem que, quando ensina matemática,
> As lições de mais b, de igual a x,
> Em vez de em lousa, com saber e prática,
> Sobre a palma da mão escreve a giz.
>
> Uma aluna dizia: — Este Hemetério
> Do ensino fez um verdadeiro angu,
> Com que empanturra todo o magistério.
>
> E é um felizardo, o príncipe zulu,
> Quando manda um parente ao cemitério,
> Tem um luto barato: fica nu.

Outro que sofreu nas mãos de Emílio de Menezes foi o mulato B. Lopes. Emplumado e satisfeito da vida com sua cabocla pernambucana, D. Adelaide Uchoa Cavalcanti, conhecida como "Sinhá Flor", o poeta fluminense foi alvo da pena maliciosa do satírico vate que, no futuro, seria eleito membro da Academia Brasileira de Letras:

> Emperdigado malandrim pachola,
> De polainas, monóculo e bombachas
> Mandou pôr nas botinas meia sola
> E abandonou de vez Porto das Caixas.
>
> Tem registradas na caraminhola
> Marcas de pontapés e de bolachas;
> Faz versos: nos lundus, ao som da viola
> É o Conde de Monsarás das classes baixas.
>
> De Sinhá-flor na rabadilha, ansioso,
> De focinho no ar e ereto o rabo,
> Tem estesias de cachorro gozo.
>
> Come sardinha e dois vinténs de nabo;
> Bufa num quebra-queixo pavoroso
> E arrota petisqueira de nababo.

Como era gordo e alto o Emílio, B. Lopes, ofendido no seu íntimo, tentou atacar o poeta humorístico, com essa quadra, que talvez fosse uma tentativa de soneto:

> Esse, que a forma lembra de uma pipa,
> Das que vazam cachaça em vez de vinho;
> Esse monstro de palha e de toicinho,
> De pouco cérebro e de muita tripa...

Não ficaram por aí. Emílio de Menezes compusera um outro soneto sobre a esposa do poeta de *Cromos*, parodiando um soneto que o autor deste fizera à amada, que tinha esta epígrafe: "Arrancado aos campos e jardins do Parnaso, no primeiro dia das florescências dos lilases, aniversário de Sinhá-Flor". Emílio compondo um soneto cheio de blague, encimara no mesmo esta epígrafe: "Arrancado às hortas e capinzais do Catumbi, no primeiro dia da florescência dos agriões, aniversário de Sinhá-Flor". Mas ele mesmo fora alvo dos amigos. Bastos Tigre, outro genial humorista do verso, começou assim satirizando o aniversário do amigo:

> Faz anos hoje o nosso Emílio; o vate
> De vasto corpanzil e alma robusta:
> Corpo que é o desespero do alfaiate
> E alma que aos maus e aos imbecis assusta...[265]

Não se pode negar a originalidade dos ataques, muito menos a mágoa que provocavam nos seus alvos. Cruz e Sousa, pelo seu orgulho, pelo seu gesto altivo, pela cor de sua epiderme, ficaria marcado, onde passasse, o que escrevesse, o que falasse, por onde andasse pelas ruas do Rio de Janeiro. Araripe Júnior chegou a dizer dele, referindo-se ao *Missal*: "O autor do Missal é um preto maravilhado. Ingênuo no meio da civilização ocidental, para a qual seus antepassados concorreram apenas com o braço físico, ele olha para tudo com os olhos de Epimenides; e todas as suas sensações são condicionadas por movimentos de surpresa que se diluem imediatamen-

---
[265] MENEZES (1949, p. 145).

te em gestos de adoração"[266]. Talvez seja por esta razão que pouco frequentava as rodas literárias, sobretudo nos cafés e confeitarias. Nada podia ser tão mais incomodativo. Todavia, não foi possível alcançar o autor de tais versalhadas. A mágoa do Poeta Negro se avolumava cada vez mais, a ponto de escrever na prosa *Ritmos da noite*: "Chego da rua. A vida ferve ainda nos cafés, com intensidade. No Londres, uns imbecis doirados de popularidade fácil, saudaram-me, e, nessa saudação, senti o ar episcopal das proteções baratas que os conselheiros costumam dar aos jovens esperançosos...". Ou em *Sugestão*: "Tu, quem quer que sejas, obscuro para muitos, embora, tens um grande espírito sugestivo. Os jornais andam cantando a tua verve flamante, pertences a uma seita de princípios transcendentais. Na tua terra os cretinos gritam, vociferam. Não sabem o que tu escreves. Não entendem aquilo... Palavras, palavras, dizem".[267]

---

[266] ARARIPE JÚNIOR (Op. Cit., p. 92).

[267] *Obra Completa*, 1995, p. 505 e p. 506, respectivamente.

ANO DO CASAMENTO

Se por um lado o clima de animosidade literária está a todo vapor, por outro o coração do poeta vivia sensações de um homem que queria encontrar o seu caminho. Assim que chegara ao Rio de Janeiro, com o intuito de aqui fixar residência, Cruz e Sousa redimensionou as suas atenções para a cidade. Entre os altos e baixos da vida, pôde enfim respirar. Desde que chegara, trabalhando nos jornais, começara a organizar a vida. Sozinho, e, de alguma forma, protegido dos amigos, o Poeta Negro não vivia num mar-de-rosas, mas sua situação poderia ser classificada de regular, talvez remediada. Para o Desterro, escrevia com frequência para o pai. Com o falecimento da mãe, restou-lhe, como consolo o velho Guilherme Sousa. Era para ele que se esforçava tanto, e uma a duas vezes ao mês, enviava uma pequena importância em dinheiro. Nas cartas a rogo escrita pelo pai, em geral esse pedia que o filho não esquecesse do "velho pai". Na época da mãe, Carolina, esta tinha extremos de veneração pelo filho poeta, lamentando a desdita da vida que o tirara dela: "Só teria prazer e consolação se eu me visse perto desse meu querido filho vivendo uma vida feliz"[268]. Sozinho no Rio, contando apenas com a companhia dos amigos — Oscar Rosas, Nestor Vítor, Maurício Jubim, entre outros — uma vez que Araújo Figueredo e Virgílio Várzea já haviam partido de volta para Florianópolis, na ilha catarinense[269] — a vida se resumia aos encontros nos cafés,

---

[268] Carolina Sousa em carta ao filho Cruz e Sousa de 6 de janeiro de 1890. Arquivo-Museu de Literatura da Casa de Rui Barbosa.

[269] Araújo Figueredo retornou a Santa Catarina em maio de 1892, juntamente com Virgílio Várzea.

nas livrarias, nas redações dos jornais, nas ruas da cidade. A notícia sobre a viagem dos dois, saiu numa nota da *Revista Ilustrada*, assinada por S. Marçal: "Partiu para o Estado de Santa Catarina o distinto artista e magnífico conteur Virgílio Várzea. Na arte o Virgílio Várzea conquistou um lugar salientíssimo à custa exclusiva do belo talento que possui e do muito amor ao trabalho. Sendo escolhido pelos seus contemporâneos para representá-los na câmara estadual, ele há de saber adquirir na política um nome idêntico ao que tem na literatura brasileira, não nos admirando vê-lo em breve na câmara geral. Um abraço ao Várzea. Em companhia do Virgílio Várzea seguiu também o Araújo Figueredo, o delicioso poeta moderno, que tão admiravelmente conhece os segredos do bom verso, com todo o valor artístico de uma estrofe sonora de arte. O Araújo é uma individualidade literária, um poeta de raça, que se impõe pelo seu valor intrínseco. Oxalá esses dois camaradas voltem breve, trazendo-nos muitas luzes de arte, de boa, de verdadeira arte, como eles sabem fazer".[270]

Se foram as lembranças de Petra Antioquia da Silva (embora lá ela ficasse, com o coração partido, a espera do seu grande amor) e em nada dera também o aludido noivado com Migalu, pelo que parece, conforme relatara por carta, mais de uma vez, Oscar Rosas[271]. Nas idas e vindas pelos arrabaldes da cidade, nas visitas às casas dos amigos, foi que se deu o grande acontecimento da vida de Cruz e Sousa. Indo ao bairro do Catumbi, em 18 de setembro de 1891, visitar João Várzea, irmão mais velho de Virgílio, passa o Poeta Negro em frente ao cemitério local, de caminho para a casa do seu amigo. Nesta caminhada encontrou com uma bela moça negra, recostada a um canto, colhendo flores. Trocam rápidos olhares. Correspondido, resolve cumprimentar a jovem mulher, quando então fica sabendo que ela se

---

[270] Pouco tempo depois, a 5 de setembro de 1892, Cruz e Sousa escreveria uma carta a Araújo Figueredo, da qual se conhece apenas um fragmento, que ficaria inédito, dando notícias ao amigo sobre os acontecimentos logo após a sua partida, inclusive sobre a morte da mãe do Raul Hammann, dizendo que visitara o amigo, na Praia do Caju, de onde veio a pé "até cá à cidade, por não ter o indispensável para o bonde".

[271] Oscar Rosas: "Todos em casa bons; menos Miga, que, ao ler ontem a carta que me mandaste, caiu pa. (para) trás finada de paixão e tem uma pontinha de febre que a faz chorar muito. Creio que não será causa de cuidados". Carta de 23 de abril de 1889. E esta outra: "Cá por casa moléstia Julieta, Migalu, tua noiva, tudo de caganeira. Mas vão melhor, coitadas...". Carta a Cruz e Sousa, 5 de outubro de 1889.

chama Gavita Rosa Gonçalves. Desde esse dia, a vida do poeta muda radicalmente. O tom carrancudo, o ar pesado, a tristeza aparente, de incompreensões do meio, altera-se por completo; bem como a sua poesia, que se torna jovial e luminosa, cheia de alacridade e dos sons que cantam como pássaros matinais. As poucas cartas que restaram de Cruz e Sousa para Gavita dão conta do grande amor que os uniu desde o primeiro momento.

O clímax desse momento se reflete imediatamente em sua obra. Numa página publicada em *Novidades*, que dera o sugestivo título de *Cor*[272], Cruz e Sousa, numa explosão de amor (mês consagrado também ao encontro de sua amada) e de luxúria:

> É o que eu vejo nas tuas carnes — é cor. Cor que te vem da luz, do sol, dos alimentos, do ar. Cor através da qual fluida harmonia soa, como se através das tuas carnes uma harpa vibrasse. A mesma cor que purpureia o fruto e o torna ideal nas nuanças é a mesma cor que te purpureia. És também o fruto, que vive também do sol, do alimento, do ar... E assim como tem frescura o fruto, tem frescura e é virginal a tua carne. A cor, por todo o teu corpo, se distribui em tons variados: é no rosto, nos lábios, nos olhos. Toda uma palheta de colorido se derrama, por sobre ti, um resplendente íris te faz formosa, te espiritualiza em deusa, enquanto o teu sangue irradiante gorgeia de alacridade, canta e em rubras rosas aflora. O rosto tem um roxo doce, suave, de maçã que o sol corou. Os lábios, esses, são já de um mais vivo vermelho, lembrando, pelo imaculado cetim, dois lindos gomos finíssimos de pêssegos novos. Os cabelos, então, enoitam-se nervosamente, sensualmente a cabeça em negras luxúrias, e, os olhos, que tu tão tenebrosos e fluídos tens, como que formam lá dentro rios, imensos rios turvos, onde vaporosas sereias nadam nas águas fosforescentes... Tudo cor... E, mais bela, ou tão bela como todas as cores do teu corpo, a cor indizível, vaga, infinita do desejo, que pode ser a cor do teu rosto, da tua boca, dos teus cabelos e olhos. Cor que às vezes só os penetrantes, voluptuosos sentidos adivinham, só os sentidos com nitidez percebem sutilmente, como o tato que ilumina e guia os cegos.

---

[272] Inédito em livro, publicado em 27 de setembro de 1891.

Enquanto o poeta amava, aplacando de alguma forma a dor da perda da mãe, o próprio mês de setembro estava acometido pelo início da Revolta da Armada, com a cidade sublevada. O clima de agitação, de sobressalto e de protesto contra Floriano Peixoto tomava as ruas do Rio de Janeiro. No ano anterior, o presidente da República debelara outra ação contra o seu governo, sufocando o movimento com prisões e banindo militares, escritores e jornalistas para os confins do país. Entre as vítimas (que foram muitas) estão José do Patrocínio, Olavo Bilac, Pardal Mallet, Bandeira Júnior e o próprio catarinense Oscar Rosas.

Sobre Gavita soube o Poeta Negro que ela fora criada, com especiais cuidados, pela família do médico Dr. Monteiro de Azevedo, homem de posses, com fazendas para o lado de Itaguaí, em cuja residência viviam, desde a época da escravidão, Luiza Rosa e Thomé Luiz Gonçalves, seus pais. Nascida em 1874, tinha 17 anos quando conheceu o poeta. Foi um amor à primeira vista, arrebatador. Numa carta do mês de março de 1892, Cruz e Sousa assim se dirige a ela: "Estou cheio de saudades de ti. Não podes imaginar, filhinha do meu coração, como acho grandes as horas, os dias, a semana toda. O sábado, esse sábado que eu tanto amo, como custa tanto a vir. Ah! como se demora o sábado. E tu, minha boa flor da minh'alma, que és o meu cuidado, a minha felicidade, o meu orgulho, a minha vida, não sabes como eu penso em ti, como eu te quero bem e te desejo feliz. Tu, Gavita, não me conheces ainda bem, não sabes que amor eterno eu tenho no coração por ti, como eu adoro os teus olhos que me dão alegria, as tuas graças de mulher nova, de moça carinhosa e amiga de sua boa mãe. Quanto mais te vejo mais te desejo ver, olhar muito, reparar bem no teu rosto, nos teus modos, nos teus movimentos, nas tuas palavras, nos teus olhos e na tua voz, para sentir bem se tu és firme, fiel, se me tens verdadeira estima, verdadeira amizade bem no fundo do teu coração virgem, bem no fundo do teu sangue. Por minha parte sempre te quererei muito bem e nada haverá no mundo que me separe de ti, minha filhinha adorada. Se o juramento que me fizestes dentro da igreja é sagrado e se pensas nele com amor, eu creio em ti para sempre, em ti que és hoje a maior alegria da minha vida, a única felicidade que me consola e que me abre os braços com carinho. Estar junto de ti, eu que nunca dei o meu coração assim a ninguém, tão apaixonadamente, como te dei a ti, é para mim ser muito feliz. Quando estou a teu lado, Gavita, esqueço-me de tudo, das ingratidões, das maldades e só sinto que os seus olhos me fazem morrer de prazer. Adeus! Aceita um beijo muito grande na boca e vem que eu espero por ti no sábado, como um louco".[273]

Em setembro, dois dias depois de completarem um ano de ter se conhecido, ficam noivos e Cruz e Sousa volta a escrever para a amada, rogando-lhe a presença e os carinhos. "Noite de terça-feira, 20 de setembro, às 7 horas. Minha adorada Noiva. Saudades, saudades, muitas saudades é o que eu sinto por ti. Escrevo-te triste por não te ver e tenho, na hora em que te escrevo, o teu querido retrato diante de mim, entre os meus livros, companheiros dos meus sofrimentos. Minha Vivi estremecida, nunca me esquecerei do dia 18 de setembro, aniversário do dia em que tive o prazer de ver-te pela primeira vez, de admirar os teus lindos olhos, a graça de todo o teu corpo, toda a tua pessoa amável que me prendeu para sempre com os laços do mais profundo e sincero amor. Acredita, minha filha adorada do coração, que eu te tenho como o consolo maior da minha vida, a luz do meu coração, a esperança feliz da minha alma. Por minha honra te juro que, sempre serei teu, que podes viver descansada, sem desconfiança, porque o teu Cruz nunca será de outra e só à Vivi fará carinhos, dedicará extremos, amizade eterna. Pela minha honra e pelo dia em que nos vimos pela primeira vez, juro-te que só quero a tua felicidade, só desejo dar-te prazer e tratar-te com os mimos e delicadezas, de que tenho dado provas, bastante. A todas as horas o meu pensamento voa onde tu estás, vejo-te sempre, sempre e nunca me esqueço de ti em toda a parte onde estou. És a minha preocupação constante, o meu desejo mais forte, a minha alegria mais do coração. Amo-te, amo-te muito, com todo o meu sangue e com todo o meu orgulho e o meu desejo poderoso é unir-me a ti, viver nos teus braços, protegido pela tua bondade pura, pelas tuas graças que eu adoro, pelos teus olhos que eu beijo. No momento em que te escrevo sinto uma grande falta de ti. Só, no meu quarto, eu só possuo, para consolar-me o teu retrato. Mas é muito pouco. Eu te queria a ti, em pessoa, para te apertar de abraços, pedindo a Deus para abençoar o nosso amor. Esta carta é como mais um juramento feito a ti pelo dia 18 de setembro, em

---

[273] *Obra completa*, 1995, p. 813

que te vi pela primeira vez apanhando flores, tu, que és a flor dos meus sonhos. Espero-te sábado, com aquele penteado de domingo, que te fazia muito bonita. Adeus! Beijo-te muito os olhos, a boca e as mãos e dou-te abraços muito apertados, bem junto ao meu coração, que palpita de saudades por ti".[274]

Restaram quatro cartas escritas por Cruz e Sousa a Gavita, mas nenhuma da amada. No Arquivo-Museu de Literatura Brasileira da Fundação Casa de Rui Barbosa, no Rio de Janeiro, onde está depositado o acervo de Andrade Muricy, com a maior documentação existente sobre o Poeta Negro, existem bilhetes de Gavita a amigos de Cruz e Sousa ou recibos com a sua assinatura. Não conhecemos nenhum documento sobre a comprovação do seu intelecto. Pelas cartas recebidas do noivo e futuro marido, sabemos, no entanto, que sabia ler. A ela o poeta devotava o mais profundo amor. "Tu é que me fazes feliz, orgulhoso, rei do mundo, porque de tuas qualidades, a tua bondade, o teu sorriso, os teus olhos me fazem o homem mais contente, mais alegre do mundo, minha pomba querida, luz da minha vida inteira, Noiva adorada e santa".[275]

A última carta que se conhece trocada pelos dois, de 14 de dezembro de 1892, o poeta chama Gavita de "Minha estremecida Vivi", de "flor da minha vida, consolo do meu coração". Devotando-lhe a mais ardorosa paixão, Cruz e Sousa era um homem transformado, alegre, brincalhão, jovial. A vida, com certeza, ficara-lhe mais leve. "Só tu és a Rainha do meu amor, só tu mereces os meus beijos e os meus abraços, a honra do meu nome, a distinção da minha inteligência, os segredos da minh'alma".[276]

Foi um período decididamente de transformações, que refletira na obra do poeta, que recebeu unções de luz, de coloridos, de musicalidade. Gavita recebe muitas homenagens em prosa e verso. Ela é a Núbia do *Missal*, "beleza prodigiosa de olhos como pérolas negras refulgindo no tenebroso cetim do rosto fino; lábios mádidos, tintos a sulferino; dentes de esmalte claro; busto delicado, airoso, talhado em relevo de bronze florentino", como se a Núbia lembrasse "esse

---

[274] Idem, p. 815

[275] Idem, p. 817

[276] Idem, p. 818

lindo âmbar negro, azeviche da Islândia". Por ela, tal emoção, tal amor, "cada vez mais profundo espiritualizante, penetra impetuoso no sangue como a luz e o ar, deliciando e ao mesmo tempo afligindo como a Idéia e a Forma igualmente deliciam e afligem..."[277]. Embora *Missal* tenha ainda as impressões da viagem, onde despontam navios, o mar, o sol, "o Rei astral, deus dos sidéreos Azuis", neste livro há espaço também para a fidalguia, para a boemia, para o remanso do espírito ("Em vão te recordarás da doçura de mãos aveludadas e brancas, da amorosa diafaneidade de seus olhos claros...")

Porém em *Broquéis* o Poeta Negro parece ainda mais transfigurado, mais transcendente. Em determinado momento, o surgimento de Gavita em sua vida toma proporções santificadas como no soneto *Aparição*:

> Por uma estrada de astros e perfumes
> A Santa Virgem veio ter comigo:
> Doiravam-lhe o cabelo claros lumes
> Do sacrossanto resplendor antigo.
>
> Dos olhos divinais no doce abrigo
> Não tinha laivos de Paixões e ciúmes:
> Domadora do Mal e do perigo
> Da montanha da Fé galgara os cumes.
>
> Vestida na alva excelsa dos Profetas
> Falou na ideal resignação de Ascetas,
> Que a febre dos desejos aquebranta.
>
> No entanto os olhos d'Ela vacilavam,
> Pelo mistério, pela dor flutuavam,
> Vagos e tristes, apesar de Santa!

Noivo à época que foi compondo os seus dois livros publicados em 1893 — cujos textos, como já vimos, vinham sendo publicados nos jornais do Rio de Janeiro — Cruz e Sousa parece escrevê-los de

---
[277] *Obra Completa*, p. 482.

dentro das igrejas, sobre os altares, na solenidade e no silêncio dos templos, enclausurado, hirto de fé, ao mesmo tempo que sequioso de desejo carnal. Lembremos, quanto a isso, *Serpentes de cabelos*:

> A tua trança negra e desmanchada
> Por sobre o corpo nu, torso inteiriço,
> Claro, radiante de esplendor e viço,
> Ah! lembra a noite de astros apagada.
>
> Luxúria deslumbrante e aveludada
> Através desse mármore maciço
> Da carne, o meu olhar nela espreguiço
> Felinamente, nessa trança ondeada.
>
> E fico absorto, num torpor de coma,
> Na sensação narcótica do aroma,
> Dentre a vertigem túrbida dos zelos.
>
> És a origem do Mal, és a nervosa
> Serpente tentadora e tenebrosa,
> Tenebrosa serpente de cabelos!...

A paixão de Cruz e Sousa e Gavita foi arrebatadora. Em depoimento a mim prestado, no final dos anos 1980, d. Maria de Lourdes Filgueiras Balassiano, neta e afilhada do crítico Nestor Vítor, à época com 90 anos, recordando episódios da convivência de sua família, informava que era corrente os parentes dizerem que Gavita era uma mulher "educadíssima". Sobre a esposa de Nestor Vítor — Catarina Alzira Pereira Coruja dos Santos — relata-me d. Maria de Lourdes:

> Vovó Catita contava — lembrando do modo carinhoso de como a tratavam — que Gavita era uma princesa de maneiras, cativando pela elegância e o trato refinado. Sua beleza afetava os sentidos, pelos olhos grandes sempre brilhosos, e o seu gesto e a sua maneira de ser deixavam as pessoas impressionadíssimas com ela. [*Mais adiante:*] Gavita era inteligentíssima, rica no falar, e tinha um andar cadenciado de madame de botar inveja e de deixar muitas moças [brancas, é claro] da época de ciúme alevantado.

Por essa época o próprio Nestor Vítor revela em depoimento prestado a Andrade Muricy[278] que um dos seus infinitos motivos de gratidão para com a esposa Catita era pelo tratamento por ela dispensado a Cruz e Sousa e respectiva mulher. Quando o casal de negros era convidado para jantar em sua casa, "não havia outro remédio senão mandar as criadas passear. Elas recusavam-se a servir *aqueles negros*. Quem servia, com grande carinho, mas, também, sem exagerar a gentileza, para não acentuar que aquilo representava, na época, verdadeira abnegação, era Catita".[279]

Ao ficar noivo de Gavita (provavelmente em setembro de 1892), Cruz e Sousa começou a pensar na organização de sua vida familiar. Para isso deu ao seu trabalho um ritmo ainda mais intenso. Datam desse período suas maiores colaborações na imprensa carioca — divididas em *O Tempo*, *Revista Ilustrada* e *Novidades* — todos chefiados por amigos seus — Lima Campos, Artur de Miranda e Oscar Rosas. Começava a firmar-se sua amizade com Nestor Vítor, que seria seu mais inseparável companheiro de jornada, até os seus últimos dias. O noivado do poeta ocorreu num sobrado pertencente ao Dr. Monteiro de Azevedo, localizado no centro da cidade, na rua dos Arcos, nº 60, na Lapa. Tudo parecia caminhar bem, dentro dos planos dos nubentes, quando, entre junho e julho, Gavita engravida do poeta. Ocorreu, então, uma grande reviravolta em sua vida. Já autor de *Missal* e prestes a publicar *Broquéis*, Cruz e Sousa tratou de fazer os preparativos para o casamento, de modo que pudesse ganhar tempo. Por carta, datada de agosto, dera ciência disso ao pai Guilherme, que se encontrava no Desterro. Não se casariam mais na igreja, como era o desejo da mulher. Restavam-lhes o registro civil, instituído com a República. A 9 de novembro de 1893, em plena gravidez de Gavita, casava-se o poeta Cruz e Sousa. O teor do documento, expedido pelo oficial do Registro Civil de Pessoas Naturais da Freguesia de Santana, Dr. Joaquim Soto Taboas, peça inédita no contexto de sua vida, era este:

> Certifico que à fls 63 do livro 3 do registro de casamento consta o assento do matrimônio de João da Cruz e Sousa e Gavita Rosa Gonçalves, contraído perante o juiz Dr. Carlos Marques de Sá e

---

[278] Incluído em MURICY (1976).

[279] *Apud* MURICY (Op. Cit., p. 130); e ALVES (1998, p. 30 e 31).

as testemunhas Manoel Rodrigues Monteiro de Azevedo e Raul Hamann; ele, nascido em Sta. Catarina, de 29 anos, profissão jornalista, solteiro, residente nesta cidade, filho de Guilherme de Sousa e de Carolina de Sousa; ela, nascida no Rio de Janeiro, de 19 anos, solteira e residente nesta cidade, filha de Luis Thomaz (sic) Gonçalves e Luiza Rosa.[280]

Casados, foram residir na rua da Ajuda, 61 (logradouro que ligava de uma ponta a outra o antigo Convento da Ajuda), no centro do Rio. Esse é um período delicado para o poeta, algumas dificuldades começam a surgir na sua vida familiar. Mesmo antes de dizer o "sim", recorre aos amigos, pedindo ajuda financeira. Faz parte desse rol de amigos o ex-presidente Gama Rosa, a quem envia uma carta, logo respondida: "20 de outubro de 1893. Caro amigo Cruz e Sousa. Recebi a sua carta de 14 do corrente, e sinto não poder satisfazer o seu pedido, porquanto, nesta imensa crise, as despesas são consideráveis, extraordinárias, para quem tem a seu cargo uma família. E apresso-me em fazer-lhe esta comunicação, para que a demora na resposta não lhe cause transtorno. Aceite recomendações nossas. Seu amº velho, Gama Rosa"[281]. Era um tempo difícil do ponto de vista político e cultural: a economia estava à mercê da alta carestia dos gêneros alimentícios e dos aluguéis das casas. Tudo isso provocado pelo clima de revolta, guerra e das turbulências que pipocavam pelo Brasil inteiro.

Sinal de que, a publicação dos livros *Missal* e *Broquéis*, embora lhe trouxesse dividendos literários, com nomes nos jornais e comentários pelas rodas boêmias, por outro lado, não lhe trouxera os mesmos dividendos financeiros. Dando um passo atabalhoado em sua vida, como o casamento e a vinda de um filho não planejado, restaram poucas alternativas ao poeta. Sem um emprego fixo, que lhe rendesse um ordenado mensal garantido, Cruz e Sousa, ao contrário de outros escritores, como Machado de Assis, Artur Azevedo (que, aliás, eram colegas de ministério), ou fossem endinheirados, como José do Patrocínio, Ferreira de Araújo, ou andavam em dificuldades. Dos amigos da terra, Oscar Rosas era funcionário público, empregado na Socie-

---

[280] Registro Civil, 6ª Circunscrição, 3ª Zona, Freguesia de Santana, de 9 de novembro de 1893.

[281] Citada por MAGALHÃES JR. (1975, p.251).

dade Central de Imigração; Virgílio Várzea, parlamentar no Desterro. Manter-se com família só com os pingues ganhos dos jornais era algo extremamente arriscado e perigoso. Talvez, sem obter sucessos em suas investidas (e quantas mais teria feito?), continuou a procurar por socorro. A situação era crítica. Provavelmente passassem por aluguel ou alimentação, sem dúvida, as mais prioritárias e urgentes. Sem outra saída plausível, ou em função das recusas seguidas, escreve para o ilustre conterrâneo Luiz Delfino (a quem ajudara, a pedido de Oscar Rosas, na campanha para o Senado). Médico, poeta e político, Luiz Delfino era o catarinense mais importante residente na Cidade do Rio de Janeiro. A ele, então, se dirige o Poeta Negro, na esperança de solucionar seus problemas. Não temos a resposta do poeta de *Três Marias*, mas pela correspondência de Cruz e Sousa é pouco provável que tenha sido atendido. Escrita em 19 de novembro de 1893, poucos dias antes da explosão de um paiol de pólvora na Ponta do Matoso, na Ilha do Governador, e dez depois do casamento, era esse o teor da missiva. "Ilustre Poeta Amigo. Com os cumprimentos de estima e consideração que lhe apresento, tomo novamente a liberdade de importuná-lo com relação ao pedido que tive necessidade de fazer-lhe por carta. Uma vez que se não dignou responder-me, peço-lhe ainda, apelando para os seus generosos sentimentos de homem, que me sirva, já não direi com a quantia de 300$000 réis, como lhe pedi, mas ao menos com a metade ou esmo com 100$000 réis, pois é bem dolorosa a minha situação neste momento. Peço-lhe, que mesmo em sentido negativo, resolva com urgência este bastante difícil pedido. Seu admirador e amº Cruz e Sousa"[282].

Esta situação deixava Cruz e Sousa bastante fragilizado. Nas rodas, que pouco frequentava, era visto como um corpo estranho. É Emiliano Perneta, seu grande amigo, que depõe sobre uma dessas ocorrências, narrada por Andrade Muricy em seu livro de memórias[283]. Segundo ele, Emiliano Perneta dizia que a todo momento Cruz e Sousa era chamado à consciência da sua inferioridade racial. "Quando entrávamos com ele na 'Havanesa', no 'Café de Londres' ou no 'Café do Rio', infalivelmente um do grupo exclamava em al-

---

[282] Original pertencente à Coleção Pedro Corrêa do Lago, publicado, pela primeira vez, na *Obra Completa*, Nova Aguilar, 1995, p. 826.
[283] MURICY (Op. Cit., p. 129).

tas vozes: 'Entra, ó grande poeta!', ou 'Entra, Cruz e Sousa!'. Ele virava para nós os seus olhos muito brancos, melancolicamente. Sabia que aqueles pregões eram para que se soubesse que não se tratasse dum preto qualquer...". Nestor Vítor complementa o depoimento: "Tudo isso ele recebia, com ares sobranceiros, como se as pedras lhe passassem por cima da cabeça, como se nada o atingisse no íntimo, quando a verdade é que tudo ia calando fundo e ferindo dolorosamente aquele ser de tão extraordinária sensibilidade, dando-lhe pouco a pouco uma amargurada visão da vida, demonstrando-lhe posição singularmente dramática neste mundo".

Aos poucos foi perdendo as aspirações da adolescência, adquiridas na província — de acordo ainda com Nestor Vítor — que "em horas de abstrações e sem dúvida de pressentimento de seu valor, andando sozinho, um ar em que havia qualquer coisa de solene, de principesco, já como depois aqui no Rio tantos ainda hoje se lembram tê-lo visto caminhando, sem pensar, sem querer"[284].

Em três fases de sua vida, Cruz e Sousa foi, aos poucos, perdendo a tonicidade de suas esperanças: quando menino, abraçara as oportunidades que se lhe abriam com os estudos, agarrando-os cheio de aspirações de arroubos presunçosos: "Hei de morrer... mas hei de dei deixar nome!"; depois veio a fase da adolescência/juventude, com as viagens com as empresas teatrais, lidando com o preconceito, as situações-limite políticas do país, um sistema que torniquetava as almas e os espíritos; na fase adulta, com as decisões, o afastamento definitivo da vida de sonho e de possibilidades, a incompreensão dos homens, o peso de manter a família, as aspirações da vida material que jamais se concretizavam — tudo isso transformara o homem cordial em alguém que é puro fator de ceticismo e de descrença geral na humanidade e, de resto, em si próprio.

O próprio Nestor Vítor foi ao socorro ao Poeta Negro ao vê-lo preso às aflições da vida de casado. No final de novembro recebeu uma boa notícia: seria nomeado para um cargo na Estrada de Ferro Central do Brasil, antiga D. Pedro II, que perdeu essa denominação com o advento da República. O ato nomeativo aconteceu em dezembro, um mês após a cerimônia de casamento. Fora nomeado Auxiliar da

---
[284] Citado por MURICY (1973, vol. I, p. 159).

Seção Técnica, lotado no edifício da Estação de São Diogo. A alegria do poeta — se é que tivera alguma — não durou muito tempo. Um colega de repartição, "moreno à força", segundo o próprio poeta, foi dos primeiros a atazanar a sua vida. Num átimo de irritação, num documento inédito, pertencente ao Arquivo da Fundação Casa de Rui Barbosa, naquela letrinha cursiva que só ele sabia escrever, se dirige o então funcionário ao seu superior: "Ao cidadão Dr. Chefe da Linha. Com a devida consideração e respeito solicito-vos que atenteis junto a este a minha qualidade de empregado da Estrada de Ferro Central do Brasil, da qual sois um dos dignos chefes. São Diogo, 9 de janeiro de 1894. João da Cruz e Sousa. Auxiliar da 'Seção Técnica'". Abaixo havia um carimbo com a data do recebimento do documento, e, no alto, o "visto" do chefe da linha, rubricado no dia seguinte, com a indicação "Escritório do Chefe da Linha".

Esta agonia sentida pelo poeta não teria termo. Num trecho de carta a Nestor Vítor, aquele a quem devia o emprego, sem data e infelizmente incompleto, é assim que se lamentava ao seu grande amigo:[285]

> A minha situação, neste Escritório, com esta suprema besta, torna-se cada vez mais horrível. Não sei a que me levará isto. As humilhações, as decepções, os aviltamentos a que ele me obriga, como um feitor ao escravo da senzala, são impossíveis de calcular, já não são humilhações, são infâmias. Eu prevejo as maiores desgraças pª mim. Não sei se ele me quer demitir, pondo outro no meu lugar, com as promoções e subseqüentes alterações que se vão dar quando começar o novo regulamento, porque não pode ser por outra causa as infâmias que ele pratica comigo. Não contente de me obrigar a reformar todo o arquivo que conta mais de dois mil desenhos, trabalho esse que levará mais de um ano, porquanto não me entrego aqui no escritório a esse serviço, um dia destes mandou-me com estupidez arrogante, como se eu fosse um contínuo, pegar martelo e pregar nas paredes tabelas do novo horário!

Continuava o poeta, mais adiante, provavelmente estarrecendo e enrubescendo as faces de Nestor Vítor:

---

[285] Citado por MAGALHÃES JR (1975, p. 272).

Imagina se puderes ao que ele me rebaixa desse modo, além dos coices que, por qualquer coisa, me dá todos os dias. Nunca sofri tormento assim de uma cavalgadura tão grande. Não sei o que fazer nesse desespero. Porque, o que é certo, é que as bestas barrigudas do poder não atenderão a minha queixa amargurada e eu tenho de devorar essas humilhações como se fosse um eunuco, sem esperança de melhorar, no meio de uma gente nula que não sabe o inferno em que vivo. O que eu suporto, já não pode ser mais revelado sem resignação, com paciência, porque passou dos limites do possível mesmo aos nervos de um boçal e se eu continuar a humilhar-me assim só falta, para a humilhação ser completa, ele meter-me um chicote, mandar buscar a minha mulher e os meus filhos para meter-lhes também o chicote. É um absurdo dolorosamente ridículo que uma repartição da República tenha régulos e imbecis dessa natureza como chefe, arrotando a sua estupidez em seres da minha espécie.

Não podia suportar tanta humilhação, ainda mais para quem, como ele, tinha o orgulho bastante aflorado, orgulho por saber e reconhecer que estava acima de muitos homens brancos no plano do conhecimento, orgulho por ter galgado degraus acima na escada de ascensão intelectual. Ora, não seria um homenzinho deste que iria pisoteá-lo feito um inseto imundo, ainda mais um mulato. Gonzaga Duque, num artigo[286], menciona esse fato. O escritor diz o seguinte: "De quando em quando, ele me aparecia nervoso, todo trejeitos na figurinha franzina; o duro queixo rapado em o arremesso carniceiro de destruir; a boca, sob o bigode lanígero, em repuxado de ódio e aflição; largas narinas palpitantes no afilado mestiço do nariz; os olhinhos fulgurantes, a queixar-se que fugira da repartição porque o chefe, que era mulato, o perseguia e hostilizava: — 'É que eu lhe recordo a origem — dizia-lhe o poeta — tenho talvez a mesma cor da mãe... e, como ele quer ser *moreno* à força, esbarra-se comigo, vê-me como uma afirmação tremenda do seu passado; sou o espectro recordativo da macumba que o despojou no mundo!'" Carl Degler, ao tratar em seu estudo *Neither Black nor White: Slavery and Race Relations in Brazil and the United States* sobre esse assunto, afirma que a existência de um

---

[286] Gonzaga Duque, O Poeta Negro, *Dom Casmurro*, 8 de março de 1941.

"alçapão de escape do mulato no Brasil facilitou sua ascensão na sociedade branca, e, consequentemente, afastou quaisquer movimentos a favor de reivindicações dos negros, uma vez que acabou qualquer possível liderança do mulato[287]. Ou seja, é um movimento de anulação que o mesmo não percebe. Com efeito — seguindo o raciocínio de David Brookshaw — é possível "argumentar que o mulato sofre maior ressentimento por parte do branco do que o negro, porque ele representa um perigo maior à estabilidade da estrutura social e étnica que é manipulada por uma elite predominantemente branca"[288]. A tese do mulato, nesse contexto, é que ele acha estar compensado pela ideologia do "branqueamento", fazendo-o rechaçar todo aquele (leia-se negro) que o fizer relembrar o passado africano da senzala.

Provavelmente sob os influxos dessa situação tão pesada e sufocante, nasceu este soneto que de tudo por tudo evoca o sentimento do poeta face ao drama em que vivia dolorosamente, e, logo ele, que era afilhado de Nossa Senhora das Dores:

> Tu és o louco da imortal loucura,
> O louco da loucura mais suprema
> A Terra é sempre a tua negra algema,
> Prende-te nela a extrema Desventura.
>
> Mas essa mesma alguma de amargura,
> Mas essa mesma Desventura extrema
> Faz que a tu'alma suplicando gema
> E rebente em estrelas de ternura.
>
> Tu és o Poeta, o grande Assinalado
> Que povos o mundo despovoado,
> De belezas eternas, pouco a pouco,
>
> Na Natureza prodigiosa e rica
> Toda a audácia dos nervos justifica
> Os teus espasmos imortais de louco!

---

[287] *Apud* BROOKSHAW (1983, p. 150).
[288] BROOKSHAW (Op. Cit., p. 151).

As dores íntimas do Poeta Negro só seriam aliviadas no mês de fevereiro. A 22 nasceu o seu primeiro filho, Raul. O nome, ao contrário do que vem sendo entendido como uma homenagem a Raul Pompéia, entende-se, na verdade, ao compadre Raul Hamann[289], jovem alemão de classe média alta, residente na praia do Caju. Nas horas de maior aperto, era a ele que recorria Cruz e Sousa. Bastante comovido, o poeta extravasou toda a sua emoção num longo poema dedicado ao filho. Este poema, intitulado *Meu filho*, integrante do volume póstumo *Faróis*, é de uma sinceridade sentimental extraordinária. Diante da caminha da criança, olhando-lhe as feições delicadas, deve ter lembrado de sua mãe, Carolina, morta em 1891, e canta então com todas as forças dos seus pulmões:

> Ah! quanto sentimento! ah! quanto sentimento!
> Sob a guarda piedosa e muda das Esferas
> Dorme, calmo, embalado pela voz do vento,
> Frágil e pequenino e tenro como as heras.
>
> Ao mesmo tempo suave e ao mesmo tempo estranho
> O aspecto do meu filho assim meigo dormindo...
> Vem dele tal frescura e tal sonho tamanho
> Que eu nem mesmo sei tudo que vou sentindo.
>
> Minh'alma fica presa e se debate ansiosa,
> Em vão soluça e clama, eternamente presa
> No segredo fatal dessa flor caprichosa,
> Do meu filho, a dormir, na paz da Natureza.
>
> Minh'alma se debate e vai gemendo aflita
> No fundo turbilhão de grandes ânsias mudas:
> Que esse tão podre ser, de ternura infinita,
> Mais tarde irá tragar os venenos de Judas!
>
> Dar-lhe eu beijos, apenas, dar-lhe, apenas, beijos,
> Carinhos dar-lhe sempre, efêmeros, aéreos,
> O que vale tudo isso para outros desejos,
> O que vale tudo isso para outros mistérios?

---

[289] Em seu livro já citado sobre Cruz e Sousa, Raimundo Magalhães Júnior ora diz (p. 252) que Nestor Vítor é o padrinho de Raul, ora diz (p. 254) que Raul Hamann o é.

De sua doce mãe que em prantos o abençoa
Com o mais profundo amor, arcangelicamente,
De sua doce mãe, tão límpida, tão boa,
O que vale esse amor, todo esse amor veemente?

O longo sacrifício extremo que ela faça,
As vigílias sem nome, as orações sem termo,
Quando as garras cruéis e horríveis da Desgraça
De sadio que ele é, fazem-no fraco e enfermo?!

Tudo isso, ah! tudo isso, ah! quanto vale tudo isso
Se outras preocupações mais fundas me laceram,
Se a graça de seu riso e a graça do seu viço
São as flores mortais que meu tormento geram?!

Por que tantas prisões, por que tantas cadeias
Quando a alma quer voar nos paramos liberta?
Ah! Céus! Quem me revela essas Origens cheias
De tanto desespero e tanta luz incerta?

Quem me revela, pois, todo o tesouro imenso
Desse imenso aspirar tão entranhado, extremo!
Quem descobre, afinal, as causas do que eu penso,
As causas do que eu sofro, as causas do que eu gemo!

Pois então hei de ter um afeto profundo,
Desse imenso sentimento, um sentimento insano
E hei de vê-lo rolar, nos turbilhões do mundo,
Para a vala comum do eterno Desengano?!

Pois esse filho meu que ali no berço dorme,
Ele mesmo tão casto e tão sereno e doce
Vem para ser na Vida o vão fantasma enorme
Das dilacerações que eu na minh'alma trouxe?!

Ah! Vida! Vida! Vida! Incendiada tragédia,
Transfigurado Horror, Sonho transfigurado,
Macabras contorções de lúgubre comédia
Que um cérebro de louco houvesse imaginado!

Um filho que eu adoro e cubro de carinhos,
Que do mundo vilão ternamente defendo,
Há de mais tarde errar por tremendais e espinhos
Sem que o possa acudir no suplício tremendo.

Que eu vagarei por fim nos mundos invisíveis,
Nas diluentes visões dos largos Infinitos,
Sem nunca mais ouvir os clamores horríveis,
A mágoa dos seus ais e os ecos dos seus gritos.

Vendo-o no berço assim, sinto muda agonia,
Um misto de ansiedade, um misto de tortura.
Subo e pairo dos céus na estrelada harmonia
E desço e entro do Inferno a furna hórrida, escura.

E sinto sede intensa e intensa febre, tanto,
Tanto Azul, tanto abismo atroz que me deslumbra.
Velha saudade ideal, monja de amargo Encanto
Desce por sobre mim sua estranha penumbra.

Tu não sabes, jamais, tu nada sabes, filho,
Do tormentoso Horror, tu nada sabes, nada...
O teu caminho é claro, é matinal de brilho,
Não conheces a sombra e os golpes da emboscada.

Nesse ambiente de amor onde dormes teu sono
Não sentes, nem sequer, o mais ligeiro espectro...
Mas, ah! eu vejo bem, sinistra, sobre o trono,
A Dor, a eterna Dor, agitando o seu cetro!

Cruz e Sousa se sentia um homem realizado. Com o nascimento do seu filho, a quem velava sobre o berço, beijando-o ternamente, e intensamente, completava o ciclo de sua vida. A paternidade estava totalmente expressa nessas quadras emotivas, humanizando um pouco mais uma vida cheia das turbulências dos dramas diários que enfrentava de peito aberto. E o mesmo podia dizer de sua esposa. Por uma casualidade do destino, Cruz e Sousa encontrara em Gavita a mulher ideal, sensível, bonita e perfeitamente do tamanho do seu coração.

Era preciso seguir em frente, no entanto, com as novas responsabilidades e compromissos surgidos: mulher e filho. A fase do eusozinho acabou, o rumo da vida que precisava ser tomado era outro, a subsistência tinha de ser garantida a qualquer custo e preço. Para isso o ganha-pão de cada dia — ou seja, o emprego público na Estrada de Ferro Central do Brasil — teria que ser muito melhorado, acima de qualquer obstáculo. O amigo Nestor Vítor era o seu interlocutor principal para esses assuntos. Quando não o fazia pessoalmente, nas conversas mantidas nos encontros entre os dois, escrevia para o crítico, mantendo com ele as discussões sobre as alternativas a serem seguidas e tomadas. No final do ano escrevia a Nestor Vítor uma carta que tinha toda a ansiedade que o afligia no momento, quanto à melhoria de seu cargo na Central do Brasil: "Rio, 16 de dezembro de 1894. Meu caro Nestor. Sobre a minha pretensão tenho a dizer-te que um dos lugares que me serve é o de amanuense, que tem vencimento maior do que o que exerço atualmente. O Dr. Piragibe que aluda a isso ao marechal Jardim, pois o meu amigo Ricardo de Albuquerque também se interessa com grande e decidido esforço. Também não deixo de aceitar o teu empenho, conforme falaste, para o Dr. Antonio Olinto, a quem sou bastante simpático, segundo estou informado. O momento é de decisão e eficácia. Já longo e doloroso tempo tenho aguardado uma melhora na vida. Teu Cruz e Sousa".

Vê-se que o trabalho do poeta tem sido grande. Não mede esforços, está à frente das negociações e envolve pessoas poderosas, que têm poder para decidir a situação. E isto acontece. Cruz e Sousa, apesar de não obter a promoção desejada de amanuense, já a 28 de janeiro de 1895 recebe o título de praticante de arquivista, da 5ª Divisão[290], e recebe, agora, vencimentos de um conto e 800 mil-réis por ano. Sendo que logo a seguir, a 20 de março, tem novo aumento: passa a receber, também anualmente, dois contos e quinhentos mil-réis. A situação ainda não era boa, mas estava melhorando sensivelmente. Graças, não só a dedicação de Nestor Vítor, mas, sobretudo, ao empenho do amigo e diretor da Estrada de Ferro Central do

---

[290] De conformidade com o decreto nº 268, de 26 de dezembro de 1894.

Brasil (ex-Dom Pedro II), Ricardo de Albuquerque. A ligação de Cruz e Sousa a esse executivo tem suas razões de ser. José Ricardo de Albuquerque, esse o seu nome todo, também era poeta e apreciava muito a produção do catarinense, sendo-lhe na Companhia, uma espécie de protetor e defensor[291]. Quanto a Antonio Olinto dos Santos Reis, este era ministro da Viação e Obras Públicas, por sinal, ministério em que era alto funcionário Machado de Assis.

Animado com a promoção e o relacionamento que vinha fazendo no campo profissional da Estrada de Ferro Central do Brasil, Cruz e Sousa tratou de procurar nova moradia. E nada mais justo. A Gavita estava grávida do menino Guilherme, nascido a 7 de outubro de 1895. Precisava de um fiador. Desta vez é a João Lopes, jornalista e abolicionista, a quem dedicou a prosa *O padre*, de *Tropos e fantasias* (1885), que procura. O então redator da *Gazeta de Notícias* prontamente respondeu ao poeta: "Amigo Cruz e Sousa. O que me pede é mais difícil a mim do que a V. obter pessoalmente. Cartas de fiança dão-nas comerciantes, nem outras aceitam os senhorios. Veja se o seu vendeiro o pode servir. É este o meu processo no assunto. Lastimo os seus aborrecimentos e apoquentações e creia na amizade do confrade e amº João Lopes, 13/12/1895".[292]

De que falava João Lopes quando lamentava "os aborrecimentos" do Poeta Negro? Afinal, a carta foi escrita tão rapidamente que o jornalista grafara "apouquentações" com um "u" intruso. De qualquer forma, o poeta estava realmente numa grande enrascada. Com dois filhos e a mulher, acabara de ganhar a companhia da sogra — Luiza Rosa — que enviuvara e passara a morar com a filha até para aliviar a barra da mesma na criação dos filhos, cuidar do marido e da casa, que se tornara pequena e inadequada. Atento a buscar uma moradia maior, soube do aluguel de umas casas no bairro do Encantado. Talvez tenha sido avisado da novidade pelo poeta B. Lopes, que morava pela região. Foi, então, em 1896, não antes disso, que tratou da mudança de residência, do centro da cidade para o subúrbio.

---

[291] Deve ter tido alguma importância para o serviço público o seu trabalho na rede ferroviária brasileira. Já morto, teve seu nome dado a uma estação de trem do subúrbio carioca, na zona norte, inaugurada em 1913.

[292] Citada por MAGALHÃES JR. (1975, p. 259).

De alguma forma, Cruz e Sousa conseguiu a carta de fiança e contratou o aluguel da casa da rua Teixeira Pinto, nº 48. Mas só pode ter feito isso no início de 1896, quando sua construção foi concluída. A casa, infelizmente demolida em 1984, pertence ao conjunto de casas do mesmo tipo, construídas pelo inglês John Jack Brun que, ao casar-se com uma brasileira, adquiriu parte da chácara de propriedade do industrial José dos Reis, morador e comerciante da região, onde as edificou para uso próprio e aluguel de subsistência.[293]

A passagem por esta residência marcaria Cruz e Sousa e seus moradores. Os descendentes do inglês John Jack Brun contam alguns casos passados na vida cotidiana do poeta. D. Geraldina Brun da Silva, então vizinha à casa onde morou o poeta, conta que sempre ouvia relatos de seu falecido pai, Tomé Alves da Silva, amigo pessoal de Cruz e Sousa, de que "ele fora chefe da estação do Encantado, em tempos passados, era cargo importante, entretanto dotado de extrema simplicidade, fazia compras no antigo Armazém Pavão, que pertencia ao Sr. Pavão e Sr. Valentim, bastando atravessar a rua entrava na Quitanda do Sr.Chico. Hoje o armazém pertence a outro dono e no lugar da Quitanda está localizada a Farmácia do Sr. Severino, naquela época já existia o açougue, não existindo a padaria e sim o terreno vazio"[294]. Diz ela ainda que Cruz e Sousa "gostava muito de pássaros, cachorros e outros animais" e aos domingos, depois da missa na igreja local, "costumava reunir os amigos e vizinhos para consumirem uma cervejinha preta debaixo do caramanchão de Guacho". Em suas memórias, Andrade Muricy, que conviveu estreitamente com Nestor Vítor, relata o seguinte: "B. Lopes, amorável companheiro, morava não longe dali. Muitos outros companheiros iam ver o poeta, demorar-se em sua casa o dia inteiro, entrarem noite a dentro. A casinha humilde... tornou-se como numa 'sarça ardente'; verdadeiro centro de apostolado e catequese estética. A literatura era encarada como religião, na maneira hegeliana mais exaltada. Em vez de ser a dispensável 'surperestrutura' que nela vêm muitos marxistas, e atividade 'marginal' do homem, consideravam-na função vital

---

[293] Gavita in Reencontro com Cruz e Sousa, p. 32.

[294] Você sabe quem foi Cruz e Sousa?, jornal O *Periscópio*, datado de março de 1982, Ano I, nº 3, p. 2.

para o *homo estheticus*. O que explica a maravilhosa obra-prima que é o soneto 'Caminho da Glória'"[295]. O aludido soneto é este:

> Este caminho é cor-de-rosa e é de ouro,
> Estranhos roseirais nele florescem,
> Folhas augustas, nobres reverdecem
> De acanto, mirto e sempiterno louro.
>
> Neste caminho encontra-se o tesouro
> Pelo qual tantas almas estremecem;
> É por aqui que tantas almas descem
> Ao divino e fremente sorvedouro.
>
> É por aqui que passam meditando
> Que cruzam, descem, trêmulos, sonhando,
> Neste celeste, límpido caminho
>
> Os seres virginais que vêm da Terra,
> Ensangüentados da tremenda guerra,
> Embebedados do sinistro vinho.

Como disse, demolida em 1984, não obstante a pressão dos familiares do poeta e do Governo do Estado de Santa Catarina, a casa de Cruz e Sousa só existe na memória. No número 170, onde morou Geraldina Brun da Silva, da atual rua Cruz e Sousa, o aspecto da casa remonta à época da sua construção, no final do século 19, com a águia a pontificar no cume da fachada. Foi dos raros períodos de mansidão da família.

[295] MURICY (1976, p. 154).

AINDA A LITERATURA

Em meio às promoções salariais, às mudanças de endereço e ao nascimento dos filhos, Cruz e Sousa continuava sua produção literária com o mesmo *frisson* dos velhos tempos. Refugiado dos cafés, Cruz e Sousa procurava a casa dos amigos. Havia novos membros na plêiade. Carlos Dias Fernandes, um deles, depõe que conheceu o Poeta Negro "num pequeno 'bar', situado atrás dos Correios, numa hora de menor freqüência, quando não era de todo possível palestrar".

Era ele funcionário dos Correios, cujo colega da 6ª seção, Tibúrcio de Freitas, foi quem lhe apresentou o autor de *Broquéis*. O outro jovem era Maurício Jubim. Poeta e desenhista, este teria um papel fundamental na vida do poeta. Jubim morava num quarto alugado na rua do Senado, no flanco posterior de um velho casarão de dois andares e que abria para o quintal, deixando ver o tanque de lavagem, o coradouro de folhas de zinco, o galinheiro. "Era um aposento mísero, de 20$000 mensais", de acordo com Andrade Muricy.

Além de Jubim, fraternalmente moravam nele Carlos Dias Fernandes e Tibúrcio de Fretas. Como visitante, Nestor Vítor também dá as caras de vez em quando. O local era chamado de "O Antro". Tornara-se o ponto uma fraternidade quase religiosa. Os encontros freqüentes, quase diários, resultavam em conversas e discussões sobre literatura e literatos. Opiniões elogiosas sobre determinados escritores apareciam na roda e ao mesmo tempo que apodos àqueles que representavam todo o atraso das letras. Em geral o Poeta Negro usava o local para a leitura dos seus trabalhos ainda inéditos ou que não haviam sido publicados na imprensa. O relaxamento era total.

Só ali esquecia-se, por momentos, do chefe mulato da estrada de ferro, das agruras familiares, dos imbecis da rua do Ouvidor.

O Poeta Negro opinava sobre seus autores prediletos. Quando referia-se ao poeta Antero de Quental, fazia-o "com um frêmito de entusiasmo na voz", lembrando do autor português este verso, do soneto *Mors et Amor*, "que apreende a noite em toda a suavidade esotérica do seu mistério":

> À noite desce, desfolhando as rosas.

Era um crítico dos boêmios de plantão, dizendo deles, sem excitação na voz e sem receio:

— Ora, vocês convirão, dizia Cruz e Sousa, com sarcasmo, que isto [o soneto *Mors et amor*] sempre é melhor que a *Delenda Carthargo*, as Baladilhas, os versos impagáveis de Guimarães Passos, as Ondas carnavalescas do Murat. De toda essa farândola, que o Patrocínio chefia, entre o Paschoal e o Castelães, o único sério e imputável, que nem mesmo se mistura com os porcos deste novo Epicuro, é o Raimundo; espírito grave e melancólico, rico de sensibilidade, estuante de emoção. [Mais adiante] Se o Bilac fosse capaz de uma grande missão artística, como blasonam os seus turibulários, não se daria a mundanidades equívocas nem se gastaria nessa estéril boemia de botequins e noitadas[296].

Cruz e Sousa chamando José do Patrocínio de "novo Epicuro" vinha das rivalidades da época da *Cidade do Rio*, a quem Guimarães Passos seguia com religiosidade. Os outros dois poetas citados: o primeiro é o Luiz Murat e o segundo Raimundo Correia. A supersensibilidade do Poeta Negro era impressionante. Dentro de "O Antro", Cruz e Sousa apresentava suas produções mais recentes. Diz ainda Carlos Dias Fernandes, citado por Andrade Muricy, que apenas "o Tibúrcio se permitia a liberdade de sugerir substituições e emendas no emaranhado daqueles lavores. Tendo em grande conta e maior estima a sutileza crítica do seu confidencial amigo, Cruz aceitava e cumpria os reparos, com a mais agradecida naturalidade". Narra uma passagem ocorrida no quarto, entre eles: "Cruz e Sousa lia *O*

---

[296] Narrativa de Carlos Dias Fernandes in MURICY (Op. Cit., p. 123).

Emparedado. Carlos Dias Fernandes e Jubim, que estavam à janela, mas atentos, foram distraídos por duas meninotas da casa, que lá de baixo, faziam gestos e beijos. Cruz e Sousa surpreendeu-lhes a inatenção, e, desculpando-se, deixou de ler. Tibúrcio, percebendo a situação propôs que saíssem. O Cruz absolutamente esquerdo, tomado de um mutismo estúpido e com uma expressão de mágoa que os amigos nunca lhe viram. No Campo de Santana, afinal, Tibúrcio interpelou o poeta: — Cruz, que tem você; que lhe fizemos nós? Isto não pode ser. Precisamos explicarmo-nos, disse, imperativo, peremptório". O narrador informa que o autor de *Broquéis* desfez-se num pranto convulsivo, aos soluços, abraçando-se ao peito do seu confidente; quando pode, balbuciou: — Oh! isso vindo de você, é horrível. Foi uma desilusão, um desabar de tudo! O naufrágio da minha alma. Explicaram-se. Tibúrcio protesta: Pois seríamos capazes, nós, que o adoramos, que temos no seu afeto a única e suprema recompensa da nossa vida, o nosso estímulo, o nosso orgulho, a nossa felicidade?! Ao que o poeta respondeu: — Não foi você, devo-lhe esta justiça, que me conforta e me consola, murmurou... E Carlos Dias Fernandes pediu perdão, de joelhos...".

Era essa a atmosfera em que vivia o Poeta Negro, a quem esses amigos chamavam de "o novo Alighieri", numa referência a Dante Alighieri, autor de *A divina comédia*. Mas não era só isso. No "Antro" discutiam novidades literárias. Um delas, era o projeto de uma revista. A princípio, chamaram-na Revista dos Novos. Desde o início de 1891, a imprensa já dava notas ou fazia referências a ela. Sem as colunas da *Folha Popular*, que fechara em fins de 1890, Gonzaga Duque que migrara para o *Novidades* a convite de Oscar Rosas, trouxe para aí a sua crônica Diário Novo, referia-se a esta publicação, como se ela já estivesse a caminho. Farfarello, pseudônimo de Artur de Miranda, da *Revista Ilustrada*, no mesmo mês, chamou a atenção do público para a publicação dizendo: "Deve aparecer muito breve a Revista dos Novos. Já se deixa sentir o escândalo que tal folha fará. Revista dos Novos quer dizer: franqueza de opinião, idéia exata, precisa, da arte, inimigo acérrimo, impiedoso, terrível, de tudo quanto for chato, de tudo quanto for nulo, de tudo quanto for convenção e preconceito. Que afiem as garras esses idiotas que vivem aí pela imprensa diária a insultar carroçalmente (sic) o grupo de moços de muito talento e de muita moral que eles próprios apelidaram Novos. Que afiem as garras e que se preparem em leitos macios para que os cáusticos, que levarão às nucas, não lhes doam em excesso".

O projeto não foi adiante, mas os revolucionários, como Cruz e Sousa, jamais perderam a esperança de concretizá-lo. Nesse afã, o Poeta Negro escreve, do "Antro", uma carta de chamamento para alguns amigos, entre os quais Gonzaga Duque. Datada de "Rio, 11 de abril de 1894", tinha esse teor:

> Na impossibilidade de falar-te calmamente, escrevo-te uma ligeira exposição sobre a Revista dos Novos. Penso que o grupo que deve constituir os combatentes da Revista dos Novos tem de ser composto da tua individualidade, Emiliano Perneta, Oscar Rosas, Artur de Miranda, Nestor Vítor, B. Lopes, Emílio de Menezes, Lima Campos, Araújo Figueredo, Virgílio Várzea, Santa Rita, Maurício Jubim, Cruz e Sousa e Gustavo Lacerda, simplesmente sendo que este último deverá dar escritos sintéticos, muitos generalizados, sem personalismos, sobre política socialista. Penso assim porque esses foram sempre, mais ou menos, de vários modos intelectuais, e em tese, os nossos companheiros, tendo cada um deles, na proporção da sua aptidão, na esfera da sua perfectibilidade, um sentimento homogêneo do nosso sentimento comum na Arte do pensamento escrito. Penso também que o único homem fora da nossa linha artística de seleção relativa possível, que deve ser admitido para críticas científicas, é o Dr. Gama Rosa, que podemos considerar, à parte toda a nossa independência e rebelião, como um austero e curioso Patriarca do Pensamento novo. Os mais, sejam quem for, que venham de fora, isto é, que se apresentem com trabalhos estéticos de tal natureza alevantados e sérios que possam ser admitidos nas colunas nobres da grande Revista, para o que basta uma análise severa, rigorosa, desses trabalhos. Enfim, apenas esse deve ser o grupo fundador por excelência, deve constituir o corpo uno das Idéias da Revista nos seus elevados fundamentos gerais, a parte dos detalhes da compreensão de cada um em particular. Entre esses fundamentos gerais acho que deve ser um dos principais, o maior e o mais firme radicalismo sobre teatro, não permitir se-

ções, notícias, folhetins ou coisa que diga respeito a teatro que, por princípio e integração de idéias, não deve existir para a nossa orientação d'Arte na Revista dos Novos. Teu Cruz e Sousa.

O direcionamento da carta a Gonzaga Duque tinha a ver com o seu elevado espírito crítico. Gonzaga era autor de livros sobre arte: *A arte brasileira*, de 1887, e de uma série de ensaios e crônicas sobre arte, reunidos mais tarde em *Graves e frívolos*. E junto com Lima Campos, preparava a edição de uma revista, a *Rio Revista*. De qualquer maneira, a carta de Cruz e Sousa é reveladora, pois mostra o seu temperamento em literatura, em política, em arte. Além das suas preferências intelectuais, em torno das pessoas que o cercavam. Gonzaga Duque respondeu ao amigo, três dias depois, com a coragem sincera de discordar, em alguns pontos, do poeta catarinense:

> Cruz e Sousa.
> A tua carta, que recebi por intermédio do Jubim, obriga-me a uma resposta longa e, portanto, pouco delicada a tua paciência. Estamos de acordo (já estávamos antes desta amabilíssima troca de cartas) quanto ao caráter independente da Revista dos Novos e, em parte, sobre o grupo que deve constituí-la. Discordo em um ponto. Não me leve a mal o discordar, porque não serei exigente nem injusto. É uma impertinência caturra como todas as nugas dos cansados. Discordo quanto a publicação das sínteses de política socialista. Penso que esses assuntos de política sintética, ou mesmo sejam de política aplicada, destoam flagrantemente das serenas páginas de uma revista de Arte; para eles o metodismo circunspecto dos propagandistas criou a severidade encasacada da Revista dos Dois Mundos e abriu no jornalismo a coluna ostensiva do artigo de fundo. E, como não me parece possível que se os possa tratar em generalizações concisas pela multiplicidade forçosa de seus argumentos, pelas documentadas explanações de sua desiderata, donde resulta fatalmente o atravancamento deste formidável arsenal de lógica, eu sigo o processo terrorista dos julgamentos: elimino-os brusca e sumariamente. De mais... Pour un bon entendeur... suffit! Aproveito da tua paciência e desta preciosa oportunidade para esclarecer sobre o modo pelo qual,

penso, deve ser feita a Revista, caso que parece preocupar-te, se não me falha a perspicácia diante das claras, bem definidas linhas da tua exposição. Francamente, não conheço espécimes melhores que as modernas revistas parisienses desde a elegância aristocrática do Bambou até a trocista, impressionante, puffesca publicação Vaniel. Assim imaginei um conjunto, relativamente perfeito e sujeito a restrições oportunas, do Journal, Homens (sic) d'aujourd'hui e Revue Illustrée. Conseguindo a fusão desses três tipos de imprensa literária, teríamos uma esplêndida revista de Arte, sem exclusivismos caricatos de cenáculos e indigestos empanturros de austeridades doutrinárias. Mas, diante dos desejos e aspirações dos meus companheiros, eu cederei o que puder a satisfação de cada um, sem quebrar a linha de conduta que tracei ao Câncio para a feitura da Revista dos Novos. A minha principal questão e que sustentarei inflexível, até mesmo com exclusão do meu nome dentre os meus companheiros, está na independência da Revista. Não restrinjo o termo à significação limitada. Estabeleci, pois, o princípio de que eliminaríamos do cabeçalho a velha praxe de responsabilidades diretoras, para que não pese sobre o amor próprio dos nossos companheiros a menor suspeita de chefia, deixando ao critério de cada qual não só a harmonia necessária à união dos nossos espíritos como a responsabilidade de suas obras. Quem assim procede não dá provas de humilde condescendência, nem pode se escravizar à cortesania de um grupo, exteriorizando seleções que repugnam à imparcialidade. Entendo que, para os que tiverem talento e souberem transmiti-lo a trabalhos em formas originais, trazendo para a Arte aspectos novos e singularidades emotivas, as nossas páginas devem ser agasalhantes e francas... Mas, mesmo por essa livre feição que vamos dar à Revista dos Novos, onde o espírito de solidariedade fica apenas definido no coletivo esforço pela Arte, vedamos o direito de convite aos editados em nome dela. De per si, cada um trabalhará para engrandecê-la, sejam com a própria atividade ou pelo concurso estranho, tomando a si, porém, a responsabilidade do que fizer ou mandar a imprimir. Creio, meu caro artista, que não pode existir publicação mais simpática, mais independente, mais satisfatória às exigências dos nossos artistas. Não será uma revista literária, prenunciadora de uma geração iconoclasta, nem levantada para combater pela vaidadezinha de cada aspirante à imortalidade, mas vai ser uma revista de arte, onde o trabalho depositado seja a constatação da estética de um tempo e do protesto altivo, sereno, superiormente lançado, contra esta enxovalhada literatura de ferro velho que anda a dependurar restos mofados de idéias para a admiração palerma da burguesia. Aí tens o que o Miranda e eu tratamos e vamos realizar. Julgo ter conseguido tranqüilizar o teu espírito a respeito da Revista, que nos tem custado soma incalculável de paciência, atenções conciliadoras e... imperturbabilidades aos comentários varados de todos os cantos, sacados de quanto fraque cobre o raquitismo bilioso dos despeitados e presunçosos. Agora sobre o último tópico de tua carta — darás licença que eu te considere excessivo. Como vês, ficou a me importunar aquela recomendação... Mas... um grande abraço do teu velhíssimo — Duque E.

Não sabemos qual foi a reação de Cruz e Sousa ao ler esta carta tão discordante com os propósitos da revista. Mas o certo é que o Poeta Negro catarinense não iria desistir. Anos depois volta ele ao tema, desta vez com Araújo Figueredo: "Rio, 8 de janeiro de 1897. Caríssimo Araújo. Saudades e abraços. Esta carta tem por fim convidar-te para uma Revista de Arte que o Nestor Vítor, eu e outros vamos fundar. Será uma publicação vigorosa e alta nos seus fundamentos, trazendo o cunho superior de uma força espontânea e nobre. Deves mandar os teus originais o mais breve possível, com a contribuição de 5$000 réis, que é quanto nós arbitramos a cada membro da Revista, mensalmente, e durante um ano. Depois disso os membros ficarão considerados remidos. Espero que recebas esse convite com vivo entusiasmo, mandando já a tua correspondência e a contribuição mensal para a rua do Ouvidor nº 74, Papelaria Leandro. Teu, Cruz e Sousa"[297].

Nesse meio tempo, Cruz e Sousa ia colaborando em outras publicações. Uma delas é a *Crônica Ilustrada*. Não há registro dessa publicação no *Panorama do Movimento Simbolista Brasileiro*, obra pu-

---

[297] Cartas citadas por MAGALHÃES JR. (1975, pp. 268-269).

blicada por Andrade Muricy. Quem fala dela é Carlos Dias Fernandes numa crônica do jornal *O País*[298]. Num dos tópicos, D. Fernandes diz que o poeta "egresso da Cidade do Rio fundou com Maurício Jubim e Artur de Miranda Ribeiro, um hebdomadário de crítica literária, intitulado *Crônica Ilustrada*". Nessa publicação, Cruz e Sousa mantinha uma coluna chamada Besouros..., sob o pseudônimo de Diabo Verde, à moda das que mantinha em *Gilvaz* e mesmo na *Cidade do Rio*, com Satyro e Gamin. Resgatou ele uma troça escrita por Cruz e Sousa com esse pseudônimo, que damos a seguir:

Marche, marche, marche a verve!
Bandeiras, clarins, tambores,
Marchar!

À poncheira ideal, que ferve,
Sons, aromas, chamas, cores!
Cantar!

Que esse diabo vem, saudoso,
Das profundezas do arcano,
Viver!

O vinho maravilhoso
Da forma raro e renano,
Beber!

Vem beber o vinho iriado,
O Falerno, claro e quente,
Haurir!

Num paladar requintado,
Todo inflamado e fremente
Sentir!

Que o sangue da verve vibre
Raja, raja, raja, raja,
Taful!

---

[298] Carlos D. Fernandes. *O País*, 22 de dezembro de 1925.

E a alma do sol se equilibre
Para que mais sonhos haja
No azul!...

Mas este diabo tão fino,
Que de tudo dá o acorde
Genial!

Este capróide genuíno,
Verde, verde, morde, morde,
Fatal!

Cruz e Sousa gostava de usar pseudônimos[299]. Na província, era talvez para escamotear-se das possíveis investidas de escravocratas e demais adversários no campo do jornalismo e da literatura. Na capital do país, certamente para não assinar com seu próprio nome produções que ele considerava "menores" ou, quando muito, para evitar uma excessiva exposição do seu nome num único veículo. A convite do Oscar Rosas (cujo nome está relacionado entre os possíveis colaboradores da *Revista dos Novos*) é chamado para participar de uma publicação cujo fim é o de fazer propaganda do Estado de Santa Catarina no centro do país, como um "Órgão dos interesses morais e materiais do Estado". A esta publicação Oscar Rosas, seu redator-gerente, dera o nome de *Revista de Santa Catarina*. No cabeçalho do primeiro número, publicado em 1º de novembro de 1895, aparecem como colaboradores o contra-almirante João Justino de Proença, Henrique Adolpho Boiteux, Virgílio Várzea, 1º tenente Th. de Almeida, Lauro Müller, prof. Luiz dos Reis, José Boiteux, Dr. Paula Ramos, Emílio Blum, Esteves Júnior, Gustavo Richard, Raulino Horn, Francisco Tolentino, Luiz Delfino, Santos Lostada, H. Pires, Eduardo Pires, José da Silva Ramos Júnior, Cruz e Sousa, Aurélio da Silva Reis, Felipe Schmidt, F. C. da Luz, entre outros. Na folha de rosto, ao fundo a antiga Cidade do Desterro, vinha uma fotografia feita a partir de uma gravura do acervo do senador Esteves Júnior. Nesse

---

[299] São inúmeros os usados pelo poeta, em ordem de utilização, dos que conhecemos: Heráclito, Coriolano Scevola, Zat, Zot, Zé K., Trac, Filósofo Alegre, Felisberto, Lord, Satyro, Gamin e Diabo Verde. Provavelmente outros existiram.

primeiro número, localizado na Biblioteca Nacional, não havia nenhuma colaboração de Cruz e Sousa. O pesquisador Iaponan Soares, nos informa de uma revista publicada no Rio de Janeiro, em 1895, sob a liderança de Oscar Rosas, mas com outro título *Santa Catarina Magazine*. Nesta publicação, ele recolheu um soneto de Cruz e Sousa desconhecido do grande público. Não sabemos se se trata da mesma publicação, mas como não consta da obra do Poeta Negro este soneto, daremos ele aqui na íntegra para o nosso conhecimento:

Lágrimas[300]

Lágrimas, tu? mulher encantadora!
Não te bastava então essa pobreza,
Era mister pagar à Natureza
O tributo da dor esmagadora?

Era preciso à luta vencedora
Dar um quinhão de sangue de pureza,
Cristalizada em lágrimas na acesa
Voragem de uma vida aterradora.

Sim! Todos nós andamos por calvários,
Deixando às lamas, castos relicários,
Entre as brumas chorosas do desgosto.

Chora! e que eu beba, humílimo, de rastros,
As lágrimas que choras como uns astros,
Como estrelas no céu desse teu rosto.

A vida não era um mar de rosas, como já se disse, mas estava bem melhor do que antes. Pelo menos, era o que parecia. Na casa do Encantado, moradia de dois quartos, sala, cozinha, banheiro, uma pequena área e quintal, Cruz e Sousa se sentia confortável. No seu lar recebia os amigos, escrevia desbragadamente, como nunca lhe ocor-

---

[300] *Santa Catarina Magazine*, Rio de Janeiro, 1º de novembro de 1895; Iaponan Soares in CRUZ E SOUSA (1998, p. 66); consta também em Acervo Araújo Figueredo/Fundo Cruz e Sousa, Setor de Manuscrito da Biblioteca Nacional; e Alves (1996, p. 34).

rera, mas essa fase de sua vida estaria fadada a grandes sobressaltos. Aliviava-o a visita dos amigos de jornada: Artur de Miranda, Maurício Jubim, Tibúrcio de Freitas, ou Gonzaga Duque, Gustavo Santiago e o novato Silveira Neto, que era paranaense e havia chegado recentemente de sua terra natal trazendo na bagagem o *Luar de Hynverno* (assim mesmo, com "h" e com "y"), livro que dizia ser todo ele inspirado no que de melhor lera dos livros de Cruz e Sousa.

Carlos Dias Fernandes, jovem que conviveu plenamente com o Poeta Negro, alude a fatos envolvendo o relacionamento de Cruz e Sousa com alguns jovens escritores que lhe procuravam ou ficavam à sua roda. Entre esses, havia mesmo alguns consagrados. Narra o poeta paraibano: "Ainda me lembro de uma certa vez em que me achava eu na pequenina e pobre casa do artista, no Encantado, onde também fora veranear o cantor de *Dona Carmem*. Em um dado momento, vieram trazer ao bardo dos *Últimos sonetos* um repolho, que lhe mandava o B. Lopes. Cruz e Sousa considerou o mimo e exclamou com sarcasmo: "Uma estrofe dos *Brasões*!" Havia também um jovem poeta que frequentava a roda literária liderada pelo Poeta Negro, que tinha um livro intitulado *Anátemas*. Sempre que esse tímido legionário se despedia do seu disputado convívio, Cruz e Sousa chalaceava: "Faz anátemas de assucar esse profeta". Referia-se ele a Colatino Barroso[301].

Em meio as essas controvertidas suposições (relatadas muito depois da morte do Poeta Negro), Cruz e Sousa recebe no Rio a visita de um jovem poeta, este sim, a quem vivamente admirava. Era Alphonsus de Guimaraens. O poeta mineiro veio ao Rio de Janeiro para fazer contato com os literatos locais, especialmente com Cruz e Sousa. Não se sabe se chegou a ir a casa do poeta. Andando com o autor de *Missal* pelas confeitarias e pela rua do Ouvidor, avistou então o consagrado escritor Coelho Neto. Alphonsus, um provinciano, "modesto, equilibrado, insinuante", como quer Henriqueta Lisboa[302], logo se alvoroça para cumprimentar o autor de *A conquista*. "Olha ali o Coelho Neto! Vamos falar com ele!" Mas o Cruz e Sousa, diferente do poeta mineiro, nascido no litoral, reagia violentamente, contra todas as coisas, como que ao influxo de marés

---

[301] *O País*, idem.
[302] LISBOA (1945, p. 19).

bravias, recuou como num impulso, retendo os passos para reagir: "Não! Eu detesto essa gente!"[303]. O poeta mineiro, que ainda se assinava Alphonsus de Guymar, não entendeu nada. Admirador do Poeta Negro, Alphonsus de Guimaraens (neto do autor de *Escrava Isaura*, Bernardo Guimarães) obedeceu, sem hesitar. Raimundo Magalhães Júnior, em sua obra já citada aqui sobre Cruz e Sousa, liga a reação do poeta catarinense à saída do soneto satírico no jornal *O País*, do qual, à época, Coelho Neto era a figura de maior prestígio. De acordo com o crítico paranaense, Cruz e Sousa desconfiava de que Coelho Neto pudesse ser o autor do aludido soneto, ou então que dele soubesse e nada fizera no sentido de evitar sua publicação e a sua humilhação pública. É um fato controvertido.

Tanto é que Cruz e Sousa e Coelho Neto se davam como literatos, nos encontros casuais que, por uma razão ou outra, tinham nas redações ou pelas ruas. E quando isso acontecia, trocavam impressões sobre literatura e suas obras. E a admiração de Coelho Neto pelo Poeta Negro também era grande e sincera. Não se explica, porém, tal atitude. Numa crônica publicada em memória do poeta de *Broquéis*, o jornalista João Paraguassú, narra um episódio contado a ele por João Lima, que por sua vez o ouviu do próprio Coelho Neto. Conta Paraguassú[304]:

> Sucedeu, porém, que mais tarde o romancista encontrou Emílio de Menezes numa das confeitarias do centro da cidade a comprar alimentos para Cruz e Sousa. O poeta satírico era, no fundo, um coração cheio de ternuras. Falou a Coelho Neto dos sofrimentos que acabrunhavam o Poeta Negro. A indigência rondava-lhe a porta. Que fez Neto? Pegou de um lápis, um pedaço de papel e escreveu a Cruz e Sousa um curto bilhete de pura afeição. Fazia uma visita de camaradagem literária. E ajuntou uma cédula de vinte mil-réis. Não era assim tão insignificante a quantia, pois por essa época vinte mil-réis valiam mais que duas libras esterlinas: o Zé do Pato [José do Patrocínio] não lhe pagava tanto por crônica da *Cidade do Rio*.

---

[303] GUIMARAENS FILHO (1995, p. 105).

[304] Cruz e Sousa. João Paraguassú. *Correio da Manhã*, 24 de junho de 1967.

Mais adiante, João Paraguassú põe a narrativa na própria boca de João Lima:

> Emílio levou a Cruz e Sousa o recado e o dinheiro. Foi um Deus nos acuda! Cruz e Sousa enfureceu-se. Não, não aceitaria! Seria uma vergonha e uma humilhação. Não queria, nem aceitaria nada do Coelho Neto. Devolveu tudo, sacudido numa rajada de indignação. O romancista tomou-se de assombro quando Emílio lhe reapareceu com as notícias. Que poderia responder? Resignou-se, com uma palavra de perdão.

Da forma que reagiu Cruz e Sousa tudo leva a crer que ocorreu exatamente assim o episódio narrado por João Paraguassú. Em determinado momento de sua vida, quando viu que não conseguiria mais ultrapassar as barreiras do preconceito a que estava praticamente emparedado pelos homens letrados e intelectuais da terra, o Poeta Negro se tornara orgulhoso, fechado, cada vez mais recolhido à relação de poucos e de raros amigos. Uma coisa é certa: Coelho Neto jamais fora indiferente à questão negra e racial. Numa obra importantíssima sobre seu legado literário, Eulálio de Oliveira Leandro[305] atesta que o romancista maranhense, filho de português com índia, dedicou boa parte de sua vida a escrever sobre o negro brasileiro. Teve papel destacado no processo da abolição da escravatura, ao lado de José do Patrocínio, bem como na defesa do Quilombo dos Palmares. Um dos marcos dessa sua literatura é o romance *Banzo*, traduzido para o estrangeiro. Não se tratando de um livro biográfico, nele o autor não faz referência a esse episódio entre Cruz e Sousa e Coelho Neto, tampouco alude ao artigo escrito por este, na *Gazeta de Notícias*, quando da morte do Poeta Negro.

---

[305] LEANDRO (2003).

A LOUCURA DE GAVITA

Com o malogro da *Revista dos Novos*, transformada depois na Revista de Arte (nesse tempo esse epíteto *novos* não tinha mais a mesma força que no início da década), Cruz e Sousa passa a se concentrar nos seus projetos pessoais. Nessa fase, continua trabalhando firme para melhorar ainda mais os seus rendimentos como funcionário da Estrada de Ferro Central do Brasil. Para isso vai recorrendo aos amigos mais diletos, entre os quais Nestor Vítor, mas dentro do setor de trabalho, procura, de alguma forma, estar à altura das exigências da empresa. Em março de 1896 tem seus objetivos concretizados. É, talvez, com alegria que tem a notícia de sua promoção, num documento que, até hoje, é muito pouco conhecido dos seus biógrafos: "Estrada de Ferro Central do Brasil. — Título de Arquivista (5ª Divisão). De conformidade com o Regulamento aprovado pelo Decreto Nº 2247 de 26 de março de 1896, nomeio Arquivista da 5ª Divisão, o atual, João da Cruz e Sousa, com vencimento anual de dois contos e setecentos milréis (2.700$000), incluído na tabela V anexa ao mesmo regulamento. Diretoria da Estrada de Ferro Central do Brasil, Rio de Janeiro, em 27 de maio de 1896. O diretor, Jerônimo R. Mello Jácome"[306].

O poeta ia tocando a vida. No entanto, estava bem melhor do que quando chegara, em dezembro de 1890, sujeito ao minguado emprego de redator da *Cidade do Rio* e tendo que contar, essencialmente, com os amigos para sobreviver. Agora não. Embora não fosse um grande salário, era, pelo menos, o seu salário.

---

[306] Pertencente ao Arquivo-Museu de Literatura da Fundação Casa de Rui Barbosa.

Mal pode comemorar com a mulher a promoção de arquivista (se é que tinha alguma coisa a ser comemorada), quando uma espécie de terremoto de altas proporções abalou o seu lar. Sua esposa Gavita, de uma hora para outra, foi acometida de uns espasmos nervosos. Ao que tudo indica, o casal vinha de uma saída à noite, quando, ao entrar na casa, Gavita fora acometida de ataques nervosos, histéricos, enlouquecidos. O poeta, mesmo julgando-se impotente diante de situação tão sem controle, tentara ajudar a mulher, acarinhando-a; vendo que não adiantava, fortaleceu a voz, pondo nela um tom mais energético. Mas de nada valeu. Uma carta escrita a Nestor Vítor, dá uma ideia do estado mental a que se achava o Poeta Negro. "Rio, 18 de março de 1896. Meu grande amigo. Peço-te que venhas com a máxima urgência à minha casa, pois minha mulher está acometida de uma exaltação nervosa, devido ao seu cérebro fraco que, apesar das minhas palavras energéticas em sentido contrário e da minha atitude de franqueza em tais casos, acredita em malefícios e perseguições de toda a espécie. Cá te direi tudo. A tua presença me aclarará o alvitre que devo tomar. Escrevo-te dolorosamente aflito. Teu Cruz e Sousa"[307].

A ida de Nestor Vítor deve ter levado o poeta a saber que o que a esposa passava era devido à anemia. A complicada gestação dos dois últimos filhos e a precariedade com que a família se mantinha foram fatores determinantes para os efeitos apresentados por Gavita. Com o socorro da mãe, dona Luiza Rosa, que lhe servia até de correio, levando-lhe com rapidez suas mensagens, o poeta conseguia ter alguma agilidade. Poderia ser loucura ou apenas um surto nervoso? No Rio de Janeiro, uma sumidade se formava e se tornaria célebre no tratamento psiquiátrico, naquele momento, e o nome dela era Juliano Moreira, aliás, negro, como Cruz e Sousa. Mas, ao que parece, não se sabe quando o poeta viu a necessidade de recorrer ao consultório do Dr. Moreira. Um dos que lhe dera, sem demora, aconselhamento sobre como proceder fora o Dr. Monteiro de Azevedo, médico em cuja casa se criara Gavita, em função de estarem os pais, desde a época da escravidão, ligados à família do antigo senhor. Pela resposta dada ao poeta, já que não dispomos da carta escrita por Cruz e Sousa, que se perdeu, podemos ter uma ideia do que este havia lhe escrito:

---

[307] Arquivo-Museu de Literatura da Fundação Casa de Rui Barbosa.

Itaguaí, 27 de março de 1896. Amº e Sr. Cruz e Sousa. Recebi no dia 25 do corrente a carta que me dirigiu e não respondi logo como devia porque só hoje me encontro melhor de uma otite, que terminou pela formação de um abscesso no conduto auditivo. Até que as coisas chegassem ao ponto em que estão, tive de suportar dores atrozes e um incômodo tal, que não me deixaram um momento de repouso. Sinto profundamente achar-me ausente da Capital, porque estou impossibilitado de prestar-lhe o pequeno serviço que me pede, relativo ao tratamento da Gavita. Em todo caso, da leitura da sua carta, creio que a moléstia da Gavita é devida a anemia profunda, estado que é quase crônico nela. É de supor que os trabalhos e preocupações da maternidade tenham acentuado esse estado, num organismo já anteriormente enfraquecido, resultando daí uma explosão de fenômenos nervosos, sob a forma de excitação maníaca, com integridade da inteligência, mas apresentando certo grau de incoerência dos atos, sem alucinações auditivas ou visuais. Nestas condições o que convém é levantar as forças do organismo, por meio de uma alimentação reparadora, baseada em leite, ovos, carnes, e um vinho tônico fosfatado com arsênico, cuja receita vai junta, e reprimir a excitação cerebral que se traduz na incoerência dos atos, por meio da Bromydia — na dose de 3 colheres de chá por dia. Ao lado disso, deve-se poupar ao cérebro toda excitação exterior, fazendo ao redor dela uma atmosfera tranqüila, evitando as visitas, principalmente de pessoas mais íntimas, de modo a proporcionar ao seu cérebro uma dieta psíquica, tão necessária à inteligência, como a alimentar o corpo. É preciso evitar a insônia e, caso ela se apresente, substituir os banhos frios por banho morno geral prolongado (20 minutos) tomado à noite e em seguida a uma dose de Bromydia em um copo de leite. Creio que com esses meios, em breve a Gavita estará restabelecida, continuando porém sempre a usar o vinho tônico com arsênico. Se quiser mais algum conselho pode dirigir sua correspondência para aqui, até 12 de abril, quando espero seguir para a Capital. Fazendo votos pelo restabelecimento da Gavita, subscrevo-me Amº e obrº Dr. Monteiro de Azevedo.[308]

---

[308] Divulgada em MAGALHÃES JR. (1975, pp. 284-285)

A vida do poeta dera uma reviravolta tremenda. A carta-receita do Dr. Monteiro de Azevedo tinha todas as orientações necessárias para o tratamento de Gavita e valeu como uma eficiente consulta. O passo seguinte era seguir a receita à risca. Por um lado, teria que arrefecer suas idas ao centro da cidade, para as rodas literárias. Ao deixar a Estação de São Diogo, cujos escombros existem até hoje, Cruz e Sousa pegava o trem e soltava na Estação do Encantado, atravessava a rua e rapidamente estava dentro de casa, a olhar Gavita no leito. Foi um tempo conturbado. Cresce-lhe a necessidade de dinheiro. Socorre-se a Nestor Vítor, desta vez. "Rio, 2, junho, 96. Nestor. Desejo muito que me faças um sacrifício de amigo, ao menos com a quantia de vinte mil-réis. Tenho tido grandes saudades da nossa convivência, tão consoladora e tão nobre. Aparece que tenho uns trabalhos para mostrar-te. Teu profundo amigo. Cruz e Sousa".

O poeta seguia à risca as orientações do médico, pois se nem Nestor Vítor frequentava mais sua residência. Quanto aos escritos, estes realmente foram abundantes, tanto em prosa quanto em poesia. Um desses textos é *Balada de loucos*, pertencente ao livro *Evocações*. E não foi o único. Mas nele o poeta transcreve a trajetória das alucinações da esposa. "Mudos atalhos a fora, na soturnidade de alta noite, eu e ela, caminhávamos. Eu, no calabouço sinistro de uma dor absurda, como de feras devorando entranhas, sentindo uma sensibilidade atroz morder-me, dilacerar-me. Ela, transfigurada por tremenda alienação, louca, rezando e soluçando baixinho rezas bárbaras. Eu e ela, ela e eu! — ambos alucinados, loucos, na sensação inédita de uma dor jamais experimentada". Mais adiante: "De vez em quando, na concentração esfingélica de todos os meus sofrimentos, eu fechava muito os olhos, como que para olhar o outro espetáculo mais fabuloso e tremendo que acordava tumulto dentro de mim. De vez em quando um soluço da louca, vulcanizada balada negra, despertava-me do torpor doloroso e eu abria de novo os olhos. E outro soluço, outro soluço para encher o cálice daquele Horto, outro soluço, outro soluço".

Em A *Nódoa*, da mesma obra, o poeta fala dos momentos de pura aflição. "Naquela hora de superexcitação nervosa, tarde da noite nevoenta em que os ventos lugubremente grasnavam, rondando, rondando, Maurício [seu possível alter ego] entrou agitado da rua... Via-se bem, pela espectral do seu rosto, os tumultos sinistros que trazia consigo". Mais adiante, dizia, dando a entender o que fizera com Gavita: "Em sobressaltos, inquieto, palpitando, nervoso, cada vez mais nervoso, uma agitação contínua na pupila, que num delírio, arrastado por curiosidade torturante e ao mesmo tempo por medo avassalador, chegou uma das mãos à luz, aproximou-a mais da luz, quase a fazendo arder, crepitar, estalar na chama da luz, inquiriu mentalmente toda a palma da mão, o cabalístico M letal, as unhas, uma por uma as falanges, novamente a palma da mão, examinou-a, palpou-a, analisou-a longamente, demoradamente, com movimentos singulares de sonâmbulo e de mago, conservando no rosto tal expressão horrível, tal expressão transfigurada que não era mais deste mundo...".

Na verdade, a doença de Gavita abalou por completo o estado psíquico do Poeta Negro. O resultado disso foi a profusão de uma produção que resultou na maior parte dos textos do livro *Evocações*, em prosa, e mesmo de *Faróis*, em versos. Em *Evocações* todas as composições se relacionam entre si, pela temática ou pelo título. Vejamos *Iniciado* ("Vieste da tua paragem feliz e meiga, — amplidão de bondade patriarcal, primitiva, — mergulhar na onda nervosa do Sonho, que já de longe, dos ermos rudes do teu lar, fascinava de magnéticos fluídos, de imponderados mistérios, o teu belo ser contemplativo e sensibilizado."); *Seráfica* ("Seus grandes olhos negros, profundos e veludosos, de finíssimos cílios rendilhados, raiados de uma expressão judaica, tornavam ainda maior o relevo do palor esmaiado do rosto melancólico, que a singular formosura brandamente iluminava de claridade velada..."); *Mater* ("Naquela hora tremenda, grande hora solene na qual se ia iniciar outra nova vida, foi para mim uma sensibilidade original, um sofrimento nunca sentido, que me desprendia da terra, que me exilava do mundo, tal era o choque violento dos meus nervos nesse momento, tal a dedicação e curiosa impressão de minh'alma nesse transe supremo."). E assim em *Capro*, *A noite*, *Melancolia*, *Condenado à morte*, *O sono*, *Triste*, *Adeus!* ("Zulma, adeus! adeus, Zulma! O derradeiro abraço, o derradeiro beijo, e adeus!"), *Tenebrosa* ("Alta, alta e negra, de uma quase gigantesca altura, torso direito e forte, retesada na espinha dorsal como rígido sabre de guerra..."), *Solambulismos*, *Dor negra* ("O que canta Réquiem eterno e soluça e ulula, grita e ri risadas bufas e mortais no teu sangue, cálice sinistro dos calvários do teu corpo, é a Miséria humana, acorrentando-te e metendo-te ferros em brasa pelo ventre, esmagando-te com o duro coturno egoístico das Civilizações, em nome, no nome falso e mascarado de uma ridícula e rota liberdade, e metendo-te ferros em brasa pela boca e metendo-te ferros em brasa pelos olhos e dançando e saltando macabramente sobre o lodo argiloso do cemitério do teu Sonho.") e *Espiritualizada, Asco e dor, Intuições, Anjos rebelados, Um homem dormindo..., No inferno*, enfim, praticamente todo o livro.

Cruz e Sousa, no entanto, não ficou só nos textos em prosa. Logo que Gavita manifestara seus surtos psicológicos, o poeta deu vazão a uma composição que dera o nome de *Inexorável*, que vai aqui conforme o texto divulgado no jornal *República*, do Rio de Janeiro, em dezembro de 1896.

> Ó meu amor, que já morreste,
> Ó meu amor, que morta estás!
> Lá nessa cova a que desceste,
> Ah! nunca mais florescerás?!
>
> Ao teu esquálido esqueleto,
> Que tinhas outrora de uma flor
> A graça e o encanto do amuleto;
> Ao teu esquálido esqueleto
> Não voltarás novo esplendor?
>
> E ah! o teu crânio sem cabelos,
> Sinistro, seco, estéril, nu...
> (Belas madeixas dos meus zelos!)
> E ah! o teu crânio sem cabelos
> Há de ficar como estás tu?
>
> O teu nariz de asa redonda,
> De linhas límpidas, sutis
> Oh! há de ser na lama hedionda
> O teu nariz de asa redonda
> Comido pelos vermos vis?

Os teus dois olhos — dois encantos —
De tudo, enfim, maravilhar,
Sacrário augusto dos teus prantos,
Os teus dois olhos — dois encantos —
Em dois buracos vão ficar?

A tua boca perfumosa,
O céu do néctar sensual,
Tão casta, fresca e luminosa,
A tua boca perfumosa
Vai ter o cancro sepulcral?

As tuas mãos de nívea seda,
De veias cândidas e azuis
Vão se extingüir na noite treda,
As tuas mãos de nívea seda,
Lá nesses lúgubres pauis?

As tuas tentadoras pomas
Cheias de um magnífico elixir,
De quentes, cálidos aromas,
As tuas tentadoras pomas
Ah! nunca mais hão de florir?

A essência virgem da beleza,
O gesto, o andar, o sol da voz
Que Iluminava de pureza,
A essência virgem da beleza,
Tudo acabou no horror atroz?

Na funda treva dessa cova,
Na inexorável podridão
Já te apagaste, Estrela nova,
Na funda treva dessa cova,
Na negra Transfiguração!

Um mar de indagações, incertezas e sustos invadiram a praia de Cruz e Sousa, como um tsunami. Sem saber como lidar com os fatos, não deixava de recorrer aos amigos, sobretudo Nestor Vítor e Monteiro de Azevedo, que, por certo, fora visitar Gavita. A doença da Gavita durou exatos seis meses. Isto quer dizer que o poeta, enfrentando todas as dificuldades, conseguiu cumprir à risca a receita do médico e amigo. De repente, Gavita recobra sua plena consciência, como se nada houvesse acontecido com ela. Quem narra a passagem desse episódio conturbado da vida do poeta é o amigo Araújo Figueredo. Este após algumas peripécias na terra natal, desde que espocara a Revolução Federalista de 1893-94, onde quase foi morto, peregrinava. No momento vinha de São Paulo, rumo a Santa Catarina. Resolveu então rever o Poeta Negro para matar a saudade e saber de viva voz sobre as novidades. Diz o memorialista em *No caminho do destino*: "Telegrafei ao Cruz e Sousa. Que abraços veementes, que abraços estremecidos, e que beijos de saudades, na gare Central da Estrada, no Rio, quando nos encontramos, eu e o Cruz e Sousa! Depois de um longo passeio de bonde pela cidade, fui bater, em sua companhia, à Rua Malvino, na Estação do Encantado, e foi quando pela primeira vez, conheci a encantadora Gavita, e beijei seus quatro filhos. A casinha continha dois pequenos quartos, uma sala de visitas, um gabinete ao lado esquerdo, uma varanda com janelas para um quintal e, ainda, uma cozinha, dentro da qual, pelas paredes lisas, as panelas tinham, dependuradas, lampejamento de sol de estio".

O poeta de *Praias de minha terra* escorrega na memória duas vezes nessa passagem: Cruz a essa época ainda morava na Teixeira Pinto, 48 e tinha três filhos, um deles, aliás, Reinaldo, recém-nascido. Mais adiante, continua: "Ele continuava empregado na mesma Estação de São Diogo, mas tinha como chefe um português boçal, cujo atrevimento chegava ao ponto de mandá-lo comprar garrafas de cachaça às tavernas próximas, abusando da docilidade da alma do poeta, e do seu coração amantíssimo". Em outra passagem, refere-se ao drama vivido pelo dileto amigo: "Falando de sua esposa, Gavita, ele teve ocasião de contar o que sofrera durante a moléstia dela, dessa outra alma branca e carinhosa, dessa criatura cujos olhos se fizeram meigos e lindos para se harmonizarem com os do poeta, na mesma estrada tenebrosa da vida, nos mesmos atalhos, nos mesmos ergástulos, e nos mesmos oceanos revoltos e tristes, das mágoas. A esposa do poeta enlouquecera e, depois de muitos dias de padecimentos e vigílias, quando ele a levava para o Hospício, num carro da respectiva assistência, negro como um túmulo fechado, ou como uma cela de prisão, de janelas engradadas, ei-la que, de um momento para outro, lhe pergunta a causa daquele passeio, e então voltou completamente sã a sua casa".

Em sua prosa e em sua poesia, Cruz e Sousa recorda essa volta gloriosa da mulher ao lar. Exultante de felicidade, o corpo e a mente como que relaxam por completo diante da recuperação de sua companheira. Não é mais um triste, tudo agora clarifica, ilumina-se. "As águias e os astros amam esta região azul, vivem nesta região azul, palpitam nesta região azul. E o azul, o azul virginal onde as águias e os astros gozam, tornou-se o azul espiritualizado, a quint'essência do azul que os estrelejamentos do Sonho coroam..." (*Região Azul...*). E em *Extrema carícia...* sente-se que o poeta está aliviado, plenamente refeito, gozando dos merecidos relaxamentos do corpo: "O que ele, apenas, em realidade sentia naquela hora velada, além de uma esparsa e acerba saudade de tudo, era uma carícia infinita, verdadeiramente inexplicável, invadi-lo todo, difundir-se pelo seu ser como que em músicas e mornos tóxicos luminosos. Era uma dormência vaga, uma leve quebreira e letargia que o mergulhava num sono nebuloso, por entre irisações de brancura, num apaziguamento suave, como se ele estivesse acaso adormecido em cisternas de leite, ouvindo pássaros invisíveis cantar e sons sutilíssimos de harpas docemente, finamente fluindo...".

Compondo *Evocações*, que sairia póstumo, estes textos têm um fundo trágico e humano, contam a vida do poeta na sua essencialidade, na sua intimidade perversa, em termos autobiográficos, como um testemunho aziago de quem vive a experiência sinistra e macabra da morte. Este livro, pode-se dizer, é um livro triste, melancólico, doentio. É uma das páginas mais trágicas de nossa literatura e há de ser perene a sua mensagem, como há de ser perene o grito de dor dos desgraçados. Daí o epíteto Dante Negro, Cisne Negro, com que lhe alcunharam os amigos mais íntimos, como Carlos D. Fernandes, Nestor Vítor e Maurício Jubim.

Mas uma centelha de paz e esperança raiou no horizonte. Tal experiência da loucura, entre nós e nas mesmas condições sociais, só foi experimentada pelo escritor Lima Barreto, interno de hospício por três vezes, em consequência do álcool e dos desregramentos de sua vida familiar. Como Cruz e Sousa, Lima deixou registrada sua experiência em escritos no seu diário, ou na narrativa O *Cemitério dos Vivos*, entre outros[309]. Num longo poema, *Ressurreição*, que aqui damos em alguns trechos, fala o poeta do regresso de Gavita:

> Alma! Que tu não chores e não gemas
> Teu amor voltou agora,
> Ei-lo que chega das mansões extremas
> Lá onde a loucura mora!
>
> Veio mesmo mais belo e estranho, acaso,
> Desses lívidos países,
> Mágica flor a rebentar de um vaso
> Com prodigiosas raízes.
>
> Veio transfigurada e mais formosa
> Essa ingênua natureza,
> Mais ágil, mais delgada, mais nervosa
> Das essências da Beleza.

Seguindo no mesmo tom exaltativo:

> O meu Amor voltou de aéreas curvas,
> Das paragens mais funestas...
> Veio de percorrer torvas e turvas
> E funambulescas festas.
>
> As festas turvas e funambulescas
> Da exótica Fantasia,
> Por plagas cabalísticas, dantescas,
> De estranha selvageria.

---

[309] LIMA BARRETO (1956).

Neste poema, Cruz e Sousa faz descrições de situações adversas pelas quais Gavita, em estado de loucura, teria passado, imaginando os caminhos percorridos por ela, nessa tempestade emocional:

> Ele andou pelas plagas da loucura,
> O meu Amor abençoado,
> Banhado na poesia da Ternura,
> No meu Afeto banhado.
>
> Andou! Mas afinal de tudo veio,
> Mais transfigurado e belo
> Repousar no meu seio o próprio seio
> Que eu de lágrimas estrelo.
>
> De lágrimas d'encantos e ardentes beijos,
> Para matar, triunfante,
> A sede ideal de místico desejo
> De quando ele andou errante.

Como ela, o poeta sente os pavores que a enclausuraram:

> Negros pavores sepulcrais e frios
> Além morreram com o vento...
> Ah! como estou desafogado em rios
> De rejuvenescimento!
>
> Deus existe no esplendor d'algum Sonho,
> Lá n'alguma estrela esquiva.
> Só ele escuta o soluçar medonho
> E torna a Dor menos viva.
>
> Ah! foi com Deus que tu chegaste, é certo,
> Com a sua graça espontânea
> Que emigraste das plagas do Deserto
> Nu, sem sombra e sol, da Insânia!

> No entanto, como que volúpias vagas
> Desses horrores amargos,
> Talvez a recordação daquelas plagas
> Dão-te esquisitos letargos.
>
> Porém, tu, afinal, ressuscitaste
> E tudo em mim ressuscita.
> E o meu Amor, que repurificaste,
> Canta na paz infinita!

Enquanto cantava assim a volta da mulher amada, via diante de si os filhos pequenos, serenos, inocentes a toda aquela tormenta. Recobrada a paz do seu lar, sentia um influxo tomar conta de si, como neste soneto, intitulado *Domus áurea*, publicado no jornal *República*, em 21 de março:

> De bom amor e de bom fogo claro
> Uma casa feliz se acaricia...
> Basta-lhe luz e basta-lhe harmonia
> Para ela não ficar no desamparo.
>
> O sentimento quando é nobre e raro,
> Veste tudo de cândida poesia...
> Um bem celestial dele irradia,
> Um doce bem que não é parco e avaro,
>
> Um doce bem que se derrama em tudo,
> Um segredo imortal, risonho e mudo,
> Que nos leva debaixo da sua asa.
>
> E os nossos olhos ficam rasos d'água
> Quando, rebentos de uma oculta mágoa,
> São nossos filhos todo o céu da casa.

Este ano estava mesmo fadado a desilusões para o grande Poeta Negro. Depois de passar de março a setembro com a mulher entrevada na cama, a correr clínicas, solicitar receitas, monitorar cuidados os mais carinhosos e extremos, no meio dessa balbúrdia toda recebe, por telegrama, a notícia do falecimento do pai, em Santa Catarina. O velho pedreiro Guilherme desaparecia, longe do filho, que não via fazia seis anos praticamente. Homem decidido, de tudo fizera pela educação dos filhos. Mas, longe destes, e ainda por cima sem a esposa, ficara à mercê da guarda dos amigos do poeta, dos vizinhos mais chegados, que com ele conviviam fraternalmente, tendo-o por perto como uma recordação festiva do filho poeta. Numa de suas prosas divulgadas em *Evocações, Abrindo féretros*, Cruz e Sousa vai recordar a figura do pai, com muita saudade e ternura: "O que importa a Vida e o que importa a Morte, obscuro velhinho que tu foste, operário humilde da terra, que levantaste as torres das igrejas e os tetos das casas, que fundaste os alicerces delas sobre pedra e areia como os teus únicos Sonhos". Em outro tópico, relembrava: "A tua figura paternal, que a condição ínfima das frívolas categorias sociais obumbrava profundamente na terra, tinha para mim o encanto mítico de vetusto deus dalguma ilha abandonada em regiões, longe, vivendo resignado, paciente, sem queixas, na iluminação teatral, flagrante e acabrunhadora de modernas e autoritárias Civilizações, como o legítimo representante dos seres humanos". Em si tinha consciência de sua distância: "Eu, longe que andava, ausente do teto onde exalaste o derradeiro gemido, não te pude ver no teu belo e grave desdém tranquilo de morto. Não pude meditar nas ironias secretas e significativas da morte às vaidades da vida. Não te vi fechar os olhos, compungidamente, com a delicadeza amorável das minhas mãos trêmulas, nem passar para eles, em fluídos ardentes, o malogrado adeus aos meus olhos. Não te pude dizer, de manso, bem junto aos teus olhos e coração moribundos, com toda a volúpia da minha dor, as untuosas e extremas palavras da separação, as cousas inefáveis e gementes no dilacerante momento em que os nossos braços abandonam, para nunca mais apertar, os amados braços que já estão vencidos, entregues ao renunciamento de tudo e que nós tanto e tão acariciadamente apertamos. Mas, nada importa a Vida e nada importa a Morte! O encanto do teu ser foi obscuro; a graça do teu Bem foi toda fugitiva. Porém do seio imenso da minh'alma, do fundo oceânico de soluços de que ela é feita tu emerges e emergirás sempre, proba e doce figura, caridoso fanal do meu passado, que enfim me iluminaste com o clarão da Bondade e me trouxeste com a tua bênção paternal de grande Humilde a Fé sacrificante e salvadora das Resignações para atingir as Esferas supremas do Absoluto".

Era o fim dos laços familiares do poeta na terra natal; lá agora só ficara os amigos (só alguns deles, é verdade) e as lembranças de tudo o que vivera, desde a infância até as primeiras luzes da vida adulta.

O ACONTECIMENTO DA ACADEMIA

O ano de 1897 surgiu com uma grande dose de novidades para o Poeta Negro. Colaborando desde o meio do ano que passara no jornal *República* — em que Machado de Assis divulgou parte do livro Dom Casmurro, em três capítulos primitivos: *A denúncia,* correspondente ao capítulo III da obra atual, *Um dever amaríssimo,* que tem a ver com o capítulo IV, e o capítulo V, *O agregado,* hoje incorporados ao volume *Contos avulsos,* editado em 1956[310] —, Cruz e Sousa divulgou o poema *Inexorável,* de que já tratamos aqui.

Um acontecimento marcante desse ano foi a inauguração da Academia Brasileira de Letras. Mas a *Gazeta de Notícias,* de 10 de novembro de 1896, e logo depois o *Jornal do Commercio* deram as primeiras notas a respeito do sodalício. Não demorou muito para o assunto passar a ser o interesse de todos os pontos da cidade, sobretudo nas rodas dos literatos. Pelo jornal *Notícia,* um tal Rifiúlfio Singapura, na verdade Medeiros e Albuquerque, escreveu um folhetim em defesa da criação da Academia. De quando em vez, a ideia da criação de uma instituição literária esteve na mente dos escritores brasileiros, principalmente da capital do país. Mas, desta vez, o projeto baseava-se nos moldes da Academia Francesa, de notória fama na Europa. A princípio pensou-se em uma academia institucionalizada, amparada com os recursos do governo. Polêmicas alimentaram vários artigos e discursos. Um deles de Alberto Torres, ministro do Interior. Infrutíferas as tentativas, Lúcio de Mendonça tomou a si a incumbência de

---

[310] MAGALHÃES JR. (1981, p. 291).

levar adiante o projeto, antes que, como os anteriores, ele morresse. A ideia do escritor era, então, reunir "homens de letras brasileiras, residentes nesta cidade, sem a menor distinção de cor, política ou de escola literária ou filosófica: todos os que na imprensa, jornal ou livro, houvessem adquirido, incontestavelmente, foros de escritor, serão convocados e, se estiverem de acordo quanto à ideia e à organização que lhe queremos dar, constituirão a Academia de Letras, que se comporá, segundo as últimas resoluções, de 40 sócios efetivos e 20 correspondentes, ampliando-se, talvez, esta última classe com dez estrangeiros"[311]. Lúcio de Mendonça propusera uma relação de nomes para constituir o quadro fundador da instituição. A novidade entre os nomes arrolados por Lúcio de Mendonça é a citação de dois catarinenses: Luiz Delfino, sem qualquer livro publicado, e Virgílio Várzea, este com duas obras recentes na praça: *Rose-Castle* (1893) e *Mares e Campos* (1895). Mendonça pensou inclusive em incluir mulheres na plêiade, relacionando os nomes de Júlia Lopes de Almeida (mulher do escritor Filinto de Almeida, não incluído na lista) e da poeta Francisca Júlia. Os nomes lembrados por Lúcio de Mendonça, afora os já mencionados acima, são os seguintes: Adolfo Caminha (autor de *O Bom Crioulo* e *A Normalista*), Afonso Celso Júnior (padrinho de Lima Barreto, que lhe herdara o pré-nome), Alberto de Oliveira, Alberto Silva (amigo de Oscar Rosas e antigo militante do *Novidades*), Alcindo Guanabara, Araripe Júnior, Artur Azevedo, B. Lopes, Capistrano de Abreu, Carlos de Laert, Coelho Neto, Constância Alves, Eduardo Salamonde (amigo de Virgílio Várzea), Escragnolle Dória, Escranolle Taunay, Eulápio Deiró, Ferreira de Araújo, Graça Aranha, Guimarães Passos, Inglês de Sousa, Joaquim Nabuco, José Veríssimo, Luiz Murat, Machado de Assis, Medeiros e Albuquerque, Olavo Bilac, Osório Duque Estrada, Pedro Rabelo, Ramiz Galvão, Rodrigo Otávio, Rui Barbosa, Silva Ramos, Teixeira de Melo, Urbano Duarte, Valentim Magalhães e Xavier da Silveira.

Dos supostos acadêmicos, logo Graça Aranha, Ferreira de Araújo e Capistrano de Abreu abriram mão de qualquer participação. O primeiro, por carta, informou que não tinha pretensão por se "considerar um simples aspirante a escritor"; o segundo, da *Gazeta de Notícias*,

---

[311] Lúcio de Mendonça. *O Estado de S. Paulo*, 12 de dezembro de 1896.

por considerar-se um mero jornalista, e o terceiro por uma aversão a arregimentação e ao gregarismo. Ocorreram também omissões graves: Lúcio de Mendonça deixara de fora os nomes de Aluísio Azevedo (irmão de Artur Azevedo, lembrado entre os primeiros) e José do Patrocínio. Este último em decorrência de prováveis desavenças entre os dois. Mendonça chegou a escrever violento perfil contra o tribuno negro, postumamente reunido em livro por Carlos Sussekind de Mendonça[312]. Afobado, certamente, nas citações, deixou de fora também Raimundo Correia, Sílvio Romero e sequer o seu nome mencionou. Mas isso era só o início; a Academia, obviamente, não seria assim.

Para os que ficaram sem ser mencionados, está bem nítida a intenção dos fundadores da academia. Afora B. Lopes e Virgílio Várzea, tidos como do grupo dos novos, ninguém mais do grupo liderado por Oscar Rosas constou ou constará dos quadros da instituição. De acordo com a relação citada, que, como era de se supor, sofreu diversas modificações, com desistências e recusas, muitos nomes inexpressivos, sem a verve da escrita e a mentalidade e o espírito de artista da pena. Não demorou para a Academia Brasileira de Letras passar a ser alvo da pena dos caricaturistas e humoristas de plantão. Por um lado, os que elogiavam o seu nascimento; por outro, os que a detratavam ou desprezavam. Garcia Redondo lembrou, em carta a Lúcio de Mendonça, de um telegrama que apelidara de "pedrada de garoto", publicado no *Correio Paulistano*, no qual dizia: "Reina grande indiferença pela fundação da Academia de Letras. Tem sido alvo de muitas sátiras". De fato, o tema caiu como uma bomba nos meios boêmios. O grupo dos acadêmicos, chefiado pelo romancista Machado de Assis, desde muito visado, passara a ser recebido com pilhérias nas colunas dos jornais. A reação seria grande. A *Gazeta de Notícias*, pela sua seção *O Filhote*, zombava da nascente Academia, com essa quadrinha que tomava partido sobre a mudança gráfica do nome do país:

> A Academia, parece,
> A este extremo chegará:
> Brasil se escreve com S
> Academia com K...

---

[312] *Caricaturas instantâneas. Gazeta de Notícias*, em 1896, sob pseudônimo de Juvenal Gavarni.

O clima estava ficando pesado. Pelas esquinas, na rua do Ouvidor, na atual rua Gonçalves Dias, na Confeitaria Colombo, o novo ponto da época, não se falava ou se ria de outra coisa. Félix Pacheco, que estimava muito Cruz e Sousa, num discurso, quando ia, finalmente, ingressar na controvertida Academia de Letras chamou o poeta romântico maranhense Gonçalves Dias de "um mulato pretensioso e besta". Artur Azevedo também era destratado pelos rebeldes. Mas ficou marcado, de fato, um triolé sobre a personalidade de Machado de Assis, aclamado presidente da Academia Brasileira de Letras. As razões eram justificáveis. Dos que ficaram de fora, sem qualquer alegação, o nome de Cruz e Sousa era dos mais falados. Além dele, havia o de Emílio de Menezes (que só no final da vida ingressaria na instituição, mas iria morrer sem tomar posse), Álvares de Azevedo Sobrinho, Lima Campos, Artur de Miranda, Gastão Bousquet, Oscar Rosas, Emiliano Perneta, entre tantos outros. Claro que, desses nomes, quase nenhum tinha livros publicados. Dos demais, salvavam-se três, pelo menos: Cruz e Sousa, autor de *Missal* e *Broquéis*, sem contar os livros publicados na época da província, como o dedicado a Julieta dos Santos e os *Tropos e fantasias*; além disso *Evocações* já estava prestes a entrar no prelo. Álvares de Azevedo Sobrinho, que publicara um livrinho de sonetos e Emílio de Menezes, também com obras na praça. Os demais eram pura promessa, mas, como Graça Aranha, que só publicaria livro em 1902, *Canaã*, o mesmo que começara a escrever no tempo da organização da agremiação, outros tantos só dariam a lume seus trabalhos após a fundação da instituição literária. Além do mais, citado no primeiro momento, Virgílio Várzea e Luiz Delfino ficariam de fora na segunda composição; enquanto isso, entraria José do Patrocínio, que, no entanto, não havia sido citado na primeira relação.

Sem conter uma espécie de revolta oculta, começaram a sair pela imprensa as zombarias aos acadêmicos. Uma das vítimas foi ninguém menos que Machado de Assis. Nasceu daí uma versalhada atribuída por Carlos Dias Fernandes a Cruz e Sousa, em matéria publicada em *O País*, de 22 de dezembro de 1925. Já Andrade Muricy considera como autor do mesmo Oscar Rosas, que mantinha algumas seções rimadas no *Novidades*, onde também escrevia o Poeta Negro. De sorte que, nas páginas do *Novidades*, nada há sobre os pseudoacadêmicos nem sobre Machado de Assis, até porque, o que, por conseguinte, recrudesceria à época de feitura do triolé para os anos entre 1890 e abril de 1892 é impossível tal afirmativa ter a ver com a Academia. O *Novidade* fechou as portas em 1892. O triolé só pode ter saído, nesse caso, no *Notícia* ou no *República*, jornais onde Cruz e Sousa e seus companheiros atuavam. Sem nos dar a fonte da composição, Carlos Dias Fernandes apenas põe nebulosas na história desse pastiche, que, afinal, tem tudo a ver com o clima reinante no período:

> Machado de Assis, assaz,
> Machado de Assaz, Assis;
> Ó zebra escrita com giz,
> Pega da pena, faz "zás",
> Sai-lhe o "Borba" por um triz,
> Plagiário do "Gil Blás",
> Que, de Le Sage por trás,
> Banalidades nos diz,
> Pavio que arde se gás,
> Carranca de chafariz,
> Machado de Assis, assaz,
> Machado de Assaz, Assis.

Sendo ou não de autoria de Cruz e Sousa ou de Oscar Rosas[313], de alguma forma a versalhada existe. Mesmo assim, o triolé, ao contrário de muitos outros compostos e atribuídos ao Poeta Negro, não consta de sua obra definitiva. Esquecidos ou excluídos do grupo de fundadores, seriam também não aceitos nas vagas que surgiriam, configurando o caso da exclusão. No caso de Cruz e Sousa, o fato não podia ser relacionado com a cor da sua pele. À sua escola literária e ao seu temperamento, sim, poderia vir a calhar tal atribuição. Era contraditório. Pois vejam: dos fundadores, vários deles possuíam sangue africano correndo nas veias, a começar pelo pre-

---

[313] Respondendo a uma correspondência minha, Josué Montello, já falecido, admitiu que Cruz e Sousa talvez não fosse o autor dos versos contra Machado de Assis, e que faria uma ressalva na segunda edição de seu livro *Os inimigos de Machado de Assis*, reproduzido ali nas páginas 112 e 113, Editora Nova Fronteira, 1998. Na minha obra, ainda inédita, *Oscar Rosas e sua época*, também atribuo o triolé a Oscar Rosas. Mas admito que ainda há controvérsias.

sidente Machado de Assis, José do Patrocínio e Olavo Bilac. O veto era ideológico e escolástico, tinha a ver com a escolha literária de cada um. A Academia mantinha a hegemonia parnaso-naturalista, contra a qual digladiaram tanto e tantas vezes os simbolistas. A mágoa maior era essa, sem dúvida. Os seguidores do Poeta Negro não perdoariam jamais Machado de Assis, a quem recairia o peso sobre essa exclusão.

De alguma forma Cruz e Sousa manteria sua altivez. Nesse meio tempo, alguma alegria pelo menos tinha o poeta: o sempre crescente rol de admiradores, que, sobretudo após as publicações dos seus livros, em 1893, começaram a aparecer com mais frequência. Um desses relacionamentos, revelado através de uma crônica publicada na revista *Renascença*[314], era do gramático negro Hemetério dos Santos, que o poeta Emílio de Menezes, maldosamente, chamou de "Pestalozzi genial pintado a piche!". Em breve depoimento, mais importante do ponto de vista racial, Hemetério dos Santos fala do impacto do dia em que encontrou Cruz e Sousa no centro da cidade, talvez ali pelas imediações do Teatro João Caetano.

> Foi por meado de 97 que conheci Cruz e Sousa. Nestor Vítor levou-me, carinhosamente, a um café da rua do Teatro, onde, recolhido e atento, ouvi a leitura de alguns capítulos das *Evocações*.

Hemetério dos Santos — um negro que enfrentou a fúria dos amigos de Machado de Assis por ter criticado o romancista fluminense, logo após a sua morte, com a veemência de quem via falhas nas obras do mestre criador de Capitu, e que, praticamente, passou pelas mesmas situações preconceituosas dos que lhe invejavam o talento — não escondia a sua admiração pelo poeta extraordinário. Em minúcias, Hemetério dos Santos faz a seguinte descrição de Cruz e Sousa:

> De estatura mediana, rosto sereno e calmo, sem o progmatismo evidente dos de sua raça; nariz em relevo em toda a sua extensão, sem o achatamento ordinário; olhos castanhos e lavados, com as

---

[314] *Revista Renascença*, Ano III, nº 26, abril, 1906, p.p. 169-172.

alvas limpas, e sem vislumbre de um embaciamento; testa alta e ampla, meio fugidia; cabelo de crepe, cortado rente, e cuidadosamente tratado à escova; boca rasgada, de lábios grossos, sem exageros, de uma luxúria pronunciadamente intelectual; cabeça normal, Cruz e Sousa era a sedução viva e discreta, falando, lendo ou conversando, pelo suave da voz, pelo medido gesticular, e pelo especial e próprio mover de mãos, pequeninas, de dedos delgados e finos, com que ia esclarecendo e sublinhando as frases apocalípticas, tão suas e tão cuidadosas no velar pensamentos e sentimentos que a sua qualidade de negro (diga-se assim mesmo) achava incidir em franca imprudência e rebeldia, se, de modo contrário, os proferisse e transmitisse em prosa e verso.

Proscrito à época pelo grupo do Machado de Assis, e também por ele ignorado, Hemetério dos Santos[315] tinha tudo para se identificar com Cruz e Sousa, a quem vivamente admirava. E o Poeta Negro, recluso e satisfeito, via com bons olhos aumentar o seu séquito.

---

[315] Avesso a Machado de Assis, mal este baixou no túmulo, escreveu dele Hemetério dos Santos, falando do desprezo que o Bruxo do Cosme Velho tinha pela sua família de origem, em novembro de 1908, o que o levou à desgraça geral, o seguinte: "Eu conheci essa boa mulata velha, comendo de estranhos, com amor, e conforto máximo, chorando, porém, pelo abandono nojoso em que a lançara o enteado de outrora, nunca mais a procurando desde a sua mudança de S. Cristóvão, lugarejo de operários, para o opulento nicho de glória nas Laranjeiras." Hemetério se refere à madrasta do romancista.

COMEÇO DO FIM

Outubro foi um mês feliz para Cruz e Sousa. Depois da recuperação de Gavita, o casal voltou aos amores, aos beijos e à adoração que tinham um pelo outro. Amavam-se ardentemente, com sinceridade e desmedido louvor. Resultado: em 24 de julho nascia Reinaldo, o terceiro filho do poeta. Este menino seria um dos mais debilitados dos quatro filhos do casal. Nascera fragilizado por ter sido gerado após o estado de loucura da mãe, pelos efeitos dos remédios que esta tomava e pelos primeiros sinais da doença do pai, a tuberculose. Até a sua morte prematuríssima, pouco mais de um ano depois, em 23 de maio de 1899, os cuidados a ele eram redobrados pela mãe extremosa e pelo pai mais do que zeloso. Foi pensando nele, sem dúvida, que Cruz e Sousa compôs este belo soneto, *Glória!*, que integra hoje o livro póstumo *Últimos sonetos*:

> Florescimentos e florescimentos!
> Glória às estrelas, glória às aves, glória
> À natureza! Que a minh'alma flória
> Em mais flores flori de sentimentos.
>
> Glória ao Deus invisível dos nevoentos
> Espaços! glória à lua merencória,
> Glória à esfera dos sonhos, à ilusória
> Esfera dos profundos pensamentos.
>
> Glória ao céu, glória à terra, glória ao mundo!
> Todo o meu ser é roseiral fecundo
> De grandes rosas de divino brilho.

Almas que floresceis no Amor eterno!
Vinde gozar comigo este falerno,
Esta emoção de ver nascer um filho!

Nesse ano de sua vida, Cruz e Sousa passara a colaborar no jornal *República*. Este jornal, fundado por Francisco Glicério de Cerqueira Leite, então seu diretor, antigo ministro da Agricultura do Governo Provisório, quando o Poeta Negro nele colaborava, tinha como redatores principais o catarinense Lauro Müller, que com a proclamação da República saiu praticamente da Escola Militar para governar Santa Catarina, e Alcindo Guanabara, de quem se diz que utilizando-se de vários pseudônimos podia escrever um jornal sozinho. Além de Machado de Assis, o jornal contava com outros colaboradores, todos velhos conhecidos do Poeta Negro, como Olavo Bilac (que escrevia com o nome de Octavio Bivar), Coelho Neto, que divulgou em suas páginas em forma de folhetim o romance *A conquista*, Medeiros e Albuquerque, Luiz Murat, Guimarães Passos, Silveira Neto e Nestor Vítor. A colaboração de Cruz e Sousa começou no final de 1896, com uma longa poesia, *Inexorável*, que falava sobre a doença de Gavita. Como vimos, depois saiu *Os monges*, a 31 do mesmo ano. No ano seguinte, saíram uma dezena de outros textos. No jornal republicano, o poeta publicaria ainda *Ébrios e cegos*, *Flor perigosa*, *Domus Áurea* e *Visão*. Além dessas poesias, o poeta divulgou uma série de sonetos — *Olhos*, *Mãos*, *Boca*, *Seios* e *Corpo*, estampados a 5, 8, 27 e 28 de janeiro; e o último a 26 de março — que seriam incluídos em *Faróis*, com a exceção de dois outros — *Cabelos* e *Pés* — não publicados em *República*, mas integrante daquela obra póstuma.

Os sonetos publicados são extremamente belos, tanto na sua concepção quanto na sua forma. Vamos conhecer um a um, a começar por *Olhos*:

A Grécia d'Arte, a estranha claridade
Daquela Grécia de beleza e graça,
Passa, cantando, vai cantando e passa
Dos teus olhos na eterna castidade.

Toda a serena e altiva heroicidade
Que foi dos gregos a imortal couraça,
Aquele encanto e resplendor de raça
Constelado de antiga majestade.

Da Atenas flórea toda o viço louro,
E as rosas e os mirtais e as pompas d'ouro,
Odisséias e deuses e galeras...

Na sonolência de uma lua aziaga,
Tudo em saudade nos teus olhos vaga,
Canta melancolias de outras eras!...

Segue-se agora *Mãos*:

Ó Mãos ebúrneas, Mãos de claros veios,
Esquisitas tulipas delicadas,
Lânguidas Mãos sutis e abandonadas,
Finas e brancas, no esplendor dos seios.

Mãos etéricas, diáfanas, de enleios,
De eflúvios e de graças perfumadas,
Relíquias imortais de eras sagradas
De antigos templos de relíquias cheios.

Mãos onde vagam todos os segredos,
Onde dos ciúmes tenebrosos, tredos,
Circula o sangue apaixonado e forte.

Mãos que eu amei, no féretro medonho
Frias, já murchas, na fluidez do Sonho,
Nos mistérios simbólicos da Morte!

Na sequência de publicação, o próximo divulgado é *Boca*, que saiu a intervalos de 19 dias:

Boca viçosa, de perfume a lírio,
Da límpida frescura da nevada,
Boca de pompa grega, purpureada,
Da majestade de um damasco assírio.

Boca para deleites e delírio
Da volúpia carnal e alucinada,
Boca de Arcanjo, tentadora e arqueada,
Tentando Arcanjos na amplidão do Empíreo,

Boca de Ofélia morta sobre o lago,
Dentre a auréola de luz do sonho vago
E os faunos leves do luar inquietos...

Estranha boca virginal, cheirosa,
Boca de mirra e incensos, milagrosa
Nos filtros e nos tóxicos secretos...

Após a publicação do soneto *Boca*, no dia seguinte foi a vez de *Seios*, outro espécime belíssimo, por sinal:

Magnólias tropicais, frutos cheirosos
Das árvores do Mal fascinadoras,
Das negras mancenilhas tentadoras,
Dos vagos narcotismos venenosos.

Oásis brancos e miraculosos
Das frementes volúpias pecadoras
Nas paragens fatais, aterradoras
Do Tédio, nos desertos tenebrosos...

Seios de aroma embriagador e langue,
Da aurora de ouro do esplendor do sangue,
A alma de sensações tentalizando.

Ó seios virginais, tálamos vivos,
Onde do amor nos êxtases lascivos
Velhos faunos febris dormem sonhando...

O último soneto da série publicada por Cruz e Sousa saiu com um intervalo ainda maior, a 26 de março, e tinha esta redação:

> Pompas e pompas, pompas soberanas,
> Majestade serena da escultura,
> A chama da suprema formosura,
> A opulência das púrpuras romanas.
>
> As formas imortais, claras e ufanas,
> Da graça grega, da beleza pura,
> Resplendem na arcangélica brancura
> Desse teu corpo de emoções profanas.
>
> Cantam as infinitas nostalgias,
> Os mistérios do Amor, melancolias,
> Todo o perfume de eras apagadas...
>
> E as águias da paixão, brancas radiantes,
> Voam, revoam, de asas palpitantes,
> No esplendor do teu corpo arrebatadas!

Os sonetos não publicados por Cruz e Sousa, no caso *Cabelos* e *Pés*, porque não estavam prontos ou porque não houve oportunidade, vão na ordem seguinte:

> Cabelos! Quantas sensações ao vê-los!
> Cabelos negros, do esplendor sombrio,
> Por onde corre o fluido vago e frio
> Dos brumosos e longos pesadelos...
>
> Sonhos, mistérios, ansiedades, zelos,
> Tudo que lembra as convulsões de um rio
> Passa na noite cálida, no estio
> Da noite tropical dos teus cabelos.
>
> Passa através dos teus cabelos quentes,
> Pela chama dos beijos inclementes,
> Das dolências fatais, da nostalgia...

> Auréola negra, majestosa, ondeada,
> Alma da treva, densa e perfumada,
> Lânguida Noite da melancolia!

O outro, *Pés*, é o que se segue:

> Lívidos, frios, de sinistro aspecto,
> Como os pés de Jesus, rotos em chaga,
> Inteiriçadas, dentre a auréola vaga
> Do mistério sagrado de um afeto.
>
> Pés que o fluido magnético, secreto
> Da Morte maculou de estranha e maga
> Sensação esquisita que propaga
> Um frio n'alma, doloroso e inquieto...
>
> Pés que bocas febris e apaixonadas
> Purificaram, quentes, inflamadas,
> Com o beijo dos adeuses soluçantes.
>
> Pés que já no caixão, enrijecidos,
> Aterradoramente indefinidos
> Geram fascinações dilacerantes!

Depois da divulgação desses sonetos e do longo poema *Flor perigosa*, aquele que diz "Ah! quem, trêmulo e pálido, medita / No teu perfil de áspide triste, triste, / Não sabe em quanto abismo essa infinita / Tristeza amarga singular consiste", aí saiu também o texto de apreciação do livro *Signos*, de Nestor Vítor, publicado em agosto, em duas edições do jornal. Um dos contos do livro traz como título o nome da esposa do Poeta Negro, *Gavita*. Um trecho da crítica de Cruz e Sousa sobre *Signos*:

> O artista de *Signos* pertence à aristocracia mental dos Poetas. Na sua sensibilidade existe o cunho original da mais delicada e penetrante poesia, que não será fácil de ser sentida pelas velhas carcaças das Letras. Porque isso de Letras não é mais do que a falsa

exposição de tipos, cada qual com uma teoriazinha serôdia atrás da orelha, estafados de serem inócuos e inodoros, aparecendo aqui e ali pelos alçapões teatrais da opinião como verdadeiros marionettes de feira. Nestor Vítor é uma alma intimorata de poeta; traz o seu ser banhado dos eflúvios raros da mais incomparável poesia. Mas dessa poesia nobiliante e purificadora que tem asas para o Infinito, ansiedades para as Esferas.

Integrados ao livro póstumo *Faróis*, obra poética de forte cunho melancólico, de vida dolorosa, os poemas divulgados no jornal *República* são certamente dos mais expressivos que o Poeta Negro compôs nos últimos tempos. Mas nem todos, embora geniais, chegaram a ser divulgados naquela folha. É o caso de um dos mais famosos do poeta, escrito provavelmente no início de 1897, *Violões que choram...* Quem se lembrar das canções de Catulo da Paixão Cearense ou Eduardo das Neves pode ter uma ideia de como seria a cantoria desse poema no violão. Não só é das poesias mais bonitas desse período, como foi a mais indelevelmente marcada na memória dos que a leram pela primeira vez, tal a sonoridade impressionante que evolam das suas estrofes. Assim inicia sua musicalidade, que faz lembrar uma orquestração dentro do nosso ouvido:

> Ah! plangentes violões dormentes, mornos,
> Soluços ao luar, choros ao vento...
> Tristes perfis, os mais vagos contornos,
> Bocas murmurejantes de lamento.
>
> Noites de além, remotas, que eu recordo,
> Noites de solidão, noites remotas,
> Que nos azuis da Fantasia bordo,
> Vou constelando de visões ignotas.

Mais adiante fala do lamento que as cordas dos violões lhe trazem:

> Harmonias que pungem, que laceram,
> Dedos nervosos e ágeis que percorrem
> Cordas e um mundo de dolências geram,
> Gemidos, prantos, que no espaço morrem...

E sons soturnos, suspiradas mágoas,
Mágoas amargas e melancolias,
No sussurro monótono das águas,
Noturnamente, entre ramagens frias.

A poesia é imensa, tem 36 estrofes,144 versos. Porém, um ficou bem mais conhecido que os demais, por razões sinestésicas óbvias:

Vozes veladas, veludosas vozes,
Volúpias dos violões, vozes veladas,
Vagam nos velhos vórtices velozes
Dos ventos vivas vãs vulcanizadas.

Tudo nas cordas dos violões ecoa
E vibra e se contorce no ar, convulso...
Tudo na noite, tudo clama e voa
Sob a febril agitação de um pulso.

E assim por diante... lindamente, belissimamente.

João do Rio, pseudônimo do cronista Paulo Barreto, sobrinho de José do Patrocínio, conta um caso envolvendo o poeta catarinense na redação do jornal *República*. Narra ele que "Cruz e Sousa, para publicar de graça os seus trabalhos, passava o dia inteiro nos jornais. Era tímido, e esperava à porta o redator-chefe. Um dia fui encontrá-lo sentado na cadeira do contínuo, na redação do *República*. Estava triste, a sonhar. Como as necessidades apertassem passou dessa cadeira de espera, à custa de muito empenho, para a de redator". Aos 15 anos achamos pouco provável que o futuro cronista tivesse tanto conhecimento sobre os presságios atravessados pelo Poeta Negro. Além do mais, é difícil acreditar que o poeta catarinense ficasse o "dia inteiro" na redação dos jornais. Antes dos jornais, que não era mais o seu ganha-pão principal, ele tinha o emprego de arquivista na Estação de São Diogo, da Estrada de Ferro Central do Brasil. De mais a mais, três escudeiros do poeta eram colaboradores daquela folha: Nestor Vítor, Medeiros e Albuquerque e Silveira Neto. Um desses deve ter indicado a colaboração do Poeta Negro. É desse período, janeiro de 1897, que Cruz e Sousa dedica ao seu compadre

Nestor Vítor dois longos poemas: *Canção negra* ("Ó boca em trompa retorcida / Cuspindo injúrias para o Céu, / Aberta e pútrida ferida / Em tudo pondo igual labéu.") e *Piedosa* ("Não sei por que, magoada Flor sem glória, / A tua voz de trêmula meiguice / Desperta em mim a mocidade flórea / De sentimentos que não têm velhice")[316]. Silveira Neto, com seu estranho *Luar de Hynverno*, se aproximara do grupo, pelas mãos de Nestor Vítor, com autorização do poeta de *Broquéis*, e Medeiros e Albuquerque sempre foi o seu grande admirador, tendo-lhe dedicado, desde 1893, cerca de 11 artigos! Não é possível que, amigos em sã consciência, fossem deixar aquele que mais admiravam numa situação dessas.

Assim é que supomos também fantasiosa outra história vertida por João do Rio, embora com versões contadas por Humberto de Campos também, mas, neste caso, não no *República*, mas sim na *Gazeta de Notícias*. Transformado em redator, Cruz e Sousa era seguidamente avisado pelo gerente: "Seu Cruz, nada de literatura!". Dois meses depois, atuando como repórter plantonista, o secretário pediu: "Comedimento. Se houver um incêndio, Cruz, põe por título apenas *Incêndio* e nada mais de descrições. Se for um grande incêndio, apenas *Grande Incêndio*". O secretário saiu e rebentou não sei que formidável fogaréu. Cruz pegou da pena e escreveu: *Pavoroso Incêndio...* No outro dia, foi demitido. Por erro tipográfico, a notícia saíra com este título: *Vaporoso Incêndio...* Seguindo os passos do biógrafo Raimundo Magalhães Júnior, nada encontrei na coleção desse jornal, na consulta que fiz na Biblioteca Nacional. Mas não há no acervo da BN o período referente ao mês de agosto de 1897, o que deixa uma margem de erro, sem o que não podemos fazer qualquer afirmação categórica.

Ao se aproximar o fim do ano de 1897, o poeta teve os presságios da doença que rapidamente o mataria. A evolução da doença tivera início em meados do ano, mas, talvez no início, os cuidados com Gavita fizeram-na recrudescer ou não molestar muito o poeta. Mas, hora por hora, ela vinha violenta e imprevisível. Espantado, ao ter

---

[316] No livro póstumo *Últimos sonetos*, publicado em Paris, em 1905, constam ainda os sonetos de "Pacto das Almas", escritos a 12 de outubro de 1897 e dedicados a Nestor Vítor "por devotamento e admiração".

um ataque, escreveu ao seu guardião Nestor Vítor: "Rio, 27 de dezembro de 1897. Meu Nestor. Não sei se estará chegando realmente o meu fim, mas hoje pela manhã tive uma síncope tão longa que supus ser a morte. No entanto, ainda não perdi nem perco de todo a coragem. Há 15 dias tenho tido uma febre doida, devido, certamente, ao desarranjo intestinal em que ando. Mas o pior, meu velho, é que estou numa indigência horrível, sem vintém para remédios, para leite, para nada, para nada! Um horror! Minha mulher diz que eu sou um fantasma que anda pela casa! Se pudesses vir hoje até cá, não só para me confortares com a tua presença, mas também para me orientares n'algum ponto desta terrível moléstia, será uma alegria para o meu espírito e uma paz para o meu coração. Teu Cruz e Sousa"[317].

Essa questão de dinheiro era a grande pedra de toque na vida de Cruz e Sousa. Vinte dias antes, recorreu, necessitado, ao amigo e deputado Isidoro Martins Júnior, tentando obter ajuda. Mais uma vez (pelo menos é o que sabemos), este foi breve e rápido em sua resposta: "Rio, 7 de dezembro de 1897. Meu caro Cruz e Sousa. Dou-te minha palavra de honra que, apesar dos meus bons desejos, não tenho meios de servir-te, desta vez, tais são as minhas urgências de dinheiro. Desculpa pois ao Am° certo e admor. Martins Júnior". Eram épocas de vacas magras. Seus amigos também viviam em grande aperto, mesmo um homem como Martins Júnior, advogado e parlamentar. Era o princípio do fim.

---

[317] Pertencente ao Arquivo-Museu e Literatura da Fundação Casa de Rui Barbosa.

DOENÇA E MORTE

A notícia da doença de Cruz e Sousa divulgada por Nestor Vítor nas rodas literárias provocou um verdadeiro *frisson* entre os seus poucos e raros amigos. Com isso dera-se início a uma corrida desenfreada para acudir o Poeta Negro. As dificuldades, sobretudo a financeira, eram a arma que mais lhe podia matar rapidamente. Para quem na juventude vestia-se com ternos variados e com requinte, a realidade presente era absolutamente outra. Embora andasse sempre limpo e asseado, vestia-se sempre de roupas escuras, fosse de azul-marinho, fosse de marrom ou mesmo de preto. Detestava o chamado Deus-Álcool, "sob cujo signo vinha vivendo a literatura desde a *Taverna*, de Álvares de Azevedo ou desde Fagundes Varela. Este poeta, estro que se avolumava no final do romantismo brasileiro, entregara-se desbragadamente à bebida, destroçando a família e morrendo, ainda moço, desse mal". Cruz e Sousa, não se cansava de dar ao amigo Araújo Figueredo seus conselhos toda vez que este, companheiro de quarto, bebia em sua presença: "Não faças isso, Araújo, meu querido irmão. Os homens sãos dizem tantas coisas absurdas, quanto mais os que bebem!"[318] Nos últimos dois anos já não tinha tanta jovialidade nas rodas nem nos encontros de "O Antro", onde, por nada, se aborrecia ou se emocionava de ir às lágrimas. Enquanto os amigos debatiam as alternativas para salvar a vida do Poeta Negro, este passou a desejar voltar à terra natal. Em caso de não escapar da indesejada das gentes, morria no lugar onde nasceu. Foi nesse intuito que escreveu ao poeta de *Ascetérios*, num tom melancólico: "Rio, janeiro de 1898. Meu Araújo. Que

---
[318] FIGUEREDO (Op. Cit.).

os meus braços amigos te apertem bem de encontro ao meu coração, no momento em que receberes essas linhas saudosas. Mas escrevo-tas, meu querido irmão, com a alma dilacerada de angústias, porque me vejo a morrer aos poucos, e quisera, pelo menos passar alguns dias contigo, antes que isso sucedesse, pois vejo em ti um grande e afetuoso amparo aos meus últimos desejos. Fala com teu amigo José Fernandes Martins e arranja com ele uma condução no paquete Industrial para mim, para a Gavita e para os meus quatro[319] filhos. Se escapar da morte que, no entanto, julgo próxima, ajudar-te-ei no teu colégio, ouviste? Saudades. O teu pelo coração e pela arte. Cruz e Sousa"[320].

Informara Araújo, em suas preciosas memórias, infelizmente ainda inéditas, que nada pôde fazer para atender ao último pedido do poeta e amigo. As condições de Araújo Figuredo não eram das melhores naquele momento. Sem dispor de uma infraestrutura que se fizesse adequada a uma família numerosa como a dele, que ainda tinha como agregada a sogra, se viu o poeta marinhista impossibilitado de ajudar. Depõe Araújo, muito emocionado:

> Nem eu tinha uma casa com o necessário cômodo para acolhê-lo e à família, nem obtivera recursos pra lhe dar a passagem no Industrial até Laguna, em vista de me ser lançada ao rosto, com muita artimanha, a cor do poeta, a qual viria prejudicar o meu colégio, que se achava, infelizmente, sob a imediata direção do referido José Fernandes. E nem um real eu possuía, nessa época. Escrevi ao poeta, contando-lhe o fato, sem tocar na observação do meu amigo da Laguna. E como imagino o sofrimento da sua alma, ao ter em plena luz dos olhos um tão positivo desengano.

Talvez sem atinar para qual seria a resposta do amigo, mandou imediatamente a informação sobre a mudança de endereço, ocorrida no início de fevereiro: "Meu Araújo — Esqueci-me de dizer-te na carta que escrevi há dias que moramos à Rua Malvino nº 50, no Encantado. O teu, Cruz e Sousa".

---

[319] Cruz e Sousa já se referia à gravidez de Gavita, cujo filho, que herdaria o seu nome, nasceria após a sua morte.

[320] Citado por MAGALHÃES JR. (1975, pp. 336-337).

Enquanto isso, Nestor Vítor continuava lutando para encontrar uma solução sobre o melhor destino para o poeta. O médico que lhe atendia, Araújo Lima, começou a apressar os amigos e o próprio doente. Pensara em viagem a Santa Catarina, Ceará e Mendes. O Poeta Negro estava aflito. Além de tudo, a Estrada de Ferro lhe cobrava os papéis da licença. Toda vez que isso acontecia, acometido pelo estado de nervosismo, Nestor Vítor era acionado. A 7 de janeiro, Cruz e Sousa lhe escreve: "Nestor. Peço-te para ires ao Escritório da Linha, em S. Diogo, entregar o meu requerimento pedindo licença, porque os dias estão passando e eles já reclamaram esse papel. Qualquer demora me pode prejudicar muito. Se já entregaste noutro lugar que não no Escritório de S. Diogo então está tudo atrapalhado e o requerimento perdido. É necessário entregar em mãos do Chefe do Escritório Jacutinga. Peço-te para liquidar isso, pois vivo muito aborrecido porque quase todo o dia vem aqui em casa um empregado do Escritório dizer-me que ainda não receberam o requerimento e que essa demora me pode ser prejudicial. Teu Cruz e Sousa"[321].

Nestor Vítor, com data de 8 de janeiro, responde ao amigo, tentando tranquilizá-lo:

> Meu Cruz. Espero ir ver-te amanhã; em todo caso te escrevo esta hoje, para tranqüilizar-te sobre o objeto da tua de ontem, que acabo de receber. Já está em mão do chefe do escritório da estação de S. Diogo, entregue por mim, o teu requerimento com o respectivo atestado médico. O chefe afiançou-me que tinha toda boa vontade para contigo e prometeu que ontem mesmo remeteria os papéis ao diretor da estrada. Foi-me impossível andar mais rapidamente, pois não quis entregar aqueles papéis sem ter certeza de que qualquer má vontade subalterna seria vencida por vontades superiores. E essa certeza obtive, tanto quanto humanamente é possível. O oficial de gabinete do ministro afiançou-me que eu estava servido, mesmo porque todos os pedidos de licença por mais de trinta dias eram enviados pelo diretor da estrada para lá para o ministério. Mas, além disto, consegui do diretor

---

[321] Estas e outras cartas estão depositadas no Arquivo-Museu de Literatura da Fundação Casa de Rui Barbosa, do Rio de Janeiro.

daqui do Ginásio que ele se empenhasse diretamente por nossa causa junto ao diretor da estrada. Acho, portanto, que deves ficar esperando tranqüilamente pelo resultado; se falhar, então eu não sei o que é que há de seguro neste mundo. Adeus, meu Cruz, até amanhã. Nestor.

Os jornais começam a noticiar a moléstia do poeta. Um jornal espocava a informação para outro. Artur Azevedo, redator de *O País*, noticiara a doença com base na notícia que Gastão Bousquet deu na *Gazeta da Tarde*. Logo apareceram doações em dinheiro pela imprensa em socorro de Cruz e Sousa. Até o poeta Teixeira de Melo, da novata Academia Brasileira de Letras, dera uma contribuição. Com a divulgação pela imprensa, muitos que conheciam o Poeta Negro despertaram para o seu drama pessoal. Até o seu compadre, o antigo abolicionista João Lopes, alertado pelo guardião que era Tibúrcio de Freitas, que lhe dera as informações, se apressou em se manifestar: "Meu querido Cruz e Sousa. Só há poucos dias soube que Você estava doente e logo me acudiu ao espírito a tristeza de não poder auxiliar eficazmente, como desejava, o meu bom compadre e tenho pensado sempre em você, de quem o amº Tibúrcio me deu agora notícia mais minuciosa. Veja se consegue mudar-se pª o Engenho Novo, cujo clima lhe convém muito mais. Aceite o pequeno auxílio que aqui vai e recomenda-me à comadre e crianças. O amigo João Lopes. 13.1.1898".

Em meio às manifestações de apreço e preocupação que desperta o seu estado, Cruz volta a escrever para Nestor, pois a licença continuava a causar-lhe aborrecimentos. Em 18, o poeta lhe remetia esta: "Meu caro Nestor. Cumprimentos a Exma. Senhora e beijos nas meninas. Preciso muito que dês um pulo até nossa casa, porque apareceu uma dificuldade com relação à minha licença e é necessário desfazer o mais breve possível essa dificuldade. Eu logo vi que por força havia de aparecer uma porcaria destas para incomodar-me. Vem que eu de viva voz te direi tudo e veremos se amenizaremos este inferno que em tudo me persegue. Teu profundo amº Cruz". Em atenção ao poeta, que cada vez mais se definhava devido ao estado febril e aos desarranjos constantes, Nestor Vítor enlouquecia, correndo de um canto a outro, faltando o serviço, falando em todos os pontos com conhecidos e autoridades, enfim. Nesse afã, respondeu ao amigo:

"Cruz. Vim da cidade agora, onde, felizmente, achei diversos amigos com quem falei sobre a necessidade de tua viagem. Entre outros, o João Lopes, o [Antônio] Austregésilo, o Tibúrcio [de Freitas], o [Saturnino de] Meireles, o Leandro [da Livraria, na rua do Ouvidor]. Encontrei em todos a mais boa vontade possível. O Leandro encarregou-se de arranjar passagem no Lóide. O João Lopes prometeu, além do mais, auxiliar-me oportunamente na prorrogação de tua licença. Deves partir, ao mais tardar, sábado que vem, 5 de fevereiro. Em todo caso, vê se antes fazes a mudança de residência da família, deixas os teus mais bem localizados e terás com isso uma pequena mudança de atmosfera que só te pode fazer bem, enquanto não partes. Por estes poucos dias te aparecerei aí. É preciso que o teu espírito ainda desta vez se afirme, desenvolvendo a energia e a serenidade que este episódio de tua vida requer. Teus amigos te acompanham com todo o coração nesta luta. Sabes como eles precisam de ti. Hás de viver, meu querido Cruz. Nestor. Rio, 24 de janeiro, 1898".

Não era fácil ter ânimo em meio a tantas dificuldades. De um lado, a doença, a burocracia da empresa ferroviária; de outro, o senhorio que resolveu ter a casa de volta. Seria porque o poeta estava tuberculoso e ele temia uma contaminação devido à proximidade de uma casa a outra? Isto não é possível. Em todo caso, a procura por uma residência nova era a tarefa diária empreendida por Gavita. À carta de Nestor Vítor, respondeu um Cruz e Sousa com alguma animação:

> Rio, 27 de janeiro de 1898. Meu belo Nestor. A tua carta de 24 foi um clarim de anjo trazendo-me belas novas, animação e coragem! Sim! Nenhuma dúvida deve ter de que eu não esteja absolutamente resolvido a partir. Mas antes disso há muitas coisas sérias a tratar: — principalmente uma procuração ou coisa que o valha, para poderes todos os meses receber os meus pingues salários; como também deixar feito por antecedência o novo requerimento pedindo prorrogação da minha licença, o que é inteiramente indispensável. Essas coisas devem merecer a nossa maior atenção, porque as datas da licença podem estar extintas e haver demora prejudicial com a entrega tardia do outro requerimento de prorrogação. Enfim penso que tudo se acordará de modo a não haver atropelo e a não suceder que eu seja forçado a deixar o lugar. Teu, Cruz e Sousa.

Num post-scriptum, continuava:

> Nestor — A luta das casas continua horrível. Não imaginas que verdadeiro desespero. Todos querem fiador — e é para ali, de punhos cerrados, de dentes cerrados. Já não temos quase recursos nem para os trens nem para os bondes. Estas coisinhas é que ninguém parece lembrar-se delas. Não sabemos mais do que lançar mão para conseguir uma casa ou um cômodo qualquer. Tudo é um despropósito de dinheiro! Amanhã, 28, Gavita vai novamente sair à luta das casas. Não sei o que conseguirá a pobrezinha, mas enfim lutará até à última. O furor maior nisso tudo é o da fiança, que é uma coisa terrível de se conseguir. Teu Cruz.

A mudança do Poeta Negro só ocorreria a 3 de fevereiro, num comunicado lacônico: "Meu caro Nestor, mudo-me hoje para a rua Malvino Reis — 50. Sem mais, teu Cruz".

Magro, combalido pela doença, estava passando do tempo da prometida viagem de Cruz e Sousa. Mesmo nesse estado, providenciara a mudança da família. Sem ter como localizar esse endereço nos arquivos do Setor de Nomenclatura da Prefeitura da Cidade do Rio de Janeiro, não pude saber em que localidade do bairro do Encantado ficava essa casa. Por certo, não deveria ser uma habitação muito confortável. Era, no entanto, o que a "pobrezinha da Gavita" pôde conseguir.

Os jornais assumiram uma verdadeira campanha em prol do restabelecimento da saúde do poeta. Surgiam ideias dos amigos mais chegados por todos os lados. Um de seus amigos, Júlio Pompeu, publicou uma carta[322] sugerindo que se conseguisse meios para que o poeta e a família pudessem se transferir para Santa Catarina, como vinha sendo manifestado por Cruz e Sousa em conversas íntimas. Nestor Vítor, sempre atento, acudiu em rebater esta ideia: "Em uma carta que transcreveu à *Gazeta da Tarde* da palestra de Artur Azevedo, Júlio Pompeu lança a idéia de se adqüirirem meios para o transporte de Cruz e Sousa com sua família para o Estado de Santa Ca-

---

[322] A referida carta foi divulgada na seção Palestras, mantida por Artur Azevedo, na *Gazeta da Tarde*.

tarina, sua terra natal, e justifica a iniciativa com o desejo que tem manifestado o poeta, durante sua enfermidade, de realizar essa viagem, o que é real, na esperança de ali recuperar a saúde. Seu médico assistente, porém, e nós outros, conhecendo as condições do clima dos pontos daquele Estado para onde ele pode ser mais facilmente removido, receamos que seja de pouca eficácia para ele esse sacrifício, preferindo vê-lo embarcar para o Norte, particularmente para o Ceará. Seria muito melhor, parece-nos, trabalhar-se nesse sentido, de modo a obter-se, não só meios de transporte como de subsistência ali, que lhe ficará garantida com uma colocação que o governo geral ou o estadual lhe proporcionem. Em todo caso, para ele empreender essa viagem, sem maiores apreensões, será necessário que seu estado geral se modifique, motivo pelo qual projetamos fazê-lo seguir dentro de poucos dias para a estação de Mendes, onde deve demorar-se durante algum tempo. Confiando em seu médico e em seus amigos, ele aceita os nossos conselhos com resolução. Tendo esclarecido assim esse ponto, o meu desejo é ser apoiado por forças que levem a uma feliz realidade para Cruz e Sousa o nosso modo de ver, nascido dos nossos extremos para com ele".

Publicada esta argumentação a 12 de março, a 13 *O Debate* publicaria outra, desta vez assinada pela diretoria do Centro Catarinense da Capital: "A comissão abaixo formada interpretando o sentimento do Centro Catarinense desta capital, pede o comparecimento de todos os seus coestaduanos, sócios ou não, domingo 13 do corrente, ao meio-dia, em sua sede, à praça da República nº 11, sobrado, a fim de deliberar o meio a empregar no sentido de minorar a falta de recursos por que tem passado o provecto escritor catarinense Cruz e Sousa. Para essa reunião não haverá convites especiais. — Contra-almirante José Pinto da Luz, senador Antônio J. Esteves Júnior, coronel Eliseu Guilherme da Silva, 1º tenente engenheiro Theophilo N. Almeida, Virgílio Várzea, maior Septimio Werner".

A campanha pelo *O Debate* era empreendida por Félix Pacheco e Eduardo Sabóia, ambos informavam que o jornal "prontificava-se também a receber qualquer quantia que a generosidade dos nossos leitores queira nos trazer", contribuindo, eles próprios, com 40$000 réis. A iniciativa de *O Debate* tomou curso e contagiou inúmeros jornais de todos os cantos do país. No jornal carioca, além dos "anônimos" e dos que apenas se assinavam pelas iniciais do nome, como L.F., G.L., F.S., T.D., C.B., Dr. E. de M., também contribuíram D.J.A. Pereira da Silva, Hipólito José Dias, V. Botelho, Henigio de Bellido, Wladimiro da Fonseca e uma gama infindável de pessoas desconhecidas, que, pelo visto, de alguma forma queriam minorar o sofrimento do poeta maior.

Depois desses preparativos, Cruz e Sousa se viu pronto para a mudança. Seu estado era crítico, porém o poeta se achava plenamente consciente da sua situação. Preparou a família. Iria para Sítio, em Minas Gerais, na Serra da Mantiqueira, ao contrário de Mendes ou Santa Catarina. Chamou à sua casa o amigo Nestor Vítor. Queria falar-lhe em particular. Nesse encontro, feito um ritual à moda religiosa, próprio dos antigos, os dois amigos se abraçaram bastante. Cruz e Sousa refez as recomendações sobre seu salário e a procuração. O momento fez com que a Estrada de Ferro assumisse as despesas com a passagem do poeta, ou seja, o funcionário teria o direito de poder ser transportado gratuitamente. Reunindo várias pastas de papéis, com muitos manuscritos, o poeta detalhou ao crítico paranaense sobre cada peça. A um certo ponto, asseverou:

— Nestor, estes são os meus últimos sonetos...

Feitos os preparativos, embarcou Cruz e Sousa na noite do dia 15 de março de 1898, em companhia da esposa Gavita Cruz e Sousa, grávida de quatro para cinco meses, com destino à Estação de Sítio, em Minas Gerais. Os amigos o acompanharam até a Estação da Estrada de Ferro Central do Brasil. Até onde sabemos não houve um grande preparativo com referência à viagem do poeta. O expediente reduzira-se apenas na autorização do diretor da Seção Técnica da Central do Brasil, Dr. Bianor de Mendonça, para abonar as faltas do arquivista enfermo, atendendo, desta forma, ao apelo dos amigos do poeta, cujo estado de saúde era cada vez mais complicado. Cruz e Sousa saiu do Rio de Janeiro bastante debilitado. Alguns amigos, como Carlos D. Fernandes, eram de opinião que esta mudança brusca de ambiente só poderia piorar o seu estado já precário de saúde. De fato, quando o Poeta Negro chegou na estação de Sítio, em Minas, na manhã do dia 16 de março, a sua declaração era de que estava muito "cansado da viagem". Contudo, isto pode ter apressado também o seu fim. Assim que chegou, fez um comunicado a Nestor

Vítor, o último que conhecemos dele, logo no dia seguinte, numa letra cambaleante, demonstrando a sua total falta de energia: "Meu caro Nestor. Cheguei sem novidades a 16 deste por 7 horas e meia da manhã desse dia. Fiquei cansadíssimo da viagem. Nada tenho de importante mais a dizer-te. Os remédios tomo-os regularmente. Preciso com muita urgência de dinheiro. Isto aqui é muito agradável. Depois mandarei dizer tudo. Não te esqueças do dinheiro. Lembranças de Gavita. Teu Cruz e Sousa". Na mesma carta, escrevia, com a preocupação de pai zeloso: "Como vão os meus filhos que aí ficaram? Fico no hotel Amadeu. Sobrado. Diária 6$000. No correr da Estação. Abraços todos os amigos Cruz". E nada mais disse. A mãe de Gavita, dona Luiza Rosa, que já residia com o casal no Encantado, ficara com a incumbência da guarda das crianças, numa tentativa, oportuna e muito válida, diga-se de passagem, de ajudar a filha naquela hora difícil e aplacar a ansiedade do pai.

Talvez tenha sido um grande equívoco essa transferência do poeta para a estação de Sítio. Era visível a inoportunidade da viagem, devido, obviamente, ao estado precário de saúde do poeta. A viagem, cansativa e sem qualquer conforto, redundaria em maiores dificuldades para Cruz e Sousa. Bastante debilitado, pesando pouco mais de quarenta quilos, o poeta estava extenuado. Provavelmente precisou ainda procurar local oportuno que pudesse ficar. Encontrou o hotel Amadeu, no correr da estação de trens de Sítio. Na verdade era uma grande casa localizada num sobrado que admitia pessoas que chegavam para tratar da saúde[323]. Supõe-se que o quadro presenciado pelo proprietário do hotel, sr. Amadeu Lemuchi, fosse aterrador. Era um casal de negros: ele com a aparência macerada pela doença, que lhe corroía fisicamente todo o corpo, curvado e com a voz tosca; ela, grávida de quatro meses ou mais, tendo que carregar o seu marido doente, além das bagagens. Tudo isso justificava o pedido antecipado do pagamento das diárias do hotel, em carta, por Cruz e Sousa, ao amigo Nestor Vítor. Não há informações se este dinheiro chegou até Sítio, dada a precariedade de informações da época.

---

[323] O escritor Nelon Tangerini, ao visitar a Cidade de Antônio Carlos, atual nome do local onde situava-se a Estação de Sítio, diz que o imóvel era de propriedade à época de Amadeu Lemuchi, daí, talvez, identificado como Hotel Amadeu.

Em geral, era comum nesses casos, as remessas de dinheiro serem feitas por vale postal. E Cruz e Sousa, por viver remetendo dinheiro para os seus pais na sua antiga cidade, sabia disso melhor do que ninguém. O fato de ser um casal de negros, apesar do traje distinto que o poeta deveria estar usando, o famoso terno marrom e os sapatos lustrados, a presença dos dois no local deve ter chocado os proprietários do estabelecimento, os estrangeiros ou seus descendentes diretos. Daí se justifica a preocupação com a remessa "urgente" de dinheiro, esse pode ter sido um fator a ser considerado diante desta hipótese, a par das exigências dos proprietários do hotel. Todos nós sabemos que o racismo ainda hoje é um fator preponderante que determina o comportamento de toda uma sociedade, os relacionamentos sociais e financeiros. Imaginemos, então, isto há pouco mais de cem anos, quando iniciavam-se as discussões nesse sentido, provocada pela passagem de uma década da assinatura da Lei Áurea, ocorrida em 13 de maio de 1888. Não há como saber o desdobramento de tudo isso. Mas, em geral, ele não é nada bom.

Nada poderia dar certo. O desfecho era, sem qualquer margem de dúvida, evidentemente trágico. Foi o que aconteceu. De fato, um telegrama chegado de Sítio, expedido por Gavita, endereçado a Nestor Vítor, põe fim a tudo. Nele vem a comunicação mais dolorosa: o falecimento do marido, em 19 de março, informando que o seu corpo chegará na manhã do dia seguinte, 20, no Rio de Janeiro, por via férrea. Em seu livro, Raimundo Magalhães Júnior faz o conciso relato, que, caso seja verídico, é bastante rico e precioso. Diz ele que a mudança de temperatura, do Rio quente, esbraseado, opressivo, para a serra terrivelmente fria, em vez de fazer bem ao poeta, apenas abreviou o seu fim. "Dores lancinantes o acometeram" — descreve o biógrafo. "A febre subiu. No corpo devastado pela tuberculose irrompia, violenta, a pneumonia. No seu delírio, Cruz e Sousa apontava à Gavita a parede branca do hotel, exclamando: — Ali vai! Ali vai... É um enterro, não vês? Ali vai... Estão levando o caixão... É um caixão preto, enorme... É o meu enterro! É a mim que eles vão levando... Não! Não! Não deixes, Gavita, não deixes! [E a esposa Gavita tenta lhe acalmar] — Não é nada...

nada... Não há enterro algum... acalma-te... Estás é delirando... — Ali vai! Ali vai..."[324].

Tinha 36 anos de idade.

Os cinco amigos mais próximos, todos muito abatidos e consternados, foram aguardar os despojos do poeta na gare da Estação. Eram eles Nestor Vítor, Maurício Jubim, Tibúrcio de Freitas, Saturnino de Meireles e Carlos Dias Fernandes, os quais só não esperavam receber o iluminado poeta, que tanto admiravam em vida, num trem destinado a transportar animais, um *horse-box*, e ainda por cima no chão, tendo como único amparo folhas de jornais, nada mais. É que o vagão de trem que embarcara o corpo do poeta, acoplado em Sítio, era o mesmo que trazia bois para o matadouro de Santa Cruz e adjacências. Será que não tinha outro local mais indicado para se trazer os despojos de um homem que havia sido vitimado pela tuberculose? Ou será que o fato de esse homem ser pobre e negro contribuíra para aumentar esta desumanidade até na hora dolorosa de sua partida?

Há sobre este fato um depoimento importante de Oscar Rosas, um dos melhores amigos de Cruz e Sousa nos seus anos de Rio de Janeiro e nos seus derradeiros dias de vida. Já deputado estadual durante o último governo de Hercílio Luz, em Santa Catarina, Oscar, na passagem do 25º aniversário da morte de Cruz e Sousa, em 19 de março de 1923, fez na tribuna parlamentar catarinense um veemente discurso em que, como era de sua característica, revelou, dentre outras coisas, talvez a mais importante delas, no que se refere à morte do poeta. Disse Oscar Rosas então[325]:

> Morreu em Sítio, enxotado do hotel por estar tuberculoso, e golfando sangue, caiu na estação da estrada de ferro — foi um mártir por ser negro e um exilado por ter mais talento que os seus competidores.

O depoimento-desabafo de Oscar Rosas, no entanto, releva as condições enfrentadas pelo poeta, mesmo na hora mais extrema de sua existência. Amigo de Cruz e Sousa desde os tempos de juven-

---

[324] MAGALHÃES JR. (1975, p. 346)

[325] *Apud* Iaponan Soares. Oscar Rosas deputado, *Diário Catarinense*, 27 de junho de 1988, p. 6

tude no Ateneu Provincial Catarinense, incentivador de sua obra, hospedeiro e defensor de sua capacidade e do seu talento, Oscar Rosas tinha autoridade para falar sobre este período — até porque ele, juntamente com José do Patrocínio e outros atuou politicamente para conseguir do governo, à época, uma forma de amparar a viúva e os quatro filhos deixados pelo bardo.

No dia seguinte à morte do poeta, 20 de março, domingo, pelas páginas de *O País*, Nestor Vítor registrava (como o registro não saiu assinado, Raimundo Magalhães Júnior não se referiu ao seu autor, em sua obra sobre o Poeta Negro) e chorava a morte do amigo. Na verdade, este foi o primeiro artigo falando sobre o falecimento:

> Era um preto. Foi, no entanto, um intelectual digno e puro, tanto quanto pode ser puro e ser digno um espírito na Arte. Era um humilde e foi um simples, sendo um intransigente e um altivo. Sua força vinha da intensidade dos seus sentimentos ao serviço de uma poderosa imaginação. Pertencia à raça dos lutadores, desses que vêm rompendo caminho através de medalhas, porque o que trazem para dizer ao mundo ainda não está feito, porque o que sentem é sentimento virgem, não é sentimento que fosse já sentido. [*Em outra passagem*] Sua obra, essa ainda está por definitivamente julgar-se. A morte veio tirá-lo do Presente, veio transportá-lo para o Futuro na pura subjetividade de seu ser. Doce poeta, nobre poeta, talvez assim, talvez com esse outro estejas muito melhor. [*Fechando:*] é dos que sofreram todas as injustiças antes de ir para o túmulo.[326]

O artigo de Nestor Vítor informava, no rodapé, que os restos mortais do poeta seriam transladados para o Rio de Janeiro, onde chegariam por volta das 6 horas da manhã. Numa capela ardente improvisada na estação central da Estrada de Ferro Central do Brasil, o corpo permaneceria até cerca das 12 horas, meio-dia, quando seguiria o enterro para o cemitério de São Francisco Xavier, no bairro do Caju, em carro guiado pelas ruas do Rio. Um séquito de amigos e curiosos seguiram o féretro. Afora Gavita e um dos filhos pequenos, o poeta não tinha nenhum

---

[326] Cruz e Sousa, *O País*, 20 de março de 1898. Cópia em meu arquivo, com a seguinte anotação: "Esta matéria foi escrita por mim. Nestor Vítor".

outro parente para acompanhá-lo à morada final. Da sua descendência direta, de origem catarinense, todos já estavam mortos[327].

Na ocasião, o pintor e amigo Maurício Jubim, aos prantos, desenhou o retrato a *crayon* do poeta morto, o que seria a última imagem de Cruz e Sousa chegada até nós. Corre uma história de que Nestor Vítor ou o próprio Maurício Jubim convidou um fotógrafo para tirar uma foto do poeta, no leito de morte, mas, por temer a doença que vitimou o "homem apocalíptico", conhecida como o mal do século, este se recusou a fazer.

Outro que se comoveu imensamente com a morte de Cruz e Sousa foi o jovem poeta e jornalista Carlos Dias Fernandes, que, da geração mais nova, se apegara de viva afeição ao poeta, chegando a acolhê-lo em sua casa "desprovida mansarda" por alguns dias durante os períodos difíceis da enfermidade do poeta, como se "fugindo à miséria contingente do seu tugúrio do Encantado". Sobre a morte de Cruz e Sousa, diz Carlos Dias Fernandes textualmente:

> Quando me chegou a funesta notícia da morte de Cruz e Sousa, a quem eu havia dois dias abraçado numa dolorosa emoção prenunciosa de quem o não veria jamais, apenas, uma incrédula angústia vaga criou em torno de mim um esmaecido horizonte de melancolia e dolorosa tristeza. Mas, quando os meus olhos o viram naquela hirta imobilidade gelada, no abandono desamparado de um negro wagon coberto de poeira, ali dentro encerrado como o cadáver maldito de um degredado da Sibéria, com os magros pés juntos e a famosa cabeça numa desolada atitude de arcanjo martirizado; morto, enfim, ele que era um continente de vida, um maravilhoso prodígio de sensibilidade e que tantas vezes descera aos abismos frígidos da morte, envolto no manto constelado do seu sonho...
>
> Depois desses longos e indefiníveis momentos em que a minh'alma esteve girando convulsamente num círculo assassino de agudas lanças incandescentes, fomos os cinco, eu, o Jubim, o Nestor, o Tibúrcio e o dedicado Meireles, todos livore-

---

[327] O único irmão, Norberto, jamais deu sinal de vida, desde que fora para os lados de São Paulo. Dele se conhece o rosto graças a uma fotografia cedida pelo contra-almirante Yan Damaria Boiteux, hoje nos meus arquivos.

cidos pela sufocadora pungência dessa indizível angústia, prolongar o nosso estado aflitivo no silêncio fúnebre de um necrotério onde ficou sob a guarda do nosso enlutado desvelo, até a hora negra do enterro, o corpo inerme desse que foi o grilhão de ouro das nossas almas e que nem mesmo as rapaces e ferinas garras da morte conseguiram arrancar às entranhas do nosso afeto, onde a sua memória viverá eternamente com a nossa eterna saudade.

Este longo depoimento não encerra, nem de longe, a grande afeição que o escritor paraibano nutria pelo Poeta Negro catarinense. Na imprensa da época, D. Fernandes deixou, quando assinava também com o pseudônimo de Ed. Max, o seguinte verso sobre o título geral de *Cruz e Sousa*, que até agora ficou esquecido e fora de qualquer antologia, e mesmo dos livros publicados pelo seu autor. Esta quadra soa mais como um epitáfio de saudade e de profunda dor, nutridas por um amigo de verdade:

> Saúdo-te, mortal dos imortais,
> Eu que te vi a suportar a fome...
> A terra o teu corpo hoje consome,
> Mas já não sentes e nem sofres mais!

Carlos D. Fernandes, depois talvez de Nestor Vítor, pelo lado literário, e Saturnino de Meireles, pelo lado do amparo material, foi o autor que, na primeira hora, mais dedicou escritos a Cruz e Sousa depois que ele morreu[328]. Nestor Vítor também o fez, e o fez nobremente, diga-se de passagem. E assim numa corrente de elos inquebrantáveis, que contagiou figuras imponentes: ninguém menos do que o poeta Olavo Bilac, que, deixando as divergências literárias de lado, entre páginas de afeição de certa forma até sincera, burilou este belíssimo soneto, que durante muito tempo ficou ignorado por quantos — entre biógrafos e estudiosos da vida e da obra do Poeta Negro — tiveram sua atenção despertada para Cruz e Sousa.

---

[328] Chegou a escrever um romance, Fretana, publicado em 1936, tendo como personagens reais o poeta e todo o seu grupo literário.

Diamante negro

Ví-te uma vez e estremeci de medo...
Havia susto no ar, quando passavas:
Vida morta enterrada num segredo,
Letárgico vulcão de ignotas lavas.

Ias como quem vai para um degredo,
De invisíveis grilhões as mãos escravas,
A marcha dúbia, o olhar turvado e quedo
No roxo abismo das olheiras cavas...

Aonde vais? Aonde vais? Foge o teu vulto;
Mas fica o assombro do teu passo errante,
E fica o sopro desse inferno oculto,

O horrível fogo que contigo levas,
Incompreendido mal, negro diamante,
Sol sinistro e abafado ardendo em trevas.

Este soneto é, talvez, a peça mais particular, e, certamente, mais traiçoeira que o poeta parnasiano Bilac compôs em favor do desditoso poeta simbolista Cruz e Sousa, não por menos apelidado de Dante Negro. Nela se resume a admiração do autor de *Tarde* por aquele que teria, pelos parnasianos, a rejeição estética, social e econômica traduzida na opção estético-literária, na cor da epiderme e nos acessos sociais (que jamais teve) do poeta de Santa Catarina.

No entanto, por trás de toda rivalidade escondia as admirações, que, diante do público, precisava ser ocultada, sorrateiramente escamoteada para que ninguém ficasse "mal" perante o restante da sociedade ou dos seus grupos representativos. E, assim, numa página de prosa, de *A Notícia*, o poeta de *Via-Láctea* dava ainda este depoimento, que, de tudo por tudo, expressava a vontade emocional do seu autor por um aperto de mão.

> Não conheci muito intimamente o poeta dos *Broquéis* — a quem a morte, tantas vezes cantada por ele, acaba de dar repouso. Cruz

e Sousa era um tímido, de uma timidez que facilmente, se mudava em desconfiança selvagem. Não freqüentava as rodas da rua do Ouvidor; raros amigos o conheceram na vida íntima. Um correspondente [*Nestor Vítor*], cujas letras Artur Azevedo publicou ontem, na sua Palestra, disse, mais ou menos, que Cruz e Sousa era um banido da sociedade por ser preto. Não era bem assim. Melhor seria dizer que a sociedade (a que Hoffmann dava o nome de Tribo dos Filisteus) não tem grande confiança nos sonhadores, sejam eles brancos, amarelos ou pretos. E, ainda assim — quem sabe? — não é a sociedade que repele os artistas: geralmente são eles que se afastam dela — por timidez, imaginando uma hostilidade que nem sempre existe.

Isso não era exatamente verdade, mas valia a intenção de Olavo Bilac, cujo eco deve certamente ter chegado aos ouvidos do velho e experiente Machado de Assis, que, pelo cunho racial, poderia ter proferido algum testemunho sobre o passamento do poeta.

Mas Olavo Bilac não foi o único. Os registros jornalísticos trazem à baila figuras do porte de Coelho Neto. Este disse então sobre a morte de Cruz e Sousa[329]:

> Ah! meu poeta, quisesse sonhar à sombra da mancenilha e a Morte veio sorrateira e má como uma serpe que se insinua na erva e morde o lavrador fatigado que dorme no seu campo. A nossa Pátria é muito rica e fala-se dos seus talentos com espanto, mas ninguém os quer; os mesmos governos, quando vêm surgir um homem extasiado, com uma lira, cantando maravilhas do céu e da terra, longe de fazer como os atenienses, repelem-nos com asco para que não interrompam a meditação dos pais da pátria que lentamente vão enterrando a infeliz a pretexto de a salvarem. Viste na Constituição um artigo que dizia mentirosamente que o governo daria proteção às Letras e às Artes e, deixando o teu berço, vieste seduzido por essa perfídia das sereias da Constituinte e, aqui chegando, que encontraste? A fome, o frio e o desprezo. Andavas quase maltrapilho, com a alma cheia de hinos e, quando encontravas um sítio onde repousasses, logo travavas

---

[329] *Gazeta de Notícias*, 23 de março de 1898, coluna Fagulhas, assinado com a inicial "N".

da lira e cantavas glorificando a tua terra ingrata e disfarçando a tua fome e a tua melancolia. Posto que nunca te acompanhasse porque as nossas relações não se estreitaram, simpatizava contigo porque eras um simples e um forte — vinhas a nós como o representante da poesia de uma raça, eras o bardo negro e não falavas com ódio relembrando o sofrimento dos teus ascendentes, falavas contente, deslumbrado porque, como se houvesses vindo do fundo agreste da Núbia, vias em tudo uma beleza e uma graça e, por vezes, num momento de nostalgia, como se a alma que te foi legada evocasse cenas antigas, falavas, nos teus versos sonoros, onde as rimas tilintam, como campainhas dos acharins das mulheres de Sabá, de reivas frondosas onde rugia o leão livre e forte e das guerras sangrentas à beira de rios largos e misteriosos. Uma só vez falei contigo rapidamente sobre arte — não tivesse uma queixa, tão grande era a tua confiança, e nem uma só vez sorriste, tão grande era a tua melancolia, porque amaste como Namoura e, por uma noite de amor, darias a vida que deste ao teu ideal, porque foi por ele que te sacrificaste. Partiste cedo e, no teu leito de morte, cercado pela esposa que tomaste e pelos filhos que te nasceram, sentiste o bocejo da simpatia e tiveste as homenagens a que fizeste jus — isso durou pouco mas foi, talvez, bastante para que perdoasses à tua pátria todos os teus sofrimentos e, aos teus patrícios, o desprezo ao menos, sirva para os teus filhos; que eles, os pobrezinhos, tenham, ao menos, essa fortuna que, mais tarde, talvez mereça da pátria maior consideração; mas que os orfãozinhos, se lhes ficou no espírito a centelha sagrada da poesia, tratem de apagá-la, porque esse lume trágico leva os que o seguem à extremidade onde chegaste — é como a lanterna sinistra dos gênios florestais que atraíam os viajantes para os precipícios.

Retornando aqui os funerais do poeta, para continuar falando da admiração de Carlos D. Fernandes por Cruz e Sousa, há ainda na página do romance *Fretana*, obra dedicada ao "anjo Lusbel em ônix modelado", passagens como estas:

> Às nove horas da manhã chegou ao Rio, num house-box, o cadáver de Cruz e Sousa, coberto pela poeira daquela mesma estrada,

que tanto, em vida, o enchera de desalento e de tédio. Morrera quase repentinamente, na Estação de Sítio, para onde o remetera a prescrição médica, na confiada esperança de o melhorar. O corpo frágil, que as emoções eletrizavam e as necessidades de tudo enfraqueciam, devia ceder à minacidade de uma sorrateira tuberculose, degenerada em pneumonia, por uma súbita mudança de clima.

Diz ainda D. Fernandes, que à época da morte de Cruz e Sousa, contava apenas 23 anos:

> Além dessas predisposições fisiológicas, que o desapontamento e o malogro exacerbavam, Cruz e Sousa, para fugir às contingências de sua amargura social, dava-se a lucubrações excessivas, escrevendo quatro, cinco sonetos de uma sentada; três, quatro ensaios psicológicos e emotivos, por semana. Juntavam-se a isto os trabalhos detestados da repartição, os passeios infindáveis com os amigos do cenáculo, e, às vezes, no fim dessas jornadas atléticas, uma refeição insuficiente, insalubre, no tumulto e no barulho do G. Lobo.

Carlos D. Fernandes, que se tornara mais tarde um prestigioso jornalista na Paraíba, assim falava do regresso do poeta ao lar, com a autoridade de quem o frequentava e de quem chegou a amparar o Poeta Negro por alguns dias em sua casa, como aqui já dissemos:

> Quando tornara ao lar, desprovido de tudo, mal o consolava a pobre Gavita, convalescente, que não tinha em si fontes de ternura bastantes àquele desbaratado Centímano. As crianças enfermiças, os meios de subsistência esgotados, os homens indiferentes, a arte... o súcubo insaciável.

Foi com a face estremecida, a mão ainda trêmula pelo choque da partida, que o escritor de *Canção da Vesta* e *Vanitas Vanitatum* descrevia a comoção dele e dos amigos, à chegada do corpo sem vida de Cruz e Sousa à Estação Central do Brasil:

O trem parou, os passageiros, despreocupados, desceram; foi mister atingir a cauda do comboio, onde vinha o corpo no chão do carro, sobre uns papéis estendidos à guisa de lençol, sem uma flor, sem uma grinalda, sem uma luz. Foi indescritível a cena de dor desenrolada no wagon sem janelas, sem bancos, onde se transportavam muares e bois, para o tráfego e açougues da cidade. No leito sujo, que as bestas compuscavam, jazia imóvel, pequenino, envolto no seu único terno marrom, o "homem apocalíptico", que tivera sempre um sorriso e um hino para todas as galas da natureza.

É comovente este depoimento de Carlos D. Fernandes. Depoimento interessante também, porém, com a variação de praxe, é do jornalista, médico e acadêmico Antônio Austregésilo, extraído de uma palestra dele realizada na Academia Brasileira de Letras:

Venho falar-vos, agora, dos últimos dias do Diamante Negro. Três dias depois da partida para morrer em terra estranha, quase sem alma que o assista ou socorra. O cadáver veio no último vagão, forrado de jornais velhos, carro de transporte de animais, fechado e úmido. A ironia e angústia lá estavam simbolicamente a acompanhar o grande morto. E assim finou-se a Águia Noturna, sem poder integralmente voar porque se lhe haviam partido as asas negras...

Depois de tantos atropelos na vida, da dor de sentir a pobreza e a miséria tão próximas de si e dos seus, Cruz e Sousa teve um enterro digno de um cidadão. Conta a lenda (o romance biográfico *Fretana* de Carlos D. Fernandes é um dos que fazem esta afirmação) que José do Patrocínio teria financiado o funeral. Nada disso ocorreu, a bem da verdade[330]. As despesas, pagas por intermédio de um amigo do poeta morador da área do "Campo de S. Cristóvão", provavelmente Nestor Vítor, que se encarregou de toda a parte burocrática e cerimoniosa, foram feitas com o dinheiro arrecadado com as subscrições que ocorreram até o último minuto de vida do poeta, como

---

[330] *A Cidade do Rio*, de 21 de março de 1898, apenas noticiou a morte do poeta, falando do enterro, mas sem mencionar o ato do seu proprietário, o que, para ele, seria inadimissível.

noticiara vários jornais, inclusive a *Gazeta da Tarde*, de 21 de março de 1898: "a divisão do dinheiro da subscrição em parcelas, uma destinada ao pagamento do enterro, outra ao da missa do sétimo dia, e a terceira, o saldo, para a viúva atender às suas primeiras e mais urgentes despesas".

Mais tarde, pelas páginas do seu jornal *Cidade do Rio*, Patrocínio autorizaria fazer uma grande homenagem ao poeta, que contou com a colaboração de Carlos D. Fernandes, Silveira Neto, que, juntamente com outros escritores, escreveram artigos encomiásticos sobre o poeta; e, ainda, Batista Cepelos, Artur de Miranda, Orlando Teixeira e Nestor Vítor, que publicou um longo poema, talvez como uma forma de agradecer os sonetos a ele dedicados por Cruz e Sousa, que foram os *Pactos das Almas*. Numa das estrofes, Nestor Vítor se dirige intimamente ao poeta e amigo, quando passara um mês que falecera:

> Depois... cedo virá ensurdecer-me um grito...
> Me hão de todo invadir uns extremos cansaços...
> Nossas almas, então, "perdidas no Infinito",
> Hão de trocar, p'ra sempre, "os imortais abraços".

O enterro do poeta ocorreu pouco depois do meio-dia, pois às 12 horas, como anunciado, o caixão, puxado por um carro da funerária, deixou a sede da Estação da Estrada de Ferro Central do Brasil. A viúva estava inconsolável, com a mãe ao lado, dona Luiza Rosa, e os três filhos, anjos inocentes imperceptivelmente diante de uma longa tragédia humana que se anunciava.

Amigos, autoridades e curiosos que passavam pela gare da Estação da Estrada de Ferro, colegas do Escritório da Linha, da Estação de São Diogo, onde o poeta trabalhava na 5ª Divisão, como arquivista, e transeuntes e admiradores que "ouviram falar", compareceram ao velório no edifício sede da Estrada de Ferro, onde hoje se ergue o atual prédio da Supervia, no centro do Rio de Janeiro, em frente ao Campo de Santana.

O cortejo numeroso seguiu pelas ruas da cidade, acompanhado pelos amigos e presenciado por um sem numero de curiosos. No cemitério de São Francisco Xavier, no bairro do Caju, antes do caixão baixar à sepultura, falou Nestor Vítor, muitíssimo emocionado, tendo ao lado a viúva e comadre, com a voz embargada, no elogio do amigo morto precocemente, aos 36 anos de idade. A comoção foi enorme, indescritível, só repetida na missa de sétimo dia, realizada na igreja de São Francisco de Paula, no largo de mesmo nome. Notícia de *O Debate* falava da "solene missa", que seria custeada pelo jornalista José do Patrocínio. Já no dia 27 de março de 1898, de acordo com notícia do mesmo jornal, acorreram muitos curiosos, amigos e admiradores do poeta "por tanto tempo julgado menor, justamente pela crítica indígena". Entre os presentes que seguem aqui nominalmente, como está no jornal, sua "desolada viúva e seus filhinhos", coronel Eliseu Guilherme, Vital Fontenelli, Septimio Werner, Satunino de Meireles, José do Patrocínio, da *Cidade do Rio*, Rocha Pombo, Pinheiro de Almeida, Xavier Pinheiro, Carlos Góes, Maurício Jubim, Tibúrcio de Freitas, Domingos Machado, Izaltino Barbosa, Alberto Delfino, Osmundo Pimentel, Artur Lucas, Frota Pessoa, Nestor Vítor, Cardoso Júnior, Pereira Neto, Trajano Louzada, A. Tortarelli, da *Gazeta de Notícias*, Gastão Bousquet, da *Gazeta da Tarde*, Colatino Barroso, Ataliba Corrêa, Ovídio Nelson, Luiz Duque Estrada, Coelho Rosa, Eduardo Meireles, o ator Peixoto, Benevenuto Pereira, B. Lopes, Jarbas Loretti, Carlos D. Fernandes, Fonseca Hermes e Eduardo Saboya, de *O Debate*, Júlio Pompeu e Orlando Teixeira. Esta relação encerrava dizendo que: "Depois da missa e em nome do Centro Catarinense, o sr. Septimio Werner fez entregar a Exma. viúva de Cruz e Sousa a quantia de 300$, tendo já anteriormente dado igual destino a 200$000". Pelo jornal *Estado de S. Paulo*, o jornalista Remijio de Bellido, da revista O *Collecionador de Sellos*, este de Sorocaba, repassou a Gavita, pelas mãos de Nestor Vítor, a importância de 50 mil-réis, "produto de uma subscrição que o mesmo senhor ali fez, em favor do glorioso poeta Cruz e Sousa". Em São Paulo ainda, o *Correio Paulistano* noticia uma reunião, liderada por Félix Bocayuva, Azevedo Barranca, Amadeu Amaral *e* Wenceslau de Queirós, convocada para se tratar do modo mais eficaz de prestar-se uma homenagem ao inditoso poeta Cruz e Sousa, recentemente falecido". Saiu daí uma comissão e uma subcomissão angariadoras de donativos no interior do Estado, de passar telegramas à viúva e à imprensa do Rio, de publicar em folheto alguns trabalhos do poeta, revertendo o produto de sua venda em benefício da família do finado. Já estavam à venda também os cartões para quem quisesse adquirir o livro *Evocações*.

Era a mais nobre e seleta nata da intelectualidade da época, reunida num único espaço, reverenciando um negro, naquele momento aureolado pela luz azul nitente da morte, mas consagrado, e ao mesmo tempo, vingado, justiçado pelo destino. Infelizmente nenhum Olavo Bilac, Alberto de Oliveira, Artur Azevedo, Coelho Neto, Guimarães Passos, Machado de Assis, Silvio Romero, Araripe Júnior, Lúcio de Mendonça... Embora saibamos que a lista de *O Debate* não esteja completa, aí faltam personagens, por opinião, como Artur de Miranda, Virgílio Várzea, Monteiro Lopes, advogado negro pernambucano de grande atuação na vida pública brasileira, propugnador do movimento abolicionista e republicano, que foi amigo do poeta, Hemetério do Santos, outro negro de destaque, gramático e professor, Aguiar Moreira, engenheiro e chefe do tráfego da Estrada de Ferro, Escragnolle Dória, Oscar Rosas, o senador catarinense Esteves Júnior, o capitão Barreto Pereira, que na época representava o setor de Instrução Pública, Lima Campos, escritor, Gustavo Santiago e Luis Edmundo, que se destacaria na literatura no início daquele século, além, é claro, dos vizinhos do poeta no Encantado. Todas essas pessoas foram à missa, mas não apareceram na relação divulgada pelo jornal.

Passados o enterro e a missa de sétimo dia, o choro dos amigos e da viúva, que entrara numa bárbara luta pela sobrevivência, abandonada e esquecida por quase todos, mantida apenas sob o mesquinho amparo do poder público, amargurando a ausência dolorosa do marido, seu grande e inesquecível amor, pai dos seus filhos, no plano familiar, e guardião da cultura e das letras, para a história do país. Despojos do poeta Cruz e Sousa até 2007 descansavam no cemitério São Francisco Xavier, no Caju[331]. No mausoléu que guardava os seus restos mortais repousava a sua desditosa mulher, Gavita, e o corpo do seu filho póstumo, também João da Cruz e Sousa. Não há registro de que os outros filhos do poeta, que morreram ainda crianças, também estejam enterrados no mesmo local, cujo terreno fora adquirdo pelo poeta Saturnino de Meirelles.

---

[331] No mês de novembro de 2007, o Governo de Santa Catarina trasladou os restou mortais do poeta para a terra natal, encontrando-se atualmente numa urna no antigo Palácio do Governo, que hoje leva o seu nome.

A carreira de vida dos descendentes de Cruz e Sousa foi muito trágica. O casal Cruz e Sousa teve quatro filhos, três em vida do poeta e um póstumo: Raul, nascido a 22 de fevereiro de 1894 e falecido a 22 de dezembro de 1901; Guilherme, nascido a 7 de outubro de 1895 (cuja data de falecimento é até agora ignorada); Reinaldo, nascido a 24 de julho de 1897 e falecido a 23 de maio de 1899; e, por último, João, nascido a 30 de agosto de 1898 e falecido em 15 de fevereiro de 1915. Pela ordem de nascimento, Raul (uma homenagem ao amigo Raul Hamann), que chegou a frequentar a escola primária, a requerimento de sua mãe, no Instituto Ferreira Vianna (hoje uma escola técnica ligada ao governo do Estado do Rio), no Maracanã, morreu com 8 anos de idade, de uma febre "renitente typhoidea"[332] quando morava com a avó Luiza Rosa. Segundo seu registro escolar, foi matriculado em 18 de maio de 1900, "Admitido a requerimento de sua mãe residente à rua Nova D. Leopoldo, nº 11", rua destruída na construção da Avenida Presidente Vargas, na década de 1940. Falecido a 22 de dezembro de 1901, sepultado na quadra da sepultura nº 1477 do Cemitério S. Francisco Xavier"[333]. Devemos fazer uma pequena correção no teor desse documento: Raul da Cruz e Sousa morreu no dia 21, não 22. O colégio confundiu-se com a data do registro de óbito.

Guilherme, nome em homenagem ao pai do poeta, faleceu entre 1902 e 1905. Não foram alcançados registros sobre o seu falecimento. Reinaldo faleceu aos dois anos incompletos também por decorrência da tuberculose. Segundo o diagnóstico do Dr. Francisco de Paula Souza Neves, a *causa mortis* foi "convulsões". Na ocasião do óbito, Reinaldo morava com a mãe na "rua de São Leopoldo, 11" e foi enterrado no Cemitério São Francisco Xavier.

De todos os filhos do poeta, João da Cruz e Sousa Filho foi o que mais sobreviveu. Neste particular, é oportuno abrir um parêntese a esse jovem rapaz, cuja vida passou por um verdadeiro calvário, salvo, entretanto, pela dedicação dos amigos do poeta, Nestor Vítor (que era seu padrinho), Gustavo Santiago, Saturnino de Meireles e Carlos D. Fernandes, e dos tutores Eurico Mancebo e Alexia Montei-

---

[332] Registro Civil da 11ª Pretoria do Engenho Velho/Rio de Janeiro; livro 60, folhas 141, de 22 de dezembro de 1901.

[333] Arquivo da Escola Estadual Ferreira Vianna. Nº de matricula 708, nº de ordem 161, Rio de Janeiro, maio de 1900.

ro de Azevedo Mancebo, filha do médico Dr. Monteiro de Azevedo. Gestado na fase da doença do pai (que veio a falecer antes de seu nascimento) e da mãe, que morreu também tuberculosa, João nasceu bastante debilitado, chegando a perder a visão de um dos olhos, que embora baldados os esforços do Dr. Chardinal, notável oculista da zona sul do Rio de Janeiro, a pedido de seus então tutores, não teve como ser salva[334].

Mesmo nestas condições, João cresceu, sob os cuidados de seus tutores, que lhe davam os carinhos maternais que não mais possuía, uma vez que a avó, Luiza Rosa, mãe de Gavita, também já havia falecido. João foi aluno também do Instituto Ferreira Vianna, onde entrou em 1905, graças à boa vontade do prefeito Edson Passos, que deferiu o pedido de matrícula formulado por Eurico Mancebo. João frequentou mais tarde o Internato do Colégio Pedro II (1912-1915), no Pavilhão do Campo de São Cristóvão, onde fez o curso regular de Humanidades, tendo como colegas de classe ou de instituição Affonso Várzea, filho do amigo do seu pai, o escritor Virgílio Várzea, além de algumas personalidades históricas que se destacaram no país, como Acir Paes, que foi embaixador do Brasil no Canadá, Manhães Barreto, deputado por São Paulo, Silvio Santa Rosa, coronel, também presidente do Automóvel Clube do Brasil e diretor do Estádio Municipal, de Caio, Virgílio, Cesário e Afrânio de Melo Franco, de Arquimedes Pires Botelho de Castro, almirante, e de Alberto Barcelos, coronel da Aeronáutica, entre outros.

Durante certo período morou em diversos endereços no Rio de Janeiro: rua Argentina, 18 (novembro de 1901); rua Nova de São Leopoldo (entre 1902 e 1903); rua do Rezende, 44 (1905, com a avó Luiza Rosa, cujo prédio ainda existe); rua 19 de Fevereiro, 153 (1912, com Alexia e Eurico Mancebo); rua do Catete, 130, 2º andar (com os tutores); e rua Real Grandeza, 126, casa 1, onde faleceu, aos 16 anos, de tuberculose, ainda na companhia dos tutores. Sua vida escolar é recheada de peripécias. Não chegou, no entanto, a ser um mau aluno. A doença não lhe abateu a esse ponto, mas sofreu bastante com o

---

[334] Descoberta a descendência de Cruz e Sousa. *A Noite*, 16 de novembro de 1952, p. 3. (A reportagem traz fotos da família do neto de Cruz e Sousa, do prédio da rua dos Arcos, nº 60, onde Cruz e Sousa noivou com Gavita e da casa do bairro de Realengo, onde ainda moram os descendentes de Silvio Cruz e Sousa).

preconceito. Com sete anos de idade, sob a égide da avó, Luiza Rosa, foi solicitado ao delegado de polícia da 8ª Circunscrição Urbana, em 9 de janeiro de 1905, que este "se digne autorizar ao respectivo inspetor-seccional" uma atestação para provar "o estado de pobreza em que vive". O documento foi redigido "a rogo da requerente" por Alfredo Ferreira Lopes. Em outra ocasião, devido a reações dos alunos do Colégio Pedro II, Eurico Mancebo foi obrigado a solicitar um atestado de saúde pública ao Dr. Alfredo de Mello e Alvim, para garantir que o menino estudasse, que era uma pérola. Prontamente redigido, o teor do documento é digno de conhecimento público: "Eu, abaixo assignado, Doutor em Medicina pela Faculdade do Rio de Janeiro, médico auxiliar da Diretoria Geral de Saúde Pública, etc, etc atesto que o menor João Cruz e Sousa, de 13 annos de idade e filho legtimo do Snr. João Cruz e Sousa, foi por mim vacinado há três annos e recentemente revacinado sem proveito. / Outrossim atesto que o referido menor não soffre de moléstia alguma transmissível. / O referido é verdade, pelo que firmo o presente. / Rio de Janeiro, 15 de fevereiro de 1912 / Dr. Alfredo de Mello e Alvim". A firma do médico precisou ser reconhecida, como atesta cópia em meus arquivos[335].

Antes de falecer, no entanto, conheceu a jovem Francelina Maria da Conceição, moça negra agregada de Alexia Mancebo (como Gavita no passado), com quem se uniu sob a proteção do lar dos seus tutores, nascendo dessa união Silvio da Cruz e Sousa, em 21 de janeiro de 1914[336], portanto ainda quando o pai, com 14 anos, era aluno do Internato Pedro II. O filho do poeta, de acordo com depoimentos colhidos com os familiares de Alexia e Eurico Mancebo, era um atleta nato e tinha predileção por futebol, e, à semelhança do pai, era amante da literatura, escrevia versos à moda repentista. Sílvio, com a morte prematura do pai, em 15 de fevereiro de 1915[337], e da mãe Francelina, por volta de 1917 (na Praça Onze, atropelada

---

[335] Estes e outros documentos relativos aos filhos de Cruz e Sousa foram copiados por mim em diversos arquivos do Rio de Janeiro. Relativo a João, uma série deles se encontram nos arquivos do Colégio Pedro II, Unidade de São Cristóvão.

[336] Incorreu em erro Raimundo Magalhães Júnior quando informou à página 360 do sua biografia do poeta que o filho "fulminado por uma hemoptise" deixara grávida a viúva.

[337] Os restos mortais de João da Cruz e Sousa, filho, foram trasladados para o mausoléu do pai, a pedido de Eurico Mancebo, a 6 de março de 1920.

por um automóvel, em dias de carnaval), passou a ser criado por Alexia e Eurico Mancebo, nas mesmas condições que o pai. Em 27 de novembro de 1952, Sílvio casou-se com Erci de Oliveira, tendo como fruto dessa união vários filhos. Esse foi o ano que o governador Irineu Bornhausen, de Santa Catarina, instituiu uma pensão aos descendentes do maior poeta já nascido naquele Estado[338].

As circunstâncias que envolvem a família de Cruz e Sousa, cuja existência sempre foi marcada pela pobreza, é assinalada pelo signo do sofrimento e da enfermidade. Gavita sofreu como o marido e precisou, como ele em vida, ser financeiramente amparada várias vezes por amigos que formaram durante os anos de convivência com o Poeta Negro. Dos amigos íntimos de Cruz e Sousa, apenas Nestor Vítor, Tibúrcio de Freitas, que foi professor de preparatórios do filho João, Gustavo Santiago e Saturnino de Meireles ajudaram de alguma forma a minorar o sofrimento da viúva e dos entes deixados pelo poeta catarinense.

Notícia publicada no jornal *O País*, no ano de 1901[339], revela um quadro entristecedor dessa mulher que chegou a trabalhar em oficina de costuras para sustentar os filhos pequenos.

> A digna viúva do malogrado e brilhante escritor Cruz e Sousa, reduzida à maior penúria, com a morte de seu ilustre companheiro, tem agora agravada a sua desventura pela tuberculose que a retém no leito. Em atenção a esse estado de inação forçada e ao relativo abandono em que os filhinhos de Cruz e Sousa se acham, sem o carinho materno, prodigalizado com o conforto material da alimentação, que também lhes falta, um dos mais dedicados amigos do morto, Saturnino de Meireles, procura, pelos meios a seu alcance, suavizar aquela desgraça. É tão seriamente grave o estado de incapacidade física da viúva Cruz e Sousa para procurar os meios de sua subsistência e de seus filhos, e nos merece tanto a memória do poeta, que aceitamos com prazer a incumbência de Saturnino de Meireles.

---

[338] Silvio da Cruz e Sousa, quando jovem, foi marinheiro incorporado à guarnição do Contra-topedero Mato Grosso, em Angra dos Reis. A *Noite Ilustrada*, na edição de 26 de março de 1936, p. 25, publica uma foto de Sílvio, numa alusão à memória do avô, no 38º aniversário de sua morte.

[339] Viúva Cruz e Sousa. *O País*, 23 de agosto de 1901, p. 2.

Saturnino de Meireles, que era também poeta, publicou com recursos próprios as *Evocações*, o livro de prosa póstumo do poeta simbolista, e o colocara à venda, no escritório de *O País*, ao preço de 5$ o volume. Era um homem de poucos recursos financeiros, mas de grande coração. Sua aproximação de Cruz e Sousa não tinha apenas um caráter estético: era mulato, como o pai, que era médico e de quem herdou o nome. Pertence à iniciativa dele a compra e a manutenção do túmulo e do mausoléu de Cruz e Sousa, no Cemitério São Francisco Xavier, cuja escritura registra a sua posse. Ainda sobre Gavita da Cruz e Sousa, que, ao falecer em 13 de setembro de 1901[340], morava na casinha da rua Argentina, nº 18, encontramos outra nota de *O País*, de 29 de agosto de 1901, sob o título *Viúva Cruz e Sousa*, cujo trecho julguei importante transcrever:

> Algumas amigas e antigas companheiras da viúva do poeta dos Faróis promoveram uma subscrição entre si, que apurou a quantia de 52$100. Desse dinheiro fez ontem entrega o Dr. Saturnino de Meireles à distinta viúva, em nome de quem agradece a tão distintas senhoras.

Esta é a história de uma tragédia humana. Pela falta absoluta de assistência, pode-se dizer que o que ocorreu, em suma, foi genocídio qualificado praticado em alto grau. Pois, então veja: entre 1888 e 1890, o irmão Norberto desaparece; em 1891, morre a mãe, Carolina; em 1896, o pai, Guilherme; 1898, o grande poeta Cruz e Sousa, vitimado pela tuberculose; no ano seguinte, 1899, seu filho Reinaldo, vitimado também pela tuberculose; em 1901, duas mortes praticamente conjuntas, ambas de tuberculose: Gavita, a 13 de setembro, e Raul, a 22 de dezembro; Guilherme, provavelmente tuberculoso (uma vez que não foi ainda encontrada a sua certidão de óbito), veio logo depois, entre 1902 e 1905; e, por último, João, em 1915, como os demais, morto em função da tuberculose. Nesse ínterim, o menino perdeu a avó Luiza Rosa, e dois anos depois de falecido, desapareceu a companheira Francelina. Em praticamente

---

[340] Registro Civil, 9ª Circunscrição, 5ª Zona, Freguesia de São Cristóvão. Certidão de Óbito, folhas 45, Livro C.36, sob nº 966, de 13 de setembro de 1901, atestado pelo médico Antônio F. de Almeida Mello, declarante Octávio Vaz da Motta.

duas décadas corridas, uma família desapareceu para o túmulo, deixando praticamente de existir. Hoje o que há da descendência do grande poeta, após a morte de Silvio, em 1955, está na ordem de bisnetos e tetranetos.

TARDIO RECONHECIMENTO

No seu livro póstumo *Últimos sonetos*, publicado em 1905, em Paris, por iniciativa de Nestor Vítor, que lá residiu[341], Cruz e Sousa fala, em *Visionários*, das suas desilusões dos que vagam pelo "Mistério soturno e palpitante":

> Armam batalhas pelo mundo adiante
> Os que vagam no mundo visionários,
> Abrindo as áureas portas de sacrários
> Do Mistério soturno e palpitante.
>
> O coração flameja a cada instante
> Com brilho estranho, com fervores vários,
> Sente a febre dos bons missionários
> Da ardente catequese fecundante.
>
> Os visionários vão buscar frescura
> De água celeste na cisterna pura
> Da Esperança por horas nebulosas...
>
> Buscam frescura, um novo encanto...
> E livres, belos através do pranto,
> Falam baixo com as almas misteriosas!

---

[341] Ao transferir-se para Paris, Nestor Vitor levou consigo vários originais de Cruz e Sousa, entre os quais os Últimos sonetos; levou também uma muda de roupa do poeta, que ficou pela Europa, segundo consta. Tinha em casa uma espécie de oratório, onde rezava diariamente e acendia vela pela alma do amigo.

Ou como em *Exortação*, em que ele expõe toda a sua dor e o seu sentimento de perda e impotência física e mental:

> Corpo crivado de sangrentas chagas,
> Que atravessas o mundo soluçando,
> Que as carnes vais ferindo e vais rasgando
> Do fundo d'Ilusões velhas e vagas.
>
> Grande isolado das terrestres plagas,
> Que vives as Esferas contemplando,
> Braços erguidos, olhos no ar, olhando,
> A etérea chama das Conquistas magas;
>
> Se é de silêncio e sombra passageira,
> De cinza, desengano e de poeira
> Este mundo feroz que te condena,
>
> Embora ansiosamente, amargamente
> Revela tudo o que a tu'alma sente,
> Para ela então poder ficar serena!

Tendo sido reconhecido em tese apenas depois de morto, o Poeta Negro, de alguma forma, fica bem preso ao que dele disse Azevedo Cruz, o campista poeta e advogado, ligado a Cruz e Sousa por afinidade intelectual e racial. Tocado pela morte do amigo, com quem se correspondia com frequência, de Campo dos Goytacazes, filiando-se à escola simbolista, publicou uma carta na imprensa do Rio de Janeiro por ocasião da morte do catarinense, que aqui vai literalmente: "Os meus parceiros no Brasil (esta expressão — parceiros — V. traduza por — negros — lembro isso porque sou mulato) estão inexoravelmente condenados ao extermínio. A monarquia legou à República cerca de cinco milhões de homens cegos, tortos, leprosos, senis, alquebrados, exaustos, analfabetos, sem honra, sem moral, inaptos para o trabalho, e é nesse esterquilínio que o Crime recruta aos seus agentes e a Miséria as suas vítimas".

O texto, divulgado na coluna de Artur Azevedo, da *Gazeta da Tarde*, ainda em março de 1898, recebeu a concordância do escritor e teatrólogo, que em 1888, a pedido de Oscar Rosas, foi dos primeiros a divulgar o Poeta Negro na imprensa da capital. Diz Artur: "Tem razão Azevedo Cruz — o preconceito de cor existe, infelizmente, no Brasil; uma conseqüência inevitável da escravidão. Basta dizer que nesta cidade há Ordens Terceiras, isto é, instituições religiosas de caridade cristã, que não admitem, nas suas respectivas irmandades, indivíduos que não sejam brancos — exceção feita, já se sabe, dos que forem ricos ou tenham elevada posição social. Cruz e Sousa, que era um pobre arquivista da Central do Brasil, não seria aceito como irmão... Mas Deus, sem dúvida menos rigoroso que os comendadores das Ordens Terceiras, recebe-lo-á bondosamente, misericordiosamente, como a um poeta que amou, sofreu, cantou e morreu ao entrar na idade em que, por bem dizer, começa a vida do artista".

Este era o peso que carregaria como uma marca de seu destino. Os jornais continuaram a dar notícias sobre a morte de Cruz e Sousa, com destaque para a sua produção literária. Vejam só, não era mais necessário cumprir os périplos junto às redações para que os escritos do bardo negro fossem publicados. A morte, de certa forma, o cristalizara. Na *Cidade do Rio*, onde as diferenças com José do Patrocínio erguiam todas as barreiras da convivência, as portas estavam abertas para uma homenagem póstuma ao grande poeta, apelidado de Dante Negro. Tomara a iniciativa, com Oscar Rosas e Carlos D. Fernandes, de procurar o presidente Prudente de Morais para que o governo viesse a amparar a família. Em 9 de julho de 1898, o Estado lhe concede o Título de Pensão nº 1698 e "reconhece o direito de D. Gavita da Cruz e Sousa, por um filho de vida uterina do contribuinte João da Cruz e Sousa, arquivista da 5ª Divisão da Estrada de Ferro Central do Brasil, falecido a 19 de março de 1898, a pensão anual de setenta e cinto mil-réis (75.000) que lhe será paga no Tesouro Federal ou na Delegacia de Fazenda do Estado para onde transferir a sua residência, mediante guia passado na forma do art. 38 do Decreto nº 942-A de 31 de outubro de 1890"[342]. Entre os amigos, a movimentação é grande. O propósito é publicar-lhe a obra póstuma, em poder de Nestor Vítor. A este o poeta dedicou muitas poesias e alguns sonetos, como os de *Pactos de almas*, dos *Últimos sonetos*, de 12 de outubro de 1897, que foram escritos e dedicados

---

[342] Documento em meu arquivo.

"por devotamento e admiração" ao amigo de todas as horas. Eis, pois, os sonetos:

I
Para sempre

Ah! para sempre! para sempre! Agora
Não nos separaremos nem um dia...
Nunca mais, nunca mais, nesta harmonia
Das nossas almas de divina aurora.

A voz do céu pode vibrar sonora
Ou do Inferno a sinistra sinfonia,
Que num fundo de astral melancolia
Minh'alma com a tu'alma goza e chora.

Para sempre está feito o augusto pacto!
Cegos serenos do celeste tato,
Do Sonho envoltos na estrelada rede,

E perdidas, perdidas no Infinito
As nossas almas, no Clarão bendito,
Hão de enfim saciar toda esta sede...

II
Longe de tudo

É livre, livre desta vã matéria,
Longe, nos claros astros peregrinos
Que havemos de encontrar os dons divinos
E a grande paz, a grande paz sidérea.

Cá nessa humana e trágica miséria,
Nestes surdos abismos assassinos
Teremos de colher de atros destinos
A flor apodrecida e deletéria.

O baixo mundo que troveja e brama
Só nos mostra a caveira e só a lama,
Ah! só a lama e movimentos lassos...

Mas as almas irmãs, almas perfeitas,
Hão de trocar, nas Regiões eleitas,
Largos, profundos, imortais abraços!

III
Alma das almas

Alma das almas, minha irmã gloriosa,
Divina irradiação do Sentimento,
Quando estarás no azul Deslumbramento,
Perto de mim, na grande Paz radiosa?!

Tu que és a lua da Mansão de rosa
Da Graça e do supremo Encantamento,
O círio astral do augusto Pensamento
Velando eternamente a Fé chorosa;

Alma das almas, meu consolo amigo,
Seio celeste, sacrossanto abrigo,
Serena e constelada imensidade;

Entre os teus beijos de etereal carícia,
Sorrindo e soluçando de delícia,
Quando te abraçarei na Eternidade?!

Estes sonetos foram publicados pela *Gazeta da Tarde*, em 22 de março de 1898, por intermédio de Nestor Vítor. Pressentindo a morte, que julgava próxima, Cruz e Sousa, que via no compadre o seu maior "consolo amigo", escrevera estas composições como se fosse uma despedida, um adeus. Enquanto isso, na imprensa crescia a onda de citações, artigos e referências de todos os cantos, em todos os estilos. Mesmo um poeta medíocre, como Guimarães Passos, sob a pele de Fortúnio, talvez influenciado por Patrocínio, pois que jamais se aproximara do Poeta Negro, dedicou-lhe, pela *Gazeta de Notícias*, algumas linhas lamentosas: "Morreu anteontem Cruz e Sousa. Nossa literatura não é tão rica que não chore com verdadeira dor este homem, cujo nome a honrou como os que mais a honraram. Modesto, freqüentando pouco as rodas literárias, era Cruz e Sousa, entretanto, um trabalhador infatigável, cujo defeito para o cronista era a tortura da forma, que desmancha por completo a espontaneidade que deve ter toda a obra de arte. Deixou dois livros, *Missal* e *Broquéis*, e creio que alguns filhos. Não será mau que livros e filhos, todos irmãos, sejam amparados pelo favor público, homenagem justa a quem isto mereceu".

Os jornais divulgavam todos os dias poemas ou textos em prosa. A *Revista Ilustrada* divulgou o então inédito *Um ser*, publicado na edição do mês de abril:

> Um ser na placidez da luz habita,
> Entre os mistérios inefáveis mora.
> Sente florir nas lágrimas que chora
> A alma serena, celestial, bendita.
>
> Um ser pertence à música infinita
> Das Esferas, pertence à luz sonora
> Das estrelas do Azul, hora por hora
> Na Natureza virginal palpita.
>
> Um ser desdenha das fatais poeiras,
> Dos miseráveis ouropéis mundanos
> E de todas as frívolas cegueiras...
>
> Ele passa, atravessa entre os humanos,
> Como a vida das vidas forasteiras,
> Fecundadas nos próprios desenganos.

Por acaso este soneto assemelha-se a um outro, intitulado *Sorriso interior*, também muitíssimo bonito:

O ser que é ser e que jamais vacila
Nas guerras imortais entra sem susto,
Leva consigo esse brasão augusto
Do grande amor, da nobre fé tranqüila.

Os abismos carnais da triste argila
Ele os vence sem ânsias e sem custo...
Fica sereno, num sorriso justo,
Enquanto tudo em derredor oscila.

Ondas interiores de grandeza
Dão-lhe essa glória em frente à Natureza,
Esse esplendor, todo esse largo eflúvio...

O ser que é ser transforma tudo em flores...
E para ironizar as próprias dores
Canta por entre as águas do Dilúvio!

A *Cidade do Rio*, desde os primeiros dias da morte de Cruz e Sousa, tinha em Carlos D. Fernandes o responsável pela edição de um caderno todo em homenagem ao poeta. Os dias se passavam e nada. O escritor paraibano alegava que não chegavam as produções de outras regiões, que então encomendara. Plenamente envolvido em todo esse processo, José do Patrocínio — que era difícil ser demovido de uma ideia — aperta D. Fernandes, fazendo com que este então se mova. O resultado é que no dia 20 de abril de 1898, um mês após o enterro de Cruz e Sousa, o jornal do tribuno negro publicava uma polianteia contendo artigos e poesias alusivas ao Poeta Negro. Entre os colaboradores de última hora, Silveira Neto, Orlando Teixeira, Batista Cepelos, Artur de Miranda, e, é claro, Carlos D. Fernandes e Nestor Vítor. Poucas coisas expressivas foram faladas pelos autores. Silveira Neto, natural do Paraná, foi o que menos conviveu com o poeta na intimidade. Em seu artigo, destaca "a paixão do Branco e do Imponderável"; já Nestor Vítor divulga seu longo poema elegíaco dedicado ao amigo morto, que reproduzimos uma das quadras. O destaque a ser dado é ao artigo de Carlos D. Fernandes, que possuía uma veia memorialista forte, embora muitas vezes exagerada, como ocorrera, por diversas vezes, na construção do "romance" *Fretana*, por isso, talvez, chamado de "romance". Em seu artigo, publicado em duas colunas, ocupando de alto a baixo a página, começa assim:

> Em toda a história trágica e dolorosa dos maravilhosos artistas que têm vindo ao mundo, como estranhos e luminosos astros, cujo clarão inefável se derrama pela imensidade dos séculos, vencendo a obstinação, destruidora do tempo e chegando à posteridade na perfeição completa do seu brilho original, o deslumbrado poeta dos *Broquéis* é, sem dúvida, o mais estranho fenômeno que a Natureza gerou nas suas profundas e fecundas entranhas, mandando-o caprichosamente à face da terra, como um simbólico mistério, que escape a todas as leis e estultas prescrições do desarrazoado saber humano.

Em outro tópico do artigo, diz o escritor, sempre pontuando o seu período de convivência com o poeta para elaborar a argumentação que sustentava o seu modo de pensar lombrosiano com essa tirada de "raça maldita", bastante infeliz:

> É verdade que o poeta é a primeira revelação altamente intelectual dessa raça maldita, que vive na eterna desolação dos areais vergastados do simum numa amarga expiação do primeiro homicídio que ensangüentou o solo florido do Paraíso Terrestre. Há em seu temperamento uma ânsia aflitiva de Moisés desolado, batendo com pedras no peito, atravessando matagais espinhosos, dilacerando a carne em infinitas ramagens, e pedindo e clamando, com um verbo ensangüentado e rouco a alvorada da piedade celeste para um poço inteiro, que o sol comburente flagela, como um verdugo inexorável da cólera divina.

Mais para o fim de sua narrativa, Carlos D. Fernandes mantém o tom confessional que marca sempre os seus textos:

Cruz e Sousa não tinha meios sentimentos, e era por isso que o seu ódio e o seu afeto eram profundos como o seio insondável dos abismos. Jamais, alguém que não fosse puramente intelectual penetrou no templo augusto do seu afeto. Ele não foi um isolado porque o abandonassem; ao contrário, o carinho geral dos grandes medíocres rojava-se-lhe aos pés, numa ânsia cariciosa de ondas aflitas, lambendo o dorso escarpado de um rochedo resistente.

Enquanto isso, a imprensa continuava a divulgar-lhe os poemas. *O País* publicou o soneto *Assim seja!* e também um longo artigo de fundo sobre as agruras enfrentadas pelo poeta às voltas com o preconceito racial (no mesmo jornal onde ele recebeu a assestada mais pesada de todas).

Fecha os olhos e morre calmamente!
Morre sereno do Dever cumprido!
Nem o mais leve, nem um só gemido
Traia, sequer, o teu Sentir latente.

Morre com a alma leal, clarividente
Da Crença errando no Vergel florido
E o Pensamento pelos céus, brandido
Como um gládio soberbo e refulgente.

Vai abrindo sacrário por sacrário
Do teu Sonho no templo imaginário,
Na hora glacial da negra Morte imensa...

Morre com o seu Dever! Na alta confiança
De quem triunfou e sabe que descansa,
Desdenhando de toda a Recompensa!

Passa a ocorrer o fenômeno da multiplicidade dos textos em homenagem ao poeta, publicados de canto a canto, inserto em obras literárias, cadernos de poesia, em jornais e revistas. São jovens, em geral, que beberam da sua fonte. Uma das primeiras manifestações foi do poeta mineiro Alphonsus de Guimaraens, o mesmo que esteve no Rio, em 1895, fazendo-lhe uma visita de cordialidade. Admirador confesso do poeta de *Faróis*, o mineiro foi dos que mais se comoveram com a morte de Cruz e Sousa. O autor de *Septenário das Dores de Nossa Senhora* e *Câmara Ardente*, publicado, em tese em 1899, dispensou diversas homenagens a Cruz e Sousa, a quem chamava de Cisne Negro. Saiu da pena dele um dos belos textos em louvor ao grande morto. É o soneto *Poetas exilados*, publicado no jornal *Comércio de São Paulo*, de 22 de maio de 1898, portanto, dois meses após a morte do poeta catarinense:

> No mosteiro, de velha arquitetura, de era
> Remota, vão chegando os poetas exilados.
> A porta principal é engrinaldada em hera...
> Os sinos dobram nos torreões, abandonados.
>
> Uns são bem velhos e há moços na primavera
> Da idade humana. Alguns choram mortos noivados.
> Sem esperança, cada um deles tudo espera...
> Outros muitos têm o ar de monges maus, transviados.
>
> E ninguém fala. O sonho é mudo: e sonham, quando
> Ei-los todos de pé, extáticos, olhando
> A branca aparição de hierático painel.
>
> Chegaste, enfim, magoado Eleito! Olham. Vermelhos
> Tons de poente num fundo azul... Dobram-se os joelhos:
> É Cruz e Sousa aos pés do arcanjo São Gabriel.

Depois desse soneto, outras vezes Alphonsus de Guimaraens se manifestaria a favor da memória do seu amigo. Numa edição de *Conceição do Serro*, de 1904, escrevia, apresentando o soneto *Sorriso interior*: "O belo soneto que hoje publicamos foi o último que Cruz e Sousa, o extraordinário poeta, o magnífico Cisne Negro, fez já em vésperas da Morte. Foi o derradeiro canto do saudoso e imortal cantor brasileiro. Publicou-o *O Debate*, do Rio, um dia após seu falecimento". Em outra oportunidade, na crônica *Pudor, pudonor*, reproduzida no livro *Mendigos*, de 1920, tinha essa passagem: "Basta que de estância em estância apareça um Baudelaire, resplandeça um Verlaine, um Antero ou um Luiz Delfino, um Antônio Nobre ou Cruz e Sousa, para que ela [a poesia] de novo cintile com a sua luz astral de estrela perene". Ou esta quadrinha:

> Ao encontrar esta lousa
> Abandonada no val,
> Eu pensei em Cruz e Sousa,
> Mais Antero de Quental.

Muitos outros autores escreveram sobre o poeta. Até o expresidente Gama Rosa, em artigo publicado quando redator do jornal *Folha do Dia* e reproduzido em *Sociologia e Estética*, sobre o antigo colaborador: "Eis personalidade literária que, por exuberância de talento, conseguiu prevalecer, não obstante graves deficiências. Em meio da nossa medíocre poesia, os sonetos de Cruz e Sousa encerram elevação e brilho francamente destacantes. Tudo se poderá dizer em desvantagem do verso e, principalmente, da prosa do escritor catarinense, menos que encerram aspectos vulgares distinguindo-se antes por exaltadas manifestações artísticas. Numerosos sonetos, dos *Broquéis* e *Últimos sonetos*, são produções sem equivalência na nossa enfezada poesia nacional". Gama Rosa faz muitas restrições ao Poeta Negro, não lhe reconhece o mérito, enfim. No Sul, surge Dario Vellozo, simbolista desse influxo nascido da corrente fluminense. Ao catarinense, o poeta curitibano dedicou o soneto *Cruz e Sousa*, escrito no dia 31 de março de 1898, e com dedicatória a Leôncio Correia.

Cruz e Sousa
(19/3/1898)

Passa no Azul, cantando, uma trirreme de ouro...
Velas pandas... No Azul... Que levita inspirado
Reza o ebúrneo *Missal*, de um requinte ignorado,
Entre astros monacais e iatagãs de mouro?!...

Rutilam brocatéis de púrpura e de prata...
Fulgem *Broquéis*, à popa... A trirreme estremece...
Ísis! — quem te acompanha a estranha serenata
E para o Além da Morte entre os teus braços desce?!...

> A Morte é a eternidade, é um poente de Outono...
> Mago! — tu vais dormir o glorioso sono
> Entre *Broquéis* de ônix, e iatagãs de mouro...
>
> Vais dormir!... Vais sonhar!... (Nobre e celeste oblata!)
> Segue no Azul, cantando, uma trirreme de ouro...
> Rutilam brocatéis de púrpura e de prata.

Tibúrcio de Freitas, o doloroso amigo do Poeta Negro, não aguentou o impacto de sua morte. Carlos Dias Fernandes narra o estado em que, após a tragédia, encontrava-o: "Tibúrcio ficou taciturno por vários dias, como se procurasse neste lapso de tempo um novo rumo para o seu destino. Quando menos se esperou, o decifrador de Corbière, o exegeta de Rimbaud, desapareceu no Rio, sem que se soubesse o seu paradeiro"[343]. Foi parar em Santa Catarina, onde fundou um jornal, de nome *Novidades*. Sobre o amigo morto, escreveu Tibúrcio de Freitas, em *Progresso*, de Itajaí: "Se escritos tivessem ido na língua em que falou o anjo terreno de *Les Illuminations*, seus versos dos *Broquéis* já teriam feito pousar a cabeça, num augusto quebranto de cisma, aos intelectuais dessa Europa toda — cristã e muçulmana. Poeta de uma sensibilidade de Místico, ele foi para a alma um Cristóvão Colombo que abriu portas e portas aos mares e continentes do Sonho".

O citado Carlos Dias Fernandes foi outro poeta que nadou nas ondas proporcionadas por Cruz e Sousa. Outro que viu o poeta morto e escreveu grande volume de documentos sobre ele, sobretudo o "romance" *Fretana*, a quem, num longo poema, rotulava de "anjo Lusbel em ônix modelado". Um soneto seu, *Ante o cadáver de Cruz e Sousa*, inserto no estranho volume de versos *Vanitas vanitatum* (Belém, 1906), é emblemático por essas razões:

> Ah! que eterno poder maravilhoso
> Era esse que o corpo te animava,
> E que a tu'alma límpida vibrava
> Como um plangente carrilhão mavioso?...
>
> Que sol ardente, que fecunda lava,
> Que secreto clarão, mago e radioso,

---
[343] *Fretana*, 1936, p. 135.

Dentro em teu ser, como um vulcão raivoso,
Eternamente em convulsões estuava?...

Que anjos celestes, cândidos e graves
Faziam do teu ser floridas naves,
Cheias de augustos cânticos eternos?...

Que mão foi essa, lívida e gelada,
Que sufocou tu'alma, acrisolada
Na tortura de todos os infernos?!...

O jovem Antônio Austregésilo, que mais tarde pertenceria à Academia Brasileira de Letras, de onde o Poeta Negro foi maliciosamente rejeitado, escreveu no *Jornal do Commercio*, de outubro de 1948: "Conheci pessoalmente o Brilhante Negro que irradiava em torno de nós a luz do Simbolismo. Delgado, tímido, retraído, ocultando o orgulho interior, de olhos vivazes, expressivos e sonhadores, discorria como mestre entre discípulos, à luz formosa da inteligência, a acentuar o valor estético da nova arte que nos seduzia o coração e o pensamento. Os gestos eram-lhe comedidos, as palavras de tonalidade baixa, as sentenças curtas, cristalinas: fala como um profeta, a sensibilizar a alma da juventude que o cercava. O Simbolismo arrogantemente espalhava-se pelos jovens brasileiros". Mais adiante: "Sangue de puro líbio, sem miscigenação étnica, aqui apareceu como um príncipe a reclamar um trono". Pereira da Silva, outro genial bardo de nossa poesia, no seu livro *Senhora da Melancolia*, inseriu esta *Evocação a Cruz e Sousa*, também bela e sincera:

Alma estrelada, coração de artista,
Tão forte que ainda o julgo vivo agora;
Vibrátil e vibrante sinfonista,
De palavras de música sonora;

Estro cujo eloqüente ardor decora
Tanto o que exalta como o que contrista;
Boca revel, como a de um João Batista,
Conclamando belezas a toda hora;

Intérprete das últimas ternuras
E ânsias do sangue e ardor das almas puras
Como o cheiro das seivas virginais;

Vimos dizer à terra em que repousa
Teu corpo, que teu gênio Cruz e Sousa,
Vive florindo em nós cada vez mais!

O incomparável Saturnino de Meireles, como um discípulo amado, dedicou-se de corpo e alma a divulgar a memória do grande Cruz e Sousa. "Com o pouco que percebia — informa Andrade Muricy, no *Panorama do Movimento Simbolista Brasileiro*, página 705 — 200$000 fez muito. Dessa pequena quantia retirava mensalmente 50$000 para Cruz e Sousa". A este, depois de morto, custeou a publicação das *Evocações*, adquiriu e mandou erigir o mausoléu da quadra do Cemitério do Caju, protegeu com dinheiro e assistência pessoal a família do malogrado cantor dos *Últimos sonetos*. Ao publicar seu único livro de versos, *Astros mortos*, em 1903, fez esta dedicatória: "Ao grande mestre e divino amigo Cruz e Sousa e aos seus discípulos diletos: Maurício Jubim, Tibúrcio de Freitas e Carlos D. Fernandes, todo o meu insondável afeto e toda a minha admiração". Um dos seus sonetos, de *Astros mortos*, que dera o nome de *Eterno guia*, tem, como quase o livro todo, o perfume e a respiração do vate negro extraordinário:

Da vida nas obscuras escaladas
És o meu guia e companheiro amigo;
Andamos juntos pelas vãs estradas
Como exilados do celeste abrigo.

Como a alma de outras almas desoladas
Vamos andando livres do perigo,
Envolvidos nas dobras estreladas
Da eterna noite do imortal castigo,

Vamos com sede de galgar distâncias
Acorrentados pelas mesmas ânsias,
Desafiando sem temor a Morte.

> Até que enfim então já esquecidos,
> No mundo como dous faróis perdidos,
> Apanharemos o sagrado norte.

E que dizer do achado do Rei de Pasárgada, Manuel Bandeira, naquela velha *Revista Sousa Cruz* (pensa-se ainda na empresa de cigarros), efemeramente preso sob as garras simbolistas. Por ali, junto a Castro Meneses, Félix Pacheco e outros, deixou algumas poesias suas, talvez inéditas em livro. Como esse *Crocris*[344], dedicado a Castro Meneses, espécie de propaganda-lírica, com data de realização de 21 de junho de 1917:

> No gabinete austero, onde há
> A paz profunda de uma cela,
> O poeta Álvaro de Sá
> Lê sossegado absorto nela.
>
> E do cigarro que lhe está
> À boca, o fumo se enovela.
> Doura-se leve a luz que dá
> O pôr-do-sol pela janela.
>
> Fora, em delírio de ambição,
> Querendo cousa sobre cousa,
> Palpita a humana agitação!
>
> Mas isto ao poeta não seduz,
> Que lê tranqüilo Cruz e Sousa,
> Fumando em sonho Souza Cruz...

Já o gaúcho Alceu Wamosy, de fecundo desempenho, assim festejou o poeta em diversas oportunidades no poema *Cruz e Sousa*, publicado na revista *Fon-Fon*, no soneto *Rebeldia suprema*, e, finalmente, no livro de versos *Terra virgem*, em que diz: "À memória augusta de Cruz e Sousa, que foi o mais extraordinário temperamento

---
[344] *Revista Souza Cruz*, Ano II, nº 10, agosto, 1917.

artístico finissecular na América". O texto do poema *Cruz e Sousa*, segundo nos informa Rodrigues Till, foi escrito numa página em branco de um volume dos *Broquéis*[345]:

> Negro sublime, Glória de uma Raça,
> Peregrino rapsodo dos Faróis!
> Pelo teu verso cintilante, passa
> Uma esquisita luz de estranhos sóis!
>
> Se o teu peã hierático levantas,
> Para a beleza celebrar, solene,
> A lira de ouro em que teus versos cantas,
> É a mesma que cantou Verlaine!
>
> Sacerdote genial da Liturgia
> Do grande Sonho, límpido e legítimo!
> Rouxinol dos países da Harmonia!
> Feiticeiro do Som! Mago do Ritmo!
>
> Quando a cascata de tuas rimas desce,
> Numa divina radiação de flama,
> O firmamento todo se estremece,
> E um chuveiro de estrelas se derrama!

Do Sul vamos encontrar uma preciosidade em forma de versos, um testemunho e uma dedicação que ainda se mantêm perenes, batalhando em mandar construir hermas em praças públicas, em discursar no Parlamento, em defender as ideias da antiga militância nos jornais simbolistas — Oscar Rosas é o fautor dessas ideias, sempre com o arrojo da sua petulância e do seu modo extravagante de ser, como o foi, a vida toda. É dele esta página sensível em que pairam a doce saudade e a recordação de uma amizade muito dolorosa, escrita da chácara de Praia Comprida, no dia 3 de abril de 1923, mesmo dia em que saiu no jornal *República*, de Florianópolis, e por lá ficou esquecido, como toda a obra desse precursor do Sim-

---

[345] TILL (1998, p. 23).

bolismo; precursor, afinal, por ter faltado aquele que lhe organizasse a produção dispersa, para alçá-lo ao pedestal[346].

Adeus
A Cruz e Sousa

Poeta, não foste o mísero vencido
Que a turba suspeitou por mal julgar,
Tu foste um rebelado convencido
Revolto e coeso, como o próprio mar.

O fel do belfurinha maldizente
Nunca pode ofuscar os teus Faróis,
Tu foste a toda angústia indiferente
E um Buda da Arte para todos nós.

Sacerdote do Verso e do Mistério,
Domaste as trevas e venceste a dor,
Tu foste sempre esse pastor etéreo,
O grande mago da ilusão do Amor.

As mágoas, que cruzaram teu caminho,
Tu sempre as recalcaste varonil;
E a tempestade que queimou teu ninho
Pôs-te à musa sonatas de arrabil.

O orgulho, sim, o orgulho da estesia
No teu peito de bronze se aninhou;
Cristalizou-se a tua letargia
Nas éclogas que a Fama te espalhou.

Hoje, na Pátria, geração bendita
Ergue-se um monumento escultural,
Onde tua cabeça inda palpita,
Cheia do ilusionismo do Missal.

---

[346] Sobre este assunto *Oscar Rosas e sua época*, biografia inédita, do autor.

> Eu venho, em nome da união sagrada,
> Da boemia que passou, dizer-te adeus!
> Mas toda aquela nossa mascarada
> Concretizou-se e consagrou-te Zeus.

No jornal *República*, à época que editava essa folha, não se cansava de divulgar a produção do amigo. Como deputado, à Assembleia Legislativa do Estado, ao tempo do Governo Hercílio Luz, se pronunciava na *Tribuna*, indignado contra o preconceito. As iniciativas foram enormes. No seu jornal, vários textos foram difundidos, em geral republicações. Assim aconteceu com o soneto *Piedade*, de *Últimos sonetos*, que o jornal editou no dia 13 de maio de 1917, data da assinatura da Lei da Abolição da Escravatura. A poesia vinha acompanhada da foto do autor. Da mesma forma acontecia a cada ano. No 13 de maio de 1920, data que marcou o evento, inaugurava-se "um retrato de Cruz e Sousa". Em outra edição, saiu o texto *Incensos*. Rica de informações sobre o Poeta Negro, graças a essas investigações localizamos e exumamos daquelas páginas um soneto desconhecido e inédito em livro de Cruz e Sousa. Trata-se do soneto *Nova realeza*[347], em meio também a muitas produções, sobretudo jornalísticas, de Oscar Rosas, seu principal editor. Em *Nova realeza* vemos a capacidade que tinha Cruz e Sousa de diversificar-se pelos temas. Sem uma data segura de sua realização, é impossível dizer quando foi escrito, mas, pela construção, data dos anos 1880, na sua fase de Desterro, talvez de transição. Eis, pois, *Nova realeza*:

> A extraordinária força, a nova realeza
> Que impõe-se como a lei e ensina como a escola,
> Que como mãe vibra a larga mola
> Desse órgão gerador da livre natureza;
>
> Que sabe castigar os frutos do pecado,
> Do Olimpo desabando os deuses mentirosos,
> Argumentando a luz com fatos poderosos,
> Com o doce clarão de um sol imaculado.

---

[347] *República*, 13 de maio de 1920, com retrato do autor.

Que dá para a nobreza as lágrimas sonoras
E cobre-lhe a nudez térmicas auroras,
De crenças e de amor, de fé, de piedade;

Que apronta agora mesmo a mina dos assombros
Assim como que leva o mundo sobre os ombros,
Já vem desde Jesus, chama-se Liberdade!

No Rio de Janeiro, desde a Corte, enquanto, na França, Verlaine, desde 1884, divulgava seu *Les poêtes mautits* (Os poetas malditos), aqueles mestres da estética nova: Rimbaud, Tristan Corbière e Mallarmé, na publicação ainda daquele ano do *Judis et nagere* (Outrora e agora), contendo sua "Arte poética", Oscar Rosas martelava pela imprensa sua ladainha colorida. Na França, contou o Simbolismo, desde logo e mais tarde, em suas hostes, com Stéphane Mallarmé, considerado, por lá, o patriarca da escola, Arthur Rimbaud, o seu iniciador, Jean Moréas, o seu "portal-standarte", Villiers de L'Isle Adam, Paul Verlaine, Charles Baudelaire, Albert Samain, Jules Leforgue, René Ghil, Stuart Mérril, Henri de Régmier, Paul Claudel, Francis Jammes, Paul Valéry, Remy de Gourmont, Paul Frot... e muitos outros. Por aqui, Cruz e Sousa, Emiliano Perneta, B. Lopes, Virgílio Várzea, Artur Miranda, Álvares de Azevedo Sobrinho, Lima Campos, Gonzaga Duque, etc., etc. Sem nada a dever, e até desdenhando dos mestres europeus!

O DANTE NEGRO

É esse desdenhar que marca não só os versos do poeta, mas também a sua prosa. A *Cidade do Rio*, assim como vários outros jornais, convocam a população para adquirir os cartões que darão direito aos exemplares de *Evocações*, pronto para ser impresso. É um livro denso, forte, dramático, bastante autobiográfico. Nele estão registrados os dois últimos anos do poeta e de sua família. É uma vida fundamentalmente desgraçada, infernal, dantesca, para usar uma expressão que irá marcar, como um epíteto, a trajetória do Poeta Negro pela vida afora. A loucura de Gavita, a doença dos filhos e o avanço da tuberculose em seu organismo. Pouco estudado até hoje, *Evocações*, ao contrário da prosa poemática de *Missal*, que é, sem dúvida, uma ótima evolução dos *Tropos e fantasias*, é uma exacerbação do poeta, em que é fácil perceber suas mágoas, suas zangas, suas desilusões. E, ao avistar a morte, tão sinistra e inevitável, tão pavorosa, Cruz e Sousa fez de *Evocações* o mensageiro de suas mensagens, dos seus recados, dos seus xingamentos e indignações. Um dos textos que chama a atenção pela sua contundência, pela veemência e sinceridade, é *Emparedado*. Não que venha a ser um texto brilhante — está eivado de mágoa e dor. O poeta Cruz e Sousa o escreveu, como parece, como se estivesse preso a um transe, numa corrida de 100 metros, na qual, ao final, sem fôlego, era obrigado a parar para depor sobre o seu desempenho. *Emparedado* é essa exacerbação, é essa grita louca e desesperada para quem não aguenta mais a opressão do sistema. Como um negro, como um excluído do jogo político e das igrejinhas literárias, o poeta é todo autenticidade ao expor no papel a forma pela qual pensa e encara o mundo que o envolve. Preso a essa tragédia, encarcerado como alguém que está no degredo, Cruz e Sousa grita, com todas as forças dos seus pulmões:

> De que subterrâneos viera eu já, de que torvos caminhos, trôpegos de cansaço, as pernas bambaleantes, com a fadiga de um século, recalcando nos tremendos e majestosos Infernos do Orgulho o coração lacerado, ouvindo sempre por toda a parte exclamarem as vãs e vagas bocas: Esperar! Esperar! Esperar! Por que estradas caminhei, monge hirto das desilusões, conhecendo os gelos e os fundamentos da Dor, dessa Dor estranha, formidável, terrível, que canta e chora Réquiem nas árvores, nos mares, nos ventos, nas tempestades, só e taciturnamente ouvindo: Esperar! Esperar! Esperar!

Aprofundando nas buscas de si para si, como naquele seu *Espelho contra espelho*, o poeta manifesta-se inquietante:

> Eu trazia, como cadáveres que me andassem funambulescamente amarrados às costas, num inquietante e interminável apodrecimento, todos os empirismos preconceituosos e não sei quanta camada morta, quanta raça d'África curiosa e desolada que a Fisiologia nulificara para sempre com o riso haeckeliano e papal. Surgido de bárbaros, tinha de domar outros mais bárbaros ainda cujas plumagens de aborígine alacremente flutuavam através dos estilos. Era mister romper o Espaço toldado de brumas, rasgar as espessuras, as densas argumentações e saberes, desdenhar os juízos altos, por decreto e por lei, e, enfim, surgir...

> As civilizações, as raças, os povos digladiam-se e morrem minados pela fatal degenerência do sangue, despedaçados, aniquilados no pavoroso túnel da Vida, sentindo o horror sufocante das supremas asfixias.

Chegando mais para o final dessa prosa degenerada e forte, arrebatadora e pessoal, Cruz e Sousa clama:

> Eu não pertenço à velha árvore genealógica das intelectualidades medidas, dos produtos anêmicos dos meios lutulentos espécies

exóticas de altas e curiosas girafas verdes e spleenéticas de algum maravilhoso e babilônico jardim de lendas... Num impulso sonâmbulo para fora do círculo sistemático das Fórmulas preestabelecidas, deixei-me pairar, em espiral essência, em brilhos intangíveis, através dos nevados, gelados e peregrinos caminhos da Via-Láctea... E é por isso que eu ouço, no adormecimento de certas horas, nas moles quebrarias de vagos torpores enervantes, na bruma crepuscular de certas melancolias, na contemplatividade mental de certos poentes agonizantes, uma voz ignota, que parece vir do fundo da Imaginação ou do fundo mucilaginoso do Mar ou dos mistérios da Noite — talvez acordes da grande Lira noturna do Inferno e das harpas remotas de velhos céus esquecidos, murmurar-me:

Tu és dos de Cam, maldito, réprobo, anatematizado! Falas em Abstrações, em Formas, em Espiritualidades, em Requintes, em Sonhos! Como se tu fosses das raças de ouro e da aurora, se viesses dos arianos, depurado por todas as civilizações, célula por célula, tecido por tecido, cristalizado o teu ser num verdadeiro cadinho de idéias, de sentimentos — direito, perfeito, das perfeições oficiais dos meios convecionalmente ilustres! Como se viesses do Oriente, rei!, sem galeras, dentre opulências, ou tivesses a aventura magna de ficar perdido em Tebas, desoladamente cismando através de ruínas; ou a iriada, peregrina e fidalga fantasia dos Medievos, ou a lenda colorida e bizarra por haveres adormecido e sonhando, sob o ritmo claro dos Astros, junto às priscas margens venerandas do Mar Vermelho!

Artista! pode lá isso ser se tu és d'África, tórrida e bárbara, devorada insaciavelmente pelo deserto, tumultuando de matas bravias, arrastada sangrando no lodo das Civilizações despóticas, torvamente amamentada com o leite amargo e venenoso da Angústia! A África arrebatada nos ciclones torvelinhantes das Impiedades supremas, das Blasfêmias absolutas, gemendo, rugindo, bramando no caos feroz, hórrido, das profundas selvas brutas, a sua formidável Dilaceração humana! A África laocôntica, alma de trevas e de chamas, fecundada no Sol e na Noite, errantemente tempestuosa como a alma espiritualizada e tentálica da Rússia, gerada no Degredo e na Neve — pólo branco e pólo negro da Dor! Artista?! Loucura! Loucura! Pode lá isso ser se tu vens dessa longínqua região desolada, lá no fundo exótico dessa África sugestiva, gemente, Criação dolorosa e sanguinolenta de Satãs rebelados, dessa flagelada África, grotesca e triste, melancólica, gênese assombrosa de gemidos, tetricamente fulminada pelo banzo mortal; dessa África dos Suplícios, sobre cuja cabeça nirvanizada pelo desprezo do mundo Deus arrojou toda a peste letal e tenebrosa das maldições eternas!

Não! Não! Não! Não transporás os pórticos milenários da vasta edificação do Mundo, porque atrás de ti e adiante de ti não sei quantas gerações foram acumulando, acumulando pedra sobre pedra, pedra sobre pedra, que para aí estás agora o verdadeiro emparedado de uma raça. Se caminhares para a direita baterás e esbarrarás ansioso, aflito, numa parede horrendamente incomensurável de Egoísmos e Preconceitos! Se caminhares para a esquerda, outra parede, de Ciências e Críticas, mais alta do que a primeira, te mergulhará profundamente no espanto! Se caminhares para a frente, ainda nova parede, feita de Despeitos e Impotências, tremenda, de granito, broncamente se elevará ao alto! Se caminhares, enfim, para trás, ah! ainda, uma derradeira parede, fechando tudo, fechando tudo — horrível! — te deixará num frio espasmo de terror absoluto... E mais pedras, mais pedras se sobreporão às pedras já acumuladas, mais pedras, mais pedras... Pedras destas odiosas, caricatas e fatigantes Civilizações e Sociedades... Mais pedras, mais pedras! E as estranhas paredes hão de subir, — longas, negras, terríficas! Hão de subir, subir, subir mudas, silenciosas, até às Estrelas, deixando-te para sempre perdidamente alucinado e emparedado dentro do teu Sonho..."

Em uma advertência ao drama que escreveu sobre a "tragédia do Poeta Negro", Tasso da Silveira (que vem a ser filho do poeta Silveira Neto), lembra de alguma forma que o *Emparedado* é "a ânsia tremenda de beleza, e o tremendo sofrimento" de uma vida[348]. Não há acerto melhor do que esta advertência, que resume o que de essencial pode caber nessas páginas que não cabe nas páginas imortais de

---

[348] Abdias do Nascimento, *Drama para negros e prólogo para brancos*, Edição do Teatro Experimental do Negro, 1961, p. 376.

nossa literatura clássica. Em *Emparedado*, último texto enfeixado no *corpus* da edição de *Evocações*, preparada ainda em vida pelo Poeta Negro, encerra a história de uma existência que buscou na natureza a compreensão dos homens.

O fascínio que Cruz e Sousa foi exercendo logo após sua morte tem muito a ver com a máxima cunhada pelo crítico Agripino Griecco[349], quando ele disse, acertadamente, que "a glória de Cruz e Sousa é bem a irradiação de um túmulo". De fato, resplende de sua morte todo o espectro do conjunto de buscas ansiosas e pretensamente ignoradas por quantos dele tiveram contato no plano pessoal ou no plano estético, com o contato da sua obra. Nessa glória póstuma, contagiante e contagiosa, que toma de assalto as percepções de Nestor Vítor, será a bem dizer o *leit motiv*, o carro do êxito (para usar uma expressão do nosso poeta moderno Oswaldo de Camargo) para que, pela primeira vez, se busque não uma compreensão do universo cruzesousiano pura e simplesmente, mas do universo de Cruz e Sousa na sua essencialidade estético-conceitual. A decifração de sua obra, os pontos de confluência de sua vida, o seu papel no movimento literário do final do século 19, determinante para o aparecimento do Simbolismo. A esse papel de apóstolo cumpre-o à risca da perfeição Nestor Vítor. Uma das "paredes" derrubadas por esta orientação foi a da substancial e conhecida opinião de Silvio Romero sobre Cruz e Sousa. O papel de conversor do apostolado de amigo do Poeta Negro aqui se cumpre na sua plenitude. E talvez seja ele, em verdade, a própria "irradiação de um túmulo", como apontou Griecco — ou o seu responsável? Estamos falando, é lógico, de Nestor Vítor e seu determinismo em realçar o valor de Cruz e Sousa.

Isto, por certo, espelha a contradição, a "quebra de palavra", de Silvio Romero. Crítico mordaz do Simbolismo (tendo como seu representante atual Wilson Martins, que não é mordaz, mas é crítico), com o agravante que o primeiro visava, aliado à falta de leitura da produção do autor, ao preconceito de ter que lidar com um maravilhado provinciano (corroborando, desta forma, com Araripe Júnior), e o segundo atem-se a uma incompreensão particularizada dos fundamentos da escola. Coube, no entanto, a Silvio Romero, com a aju-

---

[349] *Evolução da Poesia Brasileira*, editora Ariel, 1932.

da providencial de Nestor Vítor, (re)ler a obra do poeta de *Broquéis*, dizendo, a partir daí, que Cruz e Sousa "é o nosso simbolista puro" e "a muitos respeitos o melhor poeta dentre os nossos simbolistas". A franqueza de Silvio Romero se estende em afirmar que há coisas de notável na produção do Poeta Negro: "Em primeiro lugar, ressaltam de todas as suas composições uma elevação d'alma, uma nobreza de sentimentos, uma delicadeza de afetos, uma dignidade de caráter que nunca se desmentem, nunca se apagam. Daí, como segunda qualidade apreciável, a completa sinceridade do poeta: este não faz cantatas a condessas e duquesas, nem entoa fingidas ladainhas a santas". A referência aqui é a B. Lopes e Alphonsus de Guimaraens, os quais ataca como integrante da "chusma dos imitadores" de Guerra Junqueiro, como "um bando de gralhas esfaimadas sobre um arrozal". Quanto a Cruz e Sousa, enxerga que há na produção deste "o poder evocativo", embora afirme que Cruz e Sousa "não descreve nem narra". Diz ainda que a filosofia que transuda da poesia de Cruz e Sousa é a de um triste, "mas um triste rebelado", pois "é o pessimismo a ultima flor da civilização humana". E finaliza desta forma:

> Ele é o caso único de um negro, um negro puro, verdadeiramente superior no desenvolvimento da cultura brasileira. Mestiços notáveis temos tido muitos; negros não, só ele; porque Luis Gama, por exemplo, nem tinha grande talento, nem era negro pur sang. Assim outros. Sofreu os terríveis agrores de sua posição de preto e de pobre, desprotegido e certamente desprezado. Mas a sua alma cândida e seu peregrino talento deixaram sulco bem forte na poesia nacional. Morreu muito moço, em 1898, quase no findar deste século, e nele acha-se o ponto culminante da lírica brasileira após quatrocentos anos de existência. Fazemos votos para que lhe sejam publicados os inéditos e lido e estudado este nobre e vigoroso artista.[350]

Dizia, nesse escrito de jornal de 1899, sobre o Simbolismo: "O Simbolismo, nome por certo mal escolhido para significar a reação

---

[350] Texto escrito em 1899 para o Livro do Centenário (1900), hoje inserto no V Volume da História da Literatura Brasileira, Editora José Olimpio, 1960, p. 1686.

espiritualizada que neste final de século se fez na arte contra o naturalismo e contra o diletantismo epicurista da arte pela arte do parnasianismo, e, nas suas melhores manifestações líricas, uma volta, consciente ou não, ao romantismo naquilo que ele tinha também de melhor e mais significativo". Disse-o com acerto.

Tais foram as opiniões se formando em torno do poeta ao longo desses anos passados. Depois de Silvio Romero, outra opinião crítica que infunde respeito pelas concepções de fundo que ela agrega e carrega é a de José Veríssimo. Mestre inconteste, Veríssimo no seu livro *Estudos de Literatura Brasileira*, de 1907, num reparo de suas injustiças às avessas, reavalia-se, afirmando: "Se a poesia, como toda a arte, tende ao absoluto, ao vago, ao indefinido, ao menos das comoções que há de produzir em nós, estou quase em dizer que Cruz e Sousa foi um grande poeta, e os dons de expressão que faltam, evidentemente, ao seu estro, os dons de clara expressão à moda clássica, os supriu o sentimento recôndito, aflito, doloroso, sopitado, e por isso mesmo trágico, das suas aspirações de sonhador e de sua mesquinha condição de negro, de desgraçado, de miserável, de desprezado".

Sobre a opinião dos pósteros, talvez a mais abalizada, pela sua natureza particular, e até polifônica, venha a ser a do sociólogo francês Roger Bastide, no seu estudo intitulado *A poesia afro-brasileira*. São concepções sobre o mesmo diapasão, mas vista pelo olhar estrangeiro, como as demais em busca de entender o processo conceptivo da criação artística do Poeta Negro, o estabelecimento do cânone dessa criação. Bastide, em resumo, soube captar essa nuance, sobretudo no estudo *Nostalgia do branco*. No seu opúsculo publicado em 1943, em que reúne suas dissertações sobre Cruz e Sousa (*A nostalgia do branco*, *A poesia noturna de Cruz e Sousa*, *Cruz e Sousa e Baudelaire*, *O lugar de Cruz e Sousa no movimento simbolista*), além de ressaltar a forte presença do poeta, acima da de Caldas Barbosa, de Luis Gama, de Silva Alvarenga, o sobrepõe como um dos marcos da genialidade brasileira, antes como negro, antes como artista, coragem que faltou ou inibiu a muitos exegetas tupiniquins. É com Roger Bastide, sem razão de errar, que reside o apostolado de Nestor Vítor e onde ele certamente mais se completa. Mas não é o único. Há uma plêiade de críticos, Silvio Romero, José Veríssimo, Araripe Júnior, o próprio Nestor Vítor, Andrade Muricy, Fernando Góis, talvez Ronald de Carvalho, falando dos mais antigos. No caso de Roger Bastide, por sua visão de estrangeiro, como disse, cabe a ele o "olhar de fora para dentro", trazendo as conclusões dos esmaecimentos dos horizontes linguísticos a que estavam fadados muitos estudos sobre Cruz e Sousa e o Simbolismo no Brasil. Se aqui tratava-se a arte do Poeta Negro sob o cunho da piedade (olhando-o não como o artista, desprovido de mundanidade, mas como o homem, sujeito de direito, sob o ponto de vista sociológico), havia, por essa ótica, um erro de cálculo grosseiro. O professor Roger Bastide traz os elementos dessa erudição, não pela visão de Nestor Vítor (a que se deve muito o que se escreveu e se disse a partir de Andrade Muricy), mas pela compreensão da arte vista pelo prisma da natureza da arte.

Num trecho de *A nostalgia do branco*, diz o sociólogo: "A arte, em todos os legados e em todos os tempos, tem sido sempre um meio de classificação social. Isto seria demonstrável para a Europa estudando-se a origem dos artistas, com ajuda do método de Sorokin. Porém, não é esse o objetivo do presente estudo. O que nos interessa é o Brasil e a ascensão do homem de cor. Ora, se a ascensão da mulher de cor se faz pelo amor físico e pela utilização de sua beleza exótica, a do homem ocorre, antes de tudo, em virtude de seus dons artísticos. É pela música, pela escultura ou a poesia que ele se eleva na escala social. Poder-se-ia multiplicar exemplos disso na história do Brasil principalmente a partir do Império. Mas, existe um caso particularmente típico: o de Cruz e Sousa".

Já em *A poesia noturna*, trata de alguns temas caros na obra do Poeta Negro: "Outro tema que ocupa um lugar importante é o 'lunar'. Por ele Cruz e Sousa reconcilia numa síntese superior a nostalgia do branco, a luz fria, a castidade virginal, e o lado noturno do seu ser. É, aliás, um tema equívoco em Cruz e Sousa, apresentando-se sob dois aspectos: ora a noite lunar é a doce consoladora, aquela que acalma e faz esquecer a maldade dos homens; outras vezes é o símbolo da esterilidade e da morte".

No caso de Cruz e Sousa e Baudelaire, que ele chama de "estudo de literatura comparada", se refere aos processos e criação literária do brasileiro e do francês: "Primeiramente existe um processo técnico com os dois: é a repetição da mesma ideia sob formas diferentes, o poema propriamente dito e o poema em prosa, assim o 'Cristo de marfim' ['Cristo de Bronze', na verdade] reaparece no 'Astro frio', como Bêbado voltará em 'Bêbados'. Mas tanto na prosa como nos versos nunca Cruz e Sousa desenvolve um tema baudelariano na sua totalidade poética. Ele encerra somente, resvala pelo seu próprio pensamento, introduz uma linha melódica original alguns temas musicais de Baudelaire, que se juntam momentaneamente aos seus, trocam notas e se separam e se desvanecem".

No último trecho do estudo *O lugar de Cruz e Sousa no movimento simbolista*, Roger Bastide evoca os antigos, como Platão, ou tempos remotos, como a Idade Média, para esclarecer a "base filosófica", e dizer: "Tal é a raiz do pensamento simbolista. As coisas materiais já não são consideradas realidades verdadeiras, que tenham valor próprio em si mesmas, não são senão símbolos, ou se se preferir o termo, 'teofonias'. E se a natureza é bela, é porque a assinala o cunho da beleza divina. Abre-se assim novo caminho para a poesia descobrir, por espaço de intuição, imaginativa, através da casca das coisas, o mundo das Ideias".

> O drama de Cruz e Sousa vai, portanto, ser ainda mais patético do que o de Mallarmé, e na posição vai ser de outra originalidade, pois que para ele não se tratará unicamente de achar a expressão possível do inefável, de criar para si uma experiência psicológica. Mas essa experiência, para se constituir, terá de lutar incessantemente com uma primeira educação absolutamente oposta a ela e que, a cada momento, a porá em risco de ser aniquilada. Eis porque não achamos em Cruz e Sousa a dialética de Mallarmé, as caminhadas para um platonismo cada vez mais lógico, a série de ensaios cada vez mais aproximados de uma tradução mais carnal das Essências invisíveis; mas sempre, ao longo do mais áspero dos caminhos, a luta contra os mesmos obstáculos, sempre renascentes, e, por conseguinte, o drama a representar-se em dois planos do mesmo tempo.[351]

Outro que nos alude ressaltar é o posicionamento do estudioso Fernando Góis. Em seu excelente *O espelho infiel*, uma página sobre

---

[351] BASTIDE (1943). Trechos extraídos das páginas 87, 98, 103, 110 e 117.

Cruz e Sousa tem o fulcro de uma mentalidade capaz de enxergar além das próprias muralhas do conceitualismo.

> A obra de Cruz e Sousa é bem o reflexo de sua existência. Ele é um poeta que para ser compreendido — e esse não é o maior desejo, não só dos poetas, mas dos artistas todos? — precisa ser olhado do ponto de vista de sua vida. Assim, a melhor introdução à sua obra, me parece que é o conhecimento da sua existência. Esta explica aquela. Existência dolorosa e amarga, onde quem mais não o compreendeu foi ele mesmo. João Alphonsus, quando notou que era o seu orgulho que o emparedava, pôs o dedo na chaga. Nestor Vítor, Tibúrcio de Freitas, seus amigos mais íntimos, não viram isso. E se tivessem visto e o dissessem a Cruz e Sousa, ele não só não acreditaria, como também cortaria relações com os dois... Que, no fundo, Cruz e Sousa foi um masoquista, que cultivou a dor, cultivou o sofrimento, que achava necessários ao artista, como mais de uma vez escreveu. E nisso acertou, porque toda a sua acerba dor rebentou, floresceu em poesia. No que não acertou, foi em não pensar que as amarguras que lhe estavam reservadas ultrapassariam a tudo o que pudesse imaginar em matéria de sofrimento, e a sua própria resistência. Entocou-se na torre de marfim, nela fechou-se a sete chaves, e esse foi o seu grande mal, porque o homem precisa do homem.[352]

Este é (ou foi) o Cruz e Sousa. Aquele que os amigos, no alto grau de adoração que tinham por ele, chamaram Peregrino das Ânsias, Incomparável Eleito, Arcanjo Rebelado, Grandioso e Imaculado Cenovita, Tedioso e Torturado Sonhador, Cisne Negro, Alma Eleita, Diamante Negro, Anjo Lubel, Águia Noturna, Magoado Eleito, Brilhante Negro, Negro Sublime, Poeta Negro, Dante Negro... E, assim, esse eleito do destino vai batendo as asas, como em *Asas abertas*, dos *Últimos sonetos*:

> As asas da minh'alma estão abertas!
> Pode te agasalhar no meu Carinho,
> Abrigar-te de frios no meu Ninho
> Com as tuas asas trêmulas, incertas.

---

[352] GÓES (1966, p. 93).

Tu'alma lembra vastidões desertas
Onde tudo é gelado e é só espinho.
Mas na minh'alma encontrarás o Vinho
E as graças todas do Conforto certas.

Vem! Há em mim o eterno Amor imenso
Que vai tudo florindo e fecundando
E sobe aos céus como sagrado incenso.

Eis a minh'alma, as asas palpitando
Como a saudade de agitado lenço
O segredo dos longes procurando...

BIBLIOGRAFIA

1) OBRAS DE CRUZ E SOUSA

1.1) Teatro

CRUZ E SOUSA, João da. *Calemburg e Trocadilhos*. Colaboração de Moreira de Vasconcelos. São Luis do Maranhão: 1884.

VÁRZEA, Afonso. *Macário* (Reccurci do drama de Álvares de Azevedo). Colaboração de Virgílio Várzea. Desterro: 1875.

1.2) Poesia

CRUZ E SOUSA, João da. *Julieta dos Santos*: homenagem ao gênio dramático brasileiro. Colaboração de Virgílio Várzea e Santos Lostada. Desterro: Tipografia Comercial, 1883.
_____. *Broquéis*. Rio de Janeiro: Magalhães e Cia., 1893.
_____. *Faróis*. Rio de Janeiro: Tipografia do Instituto Profissional, 1900.
_____. *Últimos sonetos*. Paris: Ailaud & Cia., 1905.
_____. *Poemas inéditos*. Florianópolis: Papa-Livro, 1996.
_____. *Dispersos:* Poesia e prosa. São Paulo: Ed. Unesp, 1998.

1.3) Prosa

CRUZ E SOUSA, João da. *Tropos e fantasias*. Colaboração de Virgílio Várzea. Desterro: Tipografia de Regeneração, 1885.
_____. *Missal*. Rio de Janeiro: Magalhães e Cia., 1893.
_____. *Evocações*. Rio de Janeiro: Tipografia Aldina, 1898.
_____. *Formas e coloridos*. Florianópolis: Papa-Livro, 2000.

1.4) Correspondência

MUZART, Zahidé Lupinacci (org). *Cartas de Cruz e Sousa*. Florianópolis: Letras Contemporâneas, 1993.

1.5) Obra geral

CRUZ E SOUSA, João da. *Obra completa*. Rio de Janeiro: José Aguilar, 1961.

2) OBRAS CONSULTADAS

ALVES, Uelinton Farias. Cruz e Sousa inédito e desconhecido. In: Revista Poesia Sempre. Rio de Janeiro: Fundação Biblioteca Nacional, 2004.

_____.(org). *Formas e coloridos*. Florianópolis: Papa-Livro, 2000.

_____. *O abolicionista Cruz e Sousa*. Rio de Janeiro: Secretaria Municipal de Cultura, 1987.

_____. *Oscar Rosas e sua época*. Rio de Janeiro, 2001 (inédito)

_____. *Oscar Rosas: poesia e prosa*. Florianópolis: Academia Catarinense de Letras (prelo).

_____. (org). *Poemas inéditos de Cruz e Sousa*. Florianópolis: Papa-Livro, 1996.

_____. *Reencontro com Cruz e Sousa*. Florianópolis: Papa-Livro, 1990 (1ª edição), 1998 (2ª edição).

ARARIPE JÚNIOR, T. A. *Movimento de 1893, o crepúsculo dos povos*. Rio de Janeiro: Tipografia da Empresa Democrática Editora, 1896.

_____. *Obra Crítica*. 5 volumes. Rio de Janeiro: Fundação Casa de Rui Barbosa/MEC, 1970.

BACK, Sylvio. *Cruz e Sousa: o poeta do desterro*. Rio de Janeiro: 7 Letras, 2000.

BALAKIAN, Anna. *O simbolismo*. São Paulo: Perspectiva, 1985.

BASTIDE, Roger. *A poesia afro-brasileira*. São Paulo: Livraria Martins Editora, 1943.

_____. *Brasil, terra de contrastes*. 8ª edição. São Paulo: Difel, s/d.

BROOKSHAW, David. *Raça & cor na literatura brasileira*. Porto Alegre: Mercado Aberto, 1983.

BUENO, Alexei (org). *Cruz e Sousa – 100 anos de morte*. Catálogo da exposição, Fundação Biblioteca Nacional, 1999.

CABRAL, Oswaldo R. *História De Santa Catarina*. Florianópolis: Lunardelli, 1987.

_____. *Nossa Senhora do Desterro*. Volumes 1 e 2. Florianópolis: Lunardelli, 1979.

CAMINHA, Adolfo. *Trechos escolhidos*. Rio de Janeiro: Agir, 1960.

CAMPOS, Augusto de; PIGNATARI, Décio & CAMPOS, Haroldo de. *Mallarmé*. São Paulo: Perspectiva, 2002.

CARDOSO, Fernando Henrique. *Negros em Florianópolis, relações sociais e econômicas*. Florianópolis: Insular, 2000.

CORRÊA, Carlos Humberto. *Militares e civis num governo sem rumo*: o governo provisório revolucionário no sul do Brasil, 1893-1894. Florianópolis: Lunardelli, 1990.

CORRÊA, Nereu. *O canto do cisne negro e outros estudos*. Florianópolis: Departamento de Cultura, 1964.

COSTA, Firmino. Cruz e Sousa. In Revista do Instituto Histórico e Geográfico de Santa Catarina, 1919.

COUTINHO, Afrânio. *Cruz e Sousa*. Coleção Fortuna Crítica, volume 4. Rio de Janeiro: Civilização Brasileira/MEC, 1979.

FERNANDES, Carlos D. Fretana. Rio de Janeiro: Alba, 1936.

FIGUEREDO, Araújo. *No caminho do destino*. Fundo Araújo Figueredo, s/d, Biblioteca Nacional.

FONTES, Henrique da Silva. *Cruz e Sousa, a companhia dramática Julieta dos Santos e o meio intelectual desterrense*. Florianópolis: Fundação Franklin Cascaes, 1998.

_____. *José Artur Boiteux*: patriarca do ensino superior. Florianópolis: Edição do Autor, 1965.

GÓES, Fernando. *O espelho infiel*. São Paulo: Imprensa Oficial do Estado, 1966.

GONDIM, Eunice Ribeiro. *Vida e obra de Paula Brito*. Rio de Janeiro: Livraria Brasiliana Editora, 1965.

GUIMARAENS FILHO, Alphonsus de. *Alphonsus de Guimaraens no seu ambiente*. Rio de Janeiro: Fundação Biblioteca Nacional, 1995.

JORGE, Fernando. *Vida e poesia de Olavo Bilac*. São Paulo: T.A. Queiroz, 1992.

LACOMBE, Américo Jacobina; SILVA, Eduardo & ASSIS BARBOSA, Francisco de. *Rui Barbosa e a queima dos arquivos*. Rio de Janeiro: Fundação Casa de Rui Barbosa, 1988.

LEANDRO, Eulálio de Oliveira. *O negro na obra de Coelho Neto*. Imperatriz: Ética Editora, 2003.

LEMINSKI, Paulo. *Cruz e Sousa*: o negro branco. São Paulo: Brasiliense, 1983.

LIMA BARRETO. *O Cemitério dos Vivos* – Memórias, prefácio de Eugenio Gomes. São Paulo: Brasiliense, 1956.

LINS, Vera. *Gonzaga Duque:* a estratégia do franco-atirador. Rio de Janeiro: Tempo Brasileiro, 1991.

LISBOA, Henriqueta. *Alphonsus de Guimaraens*. Rio de Janeiro: Agir Editora, 1945.

LOPES, Nei. *Dicionário literário afro-brasileiro*. Rio de Janeiro: Pallas Editora, 2007.

_____. *Enciclopédia brasileira da diáspora africana*. São Paulo: Selo Negro, 2004.

MAGALHÃES JR., Raimundo. *Arthur Azevedo e sua época*. Rio de Janeiro: Civilização Brasileira, 1966.

_____. *A vida turbulenta de José do Patrocínio*. Rio de Janeiro: Sabiá, 1969.

_____. *Poesia e vida de Cruz e Sousa*. 3ª edição. Rio de Janeiro: Civilização Brasileira/MEC, 1975.

_____. *Vida e obra de Machado de Assis*. Rio de Janeiro: Civilização Brasileira/INL/MEC, 1981.

MARTINS, Wilson. *História da Inteligência Brasileira*.Vol. IV (1877-1896). São Paulo: Cultrix, 1979.

MARTORANO, Dante. *José Artur Boiteux*. Florianópolis: FCC, 1984.

MEDEIROS, Celso Luiz Ramos de (org). *100 anos sem Cruz e Sousa*: Monografias premiadas. Brasília: Congresso Nacional, 1998.

MENEZES, Emílio de. *Obra reunida*. Rio de Janeiro: José Olympio, 1980.

MENEZES, Raimundo de. *Emílio de Menezes, o último boêmio*. São Paulo: Saraiva, 1949.

MOELLMANN, Leatrice. *A obra inédita de Carlos de Faria e a guerrilha literária em Santa Catarina*. Florianópolis: FCC/ UFSC, 1994.

MONTENEGRO, Aberlardo F. *Cruz e Sousa e o movimento simbolista no Brasil*. 3ª edição. Fortaleza: UFC, 1998.
MONTENEGRO, Tulo Hostílio. *Tuberculose e literatura*. Rio de Janeiro: A Casa do Livro, 1971.
MORAES, Carlos Dante. *Três fases da poesia*. Rio de Janeiro: Departamento de Imprensa Nacional/Ministério da Educação e Cultura, 1960.
MORAES, Evaristo de. *A Campanha Abolicionista (1870-1888)*. Rio de Janeiro: Livraria Editora Leite Ribeiro, 1924.
MURICY, Andrade. *O símbolo*: à sombra das araucárias (memórias). Rio de Janeiro: Conselho Federal de Cultura, 1976.
_____. *Panorama do Movimento Simbolista Brasileiro*. 2ª edição. Brasília: Instituto Nacional do Livro/MEC, 1973.
_____. *Para conhecer melhor Cruz e Sousa*. Rio de Janeiro: Bloch Editores, 1973.
MUZART, Zahidé Lupinacci (org). Cruz e Sousa. In Travessia – revista do curso de pós-graduação em letras. Florianópolis: UFSC, 1993.
_____. Papel branco, tinta negra: Cruz e Sousa, jornalista. In Revista Continente Sul Sur, edição do Instituto Estadual do Livro, Porto Alegre, 1998, pp. 101-106.
NABUCO, Joaquim. *O abolicionismo*. Brasília: Edições do Senado Federal, 2003.
PACE, Tácito. *O simbolismo na poesia de Alphonsus de Guimaraens*. Brasília: Instituto Nacional do Livro, 1984.
PAULI, Evaldo. *Hercílio Luz*: governador inconfundível. Florianópolis: Imprensa Oficial do Estado de Santa Catarina, 1976.
PEYRE, Henri. *A literatura simbolista*. São Paulo: Cultrix, 1983.
PIAZZA, Walter F. (org). *Dicionário Político Catarinense*. Florianópolis: Assembléia Legislativa do Estado de Santa Catarina, 1994.
PÍTSICA, Paschoal Apóstolo. *Juvêncio Martins Costa e sua obra Flores sem perfume*. Florianópolis: FCC, 1986.
_____. *Numa fonte cristalina*. Florianópolis: Papa-Livro, 1997.
RABELLO, Ivone Daré. *Um canto à margem*: uma leitura da poética de Cruz e Sousa. São Paulo: Edusp/Nankin Editorial, 2006.
REGIS, Maria Helena Camargo. *Linguagem e versificação em Broquéis*. Porto Alegre: Movimento/Udesc, 1976.
REIS, Eneida de Almeida dos. *Mulato: negro-não negro e/ou branco-não branco*. São Paulo: Altana, 2002.

RODRIGUES, João Carlos. *João do Rio*. Rio de Janeiro: Topbooks, 1996.
ROMERO, Silvio. *História da Literatura Brasileira*. Tomo Quinto. Rio de Janeiro: José Olympio, 1960.
ROSAS, Oscar. *Obra Reunida*. Florianópolis: Academia Catarinense de Letras, 2008.
S. THIAGO, Arnaldo. *História da literatura catarinense*. Florianópolis: Imprensa Oficial do Estado de Santa Catarina, 1957.
SANTA CATARINA. *Ementário da Legislação do Ensino do Estado de Santa Catarina*/1835-1979. Florianópolis: Imprensa Oficial do Estado de Santa Catarina, 1980.
SAYERS, Raimond S. *O negro na literatura brasileira*. Rio de Janeiro: Edições O Cruzeiro, 1958.
SILVA, Ermínia. *Circo-teatro – Benjamim de Oliveira e a teatralidade circense no Brasil*, Rio de Janeiro: Altana, 2007.
SILVA, Cyro. *Quintino Bocayúva, o patriarca da república*. São Paulo: Edaglit, 1962.
SILVA RAMOS, Péricles Eugênio da. *Poesia simbolista* – Antologia. São Paulo: Melhoramentos, 1965.
SOARES, Iaponan. *A poesia de Oscar Rosas*. Edições Cultura Catarinense, s/d.
SOARES, Iaponan. *Ao redor de Cruz e Sousa*. Florianópolis: UFSC, 1988.
SOARES, Iaponan & MUZART, Zahidé L.(orgs). *Cruz e Sousa: no centenário de Broquéis e Missal*. Florianópolis: FCC/UFSC, 1994.
TILL, Rodrigues. *Cruz e Sousa e o Rio Grande do Sul*. 2ª Edição. Florianópolis: Edição da Comissão Estadual de Celebração do Centenário de Cruz e Sousa, 1998.
TROTTA, Laudimia. *O poeta boêmio Guimarães Passos*. Rio de Janeiro: Souza Marques, 1967.
TROTTA, Rosyane, *O teatro através da história*. Teatro brasileiro. V.2, Produções artísticas. 1994.
VASCONCELOS, Moreira de. *Julieta dos Santos*. Pernambuco: Tip. Industrial, 1884.
VÁRZEA, Affonso. *O marinhista e a Academia*. Rio de Janeiro: Alba Limitada, 1964.
VÁRZEA, Virgílio. *Santa Catarina – a Ilha*. Florianópolis: Lunardelli, 1985.

VITOR, Nestor. *Obra Crítica*. 4 Volumes. Rio de Janeiro: Fundação de Casa de Rui Barbosa/MEC, 1973.

WILSON, Edmund. *O castelo de Axel*. São Paulo: Cultrix, 1959.

3) JORNAIS E REVISTAS

O Artista (Desterro, SC), 1879; O Argos (Desterro, SC), 1856-1861; O Caixeiro (Desterro, SC), 1882; O Conservador (Desterro, SC), 1874-1876; Colombo (Desterro, SC), 1881; O Despertador (Desterro, SC), 1880-1885; Gazeta do Sul (Desterro, SC), 1890-1891; Gilvaz (Desterro, SC), 1889; Jornal do Commercio (Desterro, SC), 1880-1888; A Liberdade (Desterro, SC), 1887; Matraca (Desterro, SC), 1882-1888; O Moleque (Desterro, SC), 1884-1885; O Mosquito (Desterro, SC), 1888-1889; Novidades (Itajaí, SC), 1904-1905; Regeneração (Desterro, SC), 1880- 1888; Tribuna Popular (Desterro, SC), 1889, 1890; A Pacotilha (São Luís, MA), 1884; O País (São Luís, MA), 1884; O Ceará Livre (Recife, PE), 1884; Gazeta da Tarde (Salvador, BA), 1884; O Mercantil (São Paulo, SP), 1891; Artista (Rio Grande, RG), 1883; Gazeta da Tarde (Rio de Janeiro, RJ), 1885; Cidade do Rio (Rio de Janeiro, RJ), 1884-1898; Novidades (Rio de Janeiro, RJ), 1888-1892; Revista Ilustrada (Rio de Janeiro, RJ), 1890-1893; O Tempo (Rio de Janeiro, RJ), 1891; Gazeta do Povo (Rio de Janeiro, RJ), 1888, 1890-1891; Diário de Notícias (Rio de Janeiro, RJ), 1889-1890; Gazeta de Notícias (Rio de Janeiro, RJ), 1885, 1888-1889; Rio-Revista (Rio de Janeiro, RJ), 1895; Kosmos (Rio de Janeiro, RJ), 1909; Renascença (Rio de Janeiro, RJ), 1906-1909.

Este livro foi composto na tipografia ITC Stone Serif, corpo 9/13,5.
O papel de miolo é o offset 70g/m², o do caderno de fotos
é o couche matt 130g, e o de capa, cartão 250g/m².
Foi impresso na Repro India, na Índia, em abril de 2011.